**Sigrid
Löffler**

**Die neue
Weltliteratur**

und ihre
großen Erzähler

Sigrid Löffler

Die neue Weltliteratur

und ihre
großen Erzähler

C.H.Beck

Vermittlung/Lektorat: rauchzeichen • agentur

Verlag C.H.Beck oHG, München 2014
© Sigrid Löffler 2014
Gesetzt aus der Apollo und der TheSans bei Fotosatz Amann, Aichstetten
Druck und Bindung: CPI – Ebner & Spiegel, Ulm
Umschlagentwurf: Anzinger/Wüschner/Rasp, München
Umschlagabbildung: Bengalen, Kolkata © Mario Jorge Lopes
Gedruckt auf säurefreiem, alterungsbeständigem Papier
(hergestellt aus chlorfrei gebleichtem Zellstoff)
Printed in Germany
ISBN 978 3 406 65351 3

www.beck.de

Inhalt

1. Kapitel

Einleitung – Worum es geht

Zuerst kamen die Jamaikaner, aber auch Menschen aus Trinidad und von anderen Inseln der Karibik. Sie waren eingeladen worden, in Großbritannien zu leben und zu arbeiten. Sie kamen wie gerufen, und sie schienen auch willkommen. Sie ließen sich in London nieder – die Metropole des British Empire war die natürliche Ankunftsstadt für Bürger des Commonwealth. Vier Jahrhunderte lang hatte Großbritannien Kolonisatoren in alle Welt exportiert; nun, erschöpft vom Zweiten Weltkrieg und nicht in der Lage, sein Imperium noch länger zusammenzuhalten, entließ es die Kolonien und importierte im Gegenzug die Kolonisierten.

In mehreren Einwanderungswellen strömten diese nun ins Mutterland, auf der Suche nach einem Leben ohne Not. Der Anfang lässt sich genau datieren: Die ersten Arbeitsmigranten aus Jamaika landeten am 22. Juni 1948, als das Schiff «Empire Windrush» in Tilbury an der Themse-Mündung anlegte.

Nach den Menschen aus der Karibik kamen Menschen vom indischen Subkontinent – Inder, Pakistanis, schließlich auch Bengalen aus Bangladesch – und dann Afrikaner aus den ehemaligen britischen Kolonien. Obwohl auch sie um ihr Kommen gebeten worden waren – England benötigte sie als billige Arbeitskräfte –, waren sie vielen Briten nicht willkommen. Wie unerwünscht sie vielerorts waren, bekamen die Zuwanderer drastisch, oft am eigenen Leibe, zu spüren. Eingeladen, aber ausgegrenzt, angefeindet und in Slums abgedrängt zu werden – diese Erfahrung war für die Zuzügler eines der Rätsel ihrer Ankunft.

Und diese Erfahrung bedurfte der Klärung. Ein bewährtes Medium der Klärung und Selbsterklärung ist die Erzählung: Die Zuwanderer und deren Kinder begannen, sich selbst die Geschichte ihres großen Lebensbruchs, ihrer Entwurzelung und Entortung, zu erzählen – die Geschichte ihrer Migration. Sie hatten die Migration das erste Mal durchlebt und riefen sie dann als eine imaginäre Deterritorialisierung und Weltwanderung von neuem ins Leben: als Literatur. «The Lonely Londoners» heißt der Roman von Sam Selvon, der die Geschicke einer Handvoll Einwanderer der «Generation Windrush» nur wenige Jahre nach deren Ankunft erzählt – aus ihrer Sicht und in ihrem kreolisierten Englisch. Fragen der Fremde, des Anders-Seins, der Identitätssuche, der mühsamen Annäherung und Eingewöhnung werden darin verhandelt. «The Lonely Londoners» war der erste Roman über die erste Immigrationswelle. Er war Vorbote einer gerade entstehenden neuen Literatur. Längst genießt er Klassikerstatus.

Indem sie Kulturgrenzen überschritten und damit auch erweiterten, wurden die Zugereisten zu Urhebern einer neuen Literatur des Dazwischen, des Oszillierens zwischen den Kulturen, der mehrfachen Identitäten. Sie erzählten vom Glück und Unglück hybrider Mischungen. Sie erzählten von einer Welt «in Transit», in einem beunruhigenden und widersprüchlich kodierten Zwischenraum unklarer Zugehörigkeiten. Sie brachten Kunde vom provisorischen Leben in diesem «Dritten Raum» – in einem auf Dauer gestellten Transitorium zwischen Aufbruch und Ankunft. Möglicherweise ist dieser «Dritte Raum» ohnehin der stimmigste Ort der migrantischen Moderne.

Hybridität ist ein Leitbegriff dieser Literatur. Diese Hybridität – eigentlich ein Kampfbegriff gegen die kolonialherrliche Gewohnheit, die Welt von sich aus als Zentrum zu denken – erwies sich als Motor der kulturellen Expansion und trug dazu bei, das eurozentrische Hierarchie- und Machtdenken, das auch die Literatur beherrscht hatte, aus den Angeln zu heben. Sollte man diese neue nicht-westliche Literatur, die aus den Kolonien kam und mit ihrem gesamten kulturellen Herkunftsgepäck in den Westen eingewandert ist, «Commonwealth-Literatur» nennen? Keinesfalls, sagt Salman Rushdie, selbst ein Zuwanderer vom indischen Subkontinent. Den Terminus «Commonwealth-Literatur» weist er als diskriminierende neokoloniale Anmaßung zurück.

Nennen wir sie also Migrationsliteratur. Das Rätsel der Ankunft ist eines der großen Themen dieser Literatur – weshalb einer der Ankömmlinge aus der ersten Einwanderungswelle, ein Westinder aus Trinidad, seinem persönlichen Herkunfts- und Ankunftsnarrativ eben diesen inzwischen sprichwörtlichen Titel gab: «The Enigma of Arrival». Auch dieser autobiographische Roman gilt längst als Klassiker, als ein Schlüsseltext der Migrationsliteratur. Der Autor wurde später geadelt und erhielt den Literaturnobelpreis: Sir Vidia S. Naipaul. Das Rätsel der Ankunft hat dieser Zuzügler für sich jedenfalls ruhmreich gelöst. Er ist heute der Elite eines neuen ethnisch gemischten Weltbürgertums zuzurechnen – wie sie der afro-britische und in Princeton lehrende Philosoph Kwame Anthony Appiah in seinem Essay über «Cosmopolitanism» beschreibt, rühmt und als Lebensziel empfiehlt.

In dem Maße, wie das britische Empire zerbröckelte, erwuchs im Mutterland selbst ein neues Empire, «eine neue Gemeinschaft von Untertanenvölkern», wie Salman Rushdie diesen Human-Import aus den Ex-Kolonien anklagend nennt: Eine Art innerbritische Rekolonialisierung der Entkolonisierten gehe hier vonstatten. Doch man muss diese Zuwandererghettos in England nicht zwangsläufig nur als Armuts- und Ausbeutungsfallen deuten; man kann sie auch als «Integrationsmaschinen» verstehen, als «traditionelles Wartezimmer für den Zugang zur britischen Gesellschaft» – dies schlägt Doug Saunders in seiner weltumspannenden Studie «Arrival City» vor. Demnach wären die Ankunftsstädte der globalen Migrantenströme, im Westen allen voran London oder New York, als Räume der Verwandlung und des sozialen Aufstiegs zu sehen, die aus armen Menschen meist aus den landwirtschaftlichen Gebieten Asiens, Afrikas und der Karibik binnen ein, zwei Generationen Stadtmenschen machen können, die als ihr strategisches Lebensprojekt ihre eigene Urbanisierung vorantreiben und im Zuge dieses Prozesses auch ihre Zufluchtsorte gründlich verändern.

All dies ist im höchsten Maße erzählenswert. Auch Salman Rushdie räumt ein, dass kraft dieser britischen Armutsenklaven ein «transnationaler, translinguistischer Prozess der gegenseitigen Befruchtung» in Gang gekommen ist. «The Empire writes back to the centre» lautet die Formel, auf die er diesen Prozess gebracht hat.

In der Tat sind es die Zuwandererghettos, die so manchen bedeutenden Erzähler dieser neuen Weltliteratur hervorgebracht haben. Diese Enklaven erwiesen sich als fruchtbarer Nährboden der neuen Literatur des Dazwischen. Denn jede Einwanderungswelle in Großbritannien fand alsbald ihre Chronisten, ihre Geschichtsschreiber, ihre Helden-Epiker. Von Anfang an wurde die Immigration aus allen Ecken des zerfallenden britischen Imperiums von den Erzählungen der Einwanderer aus den Kolonien begleitet. Fremde war ihr Thema. «Fremde» – der, die, das Fremde – ist ja nicht nur ein Zentralbegriff der politischen Debatte, sondern eben ein zentrales Thema dieser Epoche, und somit auch in der Literatur.

In ihren Romanen und Erzählungen gaben diese Chronisten der Einwanderung den Erfahrungen des Migrantentums eine Stimme und machten die kulturelle Andersheit der Zugereisten, deren anfängliche Desorientierung und deren Anpassungsmühen literarisch produktiv. Mit wachsendem Selbstbewusstsein begannen sie die Diversität zu feiern. Sie haben die englische Literatur um neue Themen und Sichtweisen, Erzählstoffe und Erzählformen, Grammatiken, Metaphoriken und sprachliche Innovationen bereichert.

Diese Autoren schreiben Migrationsgeschichten aus der Sicht der Ankömmlinge. Es ist der Blick doppelter Außenseiter, die sich nirgends ganz zugehörig fühlen – weder im Herkunftsland noch im Zufluchtsland, erst recht nicht in den Transitländern, die sie passierten. Mit allen Kräften der Imagination und Symbolisierung verwandeln sie diese ambivalenten Erfahrungen in sprachmächtige Erzählungen. Sie nehmen das Dazwischen-Sein nicht länger als Stigma der Ausgeschlossenen hin, sie deuten es vielmehr als Vorschein des künftigen Generellen. Homi K. Bhabha, einer der führenden Theoretiker des Postkolonialismus, vermutet sogar, dass «transnationale Geschichten von Migranten, Kolonisierten oder politischen Flüchtlingen» drauf und dran seien, Hauptthema dieser neuen Weltliteratur zu werden.

Dafür spricht vieles. Dafür sprechen vor allem die gewaltigen Migrationsschübe der globalisierten Welt, die in den letzten Jahrzehnten nicht nur Großbritannien umgestülpt und gründlich verändert haben. England ist heute nicht mehr, was es vor sechzig Jahren war. Die Zuwanderungswellen nach dem Ende des British Empire verwandelten das Land innerhalb von wenigen Jahrzehnten von einer monokulturellen in eine multiethnisch gemischte Gesellschaft. Sie machten aus einem bis dahin fast monochrom weißen England ein buntes Gemisch von Herkünften und Hautfarben – auch wenn der Boom des multikulturellen Überschwangs inzwischen vorbei, der Traum von der seligen kulturellen Melange aus Orient und Okzident inzwischen ausgeträumt ist. Spätestens mit *Nine Eleven* hat sich das erledigt.

Dessen ungeachtet sind es die Erzählungen migrantischer Autoren, in denen der Prozess einer globalen Transformation literarisch reflektiert und gedeutet wird. Sie machen uns unsere eigene Patchwork-Identität als universale Gegebenheit bewusst: «Die Kultur wird uns von anderen vermittelt, und jeder Mensch hat mehr als eine», wie der Soziologe Tzvetan Todorov feststellt. Diese Autoren amalgamieren die kulturellen Traditionen ihrer Ursprungsländer mit den neuen Einflüssen und Impulsen, die in England und im Westen auf sie einwirken, und verwandeln diese Mischungen in literarische Energie. Nicht nur Salman Rushdie ist der Ansicht, «dass vieles von dem, was in der Weltliteratur neu ist, tatsächlich aus diesen Gruppen hervorgeht».

Die Transformation Großbritanniens ist dabei nur eine Facette eines viel größeren, eines globalen Wandels. Der Migrant ist zur Leitfigur der mobilen Moderne avanciert. Dies konnte deshalb geschehen, weil die Welt in Bewegung geraten ist wie nie zuvor. Globale Massenwanderungen unerhörten Ausmaßes, deren Zeugen wir gerade werden, entvölkern bäuerliche Welten in Asien und Afrika und lassen Städte zu unüberschaubaren urbanen Agglomerationen aufschwellen, an deren unwirtliche Ränder irreguläre Mega-Slums andocken und unaufhaltsam ins Umland hineinwuchern. In diesen Multi-Millionen-Städten grenzt das Archaische unmittelbar an das Ultramoderne – und das bietet ergiebigen Erzählstoff.

In «Arrival City» richtet Doug Saunders sein Augenmerk auf diese globale Menschenmassenverschiebung, die seit etwa einem Jahrhundert im Gange und noch lange nicht abgeschlossen ist – eine Verschiebung von Landbevölkerungen in explodierende städtische Ballungsräume. Landflucht und Verstädterung erfassen laut Saunders eine bisher noch nie da gewesene Zahl von Menschen – «zwei oder drei Milliarden, vielleicht ein Drittel der Weltbevölkerung. Es wird die letzte menschliche Bewegung in dieser Größenordnung sein.»

Und diese Migration – die größte Völkerwanderung, die je stattfand – generiert eine eigene Literatur. Am Zerfall und an den Hinterlassenschaften wie den Nachwirkungen des britischen Weltreichs lässt sich diese neue Weltliteratur besonders gut erkennen. Großbritannien hat nach dem Zweiten Weltkrieg seine Kolonien nacheinander in die Unabhängigkeit entlassen – gleichermaßen widerwillig wie letztlich überstürzt. Diese ungeordnete Art der Auflösung des Imperiums hinterließ ein enormes Vakuum in den befreiten Ländern. Und das hatte unabsehbare, mitunter auch katastrophische, chaotisierende Folgen. Die formale Dekolonisierung allein konnte den neuen Staaten mit ihren neuen Namen, Grenzen und Währungen ihre Souveränität und Würde nicht sichern.

Die Geschichte der Entkolonialisierung in der zweiten Hälfte des 20. Jahrhunderts ist auch eine Geschichte blutiger Sezessionskriege, wie die Beispiele des entlang ethnischer und religiöser Linien zerfallenden indischen Subkontinents oder des Biafra-Kriegs in Nigeria zeigen; sie ist eine Geschichte von Fehlentwicklungen, von Modernisierungskrisen, diktatorischen Gewaltregimes und missglückenden Staatenbildungen, von Bürgerkriegen, Wirtschafts- und Versorgungskrisen, Ausbeutung und Mega-Korruption. Manche neue Nationen wie Pakistan, Somalia, Nigeria oder der Irak haben sich von ihrem Geburtstrauma nie erholt.

In seiner jüngsten Studie beschreibt der indische Publizist Pankaj Mishra, wie Asien neuerdings der Wiederaufstieg «Aus den Ruinen des Empires» gelungen ist. Die großen Länder Asiens schwanken nicht länger zwischen Aufholwillen und Ressentiment gegen den Westen, sie haben bereits aufgeholt. Die Vorherrschaft des Westens ist für Mishra längst eine Sache der Vergangenheit. Sie erscheint ihm «bereits jetzt nur als eine weitere, überraschend kurzlebige Phase in der langen Geschichte der Imperien und Zivilisationen».

Dieser Befund kann nicht darüber hinwegtäuschen, dass es manche ehemalige Kolonien nicht geschafft haben, sich aus den Trümmern des Imperiums zu erheben. Sie hausen vielmehr auch weiterhin in den Ruinen des British Empire, geschlagen mit allen Übeln einer fehlgegangenen Entkolonialisierung und geplagt von ausländischen Einmischungen ebenso wie vom Exodus inländischer Eliten. All dies hatte große Flüchtlingsströme zur Folge, vor allem nach Europa und Nordamerika.

All dies hatte auch große Erzählungen zur Folge, über Elend, Aufruhr und Aufbegehren in den Ex-Kolonien, über Flucht und Exil, über die Mehrfach-Identität und Misch-Existenz als Luftwurzler, als moderne Nomaden, die zwischen Abschiebung und Fuß-Fassen hin- und hertaumeln. Indem die migrantischen Autoren ihre Herkunftskulturen – also Geschichte, Religionen, Lebensstile, Mythen, Künste, Rituale, Speisen, Folklore, orale Erzähltraditionen – in Literatur transformieren und ins Exil weitertragen, leisten sie auch Vermittlungsarbeit. Sie übersetzen ihren Einwanderungsländern die jeweilige Kultur ihrer Herkunftsländer. Sie erzählen von ihren mannigfaltigen Metamorphosen und vom Kulturwechsel, der nicht immer als Bereicherung erlebt wird.

Migration hat meist wenig mit dem Glück multikultureller Selbstintensivierung und der Lust an der Ich-Bereicherung durch hybride Mischungen zu tun. Viel öfter ist Migration eine Erfahrung des Mangels. Geschrieben wird daher auch über die Leiden am Selbstverlust in der Fremde, über den Schock der Verstädterung, über fehlgehende oder verhinderte Integration, über Fremdheitsgefühle und verlorene Identität. Doch gerade in der Beschreibung der Defizite werden auch die Umrisse eines Hoffnungsmodells erkennbar: Erahnbar werden die Chancen eines friedlichen Zusammenlebens in Menschenwürde und Toleranz.

Außer über die Freuden und Mühen der Ankunft in ihren Zufluchtsländern erzählen die Flüchtlinge auch Geschichten über ihre unglücklichen, misshandelten Herkunftsländer. Als Exilanten meist im Westen lebend, blicken sie aus dem Ausland auf ihre Ursprungsländer zurück – je nach Erzähltemperament mit Trauer, Qual oder Sehnsucht, mit Sarkasmus, Hohn oder Ekel, immer aber mit beträchtlichen

Phantomschmerzen. So unterschiedlich ihre Gefühle auch sein mögen, eines eint sie untergründig: die Melancholie des Migrantentums. Ihr Land hat sie in die Flucht geschlagen, eine Rückkehr auf Dauer kann und wird es für sie zumeist nicht geben.

Diese Melancholie erweist sich als gewaltige Produktivkraft. Es ist kein Zufall, dass viele der bedeutendsten Autoren dieser neuen Weltliteratur aus maroden oder gar ruinierten Ländern stammen: Deren Misere versorgt sie mit unendlichen Erzählstoffen. Im Exil gestalten sie ihre kaputten Herkunftswelten sprachlich neu. Was in den Ruinen Pakistans, Nigerias, Somalias oder des Irak, aber auch in den Bürgerkriegsländern Libanon und Jugoslawien blüht, ist nicht zuletzt eine üppige und vielstimmige Literatur. Ein in Jahrzehnten des Bürgerkriegs ruinierter und aufgegebener Staat wie Somalia etwa wird vom Autor Nuruddin Farah am Leben erhalten, indem er darüber schreibt.

Dank solcher Autoren verschiebt sich der Atlas der Literaturlandschaften. Stimmen aus bisher literarisch stummen Weltregionen beginnen sich Gehör zu verschaffen. Der Fokus der Aufmerksamkeit liegt zunehmend auf außereuropäischen Literaturen und deren rasantem Wachstum. Die herkömmliche literarische Orientierung (die in Wahrheit eine Okzidentierung war) ist längst nicht mehr anwendbar und kommt immer mehr außer Gebrauch, je dynamischer die globale Literatur wächst und an Bedeutung zunimmt. Auffällig ist deren Gestus der Widersetzlichkeit. Oft stellen die Romane und Erzählungen der Migranten die Normen, Werte und literarischen Traditionen des bisher dominierenden Westens systematisch infrage. Subversive und rebellische Schreibhaltungen sind da eine häufige Form, den Kolonialismus, aber auch einheimische Rückständigkeit oder regionalen Fundamentalismus zu kritisieren.

Solche Kritik kann Autoren in Schwierigkeiten bringen, sogar in Lebensgefahr, wie sich an der Hetzjagd fanatischer Muslime gegen Salman Rushdie studieren lässt. Den Autor Ken Saro-Wiwa hat seine Kritik an Nigerias Missständen das Leben gekostet – er wurde hingerichtet. Autoren, die sich kritisch mit den Zuständen in ihren Herkunftsländern auseinandersetzen, müssen Verfolgung und Gefängnis gewärtigen, sofern ihnen nicht, wie Nuruddin Farah, rechtzeitig die

Flucht gelingt. Gefängnistexte sind daher ein integraler Teil der Migrationsliteratur, wie das Beispiel von Autoren wie Ngũgĩ wa Thiong'o, Wole Soyinka oder Abbas Khider zeigt.

Die neue Weltliteratur ist eine Literatur der Nicht-Muttersprachlichkeit. Die meisten ihrer Autoren sind Sprachwechsler. Was auch immer ihre Muttersprache gewesen sein mag, Urdu oder Marathi, Bangla, Arabisch, Amharisch, Gĩkũyũ, Swahili, Yoruba oder eine andere der zweitausend indigenen Sprachen, die in Afrika, oder der fast achthundert Sprachen, die auf dem indischen Subkontinent gesprochen werden: Für die große Erzählung ihrer Weltwanderung wechseln fast alle aus ihrer jeweiligen Lokalsprache in die Sprache ihrer einstigen Kolonialherren – ins Französische, wenn sie aus frankophonen Kolonien stammen, ins Englische, wenn das britische Empire ihre Herkunftsregion ist, und das immer auf die Gefahr hin, dass man in einer Sprache auch gedacht wird, sobald man in ihr zu denken beginnt. Der Ambivalenz dieser literarischen Strategie sind sie sich durchaus bewusst, formulieren sie doch ihren Widerstand gegen kulturimperialistische Anmaßungen in der Sprache derer, gegen die sich ihr Widerstand richtet.

Diese Autoren schreiben eine Literatur mit Akzent. Die Kolonialsprache wird in der Neuaneignung verändert und angepasst, sogar in eine neue Sprache umgestaltet – kreolisiert. Im Gefolge Édouard Glissants und Patrick Chamoiseaus, zweier Autoren von der französischen Antilleninsel Martinique und Vordenker zu Fragen postkolonialer Identität, haben vor allem die karibischen Autoren die französische Sprache «gekapert, legitimiert und adoptiert. Wir haben sie uns angeeignet. Wir haben die Bedeutung bestimmter Wörter erweitert. Wir haben die Bedeutung anderer verändert. Und vieles verwandelt. Wir haben sie angereichert, in ihrem Wortschatz wie in ihrer Syntax. Kurz, wir haben uns in ihr eingenistet.» So liest man in dem Manifest «Lob der Kreolität» *(Éloge de la créolité)*, das Patrick Chamoiseau 1989 gemeinsam mit dem Linguisten Jean Bernabé und dem Schriftsteller Raphaël Confiant publizierte.

Ähnliches reklamiert Salman Rushdie auch für die Aneignung des Englischen: «Die Menschen, die einst von der Sprache kolonisiert wurden, formen sie jetzt sehr schnell um, domestizieren sie, gebrauchen sie immer selbstverständlicher. Von der enormen Flexibilität und Reichhaltigkeit der englischen Sprache unterstützt, erobern sie sich innerhalb ihrer Grenzen weitläufige eigene Territorien», schreibt er in seinem Essay «Es gibt keine ‹Commonwealth-Literatur›».

Nicht nur Autoren aus den britischen Ex-Kolonien, auch Bürgerkriegsflüchtlinge aus Jugoslawien oder jüdische Asylanten aus der ehemaligen Sowjetunion schreiben ihre literarischen Werke vorzugsweise auf Englisch, denn dies ist die globale Verkehrssprache, die in über hundert Ländern gesprochen wird. Sie stellt daher das vorteilhafteste Kommunikationsmittel dar, wenn man den literarischen Weltmarkt erreichen will. «Englisch ist die Zukunft der indischen Literatur», sagt der indische Autor Kiran Nagarkar, der von Marathi in die Sprache der Kolonialherren gewechselt hat. Und der Kenianer Ngũgĩ wa Thiong'o, der demonstrativ aus dem Englischen in seine Muttersprache zurückwechselte und seine Romane eine Zeitlang auf Gĩkũyũ schrieb, sieht sich gleichwohl genötigt, sie selbst danach ins Englische zu übersetzen, will er als Welt-Autor wahrgenommen werden.

Englisch ist eine besonders demokratische Sprache. Man kann sich der englischsprachigen Literatur von überall her zugesellen: «Jeder kann die englische Sprache zu seiner Heimat erklären, und niemand kann aus ihr verbannt werden», sagt etwa der Schriftsteller Aleksandar Hemon, ein gebürtiger Bosnier aus Sarajevo mit serbischen und ukrainischen Wurzeln, der vor den Balkankriegen nach Chicago ausgewichen ist und seine Bücher auf Englisch schreibt. Bei ihm kann man nachlesen, wie mühselig ein solcher Sprachwechsel sein kann: Hemon vermochte sich erst nach einer langen Phase völliger Sprachlosigkeit seine neue Literatursprache anzueignen.

Übrigens wechselten nicht alle Autoren, die als Bürgerkriegsflüchtlinge Jugoslawien verließen, ins Englische, wiewohl die Einwanderung in die englische Sprache in der neuen Weltliteratur am häufigsten vorkommt. Hemons bosnischen Kollegen Saša Stanišić etwa verschlug es nach Deutschland – und damit auch ins Deutsche als seine Literatursprache. Stanišić zählt heute zur ständig wachsenden Gruppe von Schriftstellern migrantischer Herkunft, die inzwischen die deutsche Literatur bereichern – wie etwa Terézia Mora, Emine Sevgi Özdamar, Olga Martynova, Feridun Zaimoglu, Alina Bronsky, Sherko Fatah oder Ilija Trojanow.

Diese neue Weltliteratur ist eine dynamische, rasant wachsende, postethnische und transnationale Literatur, eine Literatur ohne festen Wohnsitz, geschrieben von Migranten, Pendlern zwischen den Kulturen, Transitreisenden in einer Welt in Bewegung, deren avancierteste Vertreter wie Taiye Selasi, Mohsin Hamid oder Teju Cole auch den Postkolonialismus bereits hinter sich gelassen haben. Diese Literatur ist mit nationalliterarischen Kategorien nicht mehr zu fassen. Sie eröffnet neue Erzählwelten und Erfahrungsräume und operiert in globalen Vernetzungen, in denen die Unterschiede zwischen Peripherie und Zentrum längst zum Verschwinden gebracht wurden. Sie ist ein weites Feld, das gegenwärtig noch keineswegs für einen Gesamtüberblick vorbereitet ist. Niemand kann für sich in Anspruch nehmen, diese immense und weiter vor sich hin explodierende Materialmenge zu überblicken, geschweige denn zu meistern.

Vor allem in Großbritannien und den USA ist diese neue Weltliteratur seit längerem Gegenstand der akademischen Forschung und Theoriebildung. Vornehmlich Komparatisten wie David Damrosch, Haun Saussy oder Richard Rorty verdanken wir entscheidende Vorarbeiten in der Definition und Klassifikation, die auch in dieses Buch eingeflossen sind. Die US-amerikanische Literaturszene hat die Zuwanderer inzwischen wie selbstverständlich eingemeindet. Als die Zeitschrift «New Yorker» 2010 ihre viel beachtete Liste «Twenty under Forty» veröffentlichte, die zwanzig amerikanische Autoren versammelt, die jünger als vierzig Jahre und nach Meinung der Redaktion vielversprechend sind, da waren fast die Hälfte davon Migranten oder Migrantenkinder aus Afrika, China, Osteuropa und Ex-Jugoslawien. Und sogar die Schwedische Akademie hat sich inzwischen von ihrem jahrzehntelang gepflegten hegemonialen Eurozentrismus verabschiedet. Die Vergabe des Literaturnobelpreises an den Nigerianer Wole Soyinka signalisierte 1986 eine Öffnung ins Globale. Das Nobel-Komitee versteht sich seither zunehmend als Labor der neuen Weltliteratur, zeichnet immer mehr außereuropäische und migrantische Autoren aus ehemaligen Kolonien aus und hilft so, den mächtig anwachsenden, aber höchst fluktuierenden Gegenkanon der globalen Literaturen zu etablieren und im westlichen Bewusstsein zu verankern.

Im deutschsprachigen Raum hingegen ist die globale Literatur bislang nur am Rande wahrgenommen worden, auch wenn seit einigen Jahren ein zunehmendes Übersetzungsinteresse zu beobachten ist: Mit zeitlicher Verzögerung wandert diese neue Weltliteratur allmählich aus den verdienstvollen Spezialverlagen in die Programme der großen Publikumsverlage ein, verändert deren Weltwahrnehmung, deren Arbeit am Corpus der Literatur sowie am literarischen Kanon und nicht zuletzt auch das Bild des deutschsprachigen Lesers von den Wertigkeiten in der Gegenwartsliteratur.

Diese neue Weltliteratur und ihre großen Erzähler sind der Gegenstand dieses Buches – soweit sie in deutscher Übersetzung vorliegen. Dieser neu auftauchende literarische Kontinent soll für eine deutschsprachige Leserschaft vermessen werden – in aller Vorläufigkeit und Lückenhaftigkeit. Nicht gemeint sind die strategisch geplanten Bestseller, die eine großindustriell erzeugte Unterhaltungsliteratur unentwegt in die Buchläden schwemmt: Globale McFiction bleibt hier außer Betracht.

Ausgewählt wurden rund fünfzig Autoren und Autorinnen – allesamt Migranten und Sprachwechsler. Die Mehrzahl entstammt den ehemaligen britischen Kolonien in Afrika, Nah- und Mittelost, Asien und der Karibik. Der Kreis dieser postkolonialen Erzähler wird ergänzt durch Migranten aus anderen Weltgegenden, die neuerdings die postkoloniale Literatur ins wahrhaft Globale erweitern – jüdische Autoren, die aus der Sowjetunion emigrierten und in Ankunftsstädten wie New York oder Toronto Fuß fassten; Flüchtlinge, die vor den Bürgerkriegen im Libanon und in Jugoslawien Asyl in Amerika oder in Deutschland suchten. Dass eine solche Auswahl immer auch von Subjektivität geprägt ist, liegt auf der Hand. Ein Gesamtüberblick ist weder angestrebt noch möglich. Jedem informierten Leser dürfte es ein Leichtes sein, Autoren und Werke zu monieren, die ihm fehlen und die er vermisst.

Indem dieses Buch Weltregionen in den Blick nimmt, die bisher auf der literarischen Landkarte kaum oder gar nicht verzeichnet waren, lädt es zu Entdeckungsreisen ein. Kartografiert werden Literaturlandschaften, doch so, dass sie in Literaturerzählungen überführt werden. Literaturgeschichte wird in Form von Literaturgeschichten dargestellt, wobei der kulturelle Resonanzraum immer mit anklingt. Der Kontext zu den Texten wird angesprochen. Und die Politik liefert die Hintergrundgeräusche.

Gezeigt werden soll, auf welche Weise diese Weltgegenden in ihrer konfliktreichen Gegenwart und ihrer schwierigen postkolonialen Geschichte in der Literatur reflektiert werden – von Autoren, die kraft Herkunft über die Innenperspektive und kraft biographischer Mobilität auch über den Blick von außen verfügen. Immer geht es um die Intensität der ästhetischen Energie von Literatur – und nicht darum, einzigartige und vieldeutige literarische Kunstwerke auf ihre historisch-politischen Quellen oder auf soziologische Fakten zu reduzieren.

Im Aufbau folgt das Buch den eingangs skizzierten zeithistorischen Entwicklungen, beginnend mit Autoren, die von den diversen Einwanderungswellen im Nachkriegsengland erzählen. Im Afrika-Kapitel wird vornehmlich am Beispiel von Autoren aus Nigeria gezeigt, wie rasant, widersprüchlich und ungleichzeitig enorme Entwicklungssprünge binnen weniger Generationen vonstattengehen. Während die einen Autoren die unterdrückte Kolonialgeschichte rekonstruieren, sich am Trauma des Biafra-Kriegs und den Geburtsfehlern des Staates abarbeiten und während andere Erzähler der Identitätsproblematik von Migranten im Westen nachgehen, leben wieder andere Autoren bereits den Luxus-Kosmopolitismus privilegierter «Afropoliten» aus und demonstrieren einen ostentativ untragischen, elitären Universalismus, der alle Quellen einer glamourösen Patchwork-Identität in vollen Zügen ausschöpft.

Der zweite Hauptteil stellt in Einzelporträts und regionalen Längsschnitten Literaturen vor, die in den Ruinen des British Empire entstanden sind und von diesen – zumeist traumatischen – kolonialen Hinterlassenschaften künden. Als westliche Ankunftsstädte von Flüchtlingen und Immigranten wurden Toronto und New York ausgewählt, die sich – als Realität und Metapher – als besonders literaturträchtig erwiesen. Und die Maximum-City Bombay/Mumbai mit ihrer Fülle an Großstadtromanen steht exemplarisch für die Doppelgesichtigkeit der neuen Multi-Millionen-Städte mit ihren monströsen Gegenwartsproblemen und ihrem gewaltigen Zukunftspotenzial. Den Abschluss bilden mannigfache Zerfallsgeschichten aus den Bürgerkriegsländern Libanon und Jugoslawien.

Gesellschaftliche Grundstimmungen sind variabel und stellen sich in verschiedenen Weltregionen unterschiedlich dar. In den rund sechs Jahrzehnten, die dieses Buch überblickt, haben sich die Zeitstimmungen und Gefühlslagen in Bezug auf die weltweiten Migrationen mehrfach geändert, insbesondere nach den New Yorker Anschlägen vom 11. September 2001. Dieser Wandel spiegelt sich auch in der Migrationsliteratur und wird in diesem Buch nachgezeichnet – im vollen Bewusstsein seiner Unabschließbarkeit.

Erwähnte Bücher

Kwame Anthony Appiah «Der Kosmopolit. Philosophie des Weltbürgertums» (C.H.Beck 2007)

Homi K. Bhabha «Die Verortung der Kultur», Aufsätze (Stauffenburg 2000)

Patrick Chamoiseau (mit Jean Bernabé und Raphaël Confiant) «Éloge de la créolité» (Gallimard 1989)

David Damrosch «What Is World Literature?» (Princeton University Press 2003)

Édouard Glissant «Zersplitterte Welten. Der Diskurs der Antillen», Essay (Wunderhorn 1986)

Pankaj Mishra «Aus den Ruinen des Empires. Die Revolte gegen den Westen und der Wiederaufstieg Asiens» (S. Fischer 2013)

V. S. Naipaul «Das Rätsel der Ankunft», Roman (Kiepenheuer & Witsch 1993)

Salman Rushdie «Heimatländer der Phantasie. Essays und Kritiken 1981–1991» (Kindler 1992)

Doug Saunders «Die neue Völkerwanderung – Arrival City» (Blessing 2011)

Haun Saussy (ed.) «Comparative Literature in an Age of Globalization» (Johns Hopkins University Press 2006)

Sam Selvon «The Lonely Londoners», Roman (Alan Wingate 1956)

Tzvetan Todorov «Die Angst vor den Barbaren. Kulturelle Vielfalt versus Kampf der Kulturen» (Hamburger Edition 2010)

Werner Wintersteiner «Poetik der Verschiedenheit. Literatur, Bildung, Globalisierung» (Drava 2006)

2. Kapitel
Das Rätsel der Ankunft

«Generation Windrush»

Sie waren die Vorhut. Nach ihnen kamen Unzählige, aber sie waren die Ersten – und ihre Ankunft in England vor mehr als sechzig Jahren hat das Land für immer verändert. Sie waren die Pioniere, die die britische Nachkriegsgesellschaft zu verwandeln begannen. Sie machten aus einem bis dahin fast monochrom weißen England ein buntes Gemisch von Herkünften und Hautfarben. Ohne sie wäre Großbritannien nicht das geworden, was es heute ist: ein multiethnischer und multikultureller Mix aus eingeborenen Briten und Zuwanderern, vor allem aus den ehemaligen Kolonien. Das Schiff, das am 22. Juni 1948 in Tilbury an der Themse-Mündung anlegte, hieß «Empire Windrush», und es hatte 493 Passagiere aus Jamaika an Bord – die erste Gruppe westindischer Immigranten, die auf der Suche nach Arbeit und in der Hoffnung auf ein besseres Leben nach London kamen.

Im April zuvor war in einer jamaikanischen Tageszeitung eine Anzeige erschienen, in der jedem eine billige Überfahrt auf der «Windrush» versprochen wurde, der nach England kommen und dort arbeiten wollte. Vor allem junge Männer folgten dem Ruf der britischen Nachkriegsregierung und ihrer Politik der offenen Tür. Da es damals noch keine Einwanderungsbeschränkungen für Bürger des British Empire gab und fast jeder Bewohner der Kolonien und Dominions des Commonwealth einen britischen Pass besaß, stand London den Zuwanderern aus der Karibik offen, umso mehr, als viele von ihnen während des Zweiten Weltkriegs in der *Royal Air Force* (RAF) dem König und dem Vaterland gedient hatten und sich daher dort willkommen glaubten.

Den Immigranten galt England als das Gelobte Land und London als Zentrum der Welt – ein Phantasma, ein Traum-Ort, dessen Straßen mit Gold gepflastert waren. So gesehen, war die «Windrush» eine Art umgekehrte «Mayflower». Auf die Pilgerväter, die einst als Kolonisatoren von England nach Amerika aufbrachen, um dort ein besseres Leben zu suchen, folgte Jahrhunderte später der Aufbruch der Kolonisierten – in der Gegenrichtung. Und wie jene hatten auch sie den trügerischen Mythos vom Goldland Eldorado mit an Bord.

Die Ernüchterung konnte auch dieses Mal nicht ausbleiben. Kein Gold auf den Straßen Londons, kein leicht erworbener Reichtum für die armen Schlucker aus Übersee. Die «Generation Windrush», wie der fortdauernde Zuwandererstrom von den westindischen Inseln bald genannt wurde, durchlebte in England alle Phasen der Ablehnung als unerwünschte Job-Konkurrenz und alle Stufen der Ausgrenzung und Deklassierung aufgrund der Hautfarbe. Als die ersten schwarzen Arbeitsmigranten in England waren die afro-karibischen Westinder sehr sichtbar und zogen daher starke Aufmerksamkeit auf sich, aber auch starke Ressentiments.

Den Einheimischen galten die Einwanderer unterschiedslos und verächtlich als «Jamaikaner», auch wenn sie aus Trinidad oder Barbados stammten. Auf solche Fremdenfeindlichkeit waren die Ankömmlinge nicht gefasst. Die Traumstadt London erwies sich als Albtraum. Die Zuwanderer aus den Kronkolonien der Karibik mussten erkennen, was sie in Wahrheit waren: keine Wunsch-Londoner, sondern missachtete, allenfalls geduldete, einsame Londoner mit miesen Jobs und ebenso miesen Aussichten.

«The Lonely Londoners» heißt der erste Roman, in dem die Geschicke einer Handvoll Einwanderer der «Generation Windrush» aus deren Sicht erzählt werden. In dieser tragikomischen Chronik der Ankunft, die 1956 erstmals erschien und längst Klassikerstatus genießt, porträtiert Sam Selvon, selbst ein Immigrant aus Trinidad, seine entwurzelten Landsleute, die durch das kalte und finstere Labyrinth der Weltmetropole London stolpern und sich als ungelernte Hilfsarbeiter am untersten Rand der Gesellschaft wiederfinden. Doch Selvon beschreibt sie eben nicht als viktimisierte «Andere», sondern als gewitzte und zähe Überlebenskünstler, die rasch lernen, sich in einer unfreundlichen Umwelt nicht nur zu behaupten, sondern auch neu zu erfinden.

Waterloo Station ist ihrer aller Ankunftsort in der Stadt: nicht nur der Kopfbahnhof der «Boat Train», der Zubringerbahn von den Ankunftshäfen, sondern auch das Einfallstor in die Stadt und ein Ort der Metamorphose. Die Fremdlinge in ihren dünnen Tropen-Klamotten und mit ihren Pappkoffern und Bündeln erleben hier ihren Übergangsritus, der aus südlichen Sonnen-Insulanern ewig fröstelnde Großstädter des Nordens macht, die über die Dampfwolken vor ihren Mündern staunen und sich in ihren kalten Untermietzimmern in Notting Hill oder Paddington jede Shilling-Münze für die Gasheizung werden absparen müssen.

Zugleich nötigen die Ankömmlinge ihrerseits London, das nicht auf sie vorbereitet ist, zur Neuerfindung. Sie transformieren allmählich die Stadträume, in denen sie sich niederlassen. Ganze urbane Quartiere werden von den Zuzüglern neu geprägt und westindisch umgestaltet. Sie kreolisieren ihr Territorium, die Gegend zwischen «the Gate», «Arch» und «Water», also das Stadtquartier zwischen Notting Hill, Marble Arch und Bayswater.

Sie kreolisieren außerdem die englische Sprache und reichern sie an mit den humoristischen Wendungen ihres karibischen Straßen-Slangs und der balladesken Suada, die ihrem mündlichen Austausch den subversiven Humor und ihren Erzählungen die besondere Dynamik verleiht. Sam Selvon hat für seine Migrantenchronik ein lebhaftes und kraftvolles Kunst-Kreolisch erfunden, das witzig zu lesen, aber schwierig zu übersetzen ist, was wohl der Grund dafür sein dürfte, dass «The Lonely Londoners» bisher nicht auf Deutsch vorliegt.

Notting Hill, Paddington und später Earl's Court entwickeln sich zu westindischen Enklaven, ebenso wie Brixton in Süd-London, das sein Debüt als multiethnische Kommune erlebt. In den heruntergewohnten und vernachlässigten Mietquartieren, so liest man bei Sam Selvon, hausen die Zugezogenen eng zusammengedrängt, oft in elenden Löchern mit der Gemeinschaftstoilette im Halbstock. Sie pumpen einander reihum an, bis jeder bei jedem Schulden hat, leihen bibbernden Neuankömmlingen ihre Wollpullover und rupfen schon mal eine Straßentaube für den Kochtopf, wenn der Hunger allzu groß wird und der Wochenlohn für eine Fleischmahlzeit nicht reicht. Und alle ersehnen den kurzen Londoner Sommer, wenn die englischen Mädchen sich endlich aus ihren Wintervermummungen schälen, ihre Sommerfähnchen hissen und bereit sind, sich im Hyde Park mit hübschen Boys aus der Karibik in die Büsche zu schlagen.

Sam Selvon liebt seine karibischen London-Debütanten, er lässt seine westindischen Spitzbuben in der Diaspora nicht verzweifeln, auch wenn sie nicht oder kaum vorankommen und den sozialen Aufstieg nicht schaffen. Untereinander sind sie eng vernetzt, doch auch nach Jahren des Lebens in der Stadt müssen sie feststellen, dass ihre Netzwerke über die eigene Landsmannschaft kaum hinausreichen: «Keiner in London akzeptiert uns wirklich. Sie tolerieren uns, das schon, aber sie werden uns nie zu sich nach Hause einladen.»

Die Erzählerin Andrea Levy sieht das bereits ein wenig anders, differenzierter. Sie ist eine Generation jünger als Sam Selvon; sie ist in London in dem Jahr geboren, 1956, als «The Lonely Londoners» erscheint. Ihre Eltern sind, wie auch die Eltern von Zadie Smith, aus Jamaika eingewandert. Ihre Vorfahren sind eine abenteuerliche Mischung: Ein rothaariger Schotte zählt ebenso dazu wie ein jüdischer Großvater und eine Ururgroßmutter, die in Jamaika noch als Sklavin geboren wurde.

Als Heranwachsende erfährt Andrea Levy, dass ihr eigener Vater einer der «Windrush»-Passagiere gewesen ist und damit auch zur ersten optimistischen Welle der Nachkriegsimmigration gehört. Natürlich nimmt auch die Tochter zunächst den Blickwinkel jamaikanischer Zuwanderer ein, wenn sie in ihren Romanen auf Großbritannien schaut. Doch das bleibt nicht ihre einzige Perspektive. Andrea Levy möchte das ganze Bild der englischen Nachkriegsgesellschaft erfassen, genau an dem Punkt des Jahres 1948, als mit der Ankunft der «Windrush» das britische Weltreich zu Ende ging und als im Zuge der Entkolonialisierung die Epoche der Immigration begann.

In ihrem vierten Roman «Small Island» (deutscher Titel: «Eine englische Art von Glück») beschreibt Andrea Levy die frühen Einwanderungsjahre aus einer doppelten Perspektive – von innen und von außen, aus Sicht der Zuwanderer und aus Sicht der eingesessenen Londoner. Mit «Small Island» schaffte sie den literarischen Durchbruch. Sie sieht und versteht beide Seiten. Sie sympathisiert mit den Einwanderern, die sich doch als britische Bürger fühlen durften und nun schockiert erleben, dass sie im Mutterland nicht willkommen sind. Sie zeigt aber auch Verständnis für die einheimische englische Unterschicht, die sich feindselig verhält, weil sie sich durch die Zuwanderer bedroht fühlt.

Wer oder was ist mit «Small Island» gemeint? Verglichen mit den vielen kleinen Inseln der Karibik betrachten die Jamaikaner ihre Heimat als große Insel. Aus englischer Perspektive hingegen ist Jamaika irgendein fernes kleines Eiland, während umgekehrt den ersten Zuwanderern Großbritannien als kleine Insel erscheint, die ohne ihr weggebröckeltes Empire recht unbedeutend und ärmlich dasteht. Das immer noch vom deutschen Bombenkrieg versehrte, graue, bedürftige und an mancherlei Mangel laborierende Nachkriegs-London hat sich noch nicht hinreichend erholt, um seinen ersten Arbeitsmigranten aus Übersee auch nur ansatzweise das bieten zu können, was diese sich erhofften und erträumten. Ernüchtert begegnen also die Bewohner zweier kleiner Inseln einander mit wechselseitiger Geringschätzung.

All diese Widersprüche und gegenseitigen Enttäuschungen macht Andrea Levy stellvertretend für die Gesamtgesellschaft an zwei schlecht verheirateten Ehepaaren fest, die sie abwechselnd zu Wort kommen lässt: Gilbert und Hortense sind die farbigen Zuwanderer aus Jamaika, und in deren Geschick verarbeitet die Autorin auch die schwierige Ankunftsgeschichte ihrer eigenen Eltern; Bernard und Queenie sind die weißen Unterschicht-Londoner, die dem Migranten-Paar die schäbige Dachkammer ihres Hauses in Earl's Court vermieten. Alle vier haben in der Vergangenheit demütigende Erfahrungen gemacht und fühlen sich auf unterschiedliche Weise sozial deklassiert, was ihnen den unvoreingenommenen Umgang miteinander erschwert.

Eben diese vielfältigen untergründigen Ambivalenzen interessieren die Autorin.

Mit einem feinen Ohr für die abgestuften Rassen- und Klassen-Intonationen und die unterschiedlichen Bildungsnuancen ihres Quartetts entfaltet Andrea Levy in diesen vier Stimmen alle Facetten der Missverständnisse und wechselseitigen Vorurteile, die einer Integration der Neuankömmlinge von Anfang an im Weg stehen. Die Ressentiments erwachsen nicht selten aus schierer Unwissenheit.

Queenies Ehemann Bernard hat sich als RAF-Mann in Indien einen hässlichen Rassismus angewöhnt, den er nun auch an seinen Untermietern auslässt, die umgekehrt ihrem Vermieter mit Geringschätzung begegnen. Vor allem Hortense fühlt sich im Stillen ihren weißen Vermietern überlegen. Mit ihrem Lehrerinnen-Diplom aus Jamaika und ihrer gehobenen Ausdrucksweise dünkt sie sich als etwas Besseres; sie verachtet die gewöhnlichen westindischen Migranten in der Nachbarschaft und rümpft die Nase über ihren untüchtigen Ehemann Gilbert ebenso wie über die ungebildete Queenie. Doch sie muss erfahren, dass ihr Diplom in England wertlos ist, und sieht sich deklassiert und gezwungen, sich mit Näharbeiten durchzuschlagen, eine von vielen Armen in einem armen Land. Gilbert seinerseits – auch er ein ehemaliger Angehöriger der *Royal Air Force*, der Seite an Seite mit den Briten gegen Hitler kämpfte und sich als britischer Bürger fühlt – muss erleben, dass er ohne seine blaue RAF-Uniform tagtäglichen Diskriminierungen ausgesetzt ist; er endet als vielfach gedemütigter Post-Ausfahrer in London. Queenie ist die Einzige, die ihren Untermietern einigermaßen vorurteilsfrei begegnet.

Ganz nebenbei entzaubert Andrea Levy den britischen Mythos von der sozial egalisierenden Wirkung des Bombenkriegs. Dass die Engländer im Krieg ohne Klassenschranken solidarisch zusammengerückt seien – alles Legende. Was in Hitlers Bombenhagel auf London unversehrt stehen blieb, waren vor allem die kulturellen Barrieren zwischen den gesellschaftlichen Klassen. Umso weniger sind die verarmten und verunsicherten Nachkriegs-Londoner daher in der Lage, das zeigt Andrea Levy sehr genau, dem Zustrom der Arbeitsmigranten aus den Kolonien ohne Ablehnung und Feindseligkeit zu begegnen.

In der Romanfigur des RAF-Mannes Bernard mit seinen anachronistischen kolonialherrlichen Allüren wetterleuchtet bereits eine gefährliche atmosphärische Spannung, die sich in der britischen Realität zehn Jahre später erstmals gewaltsam entladen wird. Wie die Mehrheit der weißen Briten hält Bernard Ethnizität für eine Eigenschaft der anderen. Es wird noch lange dauern, und viele Rassenkrawalle und feindselige Ausschreitungen werden die Migranten der drei Einwanderungswellen aus der Karibik, vom indischen Subkontinent und aus den afrikanischen Ex-Kolonien noch erdulden müssen, ehe die weißen Briten davon ablassen werden, sich selbst als die nationale Norm und die Zuwanderer als minderwertige Abweichler von dieser Norm zu betrachten.

Zu Anfang der 1950er Jahre ist das innerstädtische Nebeneinander der Ethnien in London noch einigermaßen friedlich. Noch gibt es keine Ausbrüche von offenem Rassenhass gegen die Zuzügler. Die Notting Hill-Rassenkrawalle von 1958, in denen gewalttätige «Keep Britain White»-Mobs über die Westinder herfallen, sie in ihren Vierteln attackieren und ihre Häuser und Läden verwüsten werden, liegen noch in der Zukunft. Ebenso wie auch der *Commonwealth Immigrants Act* von 1962, ein Gesetz, das den freien Zuzug von Commonwealth-Bürgern ins Mutterland drastisch einschränken wird, womit vor allem unerwünschte Zuwanderer vom indischen Subkontinent und aus Afrika gemeint sind.

Doch in den frühen 1950er Jahren hat der Zustrom aus anderen Teilen des Empire als der Karibik noch gar nicht richtig eingesetzt. Vor allem die Zuwandererströme aus Pakistan, Indien, dem späteren Bangladesch und dem späteren Sri Lanka (das noch Ceylon heißt), beginnen gerade erst im englischen Mutterland einzutreffen. Sie werden die späten 1950er und frühen 1960er Jahre bestimmen. Zu diesem Zeitpunkt gibt es noch keine Literatur, die sich mit dem Thema indische oder afrikanische Immigration beschäftigt. Die späteren Chronisten der Zuwanderung vom Subkontinent – Salman Rushdie, Hanif Kureishi, Monica Ali, Nadeem Aslam oder Michael Ondaatje – sind zu diesem Zeitpunkt, den frühen 1950er Jahren, entweder Kinder oder noch gar nicht geboren; über ihre eigene schwierige Ankunft in England werden diese Autoren erst Jahrzehnte später schreiben können, und ihre großen Werke über Entkolonialisierung, die den Horizont der englischen Literatur unerhört erweitern und ihr ein völlig neues Gepräge geben werden, erscheinen erst ab den 1980er Jahren.

Die Vorhut der Einwanderung vom indischen Subkontinent bildet ein elfjähriger Junge aus der Kronkolonie Ceylon. Das Kind entstammt der feudalen, aber inzwischen etwas heruntergekommenen Oberschicht der Insel, ist seiner Herkunft nach eine wilde tamilisch-singhalesisch-holländisch-britische Mischung und überdies das Resultat einer zerbrochenen Ehe. Im Jahr 1954 wird der Kleine ganz allein per Schiff von Colombo nach England geschickt. An Bord der «Oronsay» wird er zu seiner geschiedenen Mutter nach London verfrachtet, um auf ein englisches Internat zu gehen. Für den kleinen Tropen-Bewohner bedeutet diese Verschickung nicht nur einen Akt der Entwurzelung; sie kommt einer Vertreibung aus dem Paradies seiner Kindheit gleich.

Mehr als ein halbes Jahrhundert später wird sich Michael Ondaatje, inzwischen ein vielfach preisgekrönter Welt-Autor, der zwischen Colombo und Toronto, seiner Herkunftswelt und seiner Wahlheimat, hin- und herpendelt, an seine Ankunft in England erinnern, vor allem an die Empfindung von Kälte, die dem kleinen Jungen in England entgegenschlug. Wie er in «Katzentisch», seinem märchenhaften Roman über diese Schiffsreise, schreibt, erwartete ihn seine Mutter am Kai in Tilbury. «Ich stieg die breite Gangway zum Kai hinunter. Ich versuchte herauszufinden, wer meine Mutter sein konnte. Ich wusste nicht mehr recht, wie sie aussah. Ich hörte: ‹Michael›, und in der Stimme klang die Furcht mit, sich zu täuschen. Ich drehte mich um und sah niemanden, den ich kannte. Eine Frau legte mir die Hand auf die Schulter und sagte: ‹Michael!› Sie berührte mein Baumwollhemd und sagte: ‹Dir ist sicher kalt, Michael.› Ich stellte meinen Koffer ab und schloss sie in die Arme. Sie hatte recht, mir war kalt.»

Die Ahnung, in einem kalten Land angekommen zu sein, teilt der kleine Ceylonese nicht nur mit den durchgefrorenen karibischen Arbeitsmigranten, sondern – buchstäblich oder metaphorisch – mit so gut wie allen Ankömmlingen aus den ehemaligen britischen Kolonien.

Drei von ihnen haben später in ihren Büchern besonders eindringlich und geradezu exemplarisch die Erinnerungen an die frostigen Zeiten ihrer Ankunft in England thematisiert. Alle drei – zwei junge Männer und eine junge Frau – kamen aus wärmeren Klimazonen, aus Afrika und aus der Karibik, und sie erinnerten sich in ihren stark autobiographischen Romanen besonders lebhaft daran, wie sie von Anfang an in London froren und fremdelten.

Sie waren junge Leute von den Rändern des British Empire, die Söhne und Töchter aus armen ländlichen Familien in entlegenen Kolonien, und sie machten sich von der Peripherie auf den Weg ins Zentrum, getrieben von dem Traum, Schriftsteller zu werden. Sie waren Bürger des Commonwealth, und London, die Metropole des Weltreichs, war ihr Zielort. «London ist ein kaltes steinernes Labyrinth», wird einer der drei, der Südafrikaner, später ernüchtert schreiben, nachdem er «an den Southampton Docks im Nieselregen an Land gegangen» war. Auch er hockt, wie die karibischen Zuwanderer, in einem Untermietzimmer in Nord-London mit einem Gasofen und einer Gasuhr in der Ecke: «Man steckt einen Shilling hinein und bekommt für einen Shilling Gas geliefert.» Und er wird sich erinnern, wie eiskalt sich in seiner ersten Nacht in der Hauptstadt seine Füße anfühlten, «obwohl er sie mit einem Kissen zugedeckt hat. Egal: er ist in London».

Doch als die drei jungen Ankömmlinge aus Südafrika, Rhodesien und Trinidad dann endlich durch die Straßen Londons trotten, sind sie noch lange nicht in London angekommen. Sie fühlen sich hier weder wohl noch wohlgelitten. Sie sind ängstlich und unentschlossen. London überfordert sie. «Was macht er denn in dieser großen, kalten Stadt», fragt sich der Südafrikaner, «wo man, nur um am Leben zu bleiben, sich die ganze Zeit zusammenreißen und versuchen muss, nicht abzustürzen?»

Die drei sind unglücklich, einsam, zerquält, verschlossen und geistesabwesend. Sie fühlen sich fremd, und sie durchleiden alle Schmerzen der Entfremdung. Sie schleppen ein Handicap mit sich, das ihnen anzusehen oder mindestens zu hören ist, sobald sie den Mund aufmachen – ihre Herkunft. Sie sind sich ihrer kolonialen Ungeschliffenheit peinlich bewusst, fühlen sich als unwissende Provinzmenschen, und sie genieren sich für ihren kolonialen Akzent, der das «Queen's English» in ihrem Mund so fatal verzerrt und die Ursache vieler Beleidigungen, Kränkungen und Beschämungen ist. Wenn er sich bei den Vokalen Mühe gibt, so hofft der Südafrikaner, dann könnte er «in einer Menschenmenge als Londoner durchgehen, vielleicht irgendwann einmal auch als Engländer».

Jeder Londoner merkt freilich sofort, dass dies keine Engländer, sondern bloß «Colonials» sind, und London lässt sie spüren, dass sie hier, in der immer noch mächtigen Hauptstadt des Empire, bestenfalls geduldet sind, Hautfarbe hin oder her, Commonwealth hin oder her. Am schlimmsten waren die Wochenenden, erinnert sich der Südafrikaner: «Dann verschlingt ihn die Einsamkeit, die er sonst im Zaum halten kann, eine Einsamkeit, die ununterscheidbar ist vom miesen grauen, nassen Londoner Wetter oder von der unbarmherzigen Kälte der Bürgersteige. Er spürt, wie sein Gesicht steif und blöd vor Stummheit wird.»

Dieser junge Mann, aus Kapstadt zugereist, möchte sein südafrikanisches Ich am liebsten ganz hinter sich lassen können, «wie er Südafrika selbst hinter sich gelassen hat. Südafrika war ein schlechter Start, ein Handicap. Eine durchschnittliche Familie vom Dorf, eine schlechte Schule, die Afrikaans-Sprache: allem, woraus sich sein Handicap zusammensetzt, ist er mehr oder weniger entkommen. Er ist in der großen Welt. Erinnerungen an Südafrika kann er nicht gebrauchen. Südafrika ist wie ein toter Albatros um seinen Hals. Südafrika ist eine Wunde in seinem Inneren.»

Ihre Herkunft ist für die drei jungen künftigen Schriftsteller mehr als ein Hemmnis; sie ist eine Wunde in ihrem Inneren, die zu bluten nicht aufhört. Diese Wunde bereitet ihnen Schmerz, und dieser Herkunftsschmerz zeitigt die widersprüchlichsten Gefühle: Sehnsucht, Scham, Selbsthass, Widerwillen und Trauer. Alle drei wollen schreiben, damit die Wunde sich schließen kann. Doch zugleich wissen sie: Das Schreiben über die Herkunft (und worüber sonst sollten sie schreiben können?) würde die Wunde im Inneren ständig neu aufreißen. So leben diese jungen Leute wie im Dämmerzustand, in einem Zwischenreich zwischen Herkunft und Ankunft, nicht mehr dort und noch nicht hier. Es ist ein provisorisches Leben im permanenten Zwischen-raum – in einem auf Dauer gestellten Transitorium zwischen Aufbruch und Ankunft. Sie wissen: Das Rätsel der Ankunft ist nicht zu lösen, solange die Herkunft unerlöst ist.

Eine Art Krampf hielt diesen drei jungen Leuten aus Rhodesien, Trinidad und Südafrika – eben von den Rändern der kolonialen Welt – in London Seele und Gemüt umklammert: Sie schämten sich ihrer kolonialen Herkunft, sie fühlten sich unterlegen und litten darunter. Dieser Krampf konnte erst weichen, als er beschreibbar geworden war, als die Schande der Herkunft durch die Schrift getilgt wurde und auf-gehoben war in und durch Literatur. Erst im Stolz der ersten Publika-tionen konnte der Makel offenbart und damit bereinigt und aus der Welt geschafft werden.

Alle drei schrieben schließlich Bücher über Ursprünge und Folgen des Kolonialismus, gesehen durch familiäre Leitfiguren, die eigene Mutter in Rhodesien, den eigenen Vater in Trinidad, den eigenen Vor-fahren, einen burischen Kolonisator des 18. Jahrhunderts. Die Bücher hießen «Afrikanische Tragödie», «Ein Haus für Mr. Biswas» und «The Narrative of Jacobus Coetzee». Vor allem aber schrieben die drei An-kömmlinge Romane über ihre ersten Londoner Jahre, und diesen Bü-chern sind die schmerzlichen autobiographischen Erfahrungen auf je-der Seite abzulesen. Diese Bücher tragen Titel wie «Kinder der Gewalt», «Das goldene Notizbuch», «Die jungen Jahre» oder «Das Rätsel der Ankunft». Indem die drei Zuwanderer über ihre Herkunft schrieben, indem sie die Fremde und die Krisen ihres eigenen Fremd-Seins zu ih-rem Thema machten, wurde der verschwiegene Makel der Herkunft zur Sprache gebracht – und damit endlich getilgt. Im Laufe der Jahre wurden die jungen Fremden zu literarischen Wortführern ihres Zeit-alters, sie gelangten zu höchsten Ehren, wurden zum Teil geadelt, ihr Werk wurde kanonisiert, alle drei sind heute Literaturnobelpreisträ-ger: Doris Lessing aus Rhodesien, Sir Vidia S. Naipaul aus Trinidad und J. M. Coetzee aus Südafrika.

Sie waren die Wegbereiter. Gemeinsam mit Sam Selvon gehören sie zu den Pionieren, die als Erste das Thema der Epoche setzten: das The-ma «Fremde». In Anziehung und Abstoßung waren sie alle auf einen

Ort fixiert und von diesem Ort kulturell geprägt: London in der Endphase der Selbstauflösung des britischen Imperiums. Alle drei kamen als junge Niemande mit nichts in der Hand in die Metropole; alle drei durchlebten in England existenz-erschütternde Metamorphosen; das Rätsel der Ankunft offenbarte sich als Verwandlungskrise; und letztlich gingen sie gestärkt, bereichert und verwandelt aus diesen Identitätskrisen hervor.

Sie konnten – anders, als dies heutzutage möglich ist – noch klar erkennen, wo die Peripherie und wo das Zentrum war, und sie waren im Zentrum angekommen. Das fremde, kalte England hatte sie durchgerüttelt, doch es hatte sie auch mit neuen Identitäten ausgestattet. Sie stehen am Übergang zur postkolonialen Epoche, in ihren Büchern wird das Zeitalter des Kolonialismus ins Postkoloniale umcodiert, in ihnen wird die koloniale Welt in der Stunde ihres Verschwindens auf völlig neue Art lesbar.

Die Erste von den dreien, die London erreichte, war Doris Lessing. Sie war eine zweimal geschiedene Frau von dreißig Jahren, eine entlaufene rhodesische Farmerstochter. In Salisbury, dem heutigen Harare, hatte sie zwei Ehemänner zurückgelassen, einen britischen Kolonialbeamten und den deutschen Kommunisten Gottfried Lessing, einen Onkel Gregor Gysis. Die beiden kleinen Kinder aus ihrer ersten Ehe hatte sie mit 24 Jahren ohne sonderliche Skrupel verlassen.

Als sie 1949 fast ohne Geld in London ankommt, ein Jahr nach der «Generation Windrush», ist sie von ihrem zweiten Ehemann Gottfried gerade frisch geschieden und nur in Begleitung des kleinen Sohnes aus dieser Ehe. Sie ist hartnäckig entschlossen, fortan vom Schreiben zu leben. Sie tritt der Kommunistischen Partei bei und beginnt, ihre stürmische Kolonialjugend in Rhodesien, dem heutigen Zimbabwe, literarisch auszuschöpfen. Tatsächlich hat Doris Lessing die Erlebnisse ihrer ersten dreißig Jahre ihr ganzes Autorenleben lang immer wieder aufs Neue auf- und umgeschrieben.

Diese ersten dreißig Lebensjahre waren ein atemloses Taumeln durch ein Chaos ständig umgestürzter Lebens- und Liebespläne – ein Rohstoff von solch unerschöpflicher Üppigkeit, Dichte, Fülle und Buntheit, dass die Schriftstellerin Doris Lessing lebenslang davon zehren konnte. Das erste Ergebnis ist eine fünfteilige Romanserie mit dem Obertitel «Kinder der Gewalt». Diese Pentalogie ist über lange Strecken ein weiblicher Bildungs- und Entwicklungsroman, weitet sich aber schließlich zum Epochen-Fresko und Gesellschaftspanorama und endet – mit dem prophetisch-halluzinatorischen Roman «Die viertorige Stadt» – als apokalyptische Untergangsvision, in der nicht nur England zugrunde geht.

Ihrer literarischen Doppelgängerin in diesem Romanzyklus gibt Doris Lessing einen sprechenden Namen. Martha Quest nennt sie ihr fiktives Alter Ego, eine Frau auf der Suche, die genau wie ihre Autorin geprägt ist von quälender Unruhe, panischem Fluchtbedürfnis und nervöser Abneigung gegen immer die Stelle, an der sie sich gerade befindet. Wie Doris Lessing selbst durcheilt auch ihre Romanheldin im Schnelldurchlauf binnen kürzester Zeit mehrere Frauenleben, zwei Zufallsehen und drei Mutterschaften. Sie probiert Lebensläufe an wie Kleider. Sie dreht sich kurz und prüfend in ihnen und legt sie dann rasch ab wie Kostüme, die ihr nicht stehen. Die unterschiedlichen Lebensrollen, die sie im Eiltempo durchprobiert, würden für ein halbes Dutzend weiblicher Lebensläufe reichen.

In wütender Dauerrebellion bekämpft Martha/Doris ihre Eltern, ehe sie mit vierzehn Jahren von zu Hause flieht, sich in Salisbury mit diversen Jobs wie Kindermädchen, Haushälterin, Telefonistin oder Schreibkraft durchschlägt und sich mit neunzehn in ihre erste Ehe stürzt. Sie kostet kurz vom privilegierten Status als junge Gattin eines Kolonialbeamten, rundum bedient von schwarzen Domestiken, leidet aber bald unter dem «vagen, aber hartnäckigen Gefühl, dass mit diesem System etwas grundsätzlich nicht stimmt».

So beginnt ihre Politisierung, die sie in eine Gruppe radikaler Linker und Emigranten führt, die es auf der Flucht vor dem Krieg in Europa nach Salisbury verschlagen hat. Diese kommunistische Zelle (deren Chefideologen sie bald heiraten wird) öffnet ihr die Augen über Rassentrennung und Kolonialismus. Hier liegen für Martha/Doris weitere Lebensentwürfe zur Probe bereit: die Politiker-Gattin, die Genossin, die Organisatorin, die Funktionärin, die Agitatorin. Lessing selbst beschreibt ihre kommunistische Phase in einem Interview viel später als «betriebsame, amateurhafte Herumpolitisiererei – eine richtige kommunistische Gruppe waren wir für, ich würde mal sagen, achtzehn Monate, nicht viel länger». In «Sturmzeichen», dem dritten Band des Zyklus «Kinder der Gewalt», analysiert Doris Lessing peinlich genau und auch komisch, wie sich die Gruppendynamik, die Intrigen und Kämpfe zwischen Aufbau und Zerfall einer kommunistischen Partei in einer Provinzstadt in der letzten Phase der britischen Kolonialherrschaft in Afrika wirklich abspielten.

Hinter all den hektischen Rollenwechseln und Fluchtbewegungen der jungen Doris Lessing steckt eine tiefe Wunde, die nicht verheilen will. Mit einer Mischung aus vorwurfsvoller Wut und Schuldgefühlen hadert sie mit ihrer Herkunft, einem Makel, den sie abschütteln will und doch nicht kann. Die Scham verschwindet nicht. Dass ihre Eltern in ihrem Kolonialleben so schmählich scheiterten, hat die Tochter ihnen nie verziehen. Namentlich mit ihrer übermächtigen Mutter Maude Tayler ist Doris Lessing nie fertiggeworden; sie hat sie lebenslang angeklagt, als taktlos, dickfellig und zudringlich, und mit erbitterter Feindseligkeit bekämpft – «zuerst voll heißer Empörung, später dann kalt und hart», wie sie später schreiben wird.

Die Mutter war eine tüchtige Londoner Krankenschwester, die sich in ihren Patienten Alfred Tayler verliebte, einen Kriegsinvaliden mit Holzbein, und ihm erst nach Persien (wo Doris geboren wurde) und dann nach Rhodesien folgte, um ein Leben zu führen, das sie nicht wollte – als Farmersfrau im afrikanischen Busch, an der Seite eines untüchtigen, schwachen Mannes. Die fünfzig Hektar ungerodetes Buschland, die Alfred Tayler 1924 kaufte und urbar machte, in der Hoffnung, dort als Mais-Farmer ein Vermögen zu verdienen, waren von Anfang an eine Fehlspekulation. Die Farm war zu klein, und Mais brachte kein Geld. Tabak und Baumwolle wollten nicht gedeihen. Nachdem auch Sonnenblumen, Hirse und Erdnüsse zu wenig eintrugen, verlegte sich der Vater auf nichtsnutzige Träume von Goldschürferei, ehe er zuckerkrank wurde und sich in jahrelanges Siechtum zurückzog, ein gescheiterter, übellauniger, depressiver Mann.

Die Mutter hielt das Alltagsleben aufrecht und pflegte den Invaliden. Sie war eine gereizte, unzufriedene Frau, die ihre Identität nur noch in ihren beiden Kindern fand, denen sie die eigenen enttäuschten Hoffnungen auflud – die Kinder sollten Mutters ungelebtes Leben für sie leben. «Sich für die Kinder aufopfern», nannte es die Mutter. Doch die aufsässige Tochter, das böse, schwierige, unversöhnliche Kind, entzog sich durch die Flucht – in der Furcht, von der tyrannischen Überfürsorglichkeit der Mutter verschlungen zu werden. «Es war nicht die Stärke meiner Eltern, die mich bedrohte», wird sie später schreiben, «es war ihre Schwäche.»

Das problematische emotionale Gepäck, mit dem Doris Lessing 1949 in London ankam, ist auch in ihr Hauptwerk eingegangen, den Roman «Das goldene Notizbuch» (1962). In keinem anderen ihrer Bücher hat sie sich intensiver mit dem Rätsel der Ankunft auseinandergesetzt, mit der Krise des Selbstverlusts, die ihre ersten Londoner Jahre prägte. Ihre Doppelgängerfigur in diesem Roman ist die Schriftstellerin Anna Wulf; sie durchleidet stellvertretend eine dreifache Krise – erotisch, politisch, schöpferisch. Von ihrem Geliebten verlassen, tritt sie aus der kommunistischen Partei aus und verfällt in eine qualvolle Schreibhemmung. Das Chaos ist nicht mehr zu bändigen, der Zusammenbruch ist nicht aufzuhalten. «Das goldene Notizbuch» ist unter vielem anderen auch die Erkundung einer therapeutischen Reise in den Wahnsinn.

London hat Doris Lessing durchgerüttelt, doch sie ist aus der Krise als ein anderer Mensch hervorgegangen. Der Zusammenbruch war letztlich eine positive Erfahrung, ein Weg der Selbstheilung, durch die sie in ein neues Lebensmuster geschüttelt wurde – eine Erfahrung, die, wenngleich vielleicht in abgeschwächter Form, vielen Migranten gemein ist.

Verglichen mit der lebenserfahrenen Dreißigerin Lessing, die bei ihrer Ankunft in London zumindest den kolonialen Diskurs bereits in ihrem politischen Gepäck mitbrachte, erlebten ihre jüngeren Schicksalsgefährten V. S. Naipaul und J. M. Coetzee ihre jeweilige Konfrontation mit den Zerfallskrisen des niedergehenden Empire ganz ohne geistige Schutzmechanismen. Beide Männer waren deutlich jünger als Doris Lessing und intellektuell schlechter gerüstet für das, was sie in London erwartete. Das Rätsel der Ankunft erwies sich auch für sie als schwierig zu lösen. Und was Kolonialismus bedeutete, ging ihnen in aller Härte erst auf, als sie in England am eigenen Leib Zurückweisungen erlebten und aus dem Londoner Blickwinkel ihre Herkunftsländer mit anderen Augen zu sehen lernten.

Erst von England aus kann etwa J. M. Coetzee über Südafrika sagen: «Aus europäischer Perspektive erscheint es immer absurder: dass eine Handvoll Holländer am Strand von Woodstock an Land gewatet sein soll und dass diese Leute fremdes Gebiet, das sie nie zuvor gesehen hatten, zu ihrem Eigentum erklärt haben sollen, dass ihre Nachfahren nun dieses Gebiet als das ihre ansehen sollten, weil sie dort geboren wurden. Es war nun wirklich nicht geplant, dass sie den besten Teil Afrikas stehlen sollten.»

V. S. Naipaul war achtzehn, als er eines Nachts im Sommer 1950 an der Waterloo Station aus dem Zug von Southampton kletterte – der Sohn armer indischer Brahmanen in Trinidad, die im 19. Jahrhundert als Kontraktarbeiter auf die westindische Insel gekommen waren. Der Jüngling hatte ein Stipendium in der Tasche, um in Oxford Englische Literatur zu studieren. Er quartierte sich in einer Pension in Earl's Court ein und begann, durch die Metropole zu streunen, ohne recht zu begreifen, wo er sich befand, und ohne zu verstehen, was er sah. Er hatte kein Auge für die Architektur, kein Auge für die Menschen.

Er wusste nur, dass er Schriftsteller werden wollte. Dass er als Farbiger angesehen werden könnte, dass man ihn in England gar als Farbigen diskriminieren könnte, das machte ihm Angst, und er verdrängte es: «Herabwürdigung aufgrund der Hautfarbe eignete sich nicht als Material für einen Schriftsteller, wie ich es zu werden gedachte. Weil ich mich als Schriftsteller sah, verbarg ich meine Erfahrungen vor mir selbst, verbarg mich selbst vor meiner Erfahrung. Und auch als tatsächlich ein Schriftsteller aus mir geworden war, brachte ich es viele Jahre nicht fertig, mich dieser Verunsicherung zu stellen.»

Die Streifzüge des jungen Naipaul durch London waren «unbedarft und freudlos. Ich hatte gedacht, die große Metropole würde mich augenblicklich vereinnahmen; ich hatte es gar nicht erwarten können, im Großstadtleben aufzugehen. Und schon bald, nach einer Woche, nicht einmal einer Woche, war ich sehr allein.»

In nichts entsprach London den Vorstellungen, die sich der junge Zuwanderer zu Hause, in Trinidad, davon gemacht hatte. Daheim hatte er Größenphantasien von der fernen Weltmetropole nachgehangen, doch nun, aus der Nähe gesehen, entpuppten sich die imaginierte Größe und Glorie als Glanz von gestern: «Mehr und mehr empfand ich, daß die Großartigkeit der Vergangenheit angehörte – daß ich zur falschen Zeit hergekommen war, zu spät, um das England zu finden, das Herz des Weltreichs, das ich (der Provinzler aus meiner entlegenen Ecke des Reichs) in meiner Phantasie geschaffen hatte.» Naipaul erlebte das British Empire nur mehr in der Phase des Niedergangs, als «eine Welt, deren Blütezeit längst Vergangenheit war».

Ja, schlimmer noch: «Ich verlor eine Gabe, die lange Teil von mir gewesen war, ein mir sehr kostbarer Teil. Ich verlor die Begabung zum Phantasieren, den Traum von der Zukunft, dem fernen Ort, zu dem meine Reise ging. Jetzt, an dem Ort, der all die Jahre das ‹Anderswo› verkörpert hatte, war kein weiterer Traum denkbar.»

Allen Handicaps zum Trotz konnte V. S. Naipaul sein Lebensziel schließlich doch verwirklichen. Er wurde ein international renommierter Autor und Reiseschriftsteller, dessen skeptische Erfahrungsberichte über Afrika, die Karibik, Indien und die islamische Welt das zeitgenössische Bild der postkolonialen Gesellschaften prägen halfen, aber auch viel Widerspruch provozierten. Doch erst 1987, fast vier Jahrzehnte nach seiner Ankunft in England, vermochte er es, seine Entwurzelung und sein Außenseitertum literarisch auf den Begriff zu bringen, sein ambivalentes Verhältnis zu England und zur abgehängten, verwahrlosten karibischen Zuckerrohr-Kolonie seiner Herkunft zu klären und die transkulturellen Fluchtlinien nachzuzeichnen, aus denen er sein hybrides postkoloniales Selbst konstruiert hat.

«Das Rätsel der Ankunft» ist der Versuch einer «Synthese der Welten und Kulturen, die mich geformt haben». Zugleich beschreibt Naipaul darin seine Suche nach einer angemessenen Erzählweise für den Prozess solcher Selbstfindung. Das Buch, in dem Autobiographie, Fiktion, Geschichte, Erinnerung und soziale und kulturelle Analyse ineinanderfließen, ist das Dokument einer existenziellen Krise und verdankt seinen Titel einem von Apollinaire so genannten frühen Gemälde des metaphysischen Malers Giorgio de Chirico, eines Vorläufers des Surrealismus. «Das Rätsel der Ankunft» ist eine philosophische Meditation über Niedergang, Exil, Einsamkeit und Metamorphose, eine Untergangsrhapsodie, eine Elegie auf die melancholischen Schönheiten des Verfalls, ein Abgesang auf das ländliche England und auf die verblichene Glorie des British Empire. Dass dieser Abgesang vom Abkömmling eines Kolonialvolks angestimmt wird, gibt ihm eine schmerzhafte Intensität.

Zugleich wird das ländliche England in ein Verhältnis gesetzt zu den Ursprüngen des Erzählers in Trinidad und zu dessen Kolonialerziehung, die sein gesamtes Wissen über England konditioniert hat und sich nun als falsch herausstellt. All diese falschen Vorstellungen gilt es jetzt zu überwinden, mit dem Ziel einer Selbstbefreiung und Selbst-Rekonstruktion, um sich ein zweites Leben zu ermöglichen. Hier, in der Gestalt des entwurzelten Migranten aus Trinidad, begegnen wir abermals, wie schon in der «Generation Windrush», dem Topos «Eldorado». Auch hier wird die klassische Reise englischer Kolonisatoren und deren Suche nach dem Goldland umgekehrt, indem ein Kolonisierter von der Peripherie ins Herz des Empire einwandert, wo er den Goldschatz des wahren Lebens vermutet.

Für «Das Rätsel der Ankunft» wählt Naipaul die Zirkelfigur als seine Erzählform. Das Buch endet scheinbar, wo es beginnt: mit der existenziellen Krise eines Schriftstellers um die vierzig, dessen Romanmanuskript, in das er Jahre leidenschaftlicher Arbeit investiert hat, vom Verlag abgelehnt wird. Diese Zurückweisung erschüttert ihn zutiefst. Er fühlt sich in seiner ganzen Person infrage gestellt – weit über die erwartbaren Gefühle von Schmerz, Zorn und verwundetem Stolz hinaus. Sein Selbstbild ist ins Wanken geraten, er fühlt sich erschöpft, unterminiert, ausgehöhlt; sein Geist und sein Lebensmut sind gebrochen, sein ganzes Leben bisher verlangt nach Revision.

Sein stärkster Impuls drängt ihn, sich irgendwo zu verbergen. Der Schriftsteller, der seine Wohnung in London verkauft hat und ohne Bleibe ist, versteckt sich auf dem Land. Er mietet ein Häuschen auf einem Landgut im südenglischen Wiltshire, halbwegs zwischen Salisbury und Stonehenge, dem Inbegriff des prähistorischen, unvergänglichen Englands. Dort versucht er, die Trümmer seines Lebens und seiner Selbstachtung neu zusammenzusetzen.

Und hier, im Verborgenen, im Abseitigen, in der Stille eines heruntergewirtschafteten, aber immer noch herrschaftlichen Landgutes in Wiltshire geschieht etwas völlig Unerwartetes. Der Schriftsteller erlebt eine große Heilung, aus der Krise wachsen ihm neue Kräfte zu. Die Fragmente seines Lebens fügen sich zu einem sinnvollen neuen Muster, er versöhnt sich mit seiner Herkunft und kann endlich seine koloniale Vergangenheit ohne Verdrängungen und ohne Scham akzeptieren. Seine künstlerische Existenz erfährt eine Klärung und Steigerung, er schreibt und arbeitet mit einer neuen Sicherheit und besser denn je, seine Sensibilität und sein Wahrnehmungsvermögen verfeinern sich. Der Schriftsteller, der eigentlich nur eine zeitweilige Zuflucht gesucht hatte, bleibt zehn Jahre in seinem Cottage wohnen.

Jahre später wird er über dieses Jahrzehnt in dem lieblichen Flusstal am Rande der Hochebene von Salisbury als über die glücklichste Zeit seines Lebens schreiben. Was er in diesem verträumten Winkel erlebte, war «das Geschenk eines zweiten Lebens in Wiltshire, eine zweite, glücklichere Kindheit, ein zweites Kennenlernen der Natur (aber mit der Wahrnehmung eines Erwachsenen), dazu noch die Erfüllung des Kindertraumes vom sicheren Haus im tiefen Wald».

Als Neuankömmling ist der Ich-Erzähler zunächst ein nervöser und ruheloser Entwurzelter, mit einem starken Gefühl der Unzugehörigkeit und Fremdheit. Er hält sich selbst für eine «Seltsamkeit», für einen Eindringling zwischen den Landgütern und Herrensitzen des Tales. Er weiß, dass man ihn, den farbigen karibischen Zuwanderer, vor fünfzig Jahren schwerlich auf dem viktorianischen Adelsgut geduldet hätte, ja, er sieht seine Anwesenheit geradezu als Indiz für den Niedergang und den Zerfall des britischen Empire. Trotzdem erfüllt ihn eben die bedrohte Schönheit dieses Landstrichs mit Glück und Liebe.

Je deutlicher ihm die Zeichen der Zerstörung und des Verfalls ringsum vor Augen treten, desto weniger fühlt er sich als Fremdkörper. Im Hochgefühl der Ankunft auf dem Lande, die alles ringsum mit vollkommener Schönheit überglänzt, ist bereits der spätere Ruin, die

Zerstörung von Natur und Kultur enthalten. Der Adelssitz geht vor die Hunde, sein Eigentümer verliert sich in Depressionen, Altansässige geben auf, die Gärtner sterben aus, liebevoll gepflegte Gärten und Parks verwildern, werden zubetoniert oder parzelliert. Traditionen reißen ab, der kulturelle Zusammenhang verschwindet, das Menschengedenken erlischt. Der Efeu erwürgt den Baumbestand, die Rosengärten verholzen, die Ulmen sterben ab, die Krähen nehmen überhand. Überdeutlich stehen der Gutsbesitzer und sein Landgut, das seine Blütezeit Geldern aus den Kolonien verdankt, allegorisch für das imperiale England und dessen Niedergang.

Die Zeit in Wiltshire tut, als wäre sie stehen geblieben, aber das täuscht. Sie bewegt sich im jahreszeitlichen Kreise – und zugleich in Spiralen vorwärts. Das Buch passt sich dieser Form wie selbstverständlich an, indem es alle Ereignisse zu Kreisen fügt. Erst wenn der Kreis sich schließen soll, wird die Spirale erkennbar.

Für den Schriftsteller kommt das Jahrzehnt im lieblichen ländlichen England einer Neugeburt gleich: «Ich begann zu genesen. Und mehr als zu genesen. Für mich hatte sich in diesem Tal und auf dem herrschaftlichen Anwesen, auf dem mein Häuschen stand, ein Wunder ereignet. In jener unwahrscheinlichen Umgebung, im uralten Herzen Englands, einem Ort, an dem ich wahrhaft fremd war, fand ich, dass ich eine zweite Chance bekommen hatte, ein neues Leben, reicher und ausgefüllter als jedes, das ich sonstwo gelebt hatte. Die Jahre vergingen. Ich genas. Das Leben um mich änderte sich. Ich änderte mich.»

Ein Vierteljahrhundert später wird ein anderer Migrant in einer ganz anderen Weltgegend diese Sätze lesen, sich davon aufwühlen lassen und dieses Buch rühmen, als einen der größten «Romane der Einsamkeit». Dieser andere Migrant, auch er ein melancholischer Einzelgänger, wird sich selbst in Naipauls Sätzen wiederfinden: «Ich las und las immer wieder aufs Neue, ich las das Buch wegen seiner Sätze: ihr unfehlbarer, makelloser Rhythmus, die Sensibilität des Augenzeugen, die dahinterstand. Man hatte das Gefühl, dass jeder Baum, jede Hecke, jedes Blatt in Naipauls Wiltshire mit solch ekstatischer Genauigkeit betrachtet wird wie die Gegenstände auf einem frühen flämischen Gemälde. Ein fein moduliertes Porträt eines Mannes, der hilflos im Fluss der Zeit gefangen und sich seiner Hilflosigkeit bewusst ist. In seinen öffentlichen Stellungnahmen liebt Naipaul die empörende Grobheit, aber auf den Buchseiten gibt es niemanden, der subtiler und geduldiger wäre als er.»

Der dem Vorgänger hier so vorbehaltlos und bewundernd huldigt, ist Teju Cole, ein junger nigerianisch-amerikanischer Autor und Kunsthistoriker, der ähnlich fremd und befremdet durch das kalte New York streifen wird wie sechzig Jahre vorher der junge Naipaul durch London. In seinem Debütroman «Open City» wird Teju Cole sein migrantisches Lebensgefühl thematisieren, das dem des jungen Naipaul einerseits sehr ähnlich ist, andererseits aber den gewaltigen Abstand markiert zwischen dem Ende des kolonialen Zeitalters und dem Beginn der globalen Epoche. Der Teju Cole des Jahres 2012 ist bereits der gelassene und souveräne Kosmopolit geworden, der zu werden sich der junge Naipaul im London des Jahres 1950 noch so verzweifelt anstrengen musste.

Auch der Südafrikaner J. M. Coetzee mit seiner geteilten britisch-burischen Herkunft, der 1962, zwölf Jahre nach Naipaul und dreizehn Jahre nach Doris Lessing, in London eintraf, kannte diese Verzweiflung aus eigener Erfahrung, wenngleich ihn die helle Haut vor den Übergriffen schützte, denen die karibischen Einwanderer inzwischen immer häufiger ausgesetzt waren. Das tolerante Klima zur Zeit der Ankunft der «Windrush» hatte sich in den vierzehn Jahren seither dramatisch verschlechtert. England überließ sich inzwischen punktuell der Xenophobie.

In seinem semi-autobiographischen Band «Die jungen Jahre» benennt Coetzee die Gründe, die ihn aus Südafrika fortgetrieben haben. Geflüchtet ist er vor der provinziellen Langeweile dort, vor dem Banausentum, vor dem Verfall moralischer Grundsätze im täglichen Leben unter Apartheid-Bedingungen, kurz: vor der Schande. In diesem Buch erzählt Coetzee auch von den ersten Streifzügen seines Helden durch London: «Dann gibt es noch Paddington. Er geht abends um sechs die Maida Vale oder die Kilburn High Road entlang und sieht unter dem gespenstischen Licht der Natriumdampflampen Scharen von Westindern, vermummt aufgrund der Kälte, zurück in ihre Behausungen trotten. Ihre Schultern hängen, die Hände stecken tief in den Taschen, ihre Haut hat eine pudrig graue Färbung. Was zieht sie von Jamaika und Trinidad in diese herzlose Stadt, wo die Kälte direkt aus den Steinen der Straße steigt, wo man die Stunden des Tageslichts mit mühseliger Arbeit zubringt und die Abende um einen Gasofen gedrängt, in einem gemieteten Zimmer, wo sich die Tapete von der Wand löst und die Sitzmöbel durchgesessen sind? Sicherlich sind sie nicht alle hier, um als Dichter berühmt zu werden.

Die Leute, mit denen er arbeitet, sind zu höflich, um ihre Meinung über ausländische Besucher zu äußern. Trotzdem schließt er aus ihrem Schweigen in bestimmten Momenten, dass er nicht erwünscht ist in ihrem Land, nicht wirklich erwünscht. Sie schweigen auch zum Thema Westinder, aber er kann die Zeichen lesen. NIGGER GO HOME steht an den Mauern geschrieben. NO COLOURED verkünden Schilder in den Fenstern von Pensionen. Monat für Monat verschärft die Regierung ihre Einwanderungsgesetze. Westinder werden im Liverpooler Hafen aufgegriffen und eingesperrt, bis sie verzweifeln, dann werden sie wieder dahin zurückgeschickt, woher sie kamen. Wenn man ihn nicht spüren lässt, dass er so total unerwünscht ist wie sie, kann das nur an seiner Tarnung liegen: an seinem Moss-Brothers-Anzug, seiner hellen Haut.»

Doris Lessing und Vidia S. Naipaul haben ihr Leben lang, ohne allzu große Verrenkungen, autobiographisch geschrieben. John Maxwell Coetzee, der Jüngste, intellektuell Anspruchsvollste und Abweisendste der drei, geboren 1940, wählt komplexere Verfremdungsverfahren, um das Autobiographische zu verhüllen, das eigene Ich hinter einem distanzierenden «Er» zu verdecken und den Fiktionscharakter des Erzählten zu betonen. Wenn Coetzee von sich selbst spricht, dann nur verborgen hinter Schleiern von Fiktionen. Anders und mit einem südafrikanischen Bild gesagt: Um den möglichen autobiographischen Kern seiner Kindheits- und Jugenderinnerungen baut Coetzee eine schützende Wagenburg von Erfindungen.

Das subversive literarische Projekt dieses Autors besteht vor allem darin, die konventionellen Gattungsformen des Romans und der Biographie zu untergraben und deren Fragwürdigkeiten als Fiktionen hervorzukehren. Das gilt erst recht für seine semi- oder pseudo-autobiographischen Bücher, die das Genre Biographie bewusst unterminieren und zugleich überschreiten wollen: die Trilogie von «Szenen aus einem provinziellen Leben», die mit «Der Junge» (1998) und «Die jungen Jahre» (2002) begann und mit «Sommer des Lebens» (2010) ihren Abschluss fand.

Es geht Coetzee darum, bei der Leserschaft den beliebten und offenbar nicht auszumerzenden Kurzschluss vom Werk eines Autors auf sein Leben zu suggerieren und zugleich zu dementieren, ja zu unterbinden. Sein literarisches Credo: Es gibt keine biographische Wahrheit, auch die Autobiographie ist ein literarisches Konstrukt, eine Erfindung. Man könnte die drei Bände daher als autobiographische Fiktionen oder autobiographische Romane bezeichnen, wobei die Fiktionalisierungen darauf angelegt sind, den gutgläubigen Leser zu verunsichern und seine Leichtgläubigkeit hinsichtlich der Zuverlässigkeit von Autobiographien immer mehr zu verwirren.

Um zu verstehen, mit welch belastendem familiären Gepäck der junge Coetzee im Jahr 1962 in England ankam, hilft ein Blick in den Roman «Der Junge», in dem er «Eine afrikanische Kindheit» erzählt, die – bei allen fiktionalisierenden Vorbehalten – doch deutlich als Coetzees eigene zu erkennen ist, in Kapstadt und Umgebung. Coetzee führt einen musterhaften und zugleich zerquälten Jungen zwischen acht und dreizehn vor. John ist ein freudloses Kind, verschlossen und empfindlich, zerrissen zwischen einer englischen und einer burischen Herkunft, voller Abwehr gegen die aufopfernde Liebe seiner starken Mutter, voller Scham über den schwachen, depressiven Vater, voller Angst vor dem Versagen und dem sozialen Absturz in der komplizierten Rassen- und Klassenhierarchie des Apartheid-Staates Südafrika.

«Sein Herz ist alt, es ist finster und hart, ein Herz von Stein. Das ist sein verächtliches Geheimnis», urteilt Coetzee mit aller Kälte über den Zwölfjährigen, der er einmal war. Die Grunderfahrungen, die Leitbegriffe dieses Kinderlebens lauten: «Prüfung» und «Schande». Das Leben besteht aus Prüfungen, und selbst dann, wenn man bei den Prüfungen durchkommt, droht immer noch Schande.

Im Fortsetzungsband «Die jungen Jahre» treffen wir John zunächst als Neunzehnjährigen wieder. Im Rückblick ist Coetzee um nichts milder gestimmt, wenn er nun das Porträt des Künstlers als junger Mann zeichnet und sich der Studentenjahre in Kapstadt und London erinnert. Streng und gnadenlos ehrlich geht er mit dem eigenen jungen Selbst um, keine nachsichtige Eigenliebe verklärt retrospektiv die frühen Erwachsenenjahre. Coetzee versagt es sich konsequent, den Jüngling, der er war, dem Leser angenehm oder gar sympathisch zu machen. Als ein «Tölpel aus den Kolonien, und noch dazu ein Bure» – so erscheint er den Engländern, wie er meint, und er glaubt zu wissen, dass «seine hölzerne Art, sein verbissen-düsteres Wesen» alle abstoßen muss, besonders die Frauen.

Schroff hat John seine Wurzeln gekappt, sich von seiner Familie abgewandt und «seine Eltern aus seinem Leben ausgeschlossen», im vollen Schuldbewusstsein, wie sehr er seine Mutter damit kränkt: «Seine Kälte schmerzt seine Mutter, weiß er, die Kälte, mit der er sein ganzes Leben lang ihre Liebe beantwortet hat. Sein ganzes Leben lang wollte sie ihn hätscheln; sein ganzes Leben lang hat er das abgewehrt. Er muss sein Herz gegen sie verhärten.» Als Mathematikstudent in Kapstadt beginnt er ein eigenständiges Leben: «Er ist dabei, etwas zu beweisen: dass jeder Mensch eine Insel ist; dass man keine Eltern braucht.»

Nach dem Massaker von Sharpeville 1960 und den darauf folgenden Rassenunruhen kehrt John Südafrika den Rücken, dem Land, «wo der Boden unter seinen Füßen mit Blut getränkt ist und die Geschichte bis tief hinab in die Vergangenheit von Zornesschreien widerhallt». Um dem drohenden Militärdienst in Südafrika auszuweichen, setzt er sich nach London ab, «das London der Kälte und des Regens, der Einzimmerwohnungen mit vorhanglosen Fenstern und 40-Watt-Glühbirnen». Hier ist er einer der vielen jungen Leute aus den Kolonien, die in schäbigen Untermietzimmern in Earl's Court oder Paddington hausen und in der harten Kapitale des Kapitals Fuß zu fassen versuchen, während sie am Rätsel der Ankunft laborieren und ihnen die koloniale Last aus der Kindheit die Seele abdrückt.

Denn John ist nicht allein gekommen – die doppelte Moralpeitsche aus Kindertagen, «Prüfung» und «Schande», hat er mitgebracht. Nur dass Prüfungen, anders als in der Schule, nun auch unangemeldet stattfinden, und jeder Schritt in Schande münden kann.

Wie für alle jungen Leute aus den Kolonien ist das London der 1950er und 1960er Jahre auch für John eine widersprüchliche Erfahrung: Stadt der Verheißung, Ort der Befreiung, Stätte der Bewährungsproben, Mauer der Ablehnung. London – das ist «der große Zuchtmeister», das «Tal der Prüfungen»: «Er ist in die große dunkle Stadt gezogen, um geprüft und verwandelt zu werden.» Auch bei Coetzee, wie schon bei Doris Lessing und bei V. S. Naipaul, gibt sich das Rätsel der Ankunft als Metamorphose zu erkennen, als Verwandlungskrise. «Er ist bereit für alles, solange es ihn verwandelt und einen neuen Menschen aus ihm macht. Deswegen ist er ja in London: um sein altes Ich los zu werden. Der Prozess seiner Verwandlung in eine andere Person wird fortgeführt werden, bis alle Erinnerung an die Familie und das Land, die er beide hinter sich ließ, ausgelöscht ist.» Anders als Lessing und Naipaul beginnt John, Coetzees Alter Ego, zu ahnen, dass die Verwandlung darin bestehen wird, der zu werden, der er ist.

Doch man liest auch: «Er ist nach London gekommen, um etwas zu tun, was in Südafrika unmöglich ist: die Tiefen erkunden.» Nicht die Tiefen von Einsamkeit und Fremdheit – solche Sentimentalitäten will sich Coetzee im Rückblick nicht gestatten, selbst wenn er ausgezogen ist, um als einsame Insel zu leben. «Er hatte geglaubt, eisige Straßen entlangzutrotten, mit einem vor Einsamkeit tauben Herzen, wäre die Tiefe.» Aber dem ist nicht so. «Vielleicht sind die Tiefen, die er ausloten wollte, die ganze Zeit in ihm gewesen, in seiner Brust verschlossen: Tiefen der Kälte, Herzlosigkeit, Schurkerei.» Sein junger Held ahnt: Die Gemeinheit, die jetzt hervorbricht, hat wohl immer schon in ihm geschlummert. Was hier schmerzhaft zutage tritt, ist Coetzees ganze Unbarmherzigkeit gegen sich selbst. In Gestalt seines Romanhelden John schneidet Coetzee immer ins eigene Fleisch. Mehr noch: er schmirgelt auf den eigenen Knochen.

Von außen her betrachtet macht der junge John seine Sache in London nicht schlecht – jedenfalls weit besser als die Zuwanderer der «Generation Windrush», vielleicht zunächst auch besser als der in seinem Stolz dauergedemütigte westindische Student Naipaul und die mittellose geschiedene Mutter Doris Lessing zwölf, dreizehn Jahre früher. John findet einen gut bezahlten Job als Computer-Programmierer bei IBM und versucht, nebenher seine Magisterarbeit in Literaturwissenschaft zu schreiben, über Ford Madox Ford. Aber vor der rigorosen Instanz seines Gewissens macht John alles falsch. Der Computer-Job ist ein Irrweg und eine Zeitverschwendung, ebenso Ford Madox Ford, ein minderer Meister, der die Mühen einer Magisterarbeit nicht wert ist. Er wirft sich vor, «dass das Leben, welches er hier in London führt, ohne Plan und Sinn ist».

Die Kälte, Gemeinheit und Schurkerei, derer sich John zeiht, bekommen vor allem die Frauen zu spüren: die Mutter ohnehin, vor allem aber die Gelegenheitsfreundinnen, die ihm über den Weg laufen und die er lieblos beschläft und herzlos fallen lässt. Eine hat er bereits in Kapstadt geschwängert und dann mit allen Abtreibungsplagen allein gelassen, nur um sich ungerührt zu fragen, wie viele Männer auf den Straßen Londons wohl «tote Kinder mit sich herumtragen, die ihnen wie Babyschuhe um den Hals hängen».

Keine Niedertracht lässt sich John unregistriert durchgehen, doch keine verkneift er sich. Er weiß, dass ihm mit etwas Charme und Humor alles zufiele, was vor seiner Frostigkeit verkümmert: «Wenn er ein wärmerer Mensch wäre, würde er alles bestimmt leichter finden: das Leben, die Liebe, das Dichten.» Doch «Wärme liegt nicht in seiner Natur», und den Menschen ans Herz zu wachsen, versucht er gar nicht erst.

Sein Projekt, das zunächst unbemerkt Gestalt annimmt, ist der Minimalismus: Er möchte Schriftsteller werden, auch ohne heiliges Feuer, er möchte Künstler sein, nicht aus der Fülle und dem seelischen Reichtum heraus, sondern aus der Erlebnisdürre, aus dem schieren Mangel an Gefühl. Literatur als Mangelerscheinung, als Seelendefizit. Schreiben heißt, einem Stein Blut abquetschen. Er entdeckt Samuel Becketts Romane und begreift, dass aus dem Scheitern, dem Weiterscheitern und Immerbesserscheitern große Literatur werden kann. Er verstößt Ford Madox Ford, Ezra Pound und T. S. Eliot, seine Hausgötzen, und folgt Beckett nach.

In «Die jungen Jahre» verlassen wir den Vierundzwanzigjährigen, wie er im Lesesaal des British Museum müßig in Büchern über das alte Südafrika blättert und sich festliest in den Berichten über die Erkundungs- und Eroberungsfahrten der frühen burischen Entdecker. England, denkt er, London – «dieses Land, diese Stadt sind inzwischen eingehüllt in Jahrhunderte voller Worte». Aber im Falle Südafrika ist das anders, über Südafrika sind in der Literatur noch nicht viele Worte gemacht worden. Das würde er gern tun, denkt er: ein Buch über Südafrika schreiben. «Das Schwierige daran wird sein, dem Ganzen eine Aura zu verleihen, die es in die Bücherregale und damit in die Weltgeschichte bringt: die Aura der Wahrheit.»

Auch dies haben die drei «Colonials» Coetzee, Naipaul und Lessing miteinander gemein: dass sie wesentlich dazu beigetragen haben, Südafrika, Trinidad und Rhodesien auf die literarische Landkarte zu setzen und diese Kolonien in der Weltgeschichte und der Weltliteratur zu verorten – mit der Aura der Wahrheit.

Erwähnte Bücher

J. M. Coetzee «Dusklands», Erzählungen (darin die Novelle «The Narrative of Jacobus Coetzee») (Ravan Press 1974)
J. M. Coetzee «Der Junge. Eine afrikanische Kindheit» (S. Fischer 1998)
J. M. Coetzee «Die jungen Jahre» (S. Fischer 2002)
Teju Cole «Open City», Roman (Suhrkamp 2013)
Doris Lessing «Afrikanische Tragödie», Erzählungen (Bertelsmann 1953)
Doris Lessing «Das goldene Notizbuch», Roman (S. Fischer 1978)
Doris Lessing «Kinder der Gewalt» (1. Martha Quest 2. Eine richtige Ehe 3. Sturmzeichen 4. Landumschlossen 5. Die viertorige Stadt) (Klett-Cotta 1981–1984)
Andrea Levy «Eine englische Art von Glück (Small Island)», Roman (Eichborn 2007)
V. S. Naipaul «Ein Haus für Mr. Biswas», Roman (Kiepenheuer & Witsch 1981)
V. S. Naipaul «Das Rätsel der Ankunft», Roman (Kiepenheuer & Witsch 1993)
Michael Ondaatje «Katzentisch», Roman (Hanser 2011)
Sam Selvon «The Lonely Londoners», Roman (Alan Wingate 1956)

In den indischen Enklaven

Migration ist ein scharfer Einschnitt im Leben und bedeutet fast immer Statusverlust. Das Ansehen, das man in der vertrauten Herkunftswelt wie selbstverständlich genoss, der Status, der einem daheim ganz fraglos zugebilligt wurde – all das gilt nicht mehr für den Migranten. In der Fremde kennt ihn keiner; keiner weiß, wer er früher war und was er in den Augen seiner Umwelt darstellte; keinen kümmern sein früherer Rang und Name und seine familiäre Herkunft; sein einstiger Status hat keine Gültigkeit mehr und lässt sich auch nirgends einklagen.

Ein solcher Verlust an Ansehen und Geltung widerfuhr beispielsweise den Vätern der britisch-pakistanischen Autoren Hanif Kureishi und Nadeem Aslam, als sie vom indischen Subkontinent nach England emigrierten. Beide büßten ihren gewohnten Status ein – auf unterschiedliche Weise, aber ähnlich schmerzhaft. Wenn Hanif Kureishi in seinem Erinnerungsbuch «Mein Ohr an deinem Herzen» feststellt, sein Vater Rafiushan («Shani») Kureishi habe in England «ein halb gebrochenes Leben» geführt, dann trifft das erst recht auf Nadeem Aslams Vater zu, einen pakistanischen Dichter und Filmproduzenten aus dem Punjab nördlich von Lahore.

Aslam senior, der mit einer frommen Frau aus begüterter muslimischer Familie in einer wie üblich arrangierten Ehe lebte, war sich nach dem Militärputsch General Zia ul-Haqs im Jahr 1977 in Pakistan seines Lebens nicht mehr sicher. Zias Islamisierungskampagne traf säkulare

Das Rätsel der Ankunft

Intellektuelle, Journalisten und Schriftsteller besonders hart – und erst recht radikale Kommunisten wie Aslam. Sie wurden verfolgt und hatten Verhaftung und Folter zu gewärtigen, sofern sie nicht als politische Flüchtlinge ins Exil gingen.

Nadeem Aslam war vierzehn, als sein Vater 1980 mit der Familie nach England floh und sich in der nordenglischen Industriestadt Huddersfield, West Yorkshire, niederließ, wo es bereits eine große Gemeinde pakistanischer Immigranten gab. Fast ein Fünftel der Einwohnerschaft von Huddersfield sind heute Nicht-Weiße; die größte ethnische Gruppierung (vor der Zuwanderung aus Schwarz-Afrika) sind Arbeitsmigranten und politische Flüchtlinge vom indischen Subkontinent, aus Pakistan, Indien, Bangladesch und Sri Lanka. Nadeem Aslams Vater, der Künstler und Intellektuelle, musste in England einen demütigenden Status-Absturz hinnehmen: Er brachte sich und seine Familie als Müllmann und Fabrikarbeiter durch.

In seinem Roman «Atlas für verschollene Liebende» hat Nadeem Aslam das Leben in einem solchen Ghetto armer Immigranten aus Pakistan beschrieben und in fiktional verschleierter Form seine eigene schwierige, entwurzelte Familiensituation dargestellt. Huddersfield selbst taucht darin nirgends namentlich auf. Im Roman wird die Stadt nur «Dasht-e-Tanhaii» genannt – wie ein berühmtes Ghasel des Urdu-Dichters Faiz Ahmad Faiz heißt, dem Nadeem Aslam den Roman auch gewidmet hat. «Dasht-e-Tanhaii» – das bedeutet Wildnis der Verlassenheit, Wüste der Einsamkeit.

Verglichen mit dem radikal gebrochenen Leben von Aslam senior ist das halb gebrochene Leben von Hanif Kureishis Vater glimpflich zu nennen. Gleichwohl ist der soziale Abstieg unübersehbar, den die indisch-muslimische Großfamilie Kureishi nach dem Ende der britischen Herrschaft auf dem Subkontinent im Jahre 1947 durchmachte. In seiner Vater-Sohn-Erzählung «Mein Ohr an deinem Herzen. Erinnerungen an meinen Vater», seinem bisher persönlichsten Buch, zeichnet Hanif Kureishi die Niedergangsgeschichte seiner Familie nach, die von den feudalen Kolonial-Villen seiner Großeltern in Indien in das unscheinbare Mittelschicht-Reihenhaus seiner Eltern im Londoner Vorort Bromley führte.

Sein Großvater, Colonel Kureishi, ein angesehener und wohlhabender Militärarzt, galt im britischen Indien beinahe als Sahib. Seine Ausbildung erhielt er am Londoner *King's College*. Als Colonel der Armee gehörte er zum elitären «Indian Medical Service». Im Abendlicht des British Empire führte er ein durchaus herrschaftliches Haus, erst in Madras, dann in Poona, mit Esszimmer, Salon, Bibliothek, Mahagoni-Tischen, Kronleuchtern und Ledersofas, mit Gemälden aus der Mogul-Zeit und chinesischen Vasen. Und natürlich mit zahlreicher Dienerschaft. Anglisiert im Lebensstil wie er war, stellte der Großvater in Poona sogar eine eigene Cricket-Mannschaft auf, denn Cricket war der Lieblingssport der englischen Oberschicht, und deren Allüren eiferte die koloniale indische Oberschicht in allem nach.

Der Colonel hatte zwölf Kinder; Hanif Kureishis Vater Shani gehörte zu den jüngsten. In Poona besuchte der Junge eine katholische Missionsschule, die von Jesuiten geführt wurde. Er wurde in einer Kutsche zur Schule gefahren, und ein Diener trug ihm seine Cricket-, Polo- und Boxausrüstung nach. Doch dann quittierte der Colonel den Dienst, gab seine Stellung als Militärarzt auf, wollte Unternehmer werden, kaufte eine Fabrik und zog mit seiner riesigen Familie nach Bombay. Damit begann der soziale Abstieg, denn das Unternehmen lief nicht gut. Mit der Uniform hatte der Colonel auch Macht und Autorität eingebüßt. Dem Sohn Shani fiel die geschrumpfte Statur seines Vaters peinlich auf, als er ihn während der Versteigerung der Familienhabseligkeiten im Auktionshaus beobachtete. Er beschreibt den Vater als «die Unscheinbarkeit in Person mit seinem weißen Safarihemd, der weiten Hose und den offenen Sandalen».

Die Teilung Indiens hat auch die Familie Kureishi geteilt. Mit dem Ende des Empire wurde sie zerrissen und in alle Welt zerstreut. Die familiäre Kohäsion ließ nach, die Fliehkräfte nahmen zu. Wie so oft waren auch der Zerfall dieser Familie und ihre transkontinentale Verstreuung politisch verursacht. Die Kinder und Kindeskinder des Patriarchen leben heute in der Diaspora – in Indien, Pakistan, Kanada, in London, New York oder Dubai, sogar in Deutschland. Doch überall gilt: Der einstige Status der Familie, die der einheimischen kolonialen

Oberschicht angehört hatte, ist im Westen gar nichts und auf dem Subkontinent nur noch wenig wert.

Hanif Kureishis Vater Shani war ein talentierter Cricket-Spieler, gab aber eine mögliche Karriere als Profi-Spieler auf, wurde zum Studium nach England geschickt und landete nach einigen Fehlstarts und akademischen Misserfolgen im diplomatischen Dienst, allerdings in subalterner Position. Er heiratete eine englische Frau und bekleidete dreißig Jahre lang einen untergeordneten und langweiligen Beamtenposten an der Pakistanischen Botschaft in London, träumte aber sein Leben lang sehnsüchtig von einer Karriere als Schriftsteller. Er schrieb Romane, Erzählungen, Theaterstücke und Hörspiele – für die Schublade. Nichts davon wurde je veröffentlicht, alle Verleger und Agenten lehnten die Manuskripte ab. Kureishi senior konnte die Enttäuschung und Verbitterung über diese Fehlschläge und sein Scheitern als Autor niemals verwinden. Er nahm diese ständigen Zurückweisungen persönlich; sie waren eine traumatische Erfahrung, die das häusliche Leben der Familie in Hanif Kureishis Kindheit bestimmte und auch seine Erinnerungen an den Vater schmerzlich durchzieht.

«Mein Ohr an deinem Herzen» ist ein disparates Buch: Es wirkt improvisiert, sprunghaft, formlos, unstrukturiert, franst an den Rändern aus. Und es ist schwer zu kategorisieren: Es mischt Autobiographie und intime Vater-Sohn-Geschichte mit eher abstrakten Meditationen über Kolonialismus, die indo-pakistanische Geschichte sowie Rassen- und Klassenfragen, das Ganze durchsetzt mit Bekenntnissen über Kureishis eigene Entwicklung zum Schriftsteller und (nicht übermäßig originellen) Überlegungen zum Zusammenhang zwischen Leben und Fiktion, Schreiben und Identität.

Der Untertitel des englischen Originals verweist in seiner Doppeldeutigkeit bereits auf das Grundthema des Buches: «Reading My Father». Indem der Sohn die verschollen geglaubten Manuskripte seines verstorbenen Vaters liest und kommentiert, sucht er zugleich nach einer Lesart, einer Deutung für dessen Leben – immer im Vergleich zu seinem eigenen Leben, in den Parallelen wie auch in den Unterschieden.

Der Sohn liest das zufällig aufgefundene Manuskript «An Indian

Adolescence», die dünn verkleidete autobiographische Jugendgeschichte seines Vaters, mit dem kritischen Blick eines professionellen Autors, aber auch mit dem Blick des betroffenen Sohnes, der das literarische Vermächtnis seines Vaters vor Augen hat. Die Kommentare des Sohnes sind Diagnose, Literaturkritik, Rekonstruktion der eigenen Familiengeschichte, Erinnerungs- und Trauerarbeit zugleich. Seine Gefühle beim Lesen der väterlichen Hinterlassenschaft schwanken zwischen Stolz, Zärtlichkeit, Zorn, Rivalität, Liebe, Dankbarkeit, Kummer und Trauer.

Hanif Kureishi versucht, das Grundgefühl des Versagens und Scheiterns, das seinen Vater und dessen Brüder beim sozialen Abstieg der Familie peinigte, auf den Begriff zu bringen: «Sie wussten nie so recht, was sie mit ihrem Leben anfangen sollten, diese übermäßig gebildeten und in ihrer Ziellosigkeit und ihrem Sinnlosigkeitsgefühl an Figuren von Tschechow erinnernden Kureishi-Söhne – sie erweckten immer den Eindruck, zu intelligent und bedeutsam für die Situationen zu sein, in denen sie sich wiederfanden, als wäre die Welt unbedingt darauf aus, sie hinabzuziehen, anstatt sie zu erheben. Sie hatten ein Gefühl der Vergeudung, das sie nie ganz verließ.»

Indem Hanif Kureishi die hinterlassene Jugendgeschichte seines Vaters liest und bewertet, sie mit seinen eigenen Erinnerungen und den Memoiren der Geschwister seines Vaters vergleicht, lässt er seinem Vater posthum jene Anerkennung zukommen, die ihm zu Lebzeiten immer vorenthalten wurde. Er schreibt: «Ich bin froh, dass ich die Bücher meines Vaters entdeckt habe; froh, dass ich sie gelesen habe. Mein Vater hat endlich bekommen, was er sich wünschte, wenn er sich morgens an den Schreibtisch setzte: Jemand hat seine Geschichten gelesen, darüber nachgedacht, mit ihnen gelebt, sie zum Gesprächsthema gemacht. Und wie meine Nacherzählung zeigt, sind sie bedeutsamer, als er glaubte.»

Hanif Kureishi pflegt den komparatistischen Blick, indem er vergleichende Herkunftsgeschichte betreibt. Während er die Spuren seiner verstreuten Familie zusammensucht und familiäre Gedächtnissplitter zusammenfügt, vergleicht er ständig die Situation seiner Vorgänger-Generationen mit seiner eigenen. Immer wieder kommt Hanif

Kureishi auf die unterschiedlichen Startbedingungen zu sprechen, die die erste und die zweite Generation pakistanischer Migranten in Großbritannien vorfanden. Hanif, der zur zweiten Generation gehört und 1954 bereits in England geboren wurde, hatte es deutlich leichter im Leben als sein Vater. Andererseits hatte sein Vater es leichter als die nach ihm eintreffenden Zuwandererströme vom Subkontinent. Entscheidend scheint der Zeitpunkt der Ankunft in England.

Shani Kureishi gehörte zu Anfang der 1950er Jahre zur Vorhut der Zuwanderer vom Subkontinent. Er war getrieben vom Wunsch nach Integration und Ansehen, und er war weder ein Armuts- noch ein Arbeitsmigrant, er suchte auch kein Asyl als politischer Flüchtling. Als Nachkomme der kolonialen Elite durfte er sich in London noch relativ wohlgelitten fühlen, verglichen mit den zahllosen Armutsmigranten vom Subkontinent, die nach ihm kamen. Großbritannien bediente sich immer noch gerne der Ressourcen und der billigen Arbeitskräfte aus den ehemaligen Kolonien; doch zugleich wurden die Zuzügler in Ghettos abgedrängt, um sie unsichtbar zu machen. Von der vehementen Ausländerfeindlichkeit, die diesen Immigranten in England später entgegenschlug, war zur Zeit der Ankunft von Kureishi senior noch nichts zu spüren.

Die rassistischen Gewaltausbrüche gegen pakistanische und indische Einwanderer begannen erst Jahre später; erst 1968 hielt der Tory-Politiker Enoch Powell seine notorische «Ströme-von-Blut»-Rede, in der er gegen asiatische Immigranten agitierte und drastisch vor den Folgen ungebremster Zuwanderung aus dem Commonwealth warnte; der Aufstieg der rechtsextremen, rassistischen und vehement ausländerfeindlichen «British National Front» begann in den späten 1960er Jahren; und die Rassenunruhen, die sich in London nach der Abspaltung Bangladeschs von Pakistan an der Massenzuwanderung armer Bengalis entzündeten, fielen erst in die 1970er Jahre.

Diese Unruhen wurden später auch Thema der Literatur. Sie spiegeln sich etwa in den Romanen mehrerer Einwandererkinder der zweiten Generation. In dieser Literatur, geschrieben vornehmlich von nicht-weißen Briten, erforscht die britische Gesellschaft ihr koloniales Gedächtnis und ihre multiethnische Gegenwart. Autoren wie Nadeem

Aslam oder Monica Ali beschäftigen sich in ihren Büchern eingehend mit den Lebensumständen der bedrängten Zuwanderer in den pakistanischen und bengalischen Armutsenklaven Englands, in denen Segregation, nicht Integration die tägliche Praxis war. Und auch Hanif Kureishi umkreist in einigen seiner Romane das Leben pakistanischer Einwanderer und ihrer Kinder, von den harten Jahren unter Margaret Thatchers restriktiver Regierung bis hinauf in eine – zumindest in manchen Milieus – tolerantere Gegenwart, in der der Übergang von kultureller Segregation zu Multikulturalität auf die politische Tagesordnung kam und sich bereits Tony Blairs Konzept des «Inclusive Britain», der ethnischen und sozialen Inklusion, durchzusetzen begann.

Hanif Kureishi selbst fand in den 1980ern, seinen Anfangsjahren als aufstrebender Erzähler, Dramatiker und Drehbuchautor, bereits recht entspannte Startbedingungen vor. Die Welt der Künste schien – anders als die übrige Arbeitswelt – auf einen wie ihn geradezu gewartet zu haben. Sie sah in ihm einen schrägen und unverklemmten Exoten, der ihr die pop-, sex- und drogengeschwängerte Subkultur zugänglich und konsumierbar machte und sie auf den Geschmack der folkloristischen Reize indo-pakistanischer Kultur brachte. Kureishis Karriere schien leicht, ein Selbstläufer. Sein Drehbuch für den Film «Mein wunderbarer Waschsalon» wurde 1984 sofort für den Oscar nominiert, und sein Romandebüt «Der Buddha aus der Vorstadt» wurde 1990 mit dem Whitbread Prize für den «Besten Erstlingsroman» ausgezeichnet, in zwanzig Sprachen übersetzt und von der BBC als Fernsehserie verfilmt.

Vor allem in der Jugendszene, in der Kunst-, Musik- und Modewelt galten Asiaten jetzt als «cool». Ethno-Folklore war angesagt. Plötzlich wurden Kureishi und seinesgleichen als modisch, exotisch und hip angesehen, und die junge britisch-asiatische Literatur war jedermanns Darling, vor allem nach dem literarischen Durchbruch Salman Rushdies im Jahr 1981 mit dem Roman «Mitternachtskinder», einer funkelnden orientalischen Erzählmaschine, die der Zeitgeist nicht zuletzt wegen des Folklore-Faktors ins Herz schloss. Es sei nicht damit zu rechnen gewesen, schreibt Hanif Kureishi voll nachträglichen Erstaunens, «dass es einmal eine britisch-asiatische Literatur geben und dass die Lebensweise der Einwanderer die Wirklichkeit in Großbritannien auf dem Umweg über die Kultur durchdringen würde, um erst in Mode zu sein und später von anderen Ethnien abgelöst zu werden».

Dort, wo Kureishi senior als entwurzelter pakistanischer Migrant mit unansehnlicher Berufslaufbahn und als erfolgloser Autor unveröffentlichter Bücher das Gefühl haben musste, in England trotz aller Anstrengungen stecken geblieben und gescheitert zu sein, hat sein Sohn sich scheinbar mühelos durchgesetzt. Immer wieder vergleicht Hanif die Kämpfe seines Vaters, dessen Ängste, Hoffnungen und unerfüllte Wünsche nach Integration, Erfolg und Ansehen, mit seinen eigenen ungleich üppigeren Lebensperspektiven. Der Sohn hat es weiter gebracht als der Vater, und er schreibt immer im vollen Bewusstsein, an Vaters statt selbst der erfolgreiche Schriftsteller geworden zu sein. So gesehen, ist das Erinnerungsbuch an den Vater auch als schriftstellerisches Konkurrenzunternehmen angelegt.

Das Zufluchtsland Großbritannien hat zwar nicht dem Vater, aber dem Sohn Kureishi eine glänzende Karriere ermöglicht. Einerseits. Andererseits kann sich der Sohn in seiner eigenen Lebenshaltung in London nicht im Entferntesten messen mit dem feudalen spätkolonialen Lebensstil, den die Familie seines Vaters in Indien noch genießen konnte, in großen Häusern und verwöhnt von zahlreichen Domestiken. Hanif Kureishi entstammt einer indisch-pakistanischen kolonialen Oberschicht, die größtenteils und für immer verschwunden ist. Er darf zufrieden sein, dass er in England heute als Angehöriger der Mittelschicht voll akzeptiert wird.

Und er hat die tiefgreifende Transformation der englischen Gesellschaft nach dem Ende des Empire und nach drei Zuwanderungswellen – der afro-karibischen, der indo-pakistanischen und der schwarzafrikanischen – als wacher Beobachter miterlebt und in seinen Prosa- wie auch seinen Film- und Theaterarbeiten kritisch thematisiert. Früher als die gebürtigen und eingesessenen Briten erkannte Hanif Kureishi, was die längste Zeit bereits vor aller Augen geschah, was den Briten aber erst im Nachhinein in seiner ganzen Tragweite bewusst wurde.

Kureishi schreibt: «Beinahe blindlings hatte ein revolutionäres, beispielloses Sozialexperiment stattgefunden. Erst in den 1980er Jahren wurde sich Großbritannien des Wandels bewusst; das Land hatte sich von einer monokulturellen in eine multiethnische Gesellschaft verwandelt und kam nun endlich zu der Erkenntnis, dass es kein Zurück gab. Das Projekt bestand darin, nach dem Ende des British Empire und auf der Basis von Masseneinwanderung eine überwiegend weiße in eine rassisch gemischte Gesellschaft zu verwandeln und damit ein neues Bild dessen zu entwerfen, was aus Großbritannien geworden war und wohin es sich entwickelte.»

Was von Hanif Kureishi erahnt und auch bereits in Umrissen erkennbar wurde, war eine neue soziale Gruppe, die sich jenseits der traditionellen Konzepte von Multikulturalität zu formieren begann; eine neue soziale Gruppe, die ihre ethnische Ambiguität als besonderes Kennzeichen empfand. Statistiker stellen fest, dass sich inzwischen fast eine Million junger Briten als Angehörige von mehr als einer Ethnie definieren. Multiethnische Diversität ist ein Merkmal des modernen Großbritanniens geworden. «Ethnisch gemischt» ist derzeit die drittgrößte ethnische Minderheit im Lande und wird im Laufe dieses Jahrzehnts zur größten Gruppe werden – eine melierte Jugend wächst heran. Sie ist eine Avantgarde. Melange ist ihr Stichwort. Für sie ist Ethnizität bereits ein veraltetes Konzept, das nicht mehr greift und daher als sozialer Indikator bedeutungslos geworden ist.

Freilich gibt es Ungleichzeitigkeiten. Nicht jeder hat Grund, Hanif Kureishis Optimismus im Hinblick auf eine glückliche multiethnische Melange zu teilen. Kureishis um sieben Jahre älterer Autorenkollege Salman Rushdie etwa erlebte den soziokulturellen Wandel in Großbritannien auf ähnliche Weise wie dieser, zog aber etwas andere und weniger optimistische Schlüsse daraus. Rushdies Laufbahn – bevor die Fatwa Ayatollah Khomeinis bei ihm einschlug – weist mancherlei Ähnlichkeiten mit der Karriere Hanif Kureishis auf, vor allem in der Widersprüchlichkeit von privilegiertem Künstlerstatus bei gleichzeitigem Statusverlust seiner Familie. Rushdies Familie gehörte wie der Kureishi-Clan der indisch-muslimischen kolonialen Elite an, und ebenso wie dieser verlor sie binnen zwei Generationen alles. Rushdies Großvater mit dem prächtigen Namen Khwaja Muhammad Din Khaliqi Dehlavi war ein erfolgreicher Industrieller in *Old Delhi*, ein Textil-Magnat, der früh starb, aber seinem einzigen Sohn Anis Ahmed ein Vermögen vererbte.

Anis Ahmed, so erzählt es sein Sohn Salman Rushdie in seiner Autobiographie «Joseph Anton», tat in seinem Leben zwei bemerkenswerte Dinge: Er änderte den Zungenbrecher-Nachnamen der Familie und nannte sich «Rushdie» aus Bewunderung für den spanisch-arabischen Philosophen Ibn Ruschd, den der Westen als Averroës kennt; und er verprasste und verschleuderte das gesamte, von seinem Vater ererbte Familienvermögen und endete als erfolgloser Geschäftemacher und Alkoholiker in Karachi. Sein Vater sei reich gewesen, schreibt Salman Rushdie, «doch brachte er sein Leben damit zu, all das Geld auszugeben, und er starb verarmt, blieb seine Schulden schuldig und hatte ein Bündel Rupienscheine in der oberen linken Schublade seines Schreibtisches, mehr an Bargeld war ihm nicht geblieben».

Der Bildungsweg von Vater und Sohn Rushdie, beide Absolventen der Universität Cambridge, entsprach allerdings noch völlig den Gepflogenheiten der indischen kolonialen Oberschicht, die ihre Söhne traditionellerweise in englische Privatschulen und Elite-Universitäten schickte. Salman Rushdie begann seine britische Erziehung 1961, mit dreizehn Jahren, am Nobel-Internat Rugby, wo er die Aufnahmeprüfung mit Auszeichnung bestand. Sein privilegierter Einstieg in die Gesellschaft Großbritanniens bewahrte ihn freilich nicht vor versnobten Formen eines gehobenen Rassismus.

Der Neuling in Rugby fand schnell heraus, «dass man in einem englischen Internat Anfang der sechziger Jahre drei Fehler machen konnte. Man durfte kein Ausländer, nicht klug und nicht schlecht in Sport sein. Wer in Sport nicht gut war, musste darauf achten, nicht allzu klug zu sein, und wenn möglich, nicht allzu ausländisch, was der schlimmste aller Fehler war». Der junge Rushdie machte sich aller drei Fehler schuldig. Er war Ausländer, klug und unsportlich, weshalb er in England eine überwiegend unglückliche Internatszeit verbrachte.

Doch erst nach seinen Universitätsjahren, in seinem ersten Beruf als Werbetexter in London, begann Salman Rushdie über seine prekäre Existenz im postkolonialen England nachzudenken. Seine Selbstverortung als noch namenloser Zuwanderer fällt deutlich weniger selbstgewiss aus als die des erfolgreichen jungen Draufgängers Kureishi. «Er war ein Migrant. Er gehörte zu denen, die an einem Ort gestrandet waren, der nicht der Ort war, an dem es für sie begonnen hatte», schreibt Rushdie über sich in seiner Autobiographie «Joseph Anton».

Und er fährt fort: «Jede Migration kappt die herkömmlichen Wurzeln der eigenen Person. Der verwurzelte Mensch gedeiht an einem Ort, den er gut kennt, unter seinesgleichen, die er gleichfalls gut kennt, folgt Bräuchen und Traditionen, mit denen er und seine Gemeinschaft vertraut sind, und er unterhält sich mit den anderen in einer ihnen gemeinsamen Sprache. Von diesen vier Wurzeln – Ort, Gemeinschaft, Kultur und Sprache – hatte er drei verloren. Er war ein Junge aus Bombay, der seinen Lebensweg unter Engländern in London machte, sich aber durch ein doppeltes Gefühl der Unzugehörigkeit verflucht fand. Wenigstens die Sprachwurzel war ihm geblieben, doch begann er allmählich zu verstehen, wie schmerzlich er unter dem Verlust der übrigen Wurzeln litt. Die Millionen Migranten dieser Welt sahen sich im Zeitalter der Migration mit enormen Problemen konfrontiert, mit Heimatlosigkeit, Hunger, Arbeitslosigkeit, Krankheit, Verfolgung, Entfremdung und Angst. Er zählte zu den Glücklicheren, doch blieb ein großes Problem: das der Authentizität. Das Migranten-Ich wurde unweigerlich heterogen statt homogen. War es möglich, nicht etwa wurzellos zu sein, sondern im vielfach Verwurzelten aufzugehen? Nicht darunter zu leiden, dass einem die Wurzeln fehlten, sondern von einem Übermaß an Wurzeln zu profitieren?»

Diese Frage berührt die Grundproblematik von Salman Rushdies Existenz. Sollte er sich als entwurzelt empfinden? Oder ließe sich seine Wurzellosigkeit ins Positive kehren und als existenzieller Reichtum begreifen, als Chance einer mehrfachen Verwurzelung – aber eben als Luftwurzler? Aus dieser Frage – und deren unterschiedlicher Beantwortung zu unterschiedlichen Zeiten – sollte sich Rushdies gesamtes literarisches Werk speisen. Seine Romane und Erzählungen dokumentieren den allmählichen Wandel in Rushdies Selbstverständnis: vom zugewanderten, sich unzugehörig fühlenden, unter Verlustängsten und Identitätsdefiziten leidenden Fremdling, dem sein Außenseitertum zu schaffen macht, zum stolzen Weltbürger und Schrittmacher des Melange-Konzepts mit einer neuen, andersartigen Gewissheit der eigenen Authentizität, der seinen sicheren Ort gefunden hat – in der Kunst, in den «Heimatländern der Phantasie», wie Rushdie seinen großen Essayband über die 1980er Jahre nannte.

Dieses Vertrauen Rushdies in die produktive Kraft, die aus dem Fehlen einer klaren geokulturellen Zugehörigkeit gezogen werden kann, hat auch Homi K. Bhabha, den einflussreichen indischen Theoretiker des Postkolonialismus, inspiriert. Der von Bhabha eingeführte Diskurs der geokulturellen Entortung bezieht sich ausdrücklich auf die von Rushdie gefeierte Hybridität als privilegiertes ästhetisches Verfahren. Keinen festen Boden unter den Füßen zu haben, animiert Rushdie in seinem literarischen Œuvre dazu, «mit Ambivalenzen, Kontingenzen und unlösbaren Widersprüchen spielerisch umzugehen», wie man in Homi K. Bhabhas Studie «Die Verortung der Kultur» liest. Rushdie stelle «festgeschriebene, tradierte Identitätsbegriffe infrage und untersucht die ihnen zugrunde liegenden Antagonismen, um sie neu auszuhandeln».

Doch war es ein mühsamer Weg, ehe Rushdie zu dieser überlegenen kosmopolitischen Gelassenheit fand. Die 1980er Jahre waren das Jahrzehnt Margaret Thatchers. Unter ihrer Regierung hatten Zuwanderer wenig zu lachen. Der Werbetexter und angehende Autor Rushdie erlebte damals das London der Immigranten als «ein London der Benachteiligungen und Vorurteile, eine sichtbare, doch ungesehene Stadt», wie er in seiner Autobiographie schreibt. «Die Immigrantenstadt lag vor aller Augen in Southall, in Wembley und in Brixton, auch in Camden, doch hat man ihre Probleme damals größtenteils ignoriert, falls es nicht gerade zu Eruptionen rassistischer Gewalt kam.»

Die Stadt war gespalten in einen sichtbaren und einen unsichtbaren Teil. Die Brick Lane in Ost-London etwa scheint als Enklave zumeist bengalischer Einwanderer für die Mehrheitsbevölkerung so gut wie unsichtbar gewesen zu sein, ehe Monica Ali diese Straße in ihrem gleichnamigen Roman ins allgemeine Bewusstsein hob. «Großbritannien besteht aus zwei völlig verschiedenen Welten, und in welcher von den beiden man lebt, wird ausschließlich durch die Hautfarbe bestimmt», stellt Rushdie in einem Essay aus dem Jahr 1982 fest, der unter dem Titel «The New Empire within Britain» für Diskussionen sorgte, wird darin doch ein neues Empire-Modell zugleich proklamiert und angeklagt.

Nach vierhundert Jahren englischer Dominanz über die halbe Welt, so lautet Rushdies Argumentation, haben die Briten ihre Kolonien ebenso übereilt wie unwillig in die Unabhängigkeit entlassen, vielmehr: sich selbst überlassen. Was sie in den Ex-Kolonien zurückließen, waren Parlamente, das Schulsystem und das Justizwesen, die Cricket-Regeln und der Linksverkehr. Mit dem Ende des Empire setzte die Gegenbewegung ein. Auf den Aufbruch der Kolonisatoren in alle Welt folgte der Aufbruch der Kolonisierten – in die Gegenrichtung. Die Kolonialvölker von einst strömten in das englische Mutterland und bildeten ein neues Empire inmitten von Großbritannien. In Rushdies Worten: «Es scheint, dass die britischen Behörden, da sie nicht mehr in der Lage sind, Regierungen zu exportieren, stattdessen beschlossen haben, ein neues Empire zu importieren, eine neue Gemeinschaft von Untertanenvölkern.»

Der britische Rassismus, so Rushdies Wahrnehmung, sei derselbe geblieben, nur mit dem Unterschied, dass die weißen Sahibs ihre Untertanenvölker nicht mehr in fernen Erdteilen, sondern gleich nebenan vorfinden, eben als «Neues Empire in Großbritannien». Und dieser Art von institutionellem Rassismus spielte die gewollte Ignoranz der weißen Öffentlichkeit in die Hände, die sich blind stellte und nicht betroffen fühlte, als im *Nationality*-Gesetz von 1981 schwarze und asiatische Briten ihrer Bürgerrechte beraubt wurden.

Rushdie erinnert daran, dass es ursprünglich das Mutterland selbst war, das – Stichwort «Generation Windrush» – Arbeitskräfte aus den ehemaligen Kolonien herbeirief. Die Zuwanderer aus der Karibik, vom indischen Subkontinent und aus Afrika «kamen, weil sie darum gebeten wurden. Die Regierung Macmillan startete eine großangelegte Werbekampagne voll Hoffnung und Optimismus, bei der Großbritannien als Land der Fülle dargestellt wurde, eine wunderbare Gelegenheit, die man sich nicht entgehen lassen sollte. Und sie zeitigte Wirkung. Die Menschen kamen voll Vertrauen und in dem Glauben hierher, dass sie erwünscht seien. Und so wurde das neue Empire importiert.» Doch das Land, in das die Einwanderer kamen, war «nicht das England des Fairplay, der Toleranz, des Anstands und der Gleichheit», schreibt Rushdie – und er schreibt aus eigener Erfahrung.

Nirgends hat Rushdie das Unbehagen an seinem eigenen Außenseitertum als Zuwanderer in England, sein Gefühl der Fremdheit, Zwiespältigkeit und Unzugehörigkeit, sein eigenes schmerzlich zerrissenes Ich beredter und leidenschaftlicher thematisiert als in «Die Satanischen Verse», seinem berüchtigtsten und am meisten missverstandenen Werk. Der Roman erschien im September 1988 in London und trug Rushdie am Valentinstag 1989 die Fatwa des iranischen Revolutionsführers Ayatollah Khomeini ein, das islamische Todesurteil als Gotteslästerer und Apostat. Für dessen Vollstreckung setzte der Schiiten-Papst mehrere Millionen Dollar Belohnung aus.

Der Roman – Rushdies vierter nach «Grimus», «Mitternachtskinder» und «Scham und Schande» – bescherte dem Autor nicht nur zehn Jahre eines gehetzten Lebens im Untergrund, im Weiterhasten von Versteck zu Versteck, immer von einer bewaffneten Polizeieskorte begleitet und bedroht von religiösen Fanatikern, die ihm als Gotteslästerer nach dem Leben trachteten, wie man in «Joseph Anton» detailliert nachlesen kann; der Roman wurde außerdem unter Blasphemie-Vorwürfen und Missdeutungen förmlich begraben. Der jahrelange öffentliche Streit um die angebliche Schmähung des Propheten Mohammed führte zu mancherlei tendenziösen Fehllektüren und dazu, dass andere wichtige Aspekte des Romans so gut wie unbeachtet blieben.

Beispielsweise der Aspekt des Migrantentums in allen möglichen Ausformungen. «Wenn ‹Die Satanischen Verse› überhaupt etwas sind, dann eine Betrachtung der Welt aus der Perspektive des Migranten», schrieb Rushdie 1990 in seinem Essay «In gutem Glauben», einer Verteidigung seines Romans. Dieser sei entstanden «aus der Erfahrung von Entwurzelung, von Trennung und Metamorphose, die allen Migranten gemeinsam ist, und aus der eine Metapher für die gesamte Menschheit abgeleitet werden kann». Den Vorwurf der Blasphemie sucht Rushdie mit der Feststellung zu entkräften, dass sein Buch «eigentlich nicht vom Islam handelt, sondern von Migration, Metamorphose, gespaltenem Ich, Liebe, Tod, London und Bombay».

In «Die Satanischen Verse» sucht Rushdie den Zusammenstoß zweier gegensätzlicher Kulturen im Gesamtpanorama zu zeigen. Was er hier zur Allegorie verdichten möchte, ist die Konfrontation der islamisch-arabisch-indischen Welt mit der abdankenden Weltmacht, dem abendländischen Mutterland Großbritannien. Er thematisiert damit einen 1988 längst schwelenden Kulturkonflikt, der sich in den Jahrzehnten seither einerseits immer mehr verschärft hat, sich andererseits aber auch in mannigfachen kulturellen Amalgamierungen und Inklusionen aufzulösen begann. Rushdies Protagonisten sind indische Migranten in England, entwurzelte und unbehauste Wanderer zwischen zwei Welten: Im Herzen tragen sie noch die Koran-Verse der Kindheit und die religiösen Restbestände der islamischen Wertewelt; sie sind aber bereits überschwemmt vom Rauschen und Blinken einer durchsäkularisierten und kommerzialisierten westlichen Bewusstseinsindustrie.

Rushdies Einwanderer vom Subkontinent tun sich schwer, in London Fuß zu fassen. Ihr Elend ist der kulturelle Identitätsverlust. Sie sind zerrissen zwischen West und Ost, zwischen Glaubensverlust und Glaubenssehnsucht. Sie schwanken zwischen Verwestlichung und Ausgegrenztheit. Ihren Gefühlen von Bodenlosigkeit, Verwirrung und Desorientierung suchen sie mit unterschiedlichen Strategien beizukommen. Einer, der Stimmenimitator Saladin aus Bombay, schwört als anglophiler Inder der eigenen Kultur ab und modelliert sich in seiner Adoptivheimat zum Überengländer in Sprache und Lebensstil. Ein anderer, der Schauspieler Gibril, ebenfalls aus Bombay, gefeierter Darsteller hinduistischer Gottheiten in indischen Ausstattungsfilmen, hat seinen Glauben an Gott eingebüßt und träumt sich nun in das Leben des Propheten Mohammed, in die Ursprungszeiten der islamischen Welt zurück, verliert aber über diesen Phantasmagorien den Verstand.

Just der integrationsfreudige Saladin wird als illegaler Immigrant verhaftet, von Einwanderungsbeamten und Fremdenpolizei als unerwünschter Ausländer misshandelt und kriecht schließlich in den Zuwandererslums von London bei einer Familie aus Bangladesch unter. Unterwegs begegnet er lauter abenteuerlichen Zombies und Mutanten – ein Kunstgriff Rushdies, um durch Übertreibung den britischen

Fremdenhass kenntlich zu machen. Die Ausländer erscheinen missgestaltet allein durch den voreingenommenen englischen Blick: «Die Engländer beschreiben uns, das ist alles. Sie haben die Macht der Zuschreibung, und wir passen uns den Bildern an, die sie von uns konstruieren.» Beide, Saladin und Gibril, und mit ihnen die ganze Fauna anglo-indischer Hybriden und Luftwurzler, mit denen Salman Rushdie seinen Roman bevölkert, fühlen sich hin- und hergezerrt zwischen Ost und West. Sie sind geschlagen mit der doppelten Perspektive: Auf Indien blicken sie mit verwestlichten Augen, als glaubenslose Skeptiker; aber England betrachten sie mit der sehnsüchtigen Fremdheit heimwehkranker Emigranten. Dieses Dilemma entsprach Rushdies ureigener Problematik in den 1980er Jahren, wie er in «Joseph Anton» bekennt: «Die Migration stellt für den Aus- und Einwanderer alles infrage, die Identität ebenso wie die Persönlichkeit, die Kultur und den Glauben.»

So gesehen, bilden «Mitternachtskinder», «Scham und Schande» und «Die Satanischen Verse» Rushdies große Ost-West-Trilogie, in der er sich am Verhältnis der Ex-Kolonie Indien zum Kolonialherrn Großbritannien nach dem Ende des Empire abarbeitet. Er hat darin nicht nur sein Thema, sondern auch seinen Stil gefunden. Als gebildetem, anglo-indischem Intellektuellem stehen Rushdie die Geschichtsspeicher und kulturellen Reservoirs des Morgen- wie des Abendlandes zur Verfügung. Er verbindet die exotische Märchenfreude und phantastische Fabulierlust eines Tausendundeine-Nacht-Erzähltemperaments mit dem skeptischen Witz und Sarkasmus eines an Jonathan Swift und James Joyce geschulten Stilgestus; zugleich orientiert sich Rushdie an den Welt-Erfindungen eines Gabriel García Márquez und an einem sprachverliebten Humoristen wie Günter Grass. Rushdie schreibt pralle Schöpfungsgeschichten in einem multikulturellen, postmodernen Esperanto. Seine Romane sind Epochenpanorama und politische Satire, historisches Spektakel, Phantasterei, Schelmenroman und barocke Sprachveranstaltung in einem. Naturgemäß sind sie respektlos. Blasphemisch sind sie nicht. Zum Blasphemiker fehlt dem aufgeklärt-lässigen Skeptiker Rushdie ganz einfach der religiöse Fanatismus, die Besessenheit mit dem Thema Religion.

Die Tatsache, dass «Die Satanischen Verse» weltweit Anstoß erregten – wie politisch gesteuert diese Empörung mit ihren Hysterisierungsexzessen auch immer gewesen sein mag –, hat Salman Rushdie genötigt, seine eigene Haltung in diesem Konflikt gründlich zu reflektieren und seine gemischten Gefühle als Wanderer zwischen den Welten auf einen Begriff zu bringen. Zur Verteidigung seines Romans entwickelte der Autor erstmals sein Konzept der glücklichen Kontamination, indem er die Entwurzelung des Migranten ins Positive umdeutete und sie als Chance zur mehrfachen Verwurzelung in gemischten Kulturen begriff. So gewann er aus dem Gefühl des Identitätsverlusts die Verheißung pluraler Identitäten. Romane seien dazu da, Sprache, Form und Ideen radikal umzuformulieren, liest man in seinem Selbstverteidigungsessay «In gutem Glauben»; darauf weise schon das englische Wort «novel» hin: Es gehe darum, «die Welt neu zu sehen». «Die Satanischen Verse» seien «ein Buch über radikales Andersdenken, über In-Frage-Stellen und Umdenken».

Und Rushdie fährt fort: «Jene, die den Roman heute am heftigsten bekämpfen, sind der Meinung, dass ein Vermengen mit anderen Kulturen unweigerlich die eigene Kultur schwächen und ruinieren muss. Ich bin genau der entgegengesetzten Meinung. ‹Die Satanischen Verse› feiern die Bastardisierung, die Unreinheit, die Mischung, die Verwandlung, die durch neue, unerwartete Kombinationen von Menschen, Kulturen, Ideen, politischen Richtungen, Filmen oder Liedern entstehen. Das Buch erfreut sich am Mischen der Rassen und fürchtet den Absolutismus des Reinen. Melange, Mischmasch, ein bisschen von diesem und ein bisschen von jenem, das ist es, wodurch das Neue in die Welt tritt. Hierin liegt die große Chance, die sich durch die Massenmigration der Welt bietet, und ich habe versucht, diese Idee in meinem Buch umzusetzen. ‹Die Satanischen Verse› plädieren für Veränderung durch Fusion, Veränderung durch Vereinigung. Sie sind ein Liebeslied auf unser Bastard-Ich.»

So definiert und behauptet Salman Rushdie hier erstmals die zentrale Idee seines Lebens und Schreibens, die er in seinen späteren Werken noch vielfach variieren und transformieren sollte. Er schreibt über den Westen im Osten und über den Osten im Westen und über das

Glück der Vermischungen. Er feiert das Ineinander der Kulturen und das Ideal einer neuen, vielfarbigen, multikulturellen und postethnischen Welt, jenseits aller Dogmatismen. Die Frage, ob Migration zu Selbstverlust oder Selbstintensivierung führt, hat er nach Jahren der Identitätszweifel letztlich für sich eindeutig und positiv beantwortet, als selbstbewusster Weltbürger mit Dauerwohnrecht in den Heimatländern der Phantasie. In seinen Werken thematisiert er die Ungeborgenheit einer stetig wachsenden Zahl von Migranten in der Welt, deutet sie zugleich optimistisch um zum potenziellen neuen Reichtum an Ich-Erfahrung und erklärt diese Hybridisierung zur Allegorie der Moderne schlechthin.

Nicht jeder Migrant wird ihm darin folgen wollen oder können. Auch die meisten von Rushdies indo-pakistanischen Autorenkollegen würden wohl in dieses Hohelied auf das Glück des postethnischen Synkretismus nicht miteinstimmen mögen. Dem anglo-pakistanischen Erzähler Nadeem Aslam oder der aus Bangladesch gebürtigen Autorin Monica Ali beispielsweise boten ihre jeweiligen migrantischen Lebenserfahrungen wenig Anlass, die gelungenen kulturellen Amalgamierungen von ansässigen Briten und Zuwanderern vom Subkontinent sonderlich zu feiern. Schließlich hatten beide ihr britisches Leben nicht im Nobel-Internat von Rugby, sondern in den harten nordenglischen Zuwandererenklaven begonnen, in Huddersfield bzw. in Bolton, in Städten mit großen Ghettos von Armutsmigranten also, in die Salman Rushdie schwerlich je einen Fuß gesetzt haben dürfte.

Nadeem Aslam, der aus Gujranwala, Pakistan, stammt und als Vierzehnjähriger mit seiner Familie politisches Asyl in England erhielt, nennt das pakistanische Ghetto von Huddersfield, in dem er aufwuchs und in dem auch sein Roman «Atlas für verschollene Liebende» spielt, wie erwähnt, nur «Dasht-e-Tanhaii», Wildnis der Verlassenheit, Wüste der Einsamkeit. Und Monica Ali, die als Dreijährige aus dem bengalischen Dhaka nach England kam, siedelt ihren Debütroman «Brick Lane» in der gleichnamigen Straße im Ost-Londoner Stadtbezirk Tower Hamlets an, der als Ghetto bengalischer Immigranten auch unter dem Beinamen «Banglatown» bekannt ist, was lange Zeit als Synonym für Armut und Gewalttätigkeit galt. Auch Salman Rushdie hatte dieses Viertel bereits als Schauplatz für Teile seiner «Satanischen Verse» gewählt: Bei ihm heißt die Gegend «Brickhall».

Das Bild, das Nadeem Aslam in «Atlas für verschollene Liebende» vom Migrantenleben in England zeichnet, ist düster. Schauplatz seines Romans ist das pakistanische Migrantenviertel einer namenlosen nordenglischen Stadt, dessen soziale Kälte gleich eingangs in einer gängigen Wetter-Metapher beschworen wird. Es ist der erste Schneefall dieses Winters. Wie ein Magnet zieht die Erde «die Schneeflocken aus dem Himmel herunter». Ein Eiszapfen bricht ab und fällt «wie ein glitzernder Dolch» Shamas zu Füßen, der Hauptfigur des Romans. Shamas ist ein pakistanischer Gastarbeiter Mitte sechzig, der vor vierzig Jahren als Arbeitsmigrant zuwanderte und nun als Direktor des *Community Relations Council* die Person ist, «an die sich alle im Viertel wenden, wenn sie mit der Welt der Weißen nicht allein zu Rande kommen».

Die Welt der Weißen ist zwar die Folie, vor der sich das konfliktreiche Romangeschehen innerhalb des Migrantenghettos entfaltet und die beim Lesen immer mitzudenken ist, doch als Romanfiguren kommen gebürtige Engländer so gut wie nicht vor. Vielmehr ist es Nadeem Aslam um eine kritische Darstellung des sozialen Klimas zwischen den ethnischen und religiösen Gruppen innerhalb der pakistanischen Enklave zu tun. Diese hat sich selbst fast vollständig gegen die britische Umwelt abgeschottet, ist unter sich aber in mannigfaltige komplizierte Fehden verstrickt.

Aus der Perspektive weißer Briten mag das Migrantenviertel wie ein kompakter pakistanischer Fremdkörper inmitten ihrer Stadt wirken – mit eigenen Regeln, eigenem Lebensstil und eigener Kultur. In den Augen der Zuwanderer hingegen besteht ihr in den kalten englischen Norden transferiertes Miniatur-Pakistan aus lauter disparaten und widerstreitenden Einzelgruppen, die zudem zwischen dem Festhalten am Traditionalismus und dem Anpassungsdruck an den Westen hin- und hergerissen werden. Und nirgends prallen die gegensätzlichen Konzepte des Zusammenlebens unversöhnlicher aufeinander als im Normenkonflikt zwischen traditionell arrangierter Ehe und der Liebesheirat nach westlichem Muster.

Einig sind sich die Ghettobewohner nur in ihrer Ablehnung Englands. «Wir hätten nie in dieses schreckliche Land kommen sollen», seufzt eine Romanfigur, «diese Brutstätte des Bösen, aus der sie Gott verbannt haben.» England ist für sie «ein schmutziges Land, ein unheiliges Land voller Menschen mit ekelhaften Gewohnheiten und Sitten». So sehr ekeln sie sich als gute Muslime vor der Berührung mit allem in diesem Land, dass sie zum Ausgehen eine eigene Kleidergarnitur anlegen und diese im Augenblick ihrer Rückkehr ablegen, um zu Hause «Kleidung anzuziehen, von der sie wissen, dass sie sauber ist».

Salman Rushdies neues Empire innerhalb Großbritanniens hat offenbar alle seine internen Probleme und Konflikte vom Subkontinent ins Mutterland eingeschleppt. Nadeem Aslam breitet sie in seinem Roman ganz unverblümt aus: Rassismus, religiöse Intoleranz zwischen Hindus, Sikhs und Muslimen, Ehrenmorde und Gewalt gegen Frauen. Es gibt arrangierte Ehen, die die Partner unglücklich machen; es gibt Zwangsheiraten ungebärdiger Mädchen mit dem nächstbesten Cousin; es gibt Heiratsverbote – die Tochter eines Sikh etwa darf ihren Geliebten nicht ehelichen, denn er ist Muslim. Und es gibt muslimische Scheidungen – «Talaaq, Talaaq, Talaaq» –, die Frauen in einem Moment des Jähzorns des Ehemannes aller existenziellen Sicherheiten berauben können, wie es einer Romanfigur tatsächlich geschieht. Der Roman ist eine wahre Enzyklopädie aller im Namen des Islam begangenen Grausamkeiten, vor allem gegen Frauen.

«Das Viertel ist ein Ort byzantinischer Intrige und emotioneller Spionage, und wenn hier zwei Personen auf der Straße miteinander reden, dann sind ihre Zungen die zwei Hälften einer Schere, mit der der gute Ruf und Name anderer zerschnitten werden», liest man bei Nadeem Aslam. Es ist das Viertel der Abgehängten, Steckengebliebenen und Gescheiterten, der Zuwanderer vom Subkontinent, die nicht flexibel und mobil genug waren, um in England die gesellschaftliche Integration und den Aufstieg zu schaffen, wie Aslam in einem seiner gelegentlichen soziologischen Kommentare anmerkt: «Die Weißen zogen bereits Ende der siebziger Jahre von hier fort, und während der achtziger Jahre waren die Hindus die erste Gruppe von Immigranten, die in die wohlhabenden Vororte zogen, in den Jahren darauf gefolgt von einer Handvoll Pakistanis, Ärzte, Anwälte, Steuerberater,

Ingenieure – alle sind sie aus dem Viertel weg in die Vororte gezogen und haben die Pakistanis, die Bangladeschis und ein paar Inder zurückgelassen, die in Restaurants arbeiten, Taxis oder Busse fahren oder arbeitslos sind.»

Der Roman strotzt vor Geschichten über Gewalt, Unrecht, Rache, Bigotterie, religiösen Obskurantismus und Unwissenheit in einer dislozierten, trotzig verhockten und in sich verkeilten asiatischen *Community*, die an ihren Geheimnissen, ihrer Enge und der Tyrannei ihrer rigiden Regeln erstickt. Und doch hält der Roman all dem eine Grundstimmung von Zärtlichkeit, Liebe und Menschenfreundlichkeit entgegen, die im Wesentlichen vom Haupthelden Shamas ausstrahlt, einem lebensklugen, toleranten, liberalen und friedfertigen Mann, der sich aber aus all den Kontroversen ringsum nicht heraushalten kann.

In «Dasht-e-Tanhaii», der Wüste der Einsamkeit, leiden alle Figuren unter einem Gefühl der Entwurzelung, Vereinzelung und inneren Leere: Sie wurden verpflanzt, haben aber im fremden Land nicht Fuß fassen können oder wollen. Shamas, der säkulare Muslim, findet keinen Kontakt zu seiner konservativen und tief religiösen Ehefrau Kaukab, deren eifernde Intoleranz und ultra-islamische Frömmigkeit ihn befremden. Kaukab wiederum spricht auch nach vierzig Jahren im Lande nur Urdu, kann Englisch allenfalls radebrechen und kommt pro Jahr mit höchstens drei Weißen in Kontakt (und das sind ihr schon drei zu viel). Sie verzweifelt an ihren in England geborenen und sich westlich orientierenden Kindern, die ihre strengen Wertvorstellungen ablehnen und sich ihr in dem Maße entfremdet haben wie sie sich anschicken, in die Mainstream-Kultur einzutreten. Shamas und die Kinder halten Kaukab im Grunde für einen hoffnungslosen Fall von Engstirnigkeit und Rückständigkeit. Dennoch gelingt es Nadeem Aslam, beim Leser Sympathie und Verständnis für diese unglückliche Frau zu wecken.

Ihr ältester Sohn hat eine weiße Engländerin geheiratet und ist, inzwischen geschieden, in London ein bekannter Maler geworden – mit Bildern, die Kaukab für gotteslästerlich und schamlos halten muss. Ihr jüngster Sohn hat sich seit acht Jahren nicht mehr zu Hause blicken lassen und schweigt sich aus über sein Leben. Und ihre Tochter, die von den Eltern mit einem Cousin ersten Grades drüben in Pakistan verheiratet wurde, hat sich nach nur zwei Jahren von ihm scheiden lassen, weil der Mann es für sein im Koran verbrieftes Recht hielt, seine Ehefrau zu misshandeln. Auslöser der Romanhandlung ist das Verschwinden eines Liebespaars, Chanda und Jugnu. Bald erhärtet sich der Verdacht, dass die beiden verschollenen Liebenden ermordet wurden: Chandas Brüder wollten es nicht hinnehmen, dass das Paar unverheiratet zusammenlebte, und sahen sich zum Ehrenmord an ihrer jungen Schwester und deren Liebhaber wenn schon nicht verpflichtet, so doch berechtigt. Jugnu, Schmetterlingskundler von Beruf, war Shamas' jüngerer Bruder. Er hatte in Amerika studiert und die halbe Welt bereist und war ein charmanter und unvoreingenommener Naturforscher, dessen lässiger Lebensstil zwar die junge Chanda (und insgeheim auch seine Schwägerin Kaukab) bezauberte, in «Dasht-e-Tanhaii» aber wegen seiner sündhaften Freizügigkeit Anstoß erregen musste.

Im Roman steht Jugnu nicht nur für eine furchtlose Modernität, der sich die pakistanische Gemeinde ansonsten verweigert; mit ihm halten auch die Schmetterlinge, die Blumen, Vögel und Insekten Einzug in die Roman-Prosa. Nadeem Aslam pflegt einen üppigen ornamentalen Stil, der dazu neigt, sich mit kostbaren Metaphern und poetischen Vergleichen zu überladen. Diese orientalisierende Schmuckprosa wird dem Autor gelegentlich als ethnischer Exotismus vorgeworfen, als Zugeständnis an den neokolonialen Geschmack von Lesern, die einen Roman vom Subkontinent ohne scharfe Gewürze und duftende Blumen, ohne die Aufzählung exotischer Speisen, ohne edle Geschmeide, prächtige Gewänder und Stoffe nicht goutieren würden.

Tatsächlich ist der Einwand schwer von der Hand zu weisen, Aslams prunksüchtiger floraler Dekorationsstil vertrage sich schlecht mit dem grausamen sozialen Realismus der Geschehnisse im Migrantenghetto von «Dasht-e-Tanhaii» – es sei denn, man lässt den Kontrast von Blütenduft und häuslicher Gewalt als narrative Schockstrategie gelten. Es lässt sich freilich auch ganz anders über das Leben in den Zuwandererenklaven schreiben – in einem sparsameren, trockeneren Stil. Autoren wie Monica Ali aus Bangladesch oder Hanif Kureishi verbinden in ihren Migranten-Romanen unmetaphorische Nüchternheit mit Präzision, nicht zu deren Nachteil.

Die Zuwanderer aus Bangladesch gelten als die zeitlich jüngsten und ärmsten Ankömmlinge im Londoner East End. Die Armutsmigration war schon vor der Abspaltung Bangladeschs von Pakistan 1971 in Gang gekommen, doch die blutigen Sezessionskämpfe und das Wüten der pakistanischen Armee im abfallenden östlichen Landesteil gaben der Massenemigration in den 1970er Jahren noch einmal einen dramatischen Schub. In diesen Jahren wandelten sich die Ost-Londoner Viertel Spitalfields, Whitechapel und Tower Hamlets erst richtig zu «Banglatown». Und «Banglatown» wurde die größte Ankunftsstadt für Bangladeschis in Europa.

In seiner großen Völkerwanderungsstudie «Arrival City», die den Migrantenströmen in den Mega-Städten von heute nachgeht, nennt der kanadische Publizist Doug Saunders auch Zahlen. Demnach leben heute in Großbritannien fast eine halbe Million Bangladeschis und ihre in der Emigration geborenen Kinder, der Großteil davon im Bezirk Tower Hamlets am Ostrand der Londoner City. Die meisten Migranten waren ursprünglich Dorfbewohner aus dem ländlichen Hinterland Bangladeschs, die aus Holzhütten ohne Strom oder Straßenanbindung inmitten von Reisfeldern aufgebrochen waren, um im Mutterland des einstigen Empire einen Neubeginn zu versuchen. Viele kamen aber auch aus den Textil-Sweatshops von Dhaka, «dem Manchester Indiens», der Nähstube der Welt. Sie landeten in den tristen kommunalen Wohnblöcken und -türmen rund um die Brick Lane in Tower Hamlets mit ihren überfüllten Wohnzellen, verwahrlosten Stiegenhäusern und zubetonierten, vermüllten Höfen. Die Männer arbeiteten in der Gastronomie oder eröffneten Curry-Lokale, die Frauen nähten in Heimarbeit Billigklamotten für den britischen Markt.

Und doch zeigte sich spätestens in der zweiten Einwanderergeneration, dass Londons East End als «traditionelles Wartezimmer für den Zugang zur britischen Gesellschaft» fungiert: Den besser ausgebildeten Kindern der Zuzügler eröffnen sich bessere Jobs und bessere Lebensbedingungen. Die Ankunftsstadt «Banglatown», die einmal als Ort des Verbrechens, des Drogenhandels, der Rassenkrawalle und des religiösen Extremismus verschrien war, ist seit einigen Jahren auf dem Weg zur Gentrifizierung. Vor allem Spitalsfield und Brick Lane haben sich «bei den wohlhabenden Briten zu einer beliebten Attraktion für Restaurant- und Galeriebesuche und zu einer Wohnkolonie für Künstler entwickelt», stellt Doug Saunders fest.

Brick Lane galt seit den 1970er Jahren als Synonym für bengalische Massenquartiere, in denen Frauen als ausgebeutete Heimarbeiterinnen für die britische Textilindustrie rackerten, unsichtbar für die Augen der Gewerkschaften, während ihre Männer als Niedriglöhner – Köche, Kellner, Automechaniker – schufteten. In diesem Milieu siedelt Monica Ali ihren bemerkenswerten Debütroman «Brick Lane» an, der 2003 erschien.

Brick Lane und «Banglatown» sind wie «Dasht-e-Tanhaii» transitorisches Gebiet, eine zeitweilige Haltezone für Immigranten vom Subkontinent, die noch nicht völlig in England angekommen und heimisch geworden sind und deshalb ängstlich nach rückwärts leben. Im Kopf und im Herzen sind sie noch in Dhaka, in Karachi oder in Lahore, nicht in London. Ihre Lebensart wird von ihrer Vergangenheit und der ihrer Eltern bestimmt, und an diesen Halt klammern sie sich in ihrer sozialen und kulturellen Entwurzelung und Entfremdung. Nur langsam beginnen sie die Zukunft zu ergreifen und sich von verbrauchten Billigjobbern zu Verbrauchern, zu Konsumenten zu wandeln. Monica Ali und Nadeem Aslam situieren ihre Romane genau in dieser Wandlungsphase der jeweiligen Zuwandererenklaven.

Die Bewohner der überfüllten Slums von Brick Lane mussten bald auch als Zielscheibe für die rassistischen Attacken der «British National Front» herhalten, erst recht, nachdem Margaret Thatcher 1978 ihr «Verständnis» für diejenigen ihrer englischen Landsleute ausgedrückt hatte, die sich von Commonwealth-Immigranten «überschwemmt» fühlten. Es überrascht nicht, dass dies von rechtsradikalen Schlägertrupps als Freibrief für Übergriffe nicht nur gegen Bangladeschis verstanden wurde. Als erste bedrohliche Maßnahme verlegte die «National Front» ihr Hauptquartier von West-London in die Nähe der Brick Lane: Von hier aus ließen sich Rassenunruhen gegen die unerwünschten Nachbarn leichter provozieren.

Diese Feindseligkeiten marodierender Banden veranlassten wiederum die bengalischen Jugendlichen des Viertels, sich zu Gangs zusammenzuschließen, um das zu verteidigen, was sie inzwischen als ihr Territorium erachteten. Ihren Eltern, der ersten Einwanderergeneration vom Subkontinent, warfen sie vor, sich viel zu passiv und anpasserisch verhalten zu haben: Jetzt gelte es, sich zu wehren. In diese Revierkämpfe mischten sich schließlich auch lokale Mullahs mit ihren fundamentalistischen Appellen ein, und bald zeigte das bei den jungen Männern Wirkung: Sie wurden glühendere Muslime, als ihre Eltern je gewesen waren. In seinem Roman «Das schwarze Album» (1995) macht Hanif Kureishi die zunehmende Islamisierung der zweiten Einwanderergeneration vom Subkontinent zu seinem Thema. Er erzählt, wie ein junger pakistanischer Immigrantensohn in den Bann einer Gruppe strenggläubiger Fundamentalisten gerät und seine religiösen Wurzeln wiederentdeckt – ganz im Gegensatz zur eher säkularen und anpassungsbeflissenen Elterngeneration.

«Das schwarze Album» ist ein Campus-Roman, spielt in den 1980er Jahren an einem unbedeutenden Londoner College unter Studenten aus mancherlei sozial benachteiligten Minderheiten und kulminiert 1989 in dem Streit unter den britischen Muslimen um Salman Rushdies Roman «Die Satanischen Verse». Ein Exemplar des Romans wird am Ende von Muslim-Aktivisten auf dem College-Gelände öffentlich verbrannt – ein Vorgang, der dem Protagonisten des Romans, dem Studenten Shahid, die Augen öffnet und ihm nach langem Schwanken seine Prioritäten klarmacht.

Shahid ist der Sohn pakistanischer Zuwanderer, die es zu einigem Wohlstand gebracht haben und in einer Londoner Vorstadt ein gut gehendes Reisebüro betreiben. Er fühlt sich am College zerrissen zwischen drei widerstreitenden Einflussfiguren und den konträren Werten, für die sie stehen. Einerseits fasziniert ihn die Libertinage seiner College-Dozentin, die ihn in angesagte Londoner Clubs und in die Freuden von hemmungslosem Sex- und Drogenkonsum einführt; andererseits fühlt er sich angezogen von dem religiösen Enthusiasmus und der asketischen Glaubensstrenge der muslimischen Bruderschaft in seinem Studentenwohnheim, besonders ihres charismatischen

Anführers Riaz. Deren Versprechen einer rein muslimischen Identität betört ihn. Doch nicht minder verlockend findet er den Identitätsmix, die schillernde Hybridität, die er in dem androgynen US-Musiker Prince verkörpert sieht (der Roman ist nach dem 1994 veröffentlichten «Black Album» von Prince benannt). Shahids Dozentin, eine zeitgeistige Kultur- und Gender-Wissenschaftlerin, macht ihm am oszillierenden Image von Prince die Reize ethnischer Melange und des Spiels mit changierenden Geschlechterrollen schmackhaft: «Prince ist halb schwarz, halb weiß, halb Mann, halb Frau, mittelgroß, feminin, aber auch ein Macho.»

Lange schwankt Shahid zwischen diesen gegensätzlichen Lebensentwürfen. Verwundert stellt er fest, dass auch seine ganz weltlich und westlich erzogenen Cousins daheim in Pakistan derzeit einen ähnlichen «Fundamentalist Turn» durchmachen. «Während ihre Eltern geschmuggelten Whisky tranken und sich Videos aus England anschauten, trafen sich Shahids jugendliche Verwandte und Freunde freitags im Haus, um dann gemeinsam zum Gebet zu gehen. Der religiöse Enthusiasmus der jüngeren Generation und dessen enge Verknüpfung mit politischen Ideologien hatte Shahid ziemlich überrascht.»

Genau dieses Umkippen von Glaubenseifer in politischen Fanatismus macht schließlich Shahids Schwanken ein Ende. Er sieht entgeistert zu, wie Riaz' Bruderschaft unter Johlen, Kreischen und Jubeln Salman Rushdies Roman anzündet, und denkt: «Wie engstirnig das war, wie unintelligent, wie … peinlich all das war! Die Dummheit der ganzen Veranstaltung widerte ihn an. Er hatte mit diesen Leuten nichts mehr zu tun. Dazu brauchte er keine Entscheidung zu treffen: Seine Verbindung mit ihnen war zu Ende gewesen, als Riaz das Buch mit Benzin tränkte.»

Sein künftiger Kurs im Leben ist Shahid damit klar geworden: «Ich hab's satt, herumkommandiert zu werden, sei es von Riaz oder von Gott persönlich. Ich will mir keine Grenzen setzen lassen, wenn es so viel zu lernen, zu lesen und zu erfahren gibt.» Spricht's, und macht sich auf zum Prince-Konzert, für das seine Dozentin Karten besorgt hat.

Für einen gebildeten Studenten mit Migrationshintergrund wie Shahid sieht die Welt naturgemäß anders aus als für ungebildete Frauen, die, gefangen in den traditionellen weiblichen Rollenmustern des Subkontinents, als unterwürfige Gattinnen den ihnen zugewiesenen Ehemännern ins kalte England gefolgt sind. Frauen wie Nadeem Aslams Kaukab aus Pakistan oder wie Monica Alis Romanheldin Nazneen aus einem Sumpfdorf in Bangladesch. Mit achtzehn Jahren wird Nazneen 1985 von ihrer Familie an einen mehr als doppelt so alten bengalischen Mann verheiratet und zu ihm nach London ins Stadtviertel Tower Hamlets geschickt.

Dieser Ehemann Chanu erweist sich als ein rührend untüchtiger Möchtegern-Patriarch, Großsprecher, Träumer und Nichtsnutz voll komischer Selbsttäuschungen und ist hässlich wie ein Frosch. Nazneen sieht sich nun gefangen in einer engen Mietwohnung in einem der heruntergekommenen Wohnblocks, in dem schon mal eine verzweifelte Immigrantin aus dem zwölften Stockwerk springt. Sie kann kein Englisch, als sie ankommt, doch sie hat Kochen, Putzen und Gehorchen gelernt, und Chanu ist mit der arrangierten Ehe einigermaßen zufrieden: «Ein Mädchen vom Land, völlig unverdorben.»

«Brick Lane» ist der erste Roman, der fast ausschließlich das Leben bengalischer Frauen in «Banglatown» in den Fokus nimmt. Monica Ali, Jahrgang 1967, ist die Tochter eines bengalischen Vaters und einer englischen Mutter. Im Alter von drei Jahren kam sie mit den Eltern aus Dhaka nach Bolton in Nord-England, vertrieben vom Bürgerkrieg in Bangladesch. In ihrem Debütroman konzentriert sich Ali auf die minuziöse Darstellung der winzigen Emanzipationsschritte, mit denen Nazneen in der Fremde binnen siebzehn Jahren die klassische Frauenrolle allmählich umdefiniert und sich zum Subjekt ihres eigenen Lebens macht: «Im Alter von vierunddreißig Jahren, nachdem sie drei Kinder bekommen hatte und ihr eins wieder genommen worden war, als sie einen zu nichts zu gebrauchenden Ehemann hatte und ihr vom Schicksal ein junger, fordernder Liebhaber zugewiesen worden war, als sie zum ersten Mal nicht mehr abwarten konnte, was ihr das Schicksal bringen würde, sondern es selbst in die Hand nehmen musste, war sie über ihre eigene Handlungsweise ebenso bestürzt wie ein Neugeborenes, das sich mit geballten Fäusten auf die eigenen Augen geschlagen hatte.»

Für Kaukab wie für Nazneen ist die Nahrungszubereitung für die Familie die Hauptbeschäftigung – zugleich Dauer-Fron, angewandte Liebesarbeit und sinnlicher Heimatersatz.

So engstirnig und religiös verbohrt Nadeem Aslam seine Protagonistin Kaukab auch zeichnet, so berührend ist doch der hektische Atz-Trieb, der sich in ihren Kochexzessen Bahn bricht und sich als verzweifeltes Liebeswerben um die Zuneigung ihrer Kinder und den Zusammenhalt ihrer Familie zu erkennen gibt. Wenn Kaukab bei einem Familientreffen unzählige Gerichte auftischt – verschiedene Currys, Chappatis, Pilau-Reis, gefüllte Karelas, Shami-Kebabs, Vermicelli mit essbarem Blattgold –, dann steht hinter dieser aufgenötigten Speise-Orgie der unausgesprochene Wunsch der Köchin, die Familie möge sich gemeinsam die alte Heimat Pakistan einverleiben. Vergeblich. Die Familie ist unwiderruflich zerfallen, die Kinder hassen ihre Mutter und flüchten vor ihr. «Ich weiß, dass ihr alle mich für die schlimmste Frau der Welt haltet», stellt Kaukab am Ende fest, während sich die Tafel unter lauter unverzehrten Gerichten biegt. «Anscheinend kann ich nichts tun, ohne jemandem Schmerzen zuzufügen.» Sie versucht, sich zu vergiften, doch auch das misslingt.

Anders als die unglückliche Kaukab ist ihre jüngere Leidensgenossin Nazneen durch die Umstände gezwungen, sich von der missachteten Familien-Köchin zur eigentlichen Familien-Ernährerin zu mausern: Als Chanu seinen Job verliert, muss Nazneen den Familienunterhalt sichern, indem sie in Akkordarbeit daheim Klamotten näht. So öffnet sie sich dem Verkehr mit der Welt außerhalb der Familie, so gewinnt sie Selbstbewusstsein, und so erwirbt sie den Respekt ihrer Kinder.

Monica Ali verschreibt ihrer Heldin einen sich graduell erweiternden Aktionsradius: Der Gelderwerb führt Nazneen zum Welterwerb. Die Näharbeit bringt sie auch in Kontakt mit einem nach Limonen duftenden jungen Bengalen namens Karim, der ihr aus dem Sweatshop seines Onkels große Ballen von Jeans und Westen zum Nähen anliefert. Der junge Mann entpuppt sich als einer der muslimischen Aktivisten von Brick Lane und wird schließlich Nazneens Liebhaber.

Erstmals nimmt Nazneen Notiz von dem, was um sie herum politisch vorgeht, etwa von den Rassenkrawallen, die von den Schlägern der «National Front» in etlichen asiatischen Enklaven des Landes, aber auch in ihrem eigenen Viertel angezettelt werden und im Gegenzug die lokale Selbstschutzgruppe der «Bengal Tigers» auf den Plan rufen. Zum ersten Mal liest sie die Flugblätter und geht zu Demonstrationen, und in den Versammlungen der «Bengal Tigers» lernt sie, dass es innerhalb der muslimischen Aktivisten Fraktionskämpfe zwischen Militanten und Moderaten gibt. Junge Mädchen in Hijab und Jeans und junge Männer in Punjabi-Pyjamas und Fleece-Westen streiten darüber, ob sie sich dem globalen Jihad anschließen oder sich eher gegen lokale Ungerechtigkeiten und Übergriffe wehren sollten.

Anders als Nadeem Aslam, der die rassistischen Ausschreitungen gegen asiatische Zuwanderer seit den 1970er Jahren aus seinem «Atlas für verschollene Liebende» völlig ausblendet, vergisst Monica Ali bei ihren leichthändigen Figuren-Zeichnungen nie, auch den politischen Hintergrund zu schattieren. Die Hoffnungen und Enttäuschungen ihrer Protagonisten werden immer mit der jeweiligen politischen Lage verrechnet. Dass ihr Roman von unterschiedlich glückenden Integrationsversuchen der ersten Generation von Armutsmigranten handelt, verliert die Autorin nie aus dem Blick.

Monica Alis Heldin erlebt mit, wie ihr Ehemann Chanu in all seinen Integrationsträumen scheitert und schließlich geschlagen nach Dhaka zurückkehrt. Sie erkennt aber auch, dass die Strategien ihres Liebhabers Karim, in London Fuß zu fassen, nicht viel tragfähiger sein dürften als die ihres Ehemanns: «Sie hatte Karim betrachtet und nur seine Möglichkeiten gesehen. Jetzt blickte sie erneut und sah, dass die Enttäuschungen seines Lebens, die ihn formen würden, sich erst noch ereignen mussten.»

Nazneen beschließt zweierlei: Sie trennt sich von ihrem Liebhaber, und sie wird ihrem Ehemann nicht nach Dhaka folgen. Aus den Briefen ihrer daheimgebliebenen Schwester Hasina, die den ganzen Roman kontrapunktieren und Hasinas Abstieg von der Fron als Näherin in Dhakas Textilfabriken bis in die Prostitution markieren, weiß Nazneen, dass ihr ländliches Bangladesch ein Sehnsuchtsort ist, der nur noch in der Erinnerung existiert.

In der letzten Szene des Romans sehen wir sie Schlittschuhe anziehen, im Begriff, gestützt von ihren Töchtern und ihrer besten Freundin, zum ersten Mal im Leben das «glitzernde, blendende, hinreißende Eis» eines Eislaufplatzes zu betreten. «Das Eis wirklich zu betreten – es schien nicht mehr wichtig. In Gedanken war sie schon dort.»

Ein Schlussbild, das sich einprägt und bleibt: Die ersten unsicheren Schritte der Migrantin auf trügerisch glattem Grund, auf völlig fremdem Boden. Vermutlich wird sie stürzen, und das nicht nur einmal, und sich wieder aufrappeln. Vielleicht wird sie es sogar schaffen, irgendwann sicher dahinzugleiten, fast ohne Bodenhaftung. Mehr ist im Moment nicht zu erwarten.

Erwähnte Bücher

Monica Ali «Brick Lane», Roman (Droemer Knaur 2004)
Nadeem Aslam «Atlas für verschollene Liebende», Roman (Rowohlt 2005)
Homi K. Bhabha «Die Verortung der Kultur», Aufsätze (Stauffenburg 2000)
Hanif Kureishi «Der Buddha aus der Vorstadt», Roman (Droemer Knaur 1992)
Hanif Kureishi «Das schwarze Album», Roman (Kindler 1995)
Hanif Kureishi «Mein Ohr an deinem Herzen. Erinnerungen an meinen Vater» (S. Fischer 2011)
Salman Rushdie «Mitternachtskinder», Roman (Piper 1983)
Salman Rushdie «Scham und Schande», Roman (Piper 1985)
Salman Rushdie «Die Satanischen Verse», Roman (Artikel 19 Verlag 1989)
Salman Rushdie «Heimatländer der Phantasie. Essays und Kritiken 1981–1991» (Kindler 1992). Darin die Essays «Das neue Empire in Großbritannien» und «In gutem Glauben»
Salman Rushdie «Joseph Anton. Die Autobiografie» (C. Bertelsmann 2012)
Doug Saunders «Die neue Völkerwanderung – Arrival City» (Blessing 2011)

Jenseits von Afrika

Die Fotografin und Autorin Taiye Selasi ist eine königliche Erscheinung: eine stolze afrikanische Schönheit mit der Aura einer Yoru-
ba-Priesterin, hochgewachsen, mit schlanken Gliedmaßen und einem
edlen Haupt voller dunkler Dreadlocks. So inszeniert sie sich in der
Verlagswerbung. Man wird kaum fehlgehen, wenn man die Beschreibung der Heldin in Selasis Debütroman auch als eine Art Selbstporträt
der Autorin liest. In der Heldin Taiwo ist die Autorin Taiye Selasi unschwer wiederzuerkennen, zumindest der äußeren Erscheinung nach:
«Die Wimpern ein schwarzes Dickicht, die Wangenknochen gemeißel-
ter Fels und Edelsteine als Augen, ihre rosaroten Lippen die gleiche
Farbe wie das Innere eines Muschelhorns, unmöglich schön, ein unmögliches Mädchen.»

Die außerordentliche Schönheit der Heldin Taiwo und ihres Zwil-
lingsbruders Kehinde, der gleichfalls wie ein Mädchen aussieht, «ein
unmögliches, unmöglich schönes Mädchen», ist ein durchgängiges
Motiv in Selasis Roman «Diese Dinge geschehen nicht einfach so». Das
Aussehen der Zwillinge bestimmt ihr Auftreten und ihr Selbstverständnis; es prägt ihr Verhältnis zur Umwelt und erklärt auch ihre extreme Selbstbezogenheit – die beiden sind eine Klasse für sich. Und sie
bilden ein geistig untrennbares Ganzes: «Zwei Hälften eines Geistes,
der zu groß ist, um in einen Körper zu passen.» Das erinnert nicht
ganz zufällig an das Zwillingspaar im Romanerstling «Der Gott der
kleinen Dinge» von Arundhati Roy, die Taiye Selasi sehr verehrt.

In den Augen ihrer unscheinbaren kleinen Schwester Sadie ist Taiwo eine Gestalt von derart unerreichbarer Vollkommenheit, dass schon der Gedanke, mit ihr konkurrieren zu wollen, aussichtslos ist. Sadie kann die ältere Schwester nur hilflos und eifersüchtig anstaunen, ihre «Aura des Mysteriösen und der mühelosen Eleganz, eine Aura, wie sie nur Frauen haben, für die Schönheit eine Selbstverständlichkeit ist».

Taiwo selbst hingegen zeigt sich im Roman ambivalent, was ihr Aussehen betrifft. Ihre Schönheit macht sie nicht glücklich, so sehr sie auch zu narzisstischer Selbstbewunderung neigt. Vielmehr empfindet sie ihr Äußeres, das sofort alle Blicke auf sich zieht, nicht selten als belastend im Umgang mit anderen Menschen. Taiwos Grundstimmung im Leben: Sie fühlt sich begehrt, bewundert, beneidet, aber einsam.

Dass Taiye Selasi ihre eigene, höchst persönliche Schönheitsproblematik in ihre Romanfigur eingeschrieben hat, ist nur ein Aspekt ihres Erstlingsromans. Auch in manch anderer Hinsicht orientiert sich die Autorin in «Diese Dinge geschehen nicht einfach so» an den Eckdaten ihrer eigenen Biographie und denen ihrer Familie.

Taiye Selasi ist das ältere von Zwillingsmädchen in einer Familie westafrikanischer Akademiker, die es in die privilegierte Klasse afrikanischer Kosmopoliten geschafft hat. Sie ist in London geboren und in Brookline, Massachusetts, nahe Boston aufgewachsen. Beide Eltern sind Ärzte und Bürgerrechtler und leben heute in Ghana. Der Vater stammt aus Ghana, die Mutter ist eine Yoruba aus Nigeria und eine in Afrika sehr bekannte Kinderärztin und Kämpferin für Kinderrechte. Selasi hat blendende akademische Referenzen vorzuweisen: einen Summa-cum-laude-Abschluss der Universität Yale und einen Mastertitel aus Oxford. Sie lebt abwechselnd in New York, New Delhi und Rom. Sie ist Fotografin; aber auch als Schriftstellerin ist ihr ein Blitzstart gelungen.

Zum Schreiben inspiriert wurde sie von Toni Morrison, die in Oxford auf Selasi aufmerksam wurde und ihr eine Zwölf-Monate-Deadline für einen literarischen Text setzte. Pünktlich lieferte Selasi ihre erste Erzählung ab: «The Sex Lives of African Girls», die 2011 in der Zeitschrift «Granta» veröffentlicht wurde und es prompt schaffte, in den

Band «Best American Short Stories 2012» aufgenommen zu werden. Ihren Debütroman mit dem Originaltitel «Ghana Must Go» hatte Penguin Press bereits gekauft, ehe er überhaupt fertig geschrieben war.

Auf den ersten Blick wirkt Taiye Selasis Lebenslauf wie eine geradezu mustergültige migrantische Erfolgsgeschichte. Eine westafrikanische Familie, befeuert von Hochbegabung, Schönheit, Zielstrebigkeit, Aufstiegswillen und Durchsetzungskraft, schafft es glanzvoll, sich in die höheren Ränge der westlichen Gesellschaft zu integrieren und verfügt souverän über ihre Aktionsräume zwischen Afrika, England und den USA, zwischen denen sie nach kosmopolitischem Gutdünken hinund herpendelt. Ein wundervolles, ein bestechendes Narrativ.

Aus diesem Erfolgsbewusstsein einer gelungenen transkontinentalen Integration hat sich Taiye Selasi denn auch eine glänzende kleine Theorie zurechtgezimmert, die sie 2005 unter dem Titel «Bye Bye Babar or: What is an Afropolitan?» veröffentlichte. In diesem Essay, der sie schlagartig berühmt machte, proklamiert sie ein neues afrikanisches Generationsgefühl, basierend auf stolzer Ortlosigkeit, die durch Bildung und Kultur kompensiert wird. Diesem Gefühl, nirgends beheimatet, aber durch kulturelle Aneignung überall zugehörig zu sein, liegen natürlich Taiye Selasis eigene Erfolgsbiographie und ihr eigener Lebensstil zugrunde, verallgemeinert zur universalen Erfolgsstory ihrer afrikanischen Altersgruppe. Dafür hat sie viel Zustimmung und internationalen Applaus eingeheimst, nicht zuletzt von fortschrittlichen Westlern, die sich durch das Auftreten hinreißender «Afropoliten» in ihrer Mitte in ihrem prinzipiellen Wohlwollen für «Andere» bestätigt sehen.

Was genau ist also ein «Afropolit»? Taiye Selasi beschreibt mit diesem selbst geprägten Terminus eine (ihre) Generation gebildeter afrikanischer Auswanderer, Kinder einer ersten Migrantengeneration von Talentierten und Mittellosen, die in den 1960er und 1970er Jahren Afrika verließen, um im Ausland Universitätsabschlüsse und ihr Glück zu suchen. Sie zitiert eine Studie, wonach bis 1987 etwa ein Drittel der hoch qualifizierten Arbeitskräfte Afrika verließ und im Westen, vor allem in Großbritannien, Kanada und den USA, einen Neuanfang anstrebte.

Während die afrikanische Elterngeneration als Ärzte, Anwälte, Bankangestellte, Pharmazeuten, Physiker oder Ingenieure die Sicherheit traditioneller Berufe suchte, wagen sich ihre Kinder, die nun Briten, Kanadier oder US-Amerikaner sind, in Felder wie Medien, Politik, Musik, Risikokapital oder Design vor. Sie arbeiten und leben in Städten auf der ganzen Welt verstreut. Selasi charakterisiert sich und ihre Altersgruppe als hochgebildet, weltgewandt, mehrsprachig und nicht fixiert in ethnischer, geographischer, nationaler oder kultureller Hinsicht. Diese jungen Leute sind «Afropoliten: nicht Weltbürger, sondern Weltafrikaner». Dass es sich dabei um eine sehr begrenzte und privilegierte demographische Gruppe handelt, mehr Klasse als Rasse, räumt die Autorin ein.

Afropoliten, wie Taiye Selasi sie definiert, formen ihre Identität selbst aus, in mindestens drei Dimensionen – national, ethnisch und kulturell, mit allen feinen Spannungen dazwischen. Man findet unter ihnen lauter aufregende ethnische Mischungen, die sich in der Geschichte der «Blackness» ganz unterschiedlich verorten. Sie sprechen neben Englisch und ein, zwei romanischen Sprachen auch noch das eine oder andere indigene afrikanische Idiom. Und in ihrem Lebensstil und ihrem kulturellen Selbstverständnis kombinieren sie beispielsweise New Yorker Jargon, amerikanischen Akzent, Londoner Mode und afrikanische Wertvorstellungen mit europäischer Bildung und akademischen Erfolgen an erstklassigen Universitäten.

Beim Besuch der elterlichen Herkunftsdörfer im afrikanischen Hinterland beschleicht sie regelmäßig ein Schamgefühl: «Es bleibt unklar, ob wir uns schämen, weil wir nicht mehr über die Kultur unserer Eltern wissen oder weil diese Kultur zu wenig ‹modern› ist.» Die jungen Afropoliten haben von sich selbst den Eindruck, «schwarz» zu sein, können aber den Vorwurf, sich «weiß zu verhalten», oft nur schwer entkräften. Manchmal haben sie deshalb das Gefühl, als hätten sie sich zwischen den Welten verirrt: Selasi nennt das «lost in transnation».

Im 21. Jahrhundert, behauptet Selasi, habe sich «das Image von jungen Afrikanern im Westen von trottelig zu umwerfend gewandelt». Was sie gemeinsam auszeichne, sei ein neues afropolitisches Bewusstsein und ein multidimensionales Denken. Sie lehnen Klischees und Vereinfachungen ab; vielmehr geht es ihnen darum, Afrika aufs Neue zu verkomplizieren. Sie verstehen, was in Afrika falsch läuft, wollen aber lieber würdigen, was wunderbar und einzigartig ist. Ihr Interesse gilt nicht den stereotypen simplen Afrika-Bildern, sondern der kulturellen Komplexität des Kontinents – Kunst, Musik, Mode, Literatur. Es ist ihnen darum zu tun, sich mit jenen kulturellen Aspekten auseinanderzusetzen, die ihnen am meisten bedeuten, sie zu kritisieren und zu zelebrieren. Die hybriden Mischungen sind es, die sie faszinieren. Sie verstehen sich als neue intellektuelle, urbane Avantgarde mit einer frei gewählten Patchwork-Identität. Und sie reklamieren die kulturelle Deutungshoheit über ihre eigenen Aufstiegs- und Erfolgsgeschichten.

Diese Elite-Afrikaner des 21. Jahrhunderts sind sich zwar der klassischen Fehlentwicklungen Afrikas durchaus bewusst – Armut, Korruption, Bürgerkriege und ethnische Massaker, Hungersnöte, Dürrekatastrophen, Krankheiten, Ausplünderungsgier kleptokratischer einheimischer Macheliten –, doch sie lassen sich in ihrem Selbstgefühl nicht von den dominanten tristen Mediendarstellungen ihres Herkunftskontinents bestimmen. «Wir wählen selbst aus, welche Teile einer nationalen Identität (vom Pass bis zur Aussprache) wir als zentrale Merkmale unserer Persönlichkeiten internalisieren.» In Taiye Selasis Fall ist ihr persönliches Identitätsgefühl eine besonders exklusive Mischung: «Nigerianisch zu sein heißt, einer leidenschaftlichen Nation anzugehören; Yoruba zu sein heißt, das Erbe einer spirituellen Tiefe zu tragen; amerikanisch zu sein heißt, sich auf eine kulturelle Bandbreite zu berufen; britisch zu sein heißt, schnell die Zollkontrolle passieren zu können.»

Selasis euphorische «Afropoliten»-Hymne klingt auch nach Selbstgefälligkeit. Das ist der Autorin nicht entgangen: «Wenn all das ein bisschen nach ‹Sind wir nicht die verdammt coolsten Menschen der Welt?› klingt, dann sage ich: Ja, das stimmt, es geht nicht anders. Es ist höchste Zeit, dass die Afrikaner selbstbewusst aufstehen.»

Umso aufschlussreicher ist es, die jubelnde Proklamation stolzen Weltafrikanertums in Taiye Selasis Essay mit der Stimmung in ihren literarischen Erzähltexten zu vergleichen, der Debüt-Erzählung «The

Sex Lives of African Girls» und dem Erstlingsroman «Diese Dinge geschehen nicht einfach so». Der Unterschied ist deutlich. Dort zeigt sich die Autorin ins Gelingen verliebt; hier beschreibt sie das Misslingen. Narrative Prosa gestattet nun einmal abdunkelnde Differenzierungen und düstere Einfärbungen der Stimmung, die ein schickes Thesenpapier nicht zulässt. In ihrer Erzählung und ihrem Roman schaltet Selasi vom optimistischen in den skeptischen Modus. Aus diesen Texten spricht weniger ein souveränes und siegesgewisses Selbstgefühl als vielmehr ein klares und kühles Bewusstsein für die Schattenwelt des Elends afrikanischer Rückständigkeit und der Scham über Rückschläge und das Scheitern migrantischer Lebensläufe. Dieses durchdringende Gefühl von Elend und Scham kann vom Glanz und Glamour afropolitischer Erfolgslegenden allenfalls überstrahlt, aber nicht zum Verschwinden gebracht werden.

Die Erzählung «The Sex Lives of African Girls» setzt ein mit der alarmierenden Feststellung, am Anfang des Geschlechtslebens afrikanischer Mädchen stehe unvermeidlich ein Onkel. Es ist eine beklemmende und düstere Geschichte. Erzählt wird mit Härte und distanziertem Blick vom sexuellen Missbrauch dreier Frauengenerationen in patriarchalisch strukturierten afrikanischen Familien. Die Perspektivfigur ist ein elfjähriges kleines Mädchen, Edem, die im Haus ihres wohlhabenden Onkels und ihrer Tante in Accra, der Hauptstadt von Ghana, lebt. Der Onkel hat die Kleine aus Nigeria geholt, sie sozusagen aus den Händen ihrer Mutter, seiner Schwester, einer Prostituierten, gerettet.

Im Haushalt des Onkels wird eine Party vorbereitet, doch in all die muntere Betriebsamkeit der Hausgenossen und der Dienerschaft schleicht sich ein Gefühl der Bedrohung und Gefährdung ein, eine Stimmung latenter sexueller Dynamik, die Edem zwar lebhaft spürt, aber nicht versteht und für die sie noch keine Begriffe hat, auch nicht, als sie zufällig ihren Onkel in einem Zimmer überrascht, das junge Dienstmädchen Ruby zwischen seinen Beinen kniend, den Kopf in seinem Schoß, wobei merkwürdige nasse Geräusche gemacht werden und der Onkel bizarr winselt wie ein Hund, bevor er geschlagen wird.

Die Geschichte baut einen Spannungsbogen auf vom Nichtwissen des Anfangs zum bedrückenden Wissen am Ende, wobei das kleine Mädchen seiner Unschuld beraubt und überdies offenbar wird, dass der Onkel auch seine Mutter und seine Tante missbraucht hat, ja, dass Missbrauch und sexuelle Gewalt durch männliche Anverwandte ein gängiges familiäres Muster darstellen. All dies erzählt Taiye Selasi in einer Du-Stimme, die das kleine Mädchen anspricht und sich strikt innerhalb von dessen Wahrnehmungs- und Verständnishorizont hält. Das verleiht der Erzählung eine verzweifelte Stimmung von Zwangsläufigkeit – die Demütigungen der Frauen erscheinen unausweichlich.

Auch durch Taiye Selasis Roman «Diese Dinge geschehen nicht einfach so» geistert eine bedrohliche, sexuell gefährlich aufgeladene Onkel-Figur. Auch dieser Onkel treibt in einem wohlhabenden Haushalt in Accra sein herrscherliches Unwesen; er ist Teil von Ghanas krimineller Machtkaste, ein Gangster und dekadenter Drogenbaron. Das schöne, unschuldige Zwillingspaar Taiwo und Kehinde wird durch seine sexuelle Nötigung schwer traumatisiert. Doch dies wird erst spät im Roman enthüllt, in einem Rückblick, der so manche mysteriösen Brüche und Verwerfungen in der Familie der Zwillinge im Nachhinein begreiflich macht.

Der Roman erzählt eine transkontinentale migrantische Familiengeschichte, wobei sich die Autorin unübersehbar an ihrer eigenen Biographie orientiert. So manche biographische Daten aus Selasis Leben tauchen auch im Roman auf: der aus Ghana stammende Arzt-Vater, die nigerianische Mutter, das Aufwachsen der Zwillinge, ihres älteren Bruders und ihrer kleinen Schwester in Brookline, Massachusetts, der zunehmende Wohlstand, der Umzug in ein größeres Haus in einer besseren Wohngegend, die glanzvollen akademischen Karrieren der Kinder, das Pendeln der Familie zwischen den USA, England und Ghana.

Doch die aufsteigende Linie des familiären Erfolgsprojekts kippt und wendet sich ins Tragische. Etwas geht verheerend schief. Taiye Selasi konzentriert sich auf den emotionalen Preis, der für den Aufstieg zu entrichten ist – in Gestalt von Scham, Verzweiflung, Entzweiung, Entfremdung, Verrat und Zerrüttung. Dreh- und Angelpunkt ist eine Katastrophe, die die Familie zerreißt, ihr den Boden unter den Füßen wegzieht und sie auf drei Kontinente versprengt: «eine Familie ohne Schwerkraft und ohne Fundament». Und diese Dinge geschehen nicht einfach so – sie haben eine fatale, wenn auch unverschuldete Ursache. Wie mühsam und schmerzhaft es ist, eine desorientierte, zerbrochene Familie wieder zusammenzufügen und zu heilen, ist das eigentliche Thema des Romans.

Vor dem Desaster baut die Autorin eine beträchtliche Fallhöhe auf, um den Absturz zu dramatisieren. Ihre Familie Sai ist eine überehrgeizige westafrikanische Migrantenfamilie mit allen Voraussetzungen für eine glanzvolle Integration in Amerika: Talent, Fleiß, Leistungswille, Zähigkeit, Zusammenhalt, moralische Stärke und blendendes Aussehen.

Der Vater Kwaku Sai, der es als vaterloser Junge aus einem Lehmhüttendorf in Ghana zum Medizinstudium an ein amerikanisches Ostküsten-College geschafft hat, erwirbt seine Facharzt-Zulassung in den USA und wird Chirurg – kein gewöhnlicher, sondern «ein außergewöhnlich guter Arzt», ein «Künstler am Skalpell», ein «Chirurg, der seinesgleichen sucht». Seine Frau Fola, die 1967 vor dem Bürgerkrieg aus Biafra geflohen ist und sich nach Ghana retten konnte, ist nicht nur eine schöne Frau, sondern «eine pan-nigerianische Prinzessin». Olu, der älteste Sohn der beiden, macht – als brillanter Arzt wie sein bewunderter Vater – eine Bilderbuchkarriere und lebt überdies eine modellhafte, ethnisch hybride Liebesbeziehung mit der Kinderärztin Ling, der Tochter eines chinesischstämmigen Professors am MIT in Cambridge, Massachusetts. Die jüngste Tochter Sadie studiert in Yale, und dass die Zwillinge Taiwo und Kehinde wahre Wunder an Exzellenz sind, wurde bereits angedeutet. Kehinde macht als Maler, «ein zweiter Basquiat», in der internationalen Kunstszene eine fulminante Karriere, und die hinreißende Taiwo ist überdies auch noch eine atemberaubende Studentin – immer schon Überfliegerin, immer schon Jahrgangsbeste, Rhodes-Stipendiatin, Abschluss mit Auszeichnung am Magdalen College, Oxford, danach blendende Columbia-Studentin in New York.

Taiye Selasi türmt diese Gipfelleistungen ihrer Romanfamilie eigens in solch schwindelerregende Höhen, um sie im Sturz umso wirkungsvoller zu zerschmettern. Denn der Meister-Chirurg Kwaku Sai wird wegen eines angeblichen Operationsfehlers über Nacht fristlos entlassen – ein Unrecht und eine existenzielle, weil letztlich rassistische Kränkung. Es ist die Scham über diesen Hinauswurf, die sein Leben zerstört. Dass sein Sohn Kehinde Augenzeuge seiner Schande war, macht die Sache noch schlimmer. So wort- und spurlos wie abrupt verlässt der Vater die Familie, kehrt an seinen Ausgangspunkt zurück und verkriecht sich mit seiner Schande in Ghana. Die Scham bricht ihm buchstäblich das Herz. Er stirbt mit 57 an einem Herzinfarkt.

Und damit ist die Autorin bei ihrem eigentlichen Romanthema angelangt – dem Scheitern eines vielversprechenden Integrationsprojekts am unterschwelligen amerikanischen Rassismus, dem Zerbrechen und neuerlichen Zusammenfügen einer entorteten, globalisierten Familie. Den Anlass bietet das Begräbnis des Vaters in Ghana. Nach jahrelanger Entfremdung und Zerstreuung kommt es in Accra und im Herkunftsdorf des Vaters zum gemeinsamen Treffen der vier Geschwister und ihrer Mutter. Dieses Treffen wühlt alle und alles auf – der Roman mündet in einen wahren Rausch multipler Beichten, Aussprachen, Entschuldigungen und tränenreicher Versöhnungen. Allerdings: Die Familie Sai bleibt ein locker gefügter Verband von Luftwurzlern, die «nie ein Zuhause finden würden, jedenfalls kein Zuhause, das Bestand haben würde». Sich irgendwo in der westlichen Welt häuslich niederlassen zu wollen, war ein Fehler des Vaters, der nicht wiederholt werden wird.

Diese Erkenntnis offenbart sich Taiwo bei einem Strandspaziergang nahe dem väterlichen Dorf in einem eindrücklichen Bild. Sie kommt an einem Gebäude aus der britischen Kolonialzeit vorbei – einem einst herrschaftlichen Strandhaus mit Terrassen und Säulen, «immer noch dominant und Achtung gebietend», wenngleich längst verlassen und mit leeren Fensterhöhlen dem Zerfall preisgegeben. «Taiwo bleibt stehen und betrachtet das Gebäude. Es wirkt deplatziert in dieser Umgebung, so wie sie sich immer gefühlt haben, eine afrikanische Familie in Brookline.»

So unpassend wie dieses Haus einer weißen Familie an einem Strand in Ghana empfindet Taiwo nun das Haus ihres Vaters inmitten der Häuser weißer Familien in Brookline – kein Zuhause, das Bestand

haben konnte, sondern ein stures und freudloses Manifest des Auf-
stiegswillens, doch «ohne die Aura der Dominanz, des Selbstvertrau-
ens und der Dauerhaftigkeit». Vaters Haus in der neuen Welt war nur
eine kurzfristige Eroberung, die rasch wieder verloren ging, «wahrscheinlich zurückverkauft an eine rosagesichtige Familie, Nachkommen der Pilgerväter, die sich besser auskannten mit Dominanz. Dem
neuen Jungen weggenommen, den Einheimischen zurückgegeben,
den Cabots oder Gardeners oder Pallys, nicht den Sais.»

Und jetzt erklärt sich auch die hintergründige Bedeutung des Ro-
mantitels im amerikanischen Original: «Ghana Must Go». Damit ist
nicht nur die historische Vertreibung im Winter 1983 gemeint, als die
nigerianische Regierung unter dieser Parole kurzerhand zwei Millionen ghanaischer Gastarbeiter deportierte und ins Elend nach Ghana
zurückschickte; Taiye Selasi macht aus dem nigerianischen Vertrei-
bungsslogan von damals eine Metapher für die migrantische Existenz
der Afrikaner im Westen – eine transitorische, nomadische Lebensweise der Nicht-Sesshaftigkeit, die einzig im Unterwegssein einen Halt
finden kann. Ghana must go.

Taiye Selasi ist nicht das einzige schöne Gesicht der neuen, auf
Englisch geschriebenen postkolonialen Literatur aus Westafrika. Da
gibt es auch die Nigerianerin Chimamanda Ngozi Adichie, Jahrgang
1977, die von der Zeitschrift «New Yorker» zu den «Twenty Under
Forty» gezählt wird und in deren jüngste Liste der zwanzig besten
jungen amerikanischen Autoren unter vierzig aufgenommen wurde.
Auch sie richtet, zumindest in ihrem jüngsten Erzählungsband «Heimsuchungen», ihr Augenmerk auf die Generationselite der «Afropoliten», die ihren neuen Reichtum und ihre souveräne Bewegungsfrei-
heit zelebrieren, wiewohl Adichie die Selbstbegeisterung Taiye Selasis
als sieghafte Afropolitin nicht unbedingt teilt. Auch in Adichies Erzählungen geht es um die komplexen Identitätsmischungen junger
Afrikaner, die im Ausland leben und doch das kulturelle Gepäck ihrer
oft schwierigen Herkünfte mit sich herumtragen; es geht ferner um
die nomadische Existenzweise von Migranten, was sich schon in dem
doppeldeutigen Titel «Heimsuchungen» verrät. Adichie kommt wie
Selasi aus einer Akademikerfamilie und führt ein Pendelleben zwi-

schen den Kontinenten mit Wohnsitzen in Columbia bei Baltimore und der nigerianischen Hauptstadt Lagos.

Nkem und Obiora in ihrer Erzählung «Imitation» sind ein solches erfolgreiches Afropoliten-Paar mit Wohnsitzen in Lagos und in einem schicken Vorort von Philadelphia. Obiora darf sich zu den fünfzig einflussreichsten nigerianischen Geschäftsleuten zählen; er hat neuerdings in Lagos einen großen Regierungsauftrag an Land gezogen und kommt Nkem und die Kinder alle paar Wochen in Philadelphia besuchen. Nkem, ein einfaches Mädchen aus dem Busch mit einem allerdings makellosen Gesicht, ist stolz, «weil sie in die begehrte Klasse eingeheiratet hat, in die Klasse der reichen Nigerianer, die ihre Frauen für die Geburt der Kinder nach Amerika schicken». Sie kann sich nun zu den überversorgten und etwas gelangweilten grünen Witwen aus Suburbia rechnen, mit Gärtner und nigerianischem Hausmädchen, und lebt im Grunde nur den Besuchen des Gemahls entgegen. Dass der Ehemann Obiora lieber in Nigeria wohnen bleibt und nur in den Ferien und besuchsweise in die USA kommt, hat (außer einer Mätresse in Lagos) vor allem einen Grund, den eine Freundin Nkems ganz unverblümt ausspricht: «Weil Amerika keine Großen Herren anerkennt. In Amerika sagt keiner zu ihnen: ‹Sir! Sir!› Keiner kommt angestürzt und staubt ihre Sitze ab, bevor sie Platz nehmen.»

Diese Autorin hat einen scharfen Blick für die Brüchigkeiten und Fragwürdigkeiten hinter der afropolitischen Glanzfassade. Sie sieht die unsichtbaren Rassenschranken, auch dort, wo diese scheinbar schon so gut wie verschwunden sind. Aber handelt es sich hier überhaupt um Rassenschranken? Geht es nicht vielmehr um neofeudale Allüren, die Emporkömmlinge aus den neuen afrikanischen Machteliten gerne an den Tag legen, deren Berücksichtigung sie jedoch in der egalitären US-Gesellschaft nicht erwarten dürfen?

Chimamanda Adichie ist die Tochter eines Statistikers und Mathematik-Professors an der *University of Nigeria* in Nsukka, wo ihre Mutter in der Administration arbeitete. Mit neunzehn Jahren gab Adichie ihr Medizinstudium an dieser Universität auf und ging in die USA, um zu schreiben. Erst schloss sie ein Studium der Kommunikationswissenschaften ab, dann schrieb sie sich in Yale für einen Studiengang in afrikanischer Geschichte ein, weil es ihr um die Wiedergewinnung der unterdrückten Geschichte des Kontinents zu tun war, der nach verbreiteter Auffassung gar keine Geschichte hat.

Seit Kindertagen war das Schreiben Adichies eigentliches Ziel. Anders als die glamouröse Taiye Selasi brütet sie auch über den Elendsaspekten ihres Herkunftskontinents und macht sich Gedanken darüber, was in Afrika, namentlich im Vielvölkerstaat Nigeria, schiefgelaufen ist und warum. Dass sie in dem Haus auf dem Universitätscampus in Nsukka aufwuchs, in dem einst der verehrte nigerianische Autor Chinua Achebe gewohnt hatte, mag dabei eine Rolle gespielt haben. Es fällt auf, dass sie sich immer wieder auf Achebe als ihr Vorbild beruft: Als sie mit zehn Jahren Achebes Roman «Alles zerfällt» las, sei das für sie eine lebensprägende Offenbarung gewesen, sagt sie in Interviews. Sie begriff: Auch Afrikaner sind geschichtsfähig und geschichtsmächtig. «Ich erkannte, dass Leute, die aussahen wie ich, in Büchern vorkommen konnten.»

Bislang veröffentlichte Adichie zwei Romane, «Blauer Hibiskus» (2007) und «Die Hälfte der Sonne» (2008). In beiden Büchern ist Nigeria, dieser von den britischen Kolonialherren künstlich zusammengefügte Staat aus Hausa-Muslimen im Norden und Igbo-Christen im Süden (nebst 250 weiteren ethnischen Gruppen und mehr als 500 Sprachen), der Schauplatz, jeweils zu einem besonders heiklen Moment in der Geschichte des Landes. Die Romane spielen in den schlimmsten Krisenzeiten, die Nigeria in den Jahrzehnten seit der Unabhängigkeit 1960 als zweite von Großbritannien freigegebene afrikanische Kolonie zu durchleiden hatte.

In dem einen Roman gewittert im Hintergrund der Biafra-Krieg Ende der 1960er Jahre, der andere spielt Ende der 1990er Jahre, während des Schreckensregimes des Militärdiktators Sani Abacha, das den absoluten Tiefpunkt an Korruption und Grausamkeit in der Geschichte dieses geschundenen Landes darstellt. Es war ein Militärsondergericht Abachas, das den Schriftsteller, Umwelt- und Menschenrechtsaktivisten Ken Saro-Wiwa im November 1995 hinrichten ließ.

Da Adichie, wie auch Chinua Achebe, der Igbo-Volksgruppe Südnigerias angehört, geht es ihr vor allem um die verdrängte Geschichte des Abfalls der Igbo vom Gesamtstaat in der kurzlebigen Republik Biafra im Jahr 1967. Dies war der erste Sündenfall in der postkolonialen Geschichte des afrikanischen Kontinents, mit seinen Massakern und Hungerkatastrophen im darauf folgenden dreijährigen Bürgerkrieg.

Doch Adichie geht anders mit dem Thema um als Chinua Achebe. In ihren Romanen und Erzählungen ist Biafra stets präsent. Sie erinnert immer wieder an den Bürgerkrieg, der über eine Million Todesopfer unter den Igbo forderte und in dem während der Hungerblockade täglich bis zu sechstausend Menschen verhungerten. Immer wieder, auch in einigen der Erzählungen im Band «Heimsuchungen», kommt sie auf das so lange verschwiegene Trauma Biafra zu sprechen.

Chinua Achebe hingegen, der sich seinerzeit aktiv, zeitweise sogar als Sonderbotschafter, für die Unabhängigkeit Biafras engagierte, ließ vierzig Jahre schweigend verstreichen, ehe er kurz vor seinem Tod im Jahr 2013 seine Erinnerungen an und Reflexionen über den gescheiterten Sezessionsversuch veröffentlichte («There was a Country. A Personal History of Biafra»). Anders als sein Landsmann, der Nobelpreisträger Wole Soyinka, der die Sezession der Igbo rückblickend für «einfach politisch und militärisch unklug» hält, beschreibt Chinua Achebe in seinen Memoiren den Biafra-Krieg trotz des Elends, in das er die Igbo stürzte, als eine aufregende Zeit der stolzen Selbstbehauptung seiner Volksgruppe. Seither habe Nigeria seine von vornherein inhaltsleere und nie wirklich gelebte Unabhängigkeit völlig verspielt – durch Korruption und politische Unfähigkeit seiner Machthaber.

Natürlich hat Chimamanda Adichie die Biafra-Memoiren Achebes gelesen. In der «London Review of Books» fällte sie ihr abschließendes Urteil über das Buch, den Autor und seine ganze Generation. Es klingt – besonders angesichts Adichies lebenslanger Bewunderung für Achebe – ernüchtert: «Chinua Achebe gehört zur Generation der verwirrten Nigerianer, jener Leute, die das Glück hatten, Bildung erwerben zu können, die man lehrte, an Nigeria zu glauben, und die dann, hilflos und bestürzt, zusahen, wie ihr Land zerbröckelte. Er war ein Biafra-Patriot, wie die meisten seiner Igbo-Kollegen, weil sie sich nicht mehr Nigeria zugehörig fühlten. Er scheint immer noch ungläubig erstaunt zu sein über die schrecklichen Dinge, die auf die Sezession folgten.»

In der Tat folgten fast nur schreckliche Dinge. Die postkoloniale englischsprachige Literatur aus Nigeria hat sich in vielen beispielhaften Romanen und Erzählungen mit diesen Schreckenszeiten auseinandergesetzt. Afropoliten finden sich unter ihren Protagonisten allerdings keine. Nigeria ist ein ölreicher Staat – das afrikanische Texas –, der sein riesiges Potenzial an natürlichem Reichtum buchstäblich versickern lässt, im Boden, in den Taschen korrupter Politiker und ausländischer Mineralöl-Konzerne. Wie mit den größten Erdölreserven Afrikas im Nigerdelta Schindluder getrieben wird, das lässt sich vor allem bei den nigerianischen Autoren Ken Saro-Wiwa und Helon Habila nachlesen. Die stets erneut aufflammenden blutigen Religions- und Stammeskriege zwischen den Hausa im Norden und den Igbo im Süden wiederum sind ein Thema, das vor allem Chimamanda Adichie ebenso umtreibt wie ihren Autorenkollegen, den Jesuitenpater Uwem Akpan.

Wie Adichie pendelt auch Akpan, Jahrgang 1971, zwischen Nigeria und den USA und verfügt über den doppelten Blick auf sein Herkunftsland – von innen und von außen. Die jüngste Geschichte Afrikas verdunkelt fast alle Erzählungen seines Debütbandes «Sag, dass du eine von ihnen bist». Es ist eine Geschichte von Staatsstreichen, Militärdiktaturen, Folter, Massakern und Bürgerkriegen. Uwem Akpan nimmt in seinen Erzählungen den Leser mit auf eine Schreckenstour durch alle Abgründe des Infernalischen im heutigen Afrika: ethnische Säuberungen, religiöse Pogrome, Armut und Hunger, Prostitution, Sklaverei, Völkermord. Die Geschichten spielen in unterschiedlichen afrikanischen Ländern, neben Nigeria auch in Kenia, Äthiopien und Ruanda. Und wie Adichie thematisiert auch er die Hausa-Massaker an den Igbo. Afropoliten kommen in diesen Erzählungen nicht vor. Akpans Haltung zu seinem Kontinent ist tragisch.

Das Besondere ist Akpans Blickwinkel: Seine Perspektivfiguren sind Kinder. Er zeigt alle Übel des Kontinents, gesehen immer durch Kinderaugen. Es ist eine für Kinder verwirrende Welt voller feindseliger Parteiungen und ethnischer wie religiöser Gruppenkämpfe. Immer wieder wird Kindern in Bürgerkriegsgegenden, besonders Kindern aus ethnisch gemischten Familien, als Verhaltensmaßregel eingeschärft, sich keinesfalls selbst ethnisch zu identifizieren, sondern jedem, der fragt, wer auch immer es sein mag, unbedingt sofort die Zugehörigkeit zu signalisieren: «Sag, dass du eine von ihnen bist». Wer auch immer das Kind auffordert, sich zu identifizieren, das Kind sollte, so der Ratschlag der Eltern, stets antworten: Ich gehöre zu euch.

Es sind arglose kleine Mädchen oder Jungen von acht, neun, zehn Jahren, die die längste Zeit gar nicht begreifen, was ihnen anzutun die Erwachsenen sich anschicken. Sie sollen als Kinder-Prostituierte ins Ausland verkauft werden; oder sie geraten zwischen die Fronten von Hutu und Tutsi im Völkermord in Ruanda; oder zwischen die Fronten von muslimischem Norden und christlichem Süden in Nigeria. Die Kinder wissen nicht, wie ihnen geschieht. Der Leser hingegen wird vom Autor von Anfang an darüber informiert, wohin die Geschichten führen und wie sie ausgehen werden – immer mit der schlimmstmöglichen Wendung.

Als Schlussbild wählt Uwem Akpan gerne ein Fluchtbild: Das Kind, das alles Schreckliche durchgemacht hat und dem noch Schlimmeres droht, läuft auf und davon. Es verliert sich in den Straßen von Nairobi oder rennt hinaus in die Weiten Afrikas. Manchmal nimmt es das kleine Geschwisterkind mit auf die Flucht ins Freie, manchmal nicht. «Ich mischte mich unter die fortlaufenden Kids und verschwand in Nairobi» («Ein Weihnachtsessen»). «Ich rannte ins Dickicht. Ich rannte und rannte und wusste doch, den herzzerreißenden Rufen meiner Schwester würde ich nie mehr entkommen» («Mästen für Gabun»). «Sei ein gutes Mädchen, geh aus dem Haus und komm nicht zurück!», wird dem Kind in Ruanda geraten: «Mit Jean auf dem Rücken verschwinde ich im Busch. Wir wollen leben; wir wollen nicht sterben. Ich muss stark sein» («Sag, dass du eine von ihnen bist»).

In der längsten Erzählung «Luxusleichenwagen» funktioniert auch das nicht. Da flüchtet ein 16-jähriger Junge vor dem Bürgerkrieg im radikal-islamischen Norden Nigerias und schwindelt sich in einen Reisebus unter lauter Igbo-Christen, die in den Süden fliehen. Ständig fürchtet er, als Muslim aus dem Norden erkannt und von den Christen im Bus gelyncht zu werden. Zwei Dinge könnten ihn verraten: sein Akzent als Junge aus dem Norden und sein verstümmelter rechter Arm – gemäß der Scharia, die im Norden herrscht, wurde ihm als Dieb die rechte Hand abgeschlagen. Nun hält er während der ganzen Fahrt die Rechte krampfhaft in der Tasche versteckt und vermeidet es, mit den Leuten im Bus zu sprechen. Wenn er überhaupt spricht, dann nuschelt er nur: «Ich bin einer von euch.» Doch das kann ihn nicht retten. Letztlich wird er doch erkannt.

Die Erzählung spiegelt allegorisch Nigerias Bürgerkriegskämpfe und konzentriert alle verfeindeten Volksgruppen im Mikrokosmos einer Busreisegesellschaft. Alle Probleme dieses Landes im Kriegszustand werden angesprochen, und jedes Problem findet seinen Wortführer im Bus. Es entsteht das Bild einer ethnisch, politisch und religiös zerrissenen Gesellschaft im Kriegszustand, ruiniert durch Korruption und Umweltzerstörung. Uwem Akpan benennt alle Grundübel des Landes: die Spannungen zwischen den alten animistischen Stammesreligionen und den Christen sowie auch die Spannungen zwischen dem armen radikal-islamischen Norden und dem ölreichen christlichen Süden; die Umweltzerstörung durch die Ölförderung im Nigerdelta, die Ausbeutung der Bodenschätze durch ausländische Ölfirmen; die Verheerungen durch eine ökonomisch ruinöse und korrupte Militärdiktatur; die Anlaufschwierigkeiten einer schwachen Demokratie. Die verschiedenen Klassen, Ethnien und Religionen werden vom Autor sprachlich genau differenziert, in ihren jeweiligen Dialekten und Redestilen. Welchen Dialekt die Figuren sprechen, ob Igbo oder Hausa, verrät ihre Zugehörigkeit zum Norden oder zum Süden, als Christ oder als Muslim.

Auf die Frage, worin sich die Fremdheit zwischen Afrika und dem Westen am deutlichsten äußert, würden Chimamanda Ngozi Adichie und Uwem Akpan als gelehrige Schüler Chinua Achebes wohl antworten: im Zeitgefühl und in den Eigennamen. In den Erzählungen beider Autoren finden sich dafür eindrückliche Beispiele. Beide thematisieren immer wieder das Besondere am afrikanischen Zeitgefühl und an den afrikanischen Eigennamen. Beide kommen in ihren Stories immer wieder darauf zu sprechen, dass kaum etwas das Selbstgefühl und die

Würde von Afrikanern mehr beschädigt als die Geschichtslosigkeit und der Namensverlust.

In Nigeria, dem multiethnisch zersplitterten Öl-Staat, drehen sich seit je die Jahre um sich selbst, im steten Wechsel zwischen der Regenzeit und der Trockenzeit des Wüstenwindes Harmattan, sodass die britischen Kolonialherren des 19. Jahrhunderts sich fragten, ob es das in Afrika überhaupt geben kann: eine historische Zeit, eine Geschichte. Und für die weißen Missionare bedeutete Taufen immer zugleich Umtaufen: Mit dem Ahnenglauben ihrer Väter mussten die Täuflinge auch ihre afrikanischen Namen ablegen und verloren damit einen Teil ihrer Identität. Aus Anikwenwa («Der Erdgott Ani hat endlich ein Kind geschenkt») wurde Michael, aus Afamefuna («Mein Name wird nicht verloren sein») wurde Grace.

In Adichies Story «Die Ehestifter» folgt die junge Chinaza («Gott erhört Gebete») aus Lagos ihrem Ehemann Ofodile nach New York, nur um dort festzustellen, dass der anpassungsbeflissene Spitalsarzt seine nigerianische Identität aufgegeben hat und sich in Amerika Dave Bell nennt. «Wenn du in diesem Land was erreichen willst, musst du dich dem Mainstream so weit wie möglich anpassen», belehrt er seine Frau. Doch Chinaza kann und will sich nicht derart verleugnen. Sie behält ihren angestammten Igbo-Namen und verlässt ihren Ehemann.

In Uwem Akpans Erzählung «Mästen für Gabun» werden ein zehnjähriger Junge in Nigeria und seine kleine Schwester von ihrem Onkel, einem Grenzschlepper, aufgenommen, weil ihre aidskranken Eltern auf dem Dorf nicht mehr für sie sorgen können. Die Kinder bekommen es, ähnlich wie bei Taiye Selasi, mit einer bedrohlichen und moralisch verkommenen Onkel-Figur zu tun. Halb verhungert wie sie sind, werden die Kinder vom Onkel aufgepäppelt, kommen zu Kräften und freuen sich, dass ein wohlhabendes Paar in Gabun sie angeblich adoptieren will. Als Erstes bekommen sie neue Namen verpasst: Pascal und Mary. «Du bleibst trotzdem Yewa, und ich bleib Kotchikpa», versichert der Bruder seinem verstörten Schwesterchen. Erst nach und nach dämmert dem Jungen aus aufgeschnappten Gesprächsfetzen seines Onkels mit dessen Komplizen, worum es wirklich geht – um organisierten Menschenhandel, um Kinder-Sklaverei. Der Onkel schleust nigerianische Kinder nach Gabun und verkauft sie dort an Menschen-händler zur Kinder-Prostitution. Doch Kotchikpa lässt keinen Pascal aus sich machen, sondern läuft davon.

Die Enteignung der afrikanischen Identität ist das große Thema eines nigerianischen Autors, auf den sich die Jüngeren am häufigsten berufen: Chinua Achebe, der als der eigentliche Begründer der modernen schwarzafrikanischen Literatur gilt und 2013 mit 82 Jahren verstarb. Sein Werk genießt längst Klassikerrang. Achebes Debütroman «Alles zerfällt», den er 1958 als 28-Jähriger schrieb, ist in der Tat ein Meilenstein der auf Englisch geschriebenen afrikanischen Literatur, weltweit mehr als zehn Millionen Mal verkauft und in 45 Sprachen übersetzt. Er ist ein Schlüsseltext der postkolonialen Literatur und räumt auf mit der europäischen Klischee-Vorstellung vom primitiven, wilden und geschichtslosen Afrika vor der Kolonisierung. Achebe erzählt erstmals die Geschichte der Kolonisierung aus der Sicht der Afrikaner. Er beschreibt die Igbo-Gesellschaft in ihrer Komplexität und Vielfalt und zeigt das Eindringen der kolonialen Herrschaft in ihren zerstörerischen Auswirkungen.

Es waren keine primitiven Wilden, die von den Kolonisatoren übermannt wurden; überwältigt wurde, wie Achebe anschaulich vorführt, eine funktionierende Gesellschaft mit ausdifferenzierten moralischen Codes, Traditionen und Glaubensvorstellungen, mit komplexen Zeremonien, Initiations- und Hochzeitsriten und einem animistisch verankerten Ahnenkult. Wenn die Briten glaubten, den Igbo die Demokratie bringen zu müssen, so zerstörten sie damit die ureigene Igbo-Demokratie – denn die Dörfler wurden nicht von Häuptlingen regiert, sondern regierten sich selbst durch einen konsensual agierenden Ältestenrat. Achebe widerlegt mit seinem Buch den imperialistischen Legitimierungsdiskurs, wonach die Kolonisierung als «zivilisatorische Mission» zu verstehen sei, mit dem Ziel, die kolonialen Völker zu erziehen und zu zivilisieren und ihnen Aufklärung und Fortschritt zu bringen.

Das vorkoloniale Afrika, das Chinua Achebe in «Alles zerfällt» rekonstruiert, ist sorgfältig recherchiert. Es entsteht das Bild einer komplexen und Respekt gebietenden indigenen Gesellschaft; das macht den Roman zu einem heiligen Text in der Bundeslade der lesenden Afrikaner von heute, auf den sich viele jüngere Autoren beziehen. «Es ist der Geschichten-Erzähler, der das Bewusstsein von Geschichte erschafft», sagt Achebe. «Der Geschichten-Erzähler erschafft das Gedächtnis, dessen die Überlebenden und Nachkommenden bedürfen – sonst hätte ihr Überleben keinen Sinn und keine Bedeutung.»

«Alles zerfällt» spielt in den 1890er Jahren in einem Dorf im Stammesgebiet der Igbo im Südosten des heutigen Nigeria. Der Roman thematisiert die Auflösung der alten Stammeskultur unter dem Einfluss anglikanischer Missionare und durch das Eindringen britischer Kolonialherren, die der archaischen Igbo-Gesellschaft ihre eigenen Strukturen aufzwingen und sie damit zerstören. Der altgewohnte und verlässliche Zeitbegriff der Igbo-Gesellschaft im ewigen jahreszeitlichen Kreislauf zwischen Aussaat und Ernte, Regenzeit und Harmattan-Zeit, wird abgelöst von einem anderen, dem europäischen Zeitbegriff. Die Europäer zwingen die Igbo unter einen neuen Zeittakt. Denen bleibt nur die Wahl, sich zu beugen oder zu zerbrechen.

Exemplifiziert wird dieser Untergang am Schicksal des Romanhelden Okonkwo, eines ruhmreichen und viel bewunderten Stammeskriegers, der alle Tugenden der Igbo-Stammestraditionen zu verkörpern scheint und dennoch (oder deswegen?) ein schlimmes Ende nimmt: Er wird zerrieben zwischen Tradition und Wandel, zwischen den alten Bräuchen und den neuen Anforderungen eines Macht- und Kulturwandels, an die er sich weder anpassen kann noch will. Okonkwo ist ein tragischer Held der alten Zeit, der am Übergang vom vorkolonialen Afrika zur europäischen Kolonisierung scheitert und zuschanden geht.

Der erste und umfangreichste Teil des Romans schildert breit und detailreich den Aufstieg Okonkwos zum reichen Mann und angesehenen Dorf-Granden, der zahlreiche lokale Ehrentitel auf sich vereinigt. Er lebt in einem von neun Igbo-Dörfern, die einen lockeren Clan-Verband bilden, und steht als Patriarch einem polygamen Haushalt mit drei Frauen und acht Kindern vor. Okonkwo hat sich seine einflussreiche Stellung durch körperliche Stärke, Fleiß, harte Arbeit und die gewissenhafte Einhaltung aller Stammesbräuche erworben. Und doch nagt an ihm eine geheime Unsicherheit. Das problematische Verhältnis zu seinem Vater hängt ihm nach, der in Schande und Armut starb. Der Vater war ein Taugenichts – ein untüchtiger und erfolgloser Mann, der ungern arbeitete, aber gern trank und musizierte.

Die Angst, vom Schicksal des Vaters eingeholt zu werden, höhlt den Sohn insgeheim aus. Lebenslang fühlt sich Okonkwo getrieben, die Schwäche des Vaters in sich zu bekämpfen. Er kompensiert seine Angst davor, Schwäche zu zeigen, durch übersteigerte Männlichkeit und herrisches Auftreten und versteckt seine Gefühle hinter schroffem und autoritärem Gebaren, das bis zur Grausamkeit gehen kann. Eben diese starre Unbeugsamkeit macht es ihm unmöglich, geschmeidig auf Veränderungen zu reagieren. Er kann und will sich nicht anpassen und neigt zu Jähzorn wie zu unbedachten, übereilten Reaktionen. Seine Furcht, man könnte ihm Mitgefühl als Schwäche auslegen, geht so weit, dass er ohne Not, nur auf Druck des Dorf-Orakels, seinem geliebten Adoptivsohn, einem Kriegsgefangenen von einem anderen Stamm, die Kehle durchschneidet.

Hier zeigt sich Chinua Achebe als klarsichtiger Kritiker dörflichen Brauchtums, sofern es ihm fragwürdig erscheint. Der Autor billigt das Menschenopfer an dem harmlosen Kind ebenso wenig wie das Aussetzen von Zwillingen im Busch gleich nach der Geburt, weil sie als Träger von Unheil gelten. Rituelle Handlungen gelten diesem Autor nicht automatisch als sakrosankt, nur weil sie rituelle Handlungen sind.

Mit dieser traumatisierenden Tat des Menschenopfers beginnt Okonkwos Niedergang. Sein Leben gerät aus der Bahn, immer rascher und immer fataler. Als er bei einem Dorffest durch ein Versehen einen Dorfbewohner tötet, wird er nach alter Sitte verbannt, obwohl es ein Unfall war. Okonkwo geht, wie es die Tradition verlangt, mit seiner Familie für sieben Jahre ins Exil in das Dorf seiner Mutter. Hier merkt er erstmals, dass der altgewohnte und verlässliche Stillstand der Igbo-Gesellschaft im ewigen jahreszeitlichen Kreislauf zwischen Aussaat und Ernte allmählich abgelöst wird von einem anderen Zeitbegriff: Europa beginnt sich Afrikas zu bemächtigen. Folglich nimmt auch der Roman Fahrt auf, die Ereignisse beschleunigen sich, und schließlich überstürzen sich die Dinge.

Zum ersten Mal begegnet Okonkwo einem weißen Mann. Englische Missionare tauchen im Dorf auf, bauen eine Kirche und beginnen, die Einheimischen zu belehren und zu bekehren. Okonkwos eigener Sohn schließt sich, aus Protest gegen seinen Vater, der neuen Religion an: Er lässt sich taufen und verlässt den Familienverband. Ein schwerer Schlag für den Vater.

Nach seiner Rückkehr in sein Dorf muss Okonkwo feststellen, dass dort nichts mehr ist, wie es war. Ein drastischer kultureller Wandel hat das Dorf erfasst. Die Dorfgemeinschaft zerfällt, ein Teil hat sich dem Christentum angeschlossen. Britische Kolonialherren ziehen ihr neues und fremdes Regime auf. Die Dorfbewohner schwanken zwischen Ratlosigkeit, Ducken und Anpassung. Nur Okonkwo führt einen einsamen, störrischen und zunehmend aussichtsloseren Kampf gegen das Neue. Den Anforderungen eines Macht- und Kulturwandels durch das Auftauchen bleicher Männer auf Fahrrädern kann und will er sich nicht fügen. Anpassung erscheint ihm als unmännlich und ist daher keine Option. Sein Widerstand treibt ihn in eine verzweifelt aussichtslose Lage völliger Isolation. Angesichts der neuen Kolonialherren verliert sein ganzes Leben seinen Sinn. Er muss sich eingestehen, dass die Igbo nicht kämpfen werden, um ihre traditionelle Lebensweise zu bewahren. In seinem Widerstand steht er völlig allein.

Schließlich tötet er einen Gerichtsdiener und erhängt sich danach – eine ultimative Untat nach Auffassung der Igbo, weil ein Selbstmörder seinen Platz im traditionellen Milieu der Ahnenverehrung verliert. Es ist Okonkwos Tragödie, dass er letztlich aus beiden Wertesystemen herausfällt, dem alten und dem neuen, weil er beiden Systemen nicht genügen kann. Das letzte Wort im Roman hat der britische *District Commissioner*, der als Sieger die Geschichte schreiben wird. Einen Titel für sein Buch hat er schon: «Die Befriedung der primitiven Stämme von Südnigeria».

Doch das darf nicht das letzte Wort zur Deutungshoheit über Afrika gewesen sein. Chimamanda Adichie würdigt in ihrem Erzählungsband «Heimsuchungen» den verehrten Chinua Achebe mit einer speziellen Hommage. Die Heldin ihrer Geschichte «Die eigenwillige Historikerin», die alte Igbo-Dorffrau Nwamgba, ist ein weibliches Gegenstück zum widerspenstigen Traditionsbewahrer Okonkwo. Ihr

Kampf um die Bewahrung einer afrikanischen Identität endet nicht ganz so hoffnungslos wie bei Achebe. Denn Nwamgba hat eine Enkelin, die den Kampf um die Erinnerung auf ihre Art weiterführt und sich aktiv der Fehlmeinung widersetzt, Afrika habe keine Geschichte. Sie studiert, wird Historikerin und plant ein Buch. Einen Titel hat sie schon: «Befriedung mit Gewehrkugeln. Eine wiedergewonnene Geschichte Südnigerias». Beim Gericht in Lagos lässt sie ihren Vornamen Grace offiziell zurückändern in den Namen, den ihr die Großmutter einst gegeben hatte: Afamefuna («Mein Name wird nicht verloren sein»).

Die große Pathos-Frage der afrikanischen Identität ist natürlich nicht das einzige Thema, an dem sich englischsprachige nigerianische Autoren abarbeiten. Für Ken Saro-Wiwa oder Helon Habila etwa stehen eher die negativen Folgen des technischen und zivilisatorischen Fortschritts im Mittelpunkt des literarischen Interesses. In ihren Romanen und Erzählungen gehen Rückständigkeit und staatliche Willkür, ein unfähiges Beamtentum und die Ausbeutungsgier ausländischer Unternehmen ein unheilvolles Bündnis mit Korruption und Verbrechen ein, sehr zum Nachteil einer, wie schon Chinua Achebe feststellte, nie wirklich unabhängig gewordenen Ex-Kolonie. Beide Autoren machen vor allem die Umweltkatastrophe im Nigerdelta zu ihrem Thema, wiewohl aus sehr unterschiedlicher Perspektive – Ken Saro-Wiwa beispielsweise in seinem Erzählungsband «Die Sterne dort unten», Helon Habila in seinem Roman «Öl auf Wasser».

Seit fünfzig Jahren wird der Ölreichtum im Nigerdelta ausgebeutet, woran in erster Linie ausländische Mineralöl-Konzerne und die nigerianische Regierung verdienen, die etwa 90 Prozent der Nettogewinne einbehält. Die Mehrzahl der fast zwanzig Millionen Einwohner des Deltas lebt dennoch in bitterster Armut. Vom Ölreichtum kommt nichts bei ihnen an, die üppigen Erträge des Ölbooms werden anderswo geerntet. Vielmehr werden durch schadhafte (oder auch durch Sabotage beschädigte und illegal angezapfte) Ölleitungen die landwirtschaftlichen Nutzflächen und die Fischgründe im Delta ruiniert. Die Ölpest ist laut einem UN-Bericht eine der schlimmsten Umweltkatastrophen weltweit, ein Öko-Desaster unvorstellbaren Ausmaßes. Es würde nach UN-Schätzungen dreißig Jahre dauern und über eine Milliarde Dollar kosten, um Landflächen und Gewässer in der Region zu sanieren.

Wegen der Umweltschäden, die die Lebensgrundlage der Bauern und Fischer im Delta zerstören und das Leben der Menschen und der gesamten Tierwelt in der Region gefährden, rebellieren seit mindestens zwei Jahrzehnten friedliche Öko-Aktivisten (aber auch Militante) gegen den Staat und die Ölkonzerne. Der prominenteste unter ihnen war Ken Saro-Wiwa, Universitätsdozent, Verleger, Schriftsteller, Minister und Politiker. 1941 im Nigerdelta geboren, als Angehöriger des Volksstammes der Ogoni, demonstrierte er mit seiner Ogoni-Bürgerrechtsgruppe friedlich gegen die Umweltzerstörung und für die Beteiligung der Bevölkerung an den Öleinnahmen. Seit Anfang der 1990er Jahre organisierte er den Widerstand gegen Ölfördergesellschaften wie Shell. 1994 erhielt er für sein Engagement für Umweltschutz und Menschenrechte den Alternativen Nobelpreis und wurde für den Friedensnobelpreis 1996 nominiert. Dessen ungeachtet wurde er 1995 in einem Schauprozess zum Tod verurteilt und zusammen mit acht anderen Umwelt-Aktivisten seines Stammes hingerichtet. Daraufhin zog sich Shell eine Zeit lang gänzlich aus der Ölförderung im Siedlungsgebiet der Ogoni zurück und einigte sich außergerichtlich auf hohe Entschädigungszahlungen an die Hinterbliebenen der Hingerichteten.

In seinem letzten Lebensjahrzehnt veröffentlichte Ken Saro-Wiwa in rasanter Folge mehr als zwanzig Bücher – Romane, Theaterstücke, Kurzgeschichten, Glossen, Kommentare. Immer wieder, auch in dem Kurzgeschichten-Band «Die Sterne dort unten», stellt er die explodierende Mammut-City Lagos («die wuchernde Metropole mit ihren eitrigen Kloaken, schwärenden Abfallhaufen und ihren Elendsvierteln») dem rückständigen Hinterland Nigerias gegenüber, mit seinen armen, konservativen Bauern, die an Traditionen und Lebensweisen festzuhalten versuchen, denen keine Zukunft beschieden sein wird. Insofern schreibt Ken Saro-Wiwa Chinua Achebes Roman «Alles zerfällt» fort, der ja bereits die allmähliche Auslöschung der dörflichen Lebenswelten Afrikas thematisiert hatte.

Poesie und Politik gehen bei diesem rigoros realistischen Erzähler immer Hand in Hand – nicht selten auf Kosten des Literarischen, da die Passion für Kritik und Aufklärung Ken Saro-Wiwa gern zu leitartikelhaften Kommentaren verführt und dazu, Sachinformationen ohne viel erzählerischen Aufwand direkt in seine Bücher zu hieven. Voll Bitterkeit beschreibt Saro-Wiwa die Bestechlichkeit der Beamten und das Verschwinden von Hilfsgütern in privaten Kanälen und prangert die rücksichtslose Ausbeutung des Erdöls an, dessentwegen die Menschen im Delta «auf eine tierische Existenzstufe reduziert worden» seien. Seine Empörung lässt den Autor auch vor Polemiken nicht zurückscheuen: «Von Rechts wegen standen die Ölgewinne den Menschen zu, deren Äcker und Ländereien verwüstet und zerstört wurden. Aber die Anwälte standen im Sold der Ölgesellschaften, und die Regierungen standen im Sold der Anwälte und der Ölfirmen. Was sollte er da ausrichten?»

Ob da eine literarisch komplexere, weniger auf ideologische Eindeutigkeit festgelegte Erzählweise etwas ausrichten kann? Helon Habila versucht es, fünfzehn Jahre nach Ken Saro-Wiwas Tod, mit seinem Roman «Öl auf Wasser». Habila, 1967 im Nordosten Nigerias geboren, ist Journalist, Autor und Literaturwissenschaftler, pendelt zwischen Lagos und den USA und unterrichtet derzeit *Creative Writing* an der *George Mason University* nahe Washington. Mit dem Postkolonialismus à la Achebe hat Habila nichts mehr im Sinn. Er zählt sich bereits zur «dritten Generation», die nach der Unabhängigkeit Nigerias geboren wurde – einer Altersgruppe, die den Postkolonialismus hinter sich gelassen hat und im Postnationalismus angekommen ist. Die Nation interessiert ihn nicht mehr; er sieht sich «als Bürger einer Welt, die man sich selbst zu eigen machen darf». Insofern tendiert Habila mit seinem Selbst- und Weltverständnis bereits zu den neuen afrikanischen Kosmopoliten wie Chimamanda Adichie, Taiye Selasi, Kwame Anthony Appiah oder Teju Cole. Sein Nigeria-Bild ist denn auch komplexer und widersprüchlicher als das seiner schreibenden Vorgänger. Das gilt auch für sein Bild von der Umweltkatastrophe im Nigerdelta.

Der Widerstand dort ist längst nicht mehr nur friedlich. Inzwischen treiben im Delta auch Militante ihr kriminelles Unwesen, entführen Geiseln, verüben Anschläge. Rebellengruppen gelingt es immer wieder, mit Sabotageakten und Geiselnahmen Shells Geschäften schweren Schaden zuzufügen. Seit 2006 werden fast routinemäßig ausländische Shell-Mitarbeiter gekidnappt, Hunderte Menschen sind bereits ums Leben gekommen. Mit den Lösegeldern versorgen sich die aufständischen Rebellengruppen mit Waffen, sprengen Pipelines und verüben Anschläge auf Raffinerien. Regierungstruppen gehen mit großer Härte gegen die Rebellen vor, wobei es auch unter der Zivilbevölkerung zu vielen Todesopfern kommt.

Vor diesem Hintergrund spielt der Roman «Öl auf Wasser». Helon Habila schickt zwei Reporter aus Port Harcourt – den Ich-Erzähler Rufus und den legendären alten Star-Journalisten Zaq – auf die Suche nach einer entführten Engländerin, der Gattin eines Öl-Ingenieurs eines internationalen Mineralöl-Konzerns, in die labyrinthische Deltaregion des Niger-Stroms. Die beiden erhoffen sich einen journalistischen Scoop: ein Exklusiv-Interview mit dem Entführungsopfer. Doch zugleich geraten sie immer tiefer in die undurchschaubaren Auseinandersetzungen zwischen rivalisierenden Rebellengruppen und Regierungstruppen sowie den unbeteiligten lokalen Dorfbewohnern, Bauern und Fischern, die von beiden Machtgruppen, Rebellen wie Militärs, eingeschüchtert, instrumentalisiert, drangsaliert, verjagt, vertrieben oder getötet werden. Wer momentan mit wem paktiert und wer gerade gegen wen kämpft, das ändert sich ständig und macht die Situation für alle Beteiligten lebensgefährlich, nicht nur für das Entführungsopfer.

Die gekidnappte Frau wechselt aus der Gewalt der einen Entführergruppe in eine andere, kann zwischendurch fliehen und wird wieder eingefangen, wobei das geforderte Lösegeld ständig steigt. Vor allem der junge Reporter Rufus gerät in eine Lage, die über seinen journalistischen Auftrag weit hinausgeht: Er schlittert in eine gefährliche Mittlerposition zwischen Interviewer, Unterhändler, Sendbote, Geisel und Gefangener abwechselnd der Rebellengruppen, der Militärs oder einer religiösen Sekte, die inmitten der zerstörten Landschaft einer Religion der Naturanbetung anhängt. Sein Kollege Zaq, fieber- und alkoholkrank, verfällt unterdessen immer mehr und ist den Strapazen immer weniger gewachsen.

Die Romanhandlung gehorcht allen Erfordernissen eines Action-Thrillers, in seinen chronologischen Zeitsprüngen bildet sich die zunehmende Orientierungslosigkeit und Verwirrung der Protagonisten ab. Dennoch ist der Plot bei aller erzählerischen Kunstfertigkeit nicht von zentraler Bedeutung in diesem Roman. Der eigentliche Held des Romans ist der Schauplatz: die Sumpflandschaft des Nigerdeltas mit ihren labyrinthischen Fluss- und Meeresarmen, ihren undurchdringlichen Dickichten von Mangrovenwäldern und ihren versteckten Inseln. Es ist eine apokalyptische Landschaft, überzogen von Ölschlick, voller ölschillernder Sümpfe und ölverseuchter Gewässer, in denen Fische leblos bauchoben treiben, eine Totenlandschaft vergifteter Erde und untrinkbaren Wassers, am Horizont gespenstisch illuminiert von Abgasfackeln mit ihren giftigen Flammen und ihren schwarzen Rauchwolken.

Habilas Held Rufus ist ein präziser Beobachter, dem kein Detail dieses endzeitlichen, zerstörten Reviers voll aufgegebener Bohrinseln und durchgerosteter Ölrohre entgeht. Er registriert das Fieberklima, die schwere, dumpf lastende, feuchte Hitze, die quälenden Moskitoschwärme, die finsteren Schwaden, die wie Rauch von den Flussufern aufsteigen: «In der Flussmitte war das Wasser klar, näher an den Ufern aber stand es brackig, eingeschlossen von den Mangroven, in deren Zweigen der Dunst in Klumpen hing wie Baumwollbällchen.»

Die Fahrt durch das Gewirr der Delta-Flussarme wird immer apokalyptischer, es ist eine andere Fahrt ins Herz der Finsternis. Wie Joseph Conrad vor mehr als hundert Jahren eine Flussfahrt auf dem Kongo beschrieb, so schildert Helon Habila die Fahrt im Nigerdelta: «Bald darauf befanden wir uns in einem dichten Mangrovensumpf; das Wasser unter uns stank nach Fäulnis und Schwefel; in Schwärmen stiegen die Insekten von der Wasseroberfläche auf und ballten sich über unseren Köpfen zu schwirrenden Wolken zusammen, stachen uns in Arme und Gesichter und Ohren. Die Luft war vom schwer lastenden Gestank toter Körper erfüllt. Wir folgten einer Flussbiegung und sahen Vogelkadaver vor uns, auf Äste drapiert, die schlaffen Flügel schwarz und glitschig vom Öl; tote Fische schaukelten mit den weißen Bäuchen nach oben zwischen den Baumwurzeln.»

«Öl auf Wasser» erzählt, elegisch und schwermütig, eine Geschichte von Gewalt und Hoffnungslosigkeit in einem ausgebeuteten und ruinierten Land, in dem die Globalisierung eben jene Ressourcen zerstört, auf die sie angewiesen ist. Gerade in seinem zurückhaltenden Erzählduktus, der es vermeidet, sich auf die Seite irgendeiner der Konfliktparteien zu schlagen, ist der Roman eine beklemmende und erschreckend aktuelle Lektüre.

Wenn Autoren afrikanischer Herkunft über die Ankunftsproblematik von Afrikanern in den USA erzählen, so geht es dabei immer auch um Phantomschmerzen. Was nicht mehr vorhanden ist, tut weh. Und was schmerzt, ist die verlorene Heimat. Die Erinnerung an das Herkunftsland rumort in den Köpfen und Herzen der Romanhelden so mancher Autoren, selbst dann, wenn sie vor Bürgerkriegen und Gewaltregimes, vor Elend und Drangsal geflüchtet sind. Wie beispielsweise Kenneth, Joseph und Stephanos, die drei Einwandererhelden in dem Roman «Zum Wiedersehen der Sterne» von dem gebürtigen Äthiopier Dinaw Mengestu, auch er einer der «Twenty Under Forty» auf der Liste des «New Yorker».

Jeden Dienstag nach der Arbeit treffen sie sich: Kenneth, Joseph und Stephanos. Sie sitzen um den Klapptisch im Hinterzimmer von Stephanos' Laden am heruntergekommenen Logan Circle in Washington D. C., trinken Scotch aus Styroporbechern, ziehen einander mit ihrer Herkunft und ihrem Aussehen auf, was ein bisschen rassistisch klingt, aber als nette Frotzelei gemeint ist, und spielen Staatsstreich. Sie sind miteinander befreundet, seit sie vor siebzehn Jahren neu ins Land kamen – Kenneth aus Kenia, Joseph aus Zaire und Stephanos aus Äthiopien. Sie lernten einander kennen, als sie alle drei als Pagen und Kofferträger im Capitol Hotel arbeiteten. Heute ist Kenneth Ingenieur, Joseph ist Kellner, und Stephanos führt einen kleinen Gemischtwarenladen.

Auch siebzehn Jahre nach ihrer Ankunft in den USA haben sie nur einander als Freunde. Der Kulturwechsel ist ihnen nicht so recht geglückt, in Amerika haben sie nicht wirklich Fuß gefasst, immer noch sind sie über die afrikanische Diaspora nicht hinausgelangt. Immer noch driften sie ohne festen Halt zwischen Herkunft und Ankunft, hängen zwischen zwei Kulturen in der Luft und sehnen sich insgeheim nach Afrika zurück – was sie mithilfe des Staatsstreich-Spiels auch vor sich selbst zu verbergen suchen. Sich die postkolonialen Fehlentwicklungen ihres Heimatkontinents vor Augen zu halten, ist als Anti-Nostalgicum gedacht, funktioniert aber nicht so recht.

Im Hinterzimmer hängt gleich neben der Tür eine große, aber bereits veraltete Afrika-Karte, denn weder Grenzen noch Ländernamen stimmen noch. «Ich bin aus Zaire», sagt Joseph, nur um sich sofort zu korrigieren: «Vielleicht komme ich morgen schon aus Laurent Kabilas Befreitem Land. Aber heute bin ich, soweit ich weiß, aus der Demokratischen Republik Kongo. Ich gebe zu, nächste Woche könnte sie schon anders heißen.»

Und so funktioniert das Spiel: Einer nennt einen afrikanischen Diktator, die anderen müssen das Land erraten und das Jahr, in dem der Genannte geputscht hat. Über dreißig afrikanische Staatsstreiche haben sie bis jetzt beisammen, und ein Ende ist nicht abzusehen. Jeder von ihnen hat seine Lieblinge unter den Putschisten. «Bokassa. Amin. Mobutu. Wir lieben alle, die berühmt sind für absurde Proklamationen und skurrile Auftritte, Diktatoren, die vierzig Frauen und doppelt so viele Kinder haben, auf goldenen Thronen in Gestalt eines Adlers sitzen, sich zu Göttern ernennen und um die sich Gerüchte über Inzest, Kannibalismus und schwarze Magie ranken.»

Dinaw Mengestu hat im Jahr 2007 mit dem Roman «Zum Wiedersehen der Sterne» in den USA debütiert. Er ist Amerikaner äthiopischer Herkunft und wurde 1978 in Addis Abeba geboren. Im Alter von zwei Jahren kam er mit seiner Mutter und seiner Schwester in die USA. Sein Vater, der dem alten Prinzen-Regime in Äthiopien nahestand, war aus politischen Gründen bereits 1977 vor dem «Roten Terror» des Militärdiktators Mengistu Haile Mariam in die USA geflohen, drei Jahre nach dem Sturz von Kaiser Haile Selassie. Mengestu wuchs in der Kleinstadt Peoria, Illinois, und in den Vororten von Chicago auf, wo sein Vater einen Botendienst betrieb. Er studierte Literatur an der *Georgetown* und der *Columbia University* und unterrichtete *Creative Writing* in Georgetown. Als Halbwüchsiger in Illinois fühlte er sich recht verloren: «An der High School wünschte ich mir sehnlichst eine

Identität», sagt Mengestu. «Ich wusste, ich würde niemals schwarz genug sein an dieser rein weißen katholischen Schule. Also begann ich mich mit Äthiopien zu beschäftigen.»

Dinaw Mengestus Roman erzählt vom Nicht-ankommen-Können. Seine drei Helden haben das Rätsel der Ankunft nicht gelöst. Sie haben ein gebrochenes, misstrauisches und skeptisches Verhältnis zu Amerika. Ihre Afrika-Gespräche zeigen, wie sehr ihnen, bei allem Spott über den Kontinent, ihre Herkunft noch nachhängt. Manchmal liebäugelt der eine oder der andere mit dem Gedanken einer Rückkehr nach Afrika, auch wenn ihnen bewusst ist, dass dieser Kontinent «von Staatsstreichen und greisen Tyrannen zugrunde gerichtet wird», auch wenn sie wissen, «dass der Ort, an den man zurückkehrt, niemals derselbe sein kann, den man verlassen hat». Sie kennen den abwesenden, verträumten Ausdruck auf den Gesichtern so vieler Immigranten, wenn sie davon sprechen, in die Länder zurückzukehren, aus denen sie gekommen sind – und tragen doch, bis auf Kenneth, den gleichen Ausdruck selbst im Gesicht.

Kenneth ist der Einzige der drei, der keinesfalls zurückkehren möchte. In seinen Augen ist ganz Afrika «ein Kontinent voll armer Analphabeten, die in Slums sterben». Kenneth kommt von weiter unten und hat es weiter nach oben geschafft als seine Kumpel. Josephs Vater war kongolesischer Geschäftsmann, der Vater von Stephanos äthiopischer Anwalt. Beide Söhne, der Kellner und der Gemischtwarenhändler, haben sich in Amerika verschlechtert, was ihren sozialen Status angeht. Kenneth hingegen hat es als Sohn eines Analphabeten aus einem Slum in Nairobi in den USA zum Ingenieur gebracht – und das ist eine Erfolgsgeschichte, an der er, allen Einschränkungen zum Trotz, unbedingt festhalten will.

Dennoch gibt es Tage, an denen alle drei Amerika hassen. Jeder von ihnen hat «schon so viel Spott und Erniedrigung über sich ergehen lassen müssen, dass es für mehr als ein Menschenleben reicht». Und dann gibt es wieder andere Tage, an denen sie achselzuckend denken: «Amerika ist doch ein wunderbares Land. Es hat viel zu bieten. Der Sprit ist billig. Hier lässt es sich gut leben. Es könnte schlimmer sein.»

Stephanos mit seinem schlecht gehenden Laden führt von den dreien die prekärste Existenz. Er hat sich den Logan Circle als Standort ausgesucht, weil dieser in einem maroden Farbigen-Viertel lag, das zu ihm zu passen schien. Einen höheren Anspruch mochte er sich nicht zutrauen. Doch nun greift die Stadterneuerung auch nach dem Logan Circle. Neuerdings wandelt sich der Platz zur begehrten Wohngegend; eben hat nebenan die erste weiße Amerikanerin ein Haus gekauft, Judith McMasterson, und lässt es teuer herrichten.

Zaghaft und voller Selbstzweifel beginnt sich Stephanos mit Judith und ihrer kleinen Tochter Naomi anzufreunden, deren Vater ein Gastprofessor aus Mauretanien ist. Doch für eine Liebesbeziehung sind die Hürden zu hoch – ökonomisch, ethnisch, persönlich. Stephanos quält das Bewusstsein, mit dem abwesenden Mauretanier nicht mithalten und Judith kein adäquater Partner sein zu können. Ihre Freundschaft zerbricht an Klassenunterschieden und ethnischen wie kulturellen Missverständnissen. Über das Gefühl von Scham und Erniedrigung kommt Stephanos nicht hinweg. «Unsere Komplexe wiegen zu schwer und stecken zu tief in uns, als dass wir sie so einfach abschütteln könnten», denkt er resigniert.

Stephanos ist ein sanftmütiger, mutloser und entwurzelter Mann ohne verlässliches Gefühl für die eigene Identität. Er lässt sich treiben. Wenn er durch die Straßen von Washington streift, geht er immer zugleich auch durch die schattenhaft erinnerten Straßen von Addis Abeba. Man könnte seine Lethargie als leisen Trotz deuten, als Widersetzlichkeit gegen die amerikanische Ideologie des Vorwärtskommens, gegen das Credo amerikanischer Aufstiegsdynamik. Doch seine Not ist tiefer und grundsätzlicher. Er kann sich nicht entscheiden: Wenn er Amerikaner werden, sich ein neues Leben aufbauen und heimisch werden will, frei von den Schranken und Zwängen seiner Herkunftskultur, dann müsste er seine Vergangenheit vergessen. Aber wäre es nicht Verrat, wenn er allem, was er ist und was ihn geprägt hat, den Rücken zukehrte? Das ist sein Dilemma: «Wie sollte ich in Amerika ein neues Leben anfangen, wenn ich Äthiopien gar nicht richtig verlassen hatte?» Sein Resümee ist düster: «Ein Mann, der zwischen zwei Welten hängt, lebt und stirbt allein.»

Die Ohnmachtsgefühle dieses melancholischen Äthiopiers sind allerdings nicht das letzte Wort in der Literatur afrikanischer Einwanderer in Amerika. So pessimistisch Dinaw Mengestu die Integrations- und Aufstiegschancen seines Ich-Erzählers Stephanos auch einschätzt, so offensichtlich ist andererseits, dass neuerdings in der Literatur andere, optimistischere Leitbilder für Immigranten aus Afrika formuliert werden. In den Romanen anderer afrikanischer Zuzügler-Autoren erscheint das Rätsel der Ankunft gelöst, wenn auch auf jeweils unterschiedliche Weise.

Teju Cole, der Kunsthistoriker und Autor, Sohn nigerianischer Einwanderer, der in Brooklyn lebt, und Kwame Anthony Appiah, der in London geborene Philosoph aus Ghana, der nach Professuren in Yale, Cornell und Harvard heute in Princeton lehrt, führen beide einen afrikanischen Ermächtigungsdiskurs, der traurige Figuren wie Mengestus gescheiterten äthiopischen Gemischtwarenhändler am Logan Circle längst hinter sich gelassen hat. Ihr Leitbegriff ist das Kosmopolitentum, das Teju Cole in Romanform («Open City») und Kwame Appiah im Format eines philosophischen Essays («Der Kosmopolit») abhandeln. Die Leitfigur des Kosmopoliten, wie Cole und Appiah sie vorstellen, birgt allerdings ihre eigenen exquisiten Melancholien; sie ist vielschichtiger als Taiye Selasis enthusiastisches Bild vom Afropoliten, dem globalen Kultur-Surfer – wenngleich kaum weniger elitär, gehören doch Cole und Appiah ebenso zur afrikanischen Bildungselite wie Selasi, Chimamanda Adichie und Helon Habila.

Julius heißt der Kosmopolit in Teju Coles Erstlingsroman «Open City». Er ist der Ich-Erzähler des Romans. Anders als die armen und deklassierten afrikanischen Immigranten bei Dinaw Mengestu ist Julius ein erfolgreicher Akademiker, ein junger Mann am Ende seiner Facharztausbildung zum Psychiater. Als Sohn eines nigerianischen Vaters und einer deutschen Mutter ist er in Lagos aufgewachsen, hat dort eine Militärschule besucht und ein Stipendium gewonnen, um in Amerika zu studieren. Als Psychiater ist er auf die Schwerpunkte Wahnsinn und Depression spezialisiert – also auf seelische Erkrankungen, die nicht so leicht durch äußere Symptome zu erkennen sind. Julius ist ein unermüdlicher Flaneur, der außerhalb seiner Dienststunden lange und scheinbar ziellose Spaziergänge liebt; und die offene Stadt, die Coles Protagonist auf seinen urbanen Parcours durchstreift, ist New York City, die multikulturelle und multiethnische Metropole *par excellence*. New York ist hier die exemplarische «Arrival City», wie sie der Autor Doug Saunders in seiner gleichnamigen Studie vorstellt, die radikal multikulturelle Ankunftsstadt für Migranten von überallher. Diversität wird hier nicht eingefordert, beklagt oder bejubelt, sie ist einfach ein existenzielles Begleitgeräusch. Insofern ist der Roman als Hommage an New York und als Plädoyer für die Unendlichkeit kultureller Differenz zu lesen, die diese Stadt ermöglicht. Und Teju Coles Julius steht in seiner opaken Kühle, seiner ironischen Skepsis, seiner ostentativen Überlegenheit und seinem undurchdringlichen Detachement geradezu Modell für den erfolgreichen transnationalen Migranten – scheinbar.

«Open City» ist ein Stadtroman, aber auch der Selbstfindungsroman eines Ichs, das sich in tagebuchartigen Aufzeichnungen beobachtend und reflektierend klar zu werden versucht über sich selbst und seinen Ort in der Welt. In seinem Erzählgestus bildet der Roman das fragmentierte Bewusstsein seines Protagonisten ab: Auch das Buch zersplittert in Lektüre-Erlebnisse, musikalische Eindrücke, aufgeschnappte und beiläufig geführte Gespräche, Galeriebesuche, Stadtwanderungen und einsame Meditationen.

Der Roman spielt in den Jahren 2006/2007 – also in einer transitorischen Zwischenzeit: *Nine Eleven* und der Irak-Krieg bilden das beständige Hintergrundrauschen im Bewusstsein des Helden, doch die Finanzkrise, die Wahl Präsident Obamas und die Unruhen in der arabischen Welt stehen noch an, liegen noch in der Zukunft. Eine unbewusste Stimmung des Wartens und der Unsicherheit imprägniert den Roman und das Lebensgefühl des ebenso wachsamen wie melancholischen Protagonisten.

Auf den ersten Blick scheint Julius ein ähnlich einsamer, frierender und entfremdeter Flaneur wie Dinaw Mengestus Stephanos auf seinen Streifzügen durch die Abwrack-Viertel von Washington oder wie die Ich-Erzähler J. M. Coetzees und V. S. Naipauls auf ihren Irrwegen durch das kalte London. Doch bei genauerem Hinschauen bemerkt man die

Unterschiede, denn anders als jenen Migranten stehen dem umfassend gebildeten Julius alle Kulturangebote der Metropole ganz selbstverständlich zur Verfügung. Seine New Yorker Stadtspaziergänge umfassen Besuche in Konzerthallen, Galerien und Museen, und er erweist sich als wählerischer und höchst kenntnisreicher Kulturkonsument. In seinem Bewusstsein überlagern sich ständig die Erinnerungen an die nigerianische Schulzeit mit ihren Bildungs- und Lektüre-Erlebnissen, die ihn als hoch sensiblen und ästhetisch wie philosophisch verfeinerten Geist ausweisen. Auf Lektüre-Eindrücke von Roland Barthes, Tahar Ben Jelloun oder Walter Benjamin kann er ebenso souverän zurückgreifen wie auf die Kenntnis der abendländischen Kunst und Malerei sowie des klassischen Musikrepertoires von Henry Purcell bis Peter Maxwell Davis. Gustav Mahlers «Lied von der Erde» bildet beinahe einen Cantus firmus in den Reflexionen dieses Spaziergängers.

Richtig ist: Auch Julius ist vereinsamt. Seine Freundin hat mit ihm Schluss gemacht und ist nach Kalifornien gezogen, und außer zu seinem greisen japanischen Professor Saito hat er nur wenige Sozialkontakte außerhalb seines Arbeitsplatzes, des *Presbyterian Hospital*. Aufmerksam, doch auch fremd wandert er nach Dienstschluss durch die Stadt, im Gefühl, nirgends ganz zugehörig zu sein. In seiner Kindheit in Lagos fühlte er sich wegen seiner helleren Hautfarbe nicht zugehörig, und auch in New York mit seinen doch unendlichen hybriden Mischungen spielt das Bewusstsein seiner Hautfarbe eine größere Rolle, als Julius lieb ist. So bemerkt er, dass er der einzige Nicht-Weiße in der Carnegie Hall ist, der Simon Rattle und den Berliner Philharmonikern bei einer Aufführung von Mahlers Neunter Symphonie lauscht – und es ist ihm ärgerlich, dass ihm das überhaupt auffällt.

Julius besitzt ein feines Gespür für die Geschichten und Schichtungen New Yorks, die einander überlagern, ohne einander auszulöschen. Er weiß, dass der Boden unter seinen Füßen zahllose darunter liegende Schichten birgt. Die Stadt erscheint dem Spaziergänger wie ein Palimpsest, das «beschrieben, ausradiert und erneut beschrieben» wird; er betrachtet sie als immer wieder neu überschriebenen Raum, in dem die archäologischen Zeitschichten lesbar werden. Man braucht an der Oberfläche nur zu kratzen, um die tieferen Schichten zu entdecken.

Unter dem Asphalt liegen die Pfade der Ureinwohner, die hier lebten, lange, ehe Kolumbus überhaupt lossegelte. Unter dem Asphalt liegt auch Amerikas verdrängte Kolonialgeschichte. Zufällig stößt Julius nahe der Wall Street auf ein Denkmal für einen Sklavenfriedhof. An die 20 000 Schwarze liegen hier begraben, ehe der Friedhof vergessen wurde und unter Bürogebäuden, Läden und Drogeriemärkten verschwand.

Seine ziellosen abendlichen Stadtwanderungen führen Julius zu allerhand Zufallsbegegnungen mit Menschen aus allen möglichen Weltgegenden. Zu den Figuren, die Julius' Wege kreuzen, zählen etwa ein haitianischer Schuhputzer, ein schwarzer Taxifahrer, ein schwarzer Museumswärter, aber auch ein illegaler Immigrant aus Liberia, den er in Queens in der Abschiebehaft besucht und dessen Lebensgeschichte er sich erzählen lässt.

Die wichtigste Begegnung hat Julius während seines Weihnachtsurlaubs, den er aus einem plötzlichen Impuls heraus in Brüssel zu verbringen beschließt. Die Brüssel-Passagen sind der intellektuelle und diskursive Höhepunkt des Romans, und Brüssel mit seiner bedrohlichen rechtsradikalen und rassistischen Partei «Vlaams Belang» bildet den ideologisch verengten und verhärteten Gegenpol zur ethnisch offenen Stadt New York. Die vielen Maghrebiner und Schwarzafrikaner, vor allem Kongolesen, auf den Straßen Brüssels fallen Julius auf: «Die psychische Anspannung der Stadt war überall spürbar.» Er erkennt, dass hinter den misstrauischen Blicken der Einheimischen schwelende, kaum kontrollierbare Angst vor den Migranten steht: «Der fremdenfeindliche Blick, der in Einwanderern Konkurrenten im Kampf um knappe Ressourcen sieht, verschmolz mit einer erneuerten Angst vor dem Islam. Der Fremde ist zur Projektionsfläche für ein neues Unbehagen geworden.»

In einem Internet-Café in Brüssel trifft Julius den Marokkaner Farouq, einen brillanten Intellektuellen, der sich durch den Rassismus an der Universität um seinen Traum betrogen fühlt, ein arabischer Gelehrter vom Range Edward Saids zu werden. Dass seine Magisterarbeit über Kritische Theorie unter einem Vorwand abgelehnt wurde, führt er auf antimuslimische Ressentiments im Gefolge von *Nine Eleven* zurück. In den Streitgesprächen zwischen Julius und Farouq konkretisieren sich die transkulturellen Einsichten, aber auch die unterschiedlichen politischen Positionen zweier intellektueller Migranten von heute, die in allen Verzweigungen und Methodologien der postkolonialen Theorie beschlagen sind und über Differenz und Hybridität genauso locker parlieren können wie über Fela Kuti, den nigerianischen Musiker und Erfinder des Afro-Beat.

Farouq entpuppt sich als Agitator und radikaler Denker, für den die Palästinenserfrage «die zentrale Frage unserer Zeit» darstellt, während Julius die Wut und Gewaltbereitschaft junger arabischer Männer im Namen einer monolithischen Identität nur «vulgär und vergeblich» erscheint: «Es war eine Ignoranz, die wütende junge Männer überall auf der Welt kennzeichnete.» Solche wutgetriebene politische Rhetorik ist nicht Julius' Sache: «Krebsartig hatte sich die Gewalt in jede politische Idee hineingefressen. Aktionismus war Selbstzweck geworden und führte zu noch mehr Aktionismus. Und das beste Mittel, um Aufmerksamkeit zu erregen und die Jugend für die eigene Sache zu gewinnen, war Wut.» Nach seiner Ansicht besteht die «einzige Möglichkeit, dieser Verlockung von Gewalt nicht zu erliegen, darin, kein Anliegen zu haben, fern jeglicher Loyalitäten zu bleiben, sich rauszuhalten». Julius stellt damit Überzeugung als politischen Modus ganz grundsätzlich infrage. Seine Leitfigur für seine Politik des Sich-Raushaltens ist der philosophierende Weltbürger Kwame Anthony Appiah mit seinem Buch «Der Kosmopolit».

Doch im Laufe des Romans mehren sich die geheimen Signale und Hinweise, dass mit dem angestrebten Selbstbild des Protagonisten eines überlegenen, detachierten und nicht involvierten, über den hitzigen Konflikten stehenden Weltbürgers etwas nicht stimmt. Julius ist nicht, was er zu sein glaubt. Manchmal überfällt ihn «das rasende Gefühl, aus dem Gleichgewicht zu geraten». Zufällig trifft er in New York ein Mädchen wieder, das er in Lagos kannte. Auch sie hat es nach Amerika und in die oberen Bildungsschichten geschafft und arbeitet nun als Investment-Bankerin bei *Lehman Brothers*.

Nach einer Party erinnert diese Frau Julius daran, dass er sie als Jugendlicher in Lagos einst betrunken vergewaltigt hat. Julius kann sich daran nicht erinnern. Der souveräne Flaneur erscheint plötzlich zwielichtig und ungut. Ihm selbst sind die dunkleren Schichten seines Ichs verborgen. Der angehende Facharzt für Psychiatrie kennt die eigene Psyche nicht. Er muss sich fragen: «Was bedeutet es, wenn man in der Geschichte eines anderen Menschen der Bösewicht ist?» Und mit einem Mal gilt das Dogma nicht mehr, das er früher für sich selbst postuliert hatte: «Vielleicht verstehen wir das unter geistiger Gesundheit: dass wir uns selbst, so verschroben wir uns auch finden mögen, niemals als die Bösewichte unserer eigenen Geschichte wahrnehmen.»

So fällt zuletzt auf den paradigmatischen Weltbürger Julius ein tiefer moralischer Schatten. Damit rückt Teju Cole allerdings auch Kwame Appiahs schönen und kultivierten Essay über «Cosmopolitanism», in dem er, wie es der Untertitel des amerikanischen Originals verspricht, eine Ethik für eine Welt von Fremden («Ethics in a World of Strangers») entwirft, in ein fragwürdiges Licht. Zu unrecht. Denn Appiah plädiert auf noble und entspannte Weise für ein harmonisches Zusammenleben der Menschen auf dem Globus, auch ohne Einigung über grundlegende Werte, allein dadurch, dass ständig das Gespräch gesucht wird. Nur im Gespräch rücken Fremde einander näher. Zwei Ideale sucht Appiah in seiner Denkfigur des Kosmopoliten miteinander zu verklammern: universelle Sorge um andere und Achtung vor legitimen Unterschieden. Darin erkennt er die eigentliche Herausforderung in einer globalisierten Welt.

Bezogen auf Teju Coles Roman stellt sich also die Frage: Scheitert Appiahs optimistisches Menschenbild an der gewalttätigen Realität? Oder versagt umgekehrt Coles Romanheld vor den ethischen Anforderungen der Gewaltlosigkeit, die Appiah für Weltbürger postuliert? Der Autor belässt seine Hauptfigur in seinem moralischen Dilemma, ohne es aufzulösen. So entpuppt sich «Open City» als ebenso präzises wie unheimliches Porträt eines Migranten, der die zeitgenössische hybride Existenzweise zwischen drei Kontinenten scheinbar glänzend gemeistert hat und ein souveräner Kosmopolit geworden ist, aber an der Selbstaufklärung der eigenen Abgründe scheitert.

Keine sechzig Jahre liegen zwischen «The Lonely Londoners» und «Open City», zwischen Sam Selvons illiteraten einsamen afro-karibischen Zuwanderern in London und Teju Coles Julius, dem hoch gebildeten einsamen nigerianischen Zuwanderer in New York. Sage keiner, in der Literatur habe sich das Bild vom Migranten in dieser Zeit nicht gründlich geändert.

Erwähnte Bücher

Chinua Achebe «Alles zerfällt», Roman (Heinemann 1958; S. Fischer 2012)
Chinua Achebe «There Was a Country. A Personal History of Biafra»
(The Penguin Press 2012)
Chimamanda Ngozi Adichie «Blauer Hibiskus», Roman (btb Verlag 2007)
Chimamanda Ngozi Adichie «Die Hälfte der Sonne», Roman (btb Verlag 2008)
Chimamanda Ngozi Adichie «Heimsuchungen. Zwölf Erzählungen»
(S. Fischer 2012)
Uwem Akpan «Sag, dass du eine von ihnen bist», Erzählungen (Suhrkamp 2012)
Kwame Anthony Appiah «Der Kosmopolit. Philosophie des Weltbürgertums»
(C.H.Beck 2007)
Teju Cole «Open City», Roman (Suhrkamp 2012)
Helon Habila «Öl auf Wasser», Roman (Wunderhorn 2012)
Dinaw Mengestu «Zum Wiedersehen der Sterne», Roman (Claassen 2009)
Ken Saro-Wiwa «Die Sterne dort unten», Erzählungen (Deutscher Taschenbuch Verlag dtv 1996)
Doug Saunders «Die neue Völkerwanderung – Arrival City» (Blessing 2011)
Taiye Selasi «The Sex Lives of African Girls» (in: «Granta. The Magazine of New Writing» Nr. 115/2011)
Taiye Selasi «Diese Dinge geschehen nicht einfach so», Roman (S. Fischer 2013)

3. Kapitel

In den Ruinen des British Empire

Pakistanische Zerreißproben

Der Journalist und Schriftsteller Aatish Taseer ist ein exemplarischer Fall. Er ist ein Mann derart gemischter Herkünfte, dass man ihn als ideellen Gesamt-Inder bezeichnen könnte. Die ganze Zerrissenheit des indischen Subkontinents bildet sich in seiner Herkunftsgeschichte ab, mit allen absurden Widersprüchlichkeiten und tragischen Ironien. Im Besonderen verkörpert er die Teilung des Punjab in seiner eigenen Person.

Geboren 1980 in London und aufgewachsen in New Delhi, ist Aatish Taseer der uneheliche Sohn einer indischen Journalistin und eines bekannten pakistanischen Politikers und Geschäftsmanns. Die Mutter entstammt einer alten Familie aus der religiösen Minderheit der Sikhs, die im Zuge der Teilung des Subkontinents im Jahr 1947 aus dem Punjab vertrieben wurde, nach Indien flüchtete und sich in New Delhi niederließ. Der Vater Salmaan Taseer war ein Muslim aus Lahore, der in London studiert hatte und sich der Pakistanischen Volkspartei des Links-Politikers Zulfikar Ali Bhutto anschloss. Er bekleidete verschiedentlich Ministerposten und war zuletzt Gouverneur der Provinz Punjab. Die längste Zeit verweigerte er jeden Kontakt zu Aatish Taseer, denn der indische Sohn schadete seiner Karriere. Immer wieder brachten politische Widersacher des Vaters Kopien der Geburtsurkunde des Jungen in Umlauf, um den charismatischen Politiker wegen dieser Verbindung zum Feind und Nachbarn Indien zu diskreditieren und seine Chancen bei den Wahlen zu schmälern.

Aatish Taseer gilt zwar formell als Muslim wie sein abwesender Vater, wurde aber von seinen Sikh-Großeltern erzogen, praktizierte eine Zeitlang als Hindu, ging auf ein Internat christlicher Missionare in Südindien, studierte in Amherst, Massachusetts, lebt heute als Reporter und Roman-Autor abwechselnd in London und New Delhi und schreibt für britische und amerikanische Zeitungen und Zeitschriften. Seine gemischte Identität ist immer wieder Ursache für Anfragen und Zweifel, wie es denn um seine Zugehörigkeitsgefühle bestellt sei.

Dieser Frage ist Aatish Taseer mit Mitte zwanzig mit besonderer Sorgfalt und Gründlichkeit nachgegangen. Dazu provoziert wurde er durch das schwierige und aufgeladene Nicht-Verhältnis zu seinem Vater. Schon als Teenager hatte Aatish mehrfach versucht, brieflich mit seinem Vater Kontakt aufzunehmen, doch die Briefe blieben immer unbeantwortet. Am Telefon ließ sich der Vater die längste Zeit verleugnen, und als der Sohn einmal nach Lahore fuhr und den Vater telefonisch um ein Treffen bat, antwortete dieser kühl: «Zu welchem Zweck?»

Der Vater trat erst in Erscheinung, als der Sohn im Jahr 2005 mit Reportagen über junge Islamisten in England internationale Aufmerksamkeit erregte. Darin beschrieb er die zweite Generation pakistanischer Einwanderer in England als besonders anfällig für Terrorismus. Die Texte empörten Taseer senior in Lahore, er empfand sie als «beleidigende Propaganda», die Pakistan beschmutze, und schrieb dem Sohn in London einen zornigen Brief. Es war der erste Brief, den Aatish je von seinem Vater erhalten hatte. Salmaan Taseer warf dem Sohn darin mangelnde «Kenntnis des pakistanischen Ethos» vor und beschrieb sich selbst als «kulturellen Muslim». Aatish Taseer wusste, dass der Vater jeden Abend Scotch trank, weder fastete noch betete, sogar Schweinefleisch aß und überdies zugab, mit dem Koran nichts anfangen zu können – und doch führte er gegen den glaubensfernen und verwestlichten Sohn vorwurfsvoll die eigene islamische Identität ins Treffen.

Der Vater schien so etwas wie eine muslimische Kultur Pakistans zu meinen, mutmaßte der Sohn und beschloss, seine Kenntnisse darüber zu vertiefen. Er machte sich auf die Suche nach der Welt seines

Vaters, um diese besser verstehen zu lernen. Er begab sich auf eine achtmonatige Reise durch die islamische Welt, die in Istanbul begann und in New Delhi endete, mit Stationen in der Türkei, in Syrien, Saudi-Arabien (samt dem Abstecher einer Pilgerfahrt nach Mekka), Iran und Pakistan. Das Buch, das 2009 daraus hervorging, nannte er «Stranger to History» (deutscher Titel: «Terra Islamica. Auf der Suche nach der Welt meines Vaters»).

Es ist eine hybride Mischung geworden, ein Amalgam aus politischer Reisereportage, Pilgerbericht, Familienforschung, Auseinandersetzung mit dem Vater und Untersuchung des erstarkenden militanten Islamismus in seinen unterschiedlichen Ausprägungen und Überschneidungen von Politik und Religion. Das Ganze wird bezogen auf die Zeitgeschichte des Subkontinents seit dem Ende des British Empire und seines Kaiserreichs Indien. Die Engländer zogen 1947 überstürzt ab und ließen Chaos und zwei Länder zurück: Indien in der Mitte und ein zweiflügeliges Pakistan zu beiden Seiten – im Industal im Westen und im Gangesdelta im Osten. Das Ergebnis ist bis heute eine Unfriedensgeschichte der Spaltungen und Abspaltungen, der Nachbarschaftskriege und der geteilten und umkämpften Regionen mit unklaren Grenzen und permanenten Grenzkonflikten. Aatish Taseer möchte die Lebensgeschichte seines Vaters vor dem Hintergrund der Entstehung, der Krisen und des Niedergangs des künstlichen Staates Pakistan verstehen lernen. Zugleich möchte er die Flucht- und Vertreibungsgeschichte seiner mütterlichen Familie aus dem Punjab in den größeren Rahmen der Zerfallskrisen des Subkontinents einpassen.

Der junge Autor erinnert daran, dass Pakistan ursprünglich als säkularer Staat für indische Muslime aus Indien herausgelöst wurde – keine Scharia, keine Geistlichkeit, kein Alkoholverbot –, dass sich Pakistan, das «Land der Reinen», erst 1956 zur ersten Islamischen Republik der Welt ausrief und danach in zwei Teilstaaten zerfiel, als das ostpakistanische Bengalen sich 1971 abspaltete, seine Unabhängigkeit blutig erkämpfte und sich unter dem Namen Bangladesch selbstständig machte.

Aatish setzt das Auf und Ab der politischen Karriere seines Vaters in Beziehung zu den Triumphen und Katastrophen der regierenden

Familie Bhutto, deren loyaler Parteigänger Salmaan Taseer immer geblieben ist. Er hielt ihr die Treue, auch als Präsident Ali Bhutto durch einen Militärputsch gestürzt und 1979 unter seinem Nachfolger, dem Putschgeneral Zia ul-Haq, hingerichtet wurde, und als seine Tochter, die zweimalige Premierministerin Benazir Bhutto, 2007 im Wahlkampf einem Attentat zum Opfer fiel. Er ging für seine politische Überzeugung auch ins Gefängnis. Während der Militärdiktatur General Zias, der – gestützt auf seinen Geheimdienst ISI und die CIA – Pakistan einer rigorosen Islamisierungskampagne inklusive Todesstrafe für Gotteslästerung unterwarf, wurde der Oppositionspolitiker Taseer mehrmals inhaftiert, einmal kam er sogar für ein halbes Jahr angekettet in Einzelhaft.

Was die Vertreibungsgeschichte seiner mütterlichen Familie betrifft, so erwähnt Aatish Taseer, dass seine Großeltern zunächst glaubten, die Teilung des Subkontinents 1947 in das von Hindus dominierte Indien und das islamische Pakistan sei nur nominell und würde keinen Bevölkerungsaustausch nach sich ziehen. Sie irrten sich schrecklich. Tatsächlich hatte die Teilung eine der größten und grausamsten Wellen von Flucht und Vertreibung überhaupt zur Folge. Mehr als zehn Millionen Menschen wurden vertrieben oder flohen von Ost nach West und umgekehrt: Muslime Richtung Pakistan, Hindus und Sikhs in das heutige Indien. Pakistan zeigte sich besonders konsequent darin, seine Bevölkerung von Nicht-Muslimen zu säubern und Angehörige religiöser Minderheiten umzusiedeln, zu vertreiben oder zu ermorden. Der kollektive Blutrausch im Gefolge der Unabhängigkeit führte in beiden Teilstaaten zu wechselseitigen Massakern. Man schätzt, dass die Gemetzel zwischen Hindus, Sikhs und Muslimen bis zu einer Million Todesopfer forderten.

Das Hauptinteresse Aatish Taseers gilt jedoch den Ursachen für die zunehmende islamistische Militanz in der Welt. Sein Augenmerk richtet sich auf den politischen Islam von heute und auf den Sinneswandel gläubiger Muslime: Er will herausfinden, wie und warum sie sich politisch radikalisieren. Das Beispiel Pakistans, dieses Zerfallsprodukts des British Empire, in all seinen Widersprüchen und seiner inneren Zerrissenheit erweist sich da als besonders aufschlussreich für das

Zusammenschießen von Glaube und Politik; dem liegt offenbar, so Aatishs Erkenntnis, ein politisch und historisch motivierter Groll gegenüber der modernen Welt zugrunde. Der Sohn nähert sich seinem Vater auf Umwegen. Sein Ziel Lahore peilt er an, indem er erst so gemächlich wie neugierig durch das Land mäandert und sich aus ganz unterschiedlichen Begegnungen und Gesprächen ein Bild vom heutigen Pakistan zu machen versucht. Von der Hafenstadt Karachi aus erkundet er das pakistanische Hinterland. Er besucht die Provinz Sindh an der Grenze zu Indien, in der eine tolerante Sufi-Frömmigkeit noch tief verwurzelt scheint und schiitische Muslime und Hindus gleichermaßen vor den Schreinen sufistischer Heiliger beten. Er erkennt aber auch, wie sehr der Sindh durch die Vertreibung der dynamischen Klasse von Hindu-Kaufleuten ökonomisch gelitten hat: «Im Sindh war der Preis für die muslimische Reinheit des Staates das Verschwinden der Hindu-Mittelschicht. Und ohne seine Mittelschicht war die Entwicklung des Sindh seit 1947 nicht nur ausgeblieben, hatte das Land nicht nur an alten Feudalstrukturen festgehalten; vielmehr herrschte völlige Gesetzlosigkeit. Eine Gesellschaft ohne Zusammenhalt.» Aatish begreift, dass diese vertriebenen tüchtigen Hindus die Hauptursache für den Wandel sind, der sich in Indien vollzogen hat, nicht aber in Pakistan. In Indien wurden die Feudalstrukturen durch die neue *Middle Class* eingerissen; in Pakistan blieben sie als Modernisierungshemmnis erhalten.

Aatish macht auch einen Abstecher zu den Ländereien des «Mangokönigs», der der alten feudalen Oberschicht der Großgrundbesitzer angehört. Er stellt fest, dass trotz all ihrer Dekadenz und moralischen Verkommenheit die rund zwei Dutzend großen Familien der Feudalaristokratie immer noch in der Lage sind, im Hintergrund mächtig die Strippen im Lande zu ziehen. Sie betrachten Pakistan offenbar als ihre private Aktiengesellschaft, was sie nicht hindert, wortreich über Korruption und Willkürgesetze unter der jeweiligen Militärherrschaft zu klagen. Trotzdem würden sie einen blutigen Militärputsch allemal einer linken Verstaatlichungspolitik à la Bhutto vorziehen.

Aus all seinen Interviews zieht der Reporter Taseer den Schluss, dass Pakistan ein Identitätsproblem hat. Das Land wird nicht nur getrieben von seinen inneren Dämonen: Militärdiktatur und Fundamentalismus. Es herrscht auch allgemein tiefe Verwirrung darüber, was Pakistan eigentlich sein sollte: «Ein säkularer Staat für indische Muslime, ein religiöser Staat, eine Militärdiktatur oder ein Feudalfürstentum.» Mangels jedes positiven Entwurfs Pakistans, so Aatishs Erkenntnis, gibt es nur eine ideelle Kraft, die das Land noch zusammenhält: die tief verwurzelte Ablehnung Indiens, ein Mix aus ethnischem und religiösem Hass, Konkurrenzneid und Minderwertigkeitsgefühlen.

Aatishs Resümee nach wochenlangem Umherreisen: Eine einst vielgestaltige, pluralistische Gesellschaft mit einer Vielfalt an Sprachen, Kulturen und Religionen, gespeist aus der dreigliedrigen Geschichte Indiens, nämlich aus der geistigen Troika aus Sanskrit, Urdu und Englisch, hat sich verhärtet zu Intoleranz und religiöser Tyrannei. Ein Staat, gegründet nicht von Klerikern und Fanatikern, sondern entworfen von Dichtern und gebildeten säkularen Muslimen, ist zur Diktatur verkommen – soweit Pakistan überhaupt noch Herr im eigenen Haus ist und seine gebirgigen Grenzregionen im Nordwesten nicht ohnehin bereits dem al-Qaida-Terrorismus, den Taliban und dem Drohnenkrieg der Amerikaner überlassen hat. Der Reporter sieht, wie Pakistan im ständigen Wechsel zwischen Militärputschen, Kriegsrecht und zagen und korrupten Zivilregierungen kreiselt, bei fortschreitender Islamisierung; er sieht ein gescheitertes Land im Niedergang, das inzwischen die wichtigsten Kriterien eines *Failed State* erfüllt, nämlich: chronische Flüchtlingsbewegungen, Kriminalisierung und Entlegitimierung des Staates, Verschlechterung der öffentlichen Dienstleistungen und Aufstieg zersplitterter Eliten. Es entsteht das monströse Bild einer Abwärtsspirale, in die hinein sich Pakistan seit seiner Gründung dreht. Aatish sieht es mit Kummer, denn er hat auf seinen Erkundungsfahrten das Land lieben gelernt.

Und mit diesen vertieften und differenzierten Einsichten über das Land seines Vaters tritt Aatish schließlich in Lahore dem Patriarchen persönlich gegenüber. Hier kommt der latente Vater-Sohn-Konflikt, der das ganze Buch grundiert, nun offen zum Ausbruch. Das Treffen endet im Zerwürfnis. Der Bruch vollzieht sich ausgerechnet im Streit über den Holocaust, an dem die Muslime selbst gar keine Schuld tragen. Der Vater bezweifelt die Opferzahlen, sucht den Genozid an den Juden durch Hinweis auf die Massaker in Sabra und Shatila zu relativieren und gibt sich als Rassist und darüber hinaus als Mann voller Ressentiments gegen den Westen zu erkennen. Der Sohn muss begreifen: «In meinem Vater war keiner der einst mächtigen moralischen Imperative des Islam mehr lebendig. Dennoch war er Muslim. Er war Muslim, weil er den Holocaust anzweifelte, Amerika und Israel hasste, die Hindus für schwach und feige hielt und sich an der ruhmreichen islamischen Vergangenheit berauschte.» Der Sohn sagt sich vom Vater los, indem er sich zum gemischten Erbe aus Sanskrit, Urdu und Englisch bekennt: «Ich zog es einem Erbe vor, das gewaltsam purifiziert wurde. Mischformen bereichern die Welt.»

Damit endet das Buch, aber nicht die Geschichte von Vater und Sohn. Salmaan Taseers politische Karriere nahm im Folgenden wieder Fahrt auf. 2007 trat er der Regierung als Industrieminister bei, und 2008 wurde er zum Gouverneur der Provinz Punjab ernannt. Am 4. Januar 2011 fiel er, noch keine 66 Jahre alt, in Islamabad einem Attentat zum Opfer. Er wurde von einem seiner Leibwächter, einem fanatischen Islamisten, erschossen. Taseer hatte sich im Falle einer christlichen Tagelöhnerin gegen die Vollstreckung des Blasphemie-Gesetzes ausgesprochen, das Gotteslästerung und abschätzige Bemerkungen über den Propheten Mohammed im schlimmsten Fall mit dem Tod bestraft. Er machte kein Hehl aus seiner kritischen Sicht auf ein Gesetz, das so leicht als Instrument zur Verfolgung religiöser Minderheiten missbraucht werden konnte.

Aus demselben Grund wurde zwei Monate später auch der pakistanische Minderheiten-Minister Shahbaz Bhatti, der einzige Christ im Kabinett, in Islamabad Opfer eines Mordanschlags durch al-Qaida-nahe Taliban. Taseer, der «kulturelle Muslim», und Bhatti, der Katholik, hatten beide dafür plädiert, eine pakistanische Christin, eine Landarbeiterin, nicht hinzurichten, die zum Tode verurteilt worden war, weil sie Mohammed mit Jesus verglichen hatte. Ihr Plädoyer für mehr religiöse Toleranz kostete beide Politiker das Leben.

Der Fall führte zu monatelangen fundamentalistischen Unruhen in Pakistan. Taseers Mörder Mumtaz Qadri wurde zwar zum Tod durch

Erhängen verurteilt, doch das Höchstgericht in Islamabad schob die Vollstreckung auf, und der Richter musste wegen Todesdrohungen fluchtartig das Land verlassen. Religiöse Fanatiker, darunter nicht wenige hohe Kleriker, äußerten ihre Genugtuung über den Mord an Taseer, überschütteten den Attentäter Qadri im Gerichtssaal mit Rosenblättern und forderten in Straßendemonstrationen seine Freilassung. Und dann wurde der öffentliche Druck auf die Gerichte noch einmal drastisch verstärkt. Im August 2011 wurde ein Sohn Salmaan Taseers, einer von Aatishs Halbbrüdern, in Lahore von Radikalen entführt. Sie verlangten ein horrendes Lösegeld und die Freilassung des Mörders Mumtaz Qadri. Der Entführte wurde vermutlich in Waziristan festgehalten, in der von Taliban kontrollierten Grenzregion zu Afghanistan, in der die Zentralregierung keinerlei Hoheitsrechte mehr ausübt.

Die tragische Ironie liegt darin, dass Salmaan Taseer für eben sein Selbstverständnis als «kultureller Muslim» und für seine Auffassung von «pakistanischem Ethos» ermordet wurde. In seinem Nachruf versucht der Sohn Aatish Taseer, die politische, spirituelle und patriotische Gratwanderung seines Vaters zu verdeutlichen, die ihn letztlich das Leben kostete. Er schreibt, sein Vater habe einem Idealbild von Pakistan angehangen, in dem ein Abgleiten in eine mittelalterliche Theokratie nicht vorgesehen war: «Pakistan war Teil seines Glaubens, aber er selbst war kein Mann des Glaubens. Sein Islam war nicht totalitär, auch wenn er manche seiner politischen Ideen prägte, von der Solidarität mit den Palästinensern und den Kashmiris bis zu seinem Stolz auf die muslimische Geschichte von Andalusien bis zur Mogul-Herrschaft in Indien. Er wünschte sich für sein Land keine Totalität des Islam, sondern eine Gesellschaft, die auf menschlichen Errungenschaften aufbaute, auf Wissenschaft, Rationalität und Modernität.»

Doch es ist eben nicht das Narrativ von einem toleranten, modernen Nationalstaat Pakistan, das historisch das Rennen gemacht hat, sondern das finstere Gegennarrativ eines autokratischen Scharia-Staats im permanenten Ausnahmezustand, gelenkt von Armee und Geheimdienst, ausgebeutet durch korrupte Zivilregierungen, zerrissen zwischen fremden Einflussmächten, missbraucht als Trainingslager für

Jihadisten, irritiert durch das prekäre Verhältnis zu Amerika und neuerdings zudem verstrickt in blutigen Bruderzwist zwischen Sunniten und Schiiten. Pakistan präsentiert sich dem Ausland heute als eines der krawalligsten Länder der Welt, verfeindet mit den Anrainern und geschlagen mit einem Nachbarn im Dauerchaos, Afghanistan. Außenpolitisch steuert es einen Zickzack-Kurs zwischen Russland, den USA und China, und innenpolitisch wird es zermürbt von Staatsstreichen, Attentaten und Umstürzen, von Kriegsrecht, atomarer Aufrüstung, Mega-Korruption, Scheinwahlen und Wahlschwindel mit gefälschten Stimmzetteln, ganz abgesehen vom brenzligen Dauerkonflikt mit den Taliban, die sich selbstherrlich im Nordwesten des Landes breitmachen, in Waziristan und im Swat-Tal, das sie zeitweilig unter Kontrolle hatten. Dass Pakistan zudem ständig von Naturkatastrophen heimgesucht wird, von Erdbeben und verheerenden Überflutungen, vervollständigt das triste Bild.

Alle Aspekte des pakistanischen Unheils, die Aatish Taseer in seinem Buch anspricht und analysiert, sind auch Themen der pakistanischen Gegenwartsliteratur. Eine neue Generation Englisch schreibender pakistanischer Autoren arbeitet sich an ihrem Heimatland ab und thematisiert die zentrifugalen Kräfte im Lande. Doch die Literatur mobilisiert ihre eigenen, ganz anderen ästhetischen Mittel. Anders als der Journalist und Reporter Taseer erläutert und kommentiert sie nicht, sondern erzählt und beschreibt – einprägsam und anschaulich.

Die pakistanischen Autoren gehen all den Widersprüchen und Ungleichzeitigkeiten des Landes nach und verwandeln sie in leuchtende Erzählungen. Ihre Romane und Geschichten führen in die unzugänglichen Stammesgebiete der Hirtennomaden in der Grenzregion zu Afghanistan ebenso wie in die Ghettos der drangsalierten christlichen Minderheit in Karachi, in die säkulare Welt der urbanen Neureichen, die unter Benazir Bhutto in den 1990er Jahren zu prosperieren begannen, und in die alte Feudalgesellschaft der Großgrundbesitzer, die immer noch das ländliche Pakistan beherrschen. Das Trauma der Staatsgründung beschäftigt die Literatur genauso wie der tödliche Titanenkampf zwischen Ali Bhutto und Zia ul-Haq oder die Aufklärung der Herrschaftsmechanismen einer islamistischen Militärdiktatur, wie Zia ul-Haq sie vorexerzierte – Themen, derer sich Salman Rushdie und Mohammed Hanif in ganz unterschiedlicher Form in ihren Romanen angenommen haben. Und dass die Schockwellen nach *Nine Eleven* auch die pakistanischen Autoren bewegen, versteht sich fast von selbst.

Salman Rushdie hat sich an Pakistan abgearbeitet, ohne selbst ein Pakistani zu sein. Er wurde in eine muslimische Familie in Bombay, dem heutigen Mumbai, geboren und verbrachte eine glückliche Kindheit in der Windsor Villa, Warden Road, Bombay 26 – einem «Haus auf einem Hügel mit Blick aufs Meer und auf die Stadt, die sich zwischen Hügel und Meer ausbreitet», wie Rushdie in seiner Autobiographie «Joseph Anton» erzählt. Er hat es seinen Eltern später verübelt, dass sie im Alter das Haus seiner Kindheit verkauften und ins pakistanische Karachi umzogen, ohne dafür einen überzeugenden Grund angeben zu können.

Für den Sohn war «Pakistan der große Fauxpas seiner Eltern, der Fehler, der ihn das Haus seiner Kindheit kostete. Ihm fiel es leicht, Pakistan selbst als historischen Fauxpas zu sehen, als ein ungenügend imaginiertes Land, der fehlgeleiteten Idee entsprungen, eine Religion könne Volksstämme zusammenhalten (Punjabi, Sindhi, Bengali, Beluchen und Pathanen), ein Land, geboren als missgebildeter Vogel, zwei Flügel ohne Leib, von der Landmasse seines größten Feindes getrennt, geeint durch nichts als Gott, ein Land, dessen östlicher Flügel bald abfallen sollte». Wie unheilvoll es sich auswirkt, ein «ungenügend imaginiertes Land» zu sein, das hat Salman Rushdie in seinem Pakistan-Roman «Scham und Schande» eindrucksvoll demonstriert – als der einzige Inder unter lauter pakistanischen Autoren.

Auch Hanif Kureishi, der britische Erzähler und Filmemacher halb pakistanischer Herkunft, beurteilt die Geburtsfehler Pakistans ganz ähnlich. Seine indisch-muslimische Familie wurde durch die Teilung Indiens endgültig aufgespalten, wenn auch der Exodus der Muslime aus Indien in das spätere Pakistan schon vorher eingesetzt hatte. Für Pakistan hat der in England geborene Kureishi, ein Migrant der zweiten Generation, nichts übrig. Die Staatsgründer, schreibt er in seinen Familienerinnerungen «Mein Ohr an deinem Herzen», hätten eine Gesellschaft vor Augen gehabt, «in der sich Rassen und Religionen mischten. Sie sollte weder sozialistisch noch theokratisch sein. Religion sollte keine Staatsangelegenheit werden. Doch die Tragödie Pakistans bestand darin, dass sich das Land nicht entscheiden konnte, was es sein wollte, und auch keine Zeit hatte, um dies herauszufinden. Stattdessen kam eine korrupte Elite an die Macht.»

Auffallend ist, wie ähnlich einheimische und migrantische Autoren Pakistan beurteilen. Für ihren unverwandt kritischen Blick auf das Land scheint es unerheblich, ob sie aus Emigrantensicht, Pendlerperspektive oder einheimischer Nahsicht schreiben. Daniyal Mueenuddin, eine der vielversprechenden neuen Stimmen der pakistanischen Literatur, ist dafür ein gutes Beispiel. Er entstammt selbst der Großgrundbesitzerklasse der alten Barone, von der sein erstes Buch handelt. Mueenuddin, Jahrgang 1963, ist in Lahore aufgewachsen, studierte an der *Yale Law School* und arbeitete als Jurist in New York, ehe er nach Pakistan zurückkehrte, um das Familiengut zu bewirtschaften und um zu schreiben. «Andere Räume, andere Träume» ist sein (auf Englisch geschriebenes) literarisches Debüt.

Mueenuddin erzählt darin von Dekadenz und Niedergang der alten Feudalgesellschaft Pakistans, aus Herren- und aus Dienerperspektive und mit dem distanzierten Blick des westlich sozialisierten Kulturpendlers zwischen Ost und West. Er verknüpft acht Erzählungen, denen Schauplatz und Personal gemeinsam sind: die ländliche Region Punjab am Indus und deren müßiggängerische, immer noch steinreiche Oberschicht, die seit britischen Kolonialzeiten im Lebensstil anglifiziert ist und ihren pseudobritischen Habitus pflegt, samt ihren Domestiken – Gutsverwalter, Chauffeure, Gärtner, Köche und Diener. Wie in jeder traditionellen Gesellschaft sinkt der Status langsamer als der Reichtum, doch der Reichtum sinkt definitiv.

Im Zentrum steht der Patriarch K. K. Harouni in seinen letzten Lebensjahren, die er zwischen seiner Stadtresidenz in Lahore und seinem Landgut in Dunyapur verbringt. Er pflegt seinen altgewohnten, inzwischen etwas schleißig gewordenen aristokratischen Lebensstil, für dessen Aufrechterhaltung er bereits viel Land verkaufen musste – und für die Finanzierung seiner kostspieligen unternehmerischen Fehlschläge. Er kümmert sich nicht um die Wirtschaft, verabsäumt es aus Trägheit, seinen Nachlass zu ordnen, und sieht gleichgültig zu, wie sein korrupter Verwalter sich betrügerisch an ihm bereichert und wie die Dienerschaft ihn hinten und vorne bestiehlt. «Harouni ging Unannehmlichkeiten um jeden Preis aus dem Weg, denn er lebte in einer derart geregelten und abgeschlossenen Welt wie der des Sonnenkönigs in Versailles.»

Seiner Ehefrau, der Begum Harouni, ist er entfremdet, seine Töchter leben in Karachi, New York und Paris. Vereinsamt nimmt er die junge Husna, eine entfernte Verwandte aus einem verarmten Zweig der Familie, bei sich auf, erst als Dienerin, dann als seine Mätresse. Nach dem Tod des Alten bricht alles auseinander. Wie sich herausstellt, hat er für nichts und niemanden vorgesorgt, seine Geliebte wurde ebenso wenig bedacht wie die treuen alten Diener. Husna wird von den eingeflogenen Töchtern, die sofort das Kommando übernehmen, gedemütigt und ohne eine Rupie vom Hof gejagt, die Dienerschaft steht vor dem Nichts, allenfalls der Kammerdiener und der Koch, seit einem halben Jahrhundert in Diensten der Familie, werden zu anderen Jobs weitervermittelt.

Die Töchter verscherbeln den Besitz. Die jüngeren Mitglieder der Harouni-Familie sind entweder einflussreiche Unternehmer geworden oder party- und konsumsüchtige Nichtstuer und Verschwender des elterlichen Reichtums, die sich vor allem dafür interessieren, wie man verbotene Alkoholika, die bei den christlichen Schwarzhändlern in Islamabad nicht zu bekommen sind, ins Land schmuggeln könnte, etwa per Barkasse von Dubai nach Karachi. Ein junger Gutserbe, der seine Landwirtschaft als modernes Mustergut zu führen versucht, korruptionsfrei und mit fairen Arbeitslöhnen, erntet bei der trägen und verderbten Jeunesse dorée von Islamabad nur mokantes Kopfschütteln und kommt rasch in den Ruf eines Langweilers und Sonderlings.

Den Frauen gilt das besondere Interesse des Autors in diesen Geschichten. Die meisten benutzen Sex als das einzige ihnen zu Gebote stehende Ticket zum Aufstieg in der hierarchischen, patriarchalischen Gesellschaft. Liebesaffären sind hier immer merkantile Transaktionen. Die Unterschichtfrauen – Dienerinnen, Küchenhilfen, Haushälterin-

nen – versuchen, sich berechnend beim nächstbesten Chef hochzu-
schlafen – beim Koch, beim Kammerdiener, beim Verwalter –, nur um
nach Gebrauch abgelegt und ins Elend gestoßen zu werden. Die Ober-
schichtfrauen erschlafen sich Einfluss und Hintergrundmacht bei ihren Männern und manipulieren sie so lange nach ihrem Willen, bis das
Alter ihre Autorität unterhöhlt. Dann werden sie entweder verstoßen
wie die Begum Harouni oder sie werden «eine dieser dünnen, scharf-
kantigen urbanen Frauen, die ihren Alkohol vertragen, aber davon
austrocknen, die gut gekleidet sind, ohne Freude daran zu haben, und
sich häufig in London aufhalten, gelangweilt».

Die gesellschaftlichen Veränderungen in Pakistan, wie Daniyal
Mueenuddin sie illusionslos zeichnet, vollziehen sich nur scheinbar in
einer Aufwärtsdynamik, in Wahrheit bleiben sie immer bloß horizon-
tal. Der Fortschritt ist gar keiner. Alles bewegt sich im Kreise. Manipu-
lation und Schmiergeld in allen sozialen und politischen Bereichen
sind der Motor dieser Gesellschaft: Verlogene Komplimente, korrupte
Machenschaften auf Gegenseitigkeit, geschmierte Gunsterweise und
geschickt platzierte Gefallen, in schwachen Momenten erbeten und
aus Kalkül gewährt, halten diese Geschichten und diese Gesellschaft
zusammen.

Mit der gutsherrlichen Klasse geht es zu Ende – sie lebt zwar noch
in großem Stil auf ihren Ländereien, lässt aber die Wirtschaft schleifen
und sieht gleichgültig zu, wie sich eine neu emporkommende Schicht
von korrupten Beamten, Richtern, Verwaltern, Managern und Politikern durch Veruntreuung an ihrem uralten Besitz bereichert und untereinander um die Macht kungelt. Die alte Oberschicht duldet nicht
nur Korruption und Unterschleif der aufsteigenden Klasse, durch ihre
hochmütige Lethargie begünstigt sie geradezu die Misswirtschaft und
dient ihr als honorige Fassade. Wie beispielsweise der Baron Harouni,
der ehrenhalber in diversen Aufsichtsräten sitzt, etwa im Aufsichtsrat
der Staatsbank: «Eines der Ämter, die er immer noch innehatte, eine
Sinekure – über die tatsächliche Politik wurde anderswo entschieden,
und Harouni und weitere Eminenzen halfen ohne ihr Wissen mit, Manipulationen und die Selbstbereicherung anderer zu decken.»

Daniyal Mueenuddin kann in sparsamen, präzisen Strichen ein

prägnantes Gesellschaftspanorama zeichnen, so unbestechlich in der Menschenkenntnis und so kühl und knapp im Stil wie Tschechow. Der Ton seiner Erzählungen ist nüchtern, eindringlich und ohne Illusionen. Der Autor hat ein scharfes Auge für die Umbrüche in der pakistanischen Gesellschaft, doch seine Sozialkritik dämpft nicht seine wache Neugierde auf die einzelnen Menschen und deren Verhaltensweisen.

Auffallend ist, dass die jüngere Generation pakistanischer Autoren zumeist ganz ähnlichen Milieus entstammt – der gebildeten säkularen Elite liberaler, regimekritischer, weltläufiger, urbaner Intellektueller. Sie stammen aus wohlhabenden Familien, zumeist aus dem Punjab, die es sich leisten können, ihre Söhne zum Studium nach Amerika oder England zu schicken. Wie Daniyal Mueenuddin – und Aatish Taseer – haben auch Ali Sethi, Sohn eines prominenten Journalistenpaares in Lahore, und Mohsin Hamid, Sohn eines Universitätsprofessors in Lahore, ihre Ausbildung an amerikanischen Elite-Universitäten absolviert, Sethi in Harvard, Hamid in Princeton und an der *Harvard Law School*. Ihre Lebensführung ist kosmopolitisch, sie pendeln souverän zwischen Pakistan, Europa und den USA und schreiben ihre Bücher auf Englisch.

Die Autoren Mohammed Hanif und Nadeem Aslam hingegen passen nicht ganz in dieses Muster. Sie gehören dieser schmalen, privilegierten Gesellschaftsschicht nicht an und sind auf anderen Wegen zur Literatur gekommen. Mohammed Hanif war Pilot der pakistanischen Luftwaffe, bevor er eine Karriere als Journalist und Schriftsteller einschlug. Er arbeitete erst bei der BBC in London und lebt heute als BBC-Korrespondent in Karachi. Und Nadeem Aslam entstammt einer Familie politischer Flüchtlinge. Er war vierzehn, als sein Vater, ein Filmregisseur und überzeugter Kommunist, 1980 mit seiner Familie vor der Verfolgung durch Zia ul-Haq nach England floh und sich wie Tausende andere arme pakistanische Einwanderer im nordenglischen Yorkshire niederließ (siehe das Kapitel «Das Rätsel der Ankunft. In den indischen Enklaven»).

Mit seinem Debütroman «Meister der Wünsche» möchte Ali Sethi, Jahrgang 1984, eigenem Bekunden nach die Missverständnisse ausräumen, die über sein Land weltweit im Umlauf sind. Der junge Autor zeichnet ein lebhaftes und plastisches Bild der Denk- und Lebensweise einer privilegierten bürgerlichen Familie in Lahore, die deutlich seiner eigenen nachgebildet ist. Zugleich fängt er das zeittypische Lebensgefühl der 1990er Jahre ein, als sich die aufgeklärte urbane Intelligenz Pakistans von der Regierung Benazir Bhuttos einen politischen Aufbruch und eine Demokratisierung der Gesellschaft versprach.

Sethis Perspektivfigur ist der junge Zaki, der von seinem amerikanischen College nach Lahore heimfliegt, um an der Hochzeit seiner Lieblingscousine teilzunehmen. Aus dieser schmalen Rahmenhandlung entwickelt Ali Sethi eine Drei-Generationen-Saga, fokussiert vornehmlich auf die weiblichen Familienmitglieder, indem er die Lebensgeschichten von Zakis Mutter, Großmutter, Tanten und Cousinen mit Zakis eigener Kindheit und Jugend in diesem vaterlosen Haushalt verquickt. Zwar breitet der Roman mit großer Redseligkeit die Hormonstürme von Zakis Adoleszenz aus, überzeugt von deren Einzigartigkeit – samt allen Schul-, Liebes- und Partygeschichten und Besäufnissen mit geschmuggeltem Alkohol; doch allemal interessanter sind die Einblicke in die politischen Debatten dieser liberalen städtischen Elite, die Mitte der 1990er Jahre die Chance wahrnehmen wollte, durch Demokratisierung den Anschluss Pakistans an die westliche Moderne zu bewerkstelligen, um den Islamismus ebenso zurückzudrängen wie den Einfluss des Militärs, des Geheimdienstes ISI und der alten kolonialen Substanzen in der Gesellschaft – und all dies unter der Bannerfigur Benazir Bhutto.

Wortführerin und Aktivistin der Reformbestrebungen im Roman ist Zakis Mutter. Sie ist (wie Ali Sethis Mutter auch) die Herausgeberin einer kritischen Wochenzeitschrift, die sich mit korrupten Politikern ebenso anlegt wie mit dem Anti-Modernismus der Fundamentalisten. Sie kämpft für die Abschaffung der frauenfeindlichen «Finsteren Gesetze», die von der Militärregierung unter Zia ul-Haq im Namen des Islam eingeführt wurden. Vor allem jedoch kämpft sie für Benazir Bhutto: Sie organisiert Straßendemonstrationen, als die Premierministerin 1990 wegen Korruptionsvorwürfen zum ersten Mal entmachtet wird;

und nach Benazirs Wiederwahl 1993 stellt sie in ihren Leitartikeln einen Forderungskatalog nach dem anderen auf, wie die Lage der Frauen verbessert werden müsste, vor allem in den rückständigen Provinzen. Über allen Aufbruchsaktivismus legt sich jedoch bleiern die Ahnung, dass Benazir Bhutto nicht die erhoffte Reformerin und demokratische Lichtgestalt sein wird und die antimodernen Kräfte nur auf ihre Stunde lauern, um den ganzen Demokratisierungsspuk hinwegzufegen.

Wie Ali Sethi nimmt auch Mohammed Hanif die aufbegehrenden Frauen in den Blick – allerdings nicht die privilegierten, sondern die vom untersten Rand der Gesellschaft. Zur Heldin seines zweiten Romans macht er eine dreifach sozial stigmatisierte Frau, die wohl außer ihm kein muslimischer Mann im heutigen Pakistan einer literarischen Darstellung für würdig erachten dürfte. Nachdem sich Hanif bereits mit seinem Debütroman «Eine Kiste explodierender Mangos», einer bösen Groteske über das Attentat auf den Militärdiktator Zia ul-Haq, als politischer Satiriker einen glänzenden Namen gemacht hat, wendet er sich in «Alice Bhattis Himmelfahrt» einem anderen brisanten Thema zu – dem religiösen Fanatismus unter pakistanischen Sunniten in seiner mörderischen Variante.

Die christliche Minderheit macht zwar weniger als zwei Prozent der überwiegend sunnitischen Bevölkerung Pakistans aus, doch die Drohungen, Attentate und Übergriffe gegen Christen nehmen seit Jahren zu. Das Blasphemie-Gesetz, 1986 unter Zia ul-Haq eingeführt, dient dabei als Rechtfertigung für die Verfolgung von Christen, bis hin zu Brandanschlägen, Massakern und Lynchmorden. Die Todesstrafe, verhängt für eine abschätzige Bemerkung über den Propheten unter streitenden Tagelöhnerinnen auf irgendeinem entlegenen Landgut, erregte ebenso Aufsehen im Ausland wie die Ermordung des christlichen Ministers Shahbaz Bhatti und Salmaan Taseers, des Gouverneurs von Punjab, weil sie sich in diesem Fall für eine Aussetzung der Todesstrafe ausgesprochen hatten. Mohammed Hanif sticht mit seinem Roman also in ein Wespennest.

Der Autor hat in seinem zweiten Roman nach seiner Diktatur-Groteske zwar die Zeit, das Milieu, das Personal und die Thematik gewechselt, nicht aber den sarkastischen Ton und den grimmigen Blick auf die Grundübel der pakistanischen Gesellschaft: Neben dem Kastenwesen, das dem islamischen Gleichheitsgebot zum Trotz weiterbesteht, neben der Korruption und dem ethnischen Hass sind dies vor allem die Konfessionskämpfe zwischen Muslimen und Christen sowie die kulturell tief verwurzelte brutale Frauenverachtung eines islamischen Machismo, der sich auf eine aggressive Lesart patriarchalischer Koran-Stellen abstützt und durch keinerlei Erziehungsprogramm aus seinen archaischen Angeln gehoben wird.

Schauplatz ist Karachi, eine der gefährlichsten Städte der Welt. In «Alice Bhattis Himmelfahrt» muss Hanif die Stadt gar nicht erst namentlich nennen – man merkt nur allzu rasch, wo man sich befindet, nämlich im Zentrum der alltäglichen, beiläufigen Gewalt und der lebensgefährlichen Willkür. Jeden Augenblick können sich die Spannungen zwischen verfeindeten Parteien, Kasten, Religions- und Volksgruppen explosiv entladen; jeden Moment können Muslime und Christen aufeinander losgehen; Privat-Gangs sind allgegenwärtig, schwer bewaffnet und schießwütig; und vor jugendlichen Auftragskillern auf Motorrädern ist ohnehin keiner sicher. Jeder Straßenpassant kann jederzeit zum Zufallsopfer werden. Die Polizei mischt sich nicht ein, genauer gesagt: Sie hat die Schmutzarbeit an eine illegale Schattenmiliz von geläuterten Folterern, Vergewaltigern und Scharfschützen delegiert, die ihre Blutspur durch Karachi ziehen, ohne je belangt zu werden. Hanif nennt sie ironisch das «Gentlemen-Korps».

Hanifs Heldin Alice Bhatti bekommt es am eigenen Leib zu spüren, in welcher brutalen Welt sie lebt: Eine Frau zu sein, dazu Katholikin und auch noch Angehörige der untersten Kaste der Chura, das ist im heutigen Karachi dreifach lebensgefährlich. Die Chura sind eine uralte, niedrige Kaste aus dem Punjab. Ihre Angehörigen arbeiten traditionell als Putz- und Dienstleute, gelten als unberührbar und sind mehrheitlich Christen. Seit in Pakistan zunehmend intolerantere Formen des Islam den Ton angeben, verschlechtern sich auch die Lebensbedingungen der christlichen Chura. Mohammed Hanif demonstriert in seinem Roman die unterschiedlichen Überlebensstrategien von Katholiken angesichts der Verfolgung und Unterdrückung, denen sie ausgesetzt sind.

Alice Bhatti, die mit ihrem Vater, einem Kanalräumer und Heiler und Quacksalber im Nebenberuf, im Slumviertel *French Colony* lebt, ist eine junge Hilfskrankenschwester im «Herz Jesu Krankenhaus». Trotz ihrer Jugend hat sie bereits eine stürmische Biographie vorzuweisen, die auch ein paar Jahre in einer Besserungsanstalt einschließt. Verurteilt wurde sie wegen eines ärztlichen Kunstfehlers, an dem sie unschuldig war und den ein berühmter und daher nicht belangbarer Chirurg zu verantworten hatte.

Dabei lässt sich Alice keineswegs von vornherein auf die Rolle des hilflosen, passiven Opfers festlegen. Hanif nennt sie «eine Allwetter-Kämpferin, und das auf jedem Terrain». Sie ist gewitzt, energisch, couragiert, nicht auf den Mund gefallen und stets auf der Hut. Sie achtet auf ein unauffälliges Äußeres, vermeidet jeden Augenkontakt auf der Straße, sagt kein falsches Wort und macht keine falsche Geste, denn jede unbedachte Bewegung könnte ein falsches Signal aussenden: «Schließlich darf man sich keinen subjektiven Deutungen aussetzen. Sie isst niemals in der Öffentlichkeit. Sich etwas in den Mund zu stecken, kann als Aufforderung gedeutet werden, dir irgendetwas Grauenhaftes in die Kehle zu rammen. Wer seinen Hunger zeigt, zeigt offensichtlich ein Verlangen.»

Und Alice weiß sich zu wehren, manchmal auch bestürzend handgreiflich. Schon in der Schwesternschule hat sie sich mit aggressiven Muslimmädchen geprügelt, die keine Jesus-Poster im Schlafsaal dulden wollten. Und gegen den brutalen Übergriff eines Oberschichtschnösels, der sie in einem V.I.P.-Krankenzimmer zum Oralverkehr zwingen will, setzt sie, mit prompter Wirkung, eine Rasierklinge ein. Ihr soll nicht das Gleiche widerfahren wie ihrer Mutter, die als Putzfrau in der Villa reicher Leute vergewaltigt und ermordet wurde, was als Unfall – Treppensturz mit Schädelbruch – ausgegeben und nicht weiter untersucht wurde.

Wie man sieht, verschmäht Mohammed Hanif mitunter auch keine burlesken, polemischen und drastischen Erzählmittel. Was im Roman Schwester Alice in der Notaufnahme erlebt, müsste im realen Leben jede Menschenrechtsorganisation auf den Plan rufen: «Kein Tag verging, an dem Alice nicht eine Frau sah, die erschossen, erschlagen, stranguliert oder erstickt, vergiftet oder verbrannt, gehängt oder lebendig begraben worden war. Die Mörder waren eifersüchtige Ehemänner, Brüder, Väter, Söhne, verschmähte Liebhaber, die ihre Ehre verteidigten. Anscheinend wurden die meisten Streitigkeiten geschlichtet, indem man Frauenkörpern alles nur Mögliche antat.» Alice lernt, dass in Pakistan «das Zerstückeln von Frauen ein älterer Sport ist als Cricket, aber nicht minder beliebt und ebenso vielen dunklen Ritualen und verworrenen Regeln unterworfen».

Im Zentrum des Romans steht die unheilvolle und schließlich wüst entgleisende Liebesgeschichte zwischen Alice und Teddy Butt, einem Muslim, Hilfspolizisten und Bodybuilder mit gewachster Brust, der dem Gentlemen-Korps angehört. Alice lässt sich wider besseres Wissen auf diese religiöse Mischehe ein, auch wenn ihr eigenes Verhältnis zu Gott mitunter ambivalent ist («Man kann nicht in *French Colony* aufwachsen, ohne bis zum Erbrechen mit Gott gefüttert zu werden. Seine Gegenwart durchdringt hier alles. Sie hat sich mit Ihm abgefunden, wie die Menschen sich mit dem Wetter abfinden»). Die Oberschwester im Krankenhaus, eine Geheimkatholikin, die sich aus Karrieregründen hinter einem muslimischen Namen tarnt und ihr christliches Altärchen daheim im Schrank versteckt, warnt Alice vor dieser Ehe, allerdings vergeblich: «Eine verheiratete Muslim-Krankenschwester ist nicht viel besser als eine ledige christliche. Du wirst höchstens doppelt versklavt.»

Die kulturelle Unverträglichkeit einer gläubigen Katholikin und eines traditionellen Muslim wird alsbald deutlich. In Teddy brodelt ein explosives Gemisch aus Religion, sexueller Frustration, Kontrollzwang, Gruppendruck und exzessiver Gewalt. Liebe ist für ihn auch nur eine Art Schutzgelderpressung. Sein Liebesüberschwang äußert sich in Freudenschüssen, die er mit seiner Mauser ziellos in die Luft feuert (wodurch er allerdings eine Kettenreaktion von Gewalt auslöst, die zu dreitägigen blutigen Unruhen in der Stadt führt). Und wie er seine Liebesenttäuschung ausdrückt, nämlich mittels einer Flasche Salzsäure ins Gesicht seiner Liebsten, das könnte die schreckliche Schlusspointe dieses Romans bilden, wenn nicht …

Wenn der Autor Mohammed Hanif nicht noch eine erstaunliche

Volte in Reserve hätte. Sein Roman besticht durch das vielschichtige und nuancierte Sozialpanorama Pakistans, das er im Mikrokosmos eines Krankenhauses auffaltet. Gewiss: Im Umfeld rund um das Krankenhaus wütet das Gentlemen-Korps, doch im Krankenhaus selbst erfährt und verströmt Alice auch Freundlichkeit, Zuwendung, Mitmenschlichkeit und selbstlose Güte. Das bringt sie zum surrealen Schluss sogar in den falschen Ruf einer Wunder wirkenden Heiligen.

Mohammed Hanif führt vor, dass religiöser Fanatismus und hysterische Leichtgläubigkeit nicht nur unter Muslimen zu finden sind. Auch bei Christen ist derlei anzutreffen, wobei der Autor auch den einen oder anderen Seitenhieb gegen Frömmelei und Scheinheiligkeit austeilt, einschließlich einer spöttischen Bemerkung über die fanatische Verehrung für Mutter Teresa. Er lässt seine Alice ohne ihr eigenes Zutun im «Herz-Jesu-Krankenhaus» in den Ruf einer heiligmäßigen Wundertäterin geraten, die ein scheinbar tot geborenes Baby zum Leben erwecken kann. Die Menschen sind entschlossen, sie als Heilige zu verehren, ungeachtet der Skepsis, mit der Alice der Hysterie um ihre Person begegnet: «Alice weiß, was Glaube ist. Er ist die immer gleiche, uralte Furcht vor dem Tod – nur im Partykleid.» Gleichwohl finden sich Menschen, die bezeugen, sie hätten mit eigenen Augen Alice in den Himmel auffahren sehen. Ihr frommer Vater beantragt im Vatikan prompt ihre Seligsprechung.

Auch wenn Mohammed Hanif hier auf dem schmalen Grat einer distanzierenden Ironie balanciert, verliert er das Hauptgeschäft seines Romans doch nie aus den Augen. Bei aller beklemmenden Unterhaltsamkeit ist «Alice Bhattis Himmelfahrt» der Roman eines frauenpolitisch engagierten zornigen Humanisten – und das ist beinahe ein Alleinstellungsmerkmal in der pakistanischen Gegenwartsliteratur.

Es gibt allerdings auch einen Humanismus der milden und abgeklärten, nicht-zornigen Art. Ein solcher lässt sich beim ältesten Debütanten der pakistanischen Literatur finden, bei Jamil Ahmad, der 1933 im Punjab geboren wurde, zu jener Zeit noch Britisch-Indien. Ahmad diente sein Leben lang als pakistanischer Staatsbeamter in der Verwaltung der entlegenen Provinzen im Westen: in Beluchistan und Waziristan, im Swat-Tal und in den übrigen *Tribal Areas* entlang der

afghanisch-pakistanischen Grenze und in der nordwestlichen Grenzregion am Hindukusch. Er betrachtete sein Amt als das eines verständ-
nisvollen Moderators, der für einen Interessenausgleich zwischen der
pakistanischen Staatsgewalt und den autonomen Nomadenstämmen zu
sorgen hätte. So wurde er zum genauen Kenner der nomadisierenden
Paschtunen-Stämme in diesen Gebieten, erlernte deren gängigste Sprache, das Paschto, und begann sich Notizen über seine Erfahrungen zu
machen.

1974 verwandelte er seine Impressionen und Aufzeichnungen in
eine Sammlung von miteinander verbundenen Erzählungen, die er jedoch unveröffentlicht liegen ließ. Erst 35 Jahre später, als Ahmad nach
seiner Pensionierung in der Hauptstadt Islamabad lebte, holte er sie
hervor und überarbeitete sie für eine Teilnahme an einem Erzählungs-
wettbewerb in Karachi. Der Verlag Penguin India wurde aufmerksam.
Der Band «The Wandering Falcon» – auf Englisch geschrieben wie der
überwiegende Teil der postkolonialen Weltliteratur des indischen Subkontinents – sorgte nach seinem Erscheinen 2011 für eine Sensation,
erhielt höchstes Lob und etliche Preise und machte Jamil Ahmad im
Alter von 78 Jahren überraschend zum Debütantenstar, dessen Geschichten die Weltwahrnehmung der Leser auf ungeahnte Weise erweitern.

Die neun Erzählungen, die inzwischen auch unter dem deutschen
Titel «Der Weg des Falken» vorliegen, machen eine brisante, aber
kaum bekannte Krisenregion der Welt literaturfähig. Sie alle haben
den Schauplatz miteinander gemein: die Stammesgebiete der nomadisierenden Clans in den unzugänglichen Grenzgebieten zu Afghanistan, eine Region, die seit langem nur als Synonym für Terrorismus und
amerikanischen Drohnenkrieg gilt, als Rückzugs- und Aufmarschgebiet von radikalen Islamisten und Al-Qaida-Kämpfern, als Lieferant
schlimmer Schlagzeilen in den Medien. Es ist ein karges, ausgedörrtes
Niemandsland, das seine strenge Schönheit erst auf den zweiten Blick
enthüllt: «Es bot tausend Schattierungen von Grau und Braun, mit denen es seine Hügel, seinen Sand und sein Erdreich tönte. Behutsame
Farbveränderungen fanden sich in den kräftigen Farben der winzigen
Wüstenblumen, die sich in den staubigen Sträuchern versteckten,

sowie den gleitenden Schlangen und huschenden Echsen, wenn sie sich im Sand eingruben.»

Jamil Ahmad zeichnet ein differenziertes Bild der Menschen und Lebensverhältnisse in dieser Weltgegend, voller Verständnis für ihre Traditionen, ihre Widerstandsakte und ihre Nöte, doch immer im Bewusstsein, dass ihre Lebensform nicht zukunftsfähig sein wird. Mit Empathie, präziser Orts- und Menschenkenntnis und frei von aller Romantisierung beschreibt er das archaische Leben dieser Hirtennomaden in der zweiten Hälfte des 20. Jahrhunderts. Moralische Beurteilungen versagt er sich. Er erzählt von Stammesfehden, Blutrache und Ehrenhändeln, Grenzkonflikten und Aufständen, Entführungen und Frauenkauf und zeigt, wie die Hirtenstämme trotz aller Bedrängnis an ihrer traditionellen, seit Urzeiten eingespielten, nun aber unaufhaltsam verschwindenden Lebensweise festzuhalten versuchen.

Denn der Staat hat den Nomaden den Krieg erklärt. Die Konfliktlinien verlaufen zwischen Nomadentum und Zwang zur Sesshaftigkeit, zwischen Stammesdisziplin und Staatsgewalt. «Der Druck war unerbittlich. Ein Wertesystem, eine Lebensweise musste sterben.» So sind Jamil Ahmads Erzählungen auch Geschichten über erzwungene Zivilisierung in aller Ambiguität, exemplarische Erzählungen vom Untergang vormoderner Lebensweisen angesichts der rasant und gewaltsam durchgesetzten Modernisierungsschübe in der postkolonialen, globalisierten Welt.

Entgegen den Interessen der jungen Nationalstaaten Pakistan und Afghanistan, die die jährlichen Wanderbewegungen der Hirtenstämme über die Grenzen hinweg zu unterbinden streben, versuchen die Nomaden mit ihren Kamel- und Schafherden auch weiterhin ihrem jahreszeitlichen Rhythmus zu folgen und zwischen ihrem Sommerquartier im afghanischen Hochland und dem Winterquartier im pakistanischen Tiefland zu pendeln. Sie gelten damit als Störfaktor in der Region, in der die bislang verschwommenen Grenzen immer starrer werden. Es kommt zu katastrophalen Konflikten. Die Nationalstaaten wollen, zum Teil gewaltsam, ihre strikten Grenzziehungen der älteren Stammeswelt mit ihren flüssigen und nicht-festgelegten Grenzvorstellungen aufzwingen. Das provoziert Widerstand, wie Jamil Ahmad eindringlich beschreibt, denn die kargen Lebensbedingungen in dem vegetations- und wasserarmen Land der Nomaden erfordern einfach das Umherziehen mit den Herden. Dass sich einige der Stämme inzwischen notgedrungen auf Opiumhandel, Geiselnahmen, Entführungen und Menschenhandel verlegt haben, kompliziert die Situation noch weiter.

Die erste Erzählung spielt in den 1960er Jahren in Beluchistan, im Grenzgebiet zwischen Iran, Afghanistan und Pakistan. Eine junge Frau, die Tochter eines Häuptlings aus dem Stamm der Siahpad, hat ihren Mann verlassen und ist mit ihrem Geliebten, einem Diener ihres Vaters, durchgebrannt. Erst später wird dem Leser indirekt mitgeteilt, dass die Impotenz des Ehemannes die Ursache war. In einem entlegenen Grenz-Fort können sich die Liebenden verstecken. Ein paar Dutzend einsame pakistanische Soldaten gewähren dem fast verdursteten Paar Unterschlupf, das sich in einer ungenutzten, verborgenen Ecke des Forts einrichtet. Ein Sohn wird den beiden geboren. Doch nach Jahren wird die kleine Familie von den Spähern der Siahpad, ihres Stammes, aufgespürt. Der Häuptling und der beleidigte Ehemann rücken mit ihrer Verfolgerschar an, um den Ehren- und Rachemord an dem abtrünnigen Paar zu vollziehen. Der Mann erschießt seine Geliebte, um ihr die Hinrichtung zu ersparen; dann wird er selbst von den Stammeskriegern gesteinigt. Nur der kleine Junge wird lebend neben den Leichen zurückgelassen.

In den folgenden Erzählungen wird dieser Junge von beluchischen Rebellen zufällig gefunden und adoptiert; er wird mehrfach weitergereicht, gelangt von der Obhut des Kommandanten des Forts in die eines Mullahs und wird schließlich von einem anderen Stamm in Pflege genommen. Man gibt ihm den Namen Tor Baz, der Schwarze Falke; er ist der Wanderfalke des Buchtitels, und er hat in jeder Geschichte seinen Auftritt und sorgt so für den inneren Zusammenhalt der neun Erzählungen, die einzelne Stationen auf seinem Weg markieren; er bleibt aber eine Nebenfigur – die Helden sind immer andere. Tor Baz wächst heran zu einem jungen Mann ohne klare Identität und Clan-Zugehörigkeit, er nomadisiert zwischen den Stämmen, driftet aus Beluchistan immer weiter nach Norden, ist mal in der westlichen

Grenzregion anzutreffen, taucht auch am Hindukusch auf und sucht mittels unterschiedlicher, zum Teil recht dubioser Tätigkeiten sein Leben zu fristen. Wenn er gefragt wird, wer er sei, antwortet er: «Ich kann dir ebenso wenig darüber sagen, wer ich bin, wie darüber, wer ich sein werde. Stell dir Tor Baz einfach als deinen Jagdfalken vor. Das muss genügen.»

Da Jamil Ahmad seine Erzählungen locker chronologisch reiht, laufen im Hintergrund die realen politischen und sozialen Umbrüche in der Region immer mit. Eine wichtige Rolle spielen die Zusammenstöße zwischen den traditionell selbstbestimmten Stämmen, die ihren Ehrenkodex und ihre althergebrachten Regeln haben, und dem modernen Staat mit seinem Verwaltungsapparat und seinen rigiden Strukturen. Die Stämme ziehen dabei immer den Kürzeren. Jamil Ahmad verschweigt nicht die Grausamkeit, mit der die Regierung gegen die Nomaden vorgeht, um sie im Sinne der Staatlichkeit zu disziplinieren.

In der Geschichte «Eine Frage der Ehre» etwa beschließt eine Gruppe von rebellierenden Beluchen, auf ein Verhandlungsangebot der Regierung einzugehen. Doch kaum haben sie sich, angeführt von ihrem alten, halb blinden Häuptling, bei einer Regierungsstelle in der Stadt gemeldet, werden sie entwaffnet, gefangen gesetzt und umstandslos erschossen. Das Massaker wird in den Zeitungen totgeschwiegen. An dieser Stelle gestattet sich Ahmads Erzähler einen bitteren Kommentar, eine Seltenheit in diesem zurückhaltenden, diskreten Werk: «Die Männer starben einen endgültigen und totalen Tod. Was mit ihnen starb, war ein Teil des Beluchenvolkes selbst. Über ihr Anliegen, ihr Leben und ihren Tod wurde völliges und absolutes Stillschweigen gewahrt. Kein Zeitungsredakteur riskierte, sich ihretwegen eine Strafe einzuhandeln. In aller Regel suchten pakistanische Journalisten ihr Gewissen dadurch zu beschwichtigen, dass sie über das Unrecht schrieben, das den Menschen in Südafrika, in Indonesien, in Palästina und auf den Philippinen widerfuhr – aber nicht ihrem eigenen Volk. Kein Politiker riskierte es, verhaftet zu werden: Sie redeten zwar weiter über Menschenwürde und die Ausbeutung der Armen, aber das Unrecht, das gleich vor ihrer Haustür geschah, prangerten sie nicht an.»

In der Geschichte «Das Sterben der Kamele» finden sich die wandernden Stämme, die wie jedes Jahr im Herbst mit ihren Karawanen aus dem afghanischen Hochland nach Pakistan hinuntersteigen wollen, plötzlich von Grenzsoldaten aufgehalten. Nie hatten sie Reisedokumente. Nun sollen sie auf einmal Pässe vorzeigen, dabei haben sie nicht einmal Geburtsurkunden oder Ausweise. Sie werden zur Rückkehr gezwungen, wiewohl das Überwintern im Hochland ihren Tod bedeutet. Ihren halb verdursteten Herden wird der Zugang zu den Wasserlöchern gewaltsam verwehrt. Die Stämme versuchen, den Zugang ins Tiefland zu erzwingen und werden wahllos erschossen. Die Kamele krepieren zu Tausenden. Eine Frau, Gul Jana, hält sich zum Schutz den Koran über den Kopf, im Glauben, so könne ihr nichts geschehen. Sie stirbt im Kreuzfeuer, wie alle anderen Männer, Frauen und Kinder: «Mit ihnen starb auch Gul Janas Glaube, der Koran könnte eine Tragödie verhindern.»

Dass sich in diesem Konflikt zwischen Staat und Nomaden zwei Wertewelten unversöhnlich gegenüberstehen, zwischen denen kein Ausgleich möglich ist, macht die Erzählung «Eine Entführung» besonders deutlich. Es geht um die beiden verfeindeten räuberischen Stämme der Wazirs und der Mahsuds in Waziristan: «Trotz ihrer Differenzen haben die zwei Stämme mehr gemeinsam als nur ihr Erbe von Armut und Elend. Die Natur hat in beiden einen ungewöhnlichen Vorrat an Zorn, eine gewaltige Zähigkeit und eine absolut fehlende Bereitschaft, sich mit ihrem Los abzufinden, herangezüchtet. Wenn die Natur sie lediglich mit Nahrung für zehn Tage im Jahr versorgt, glauben sie, ein Recht darauf zu haben, den Rest ihres Lebensunterhalts von ihren Mitmenschen einzufordern, die ein fettes, gemästetes und behagliches Dasein in der Ebene führen. Beiden Stämmen gilt die Fähigkeit zu überleben als höchste Tugend. In keiner von beiden Gemeinschaften haftet einem gedungenen Mörder, einem Dieb, einem Entführer oder einem Spitzel der geringste Makel an. Und schließlich sind beide ganz und gar mit sich selbst befasst. Sie haben nicht den leisesten Zweifel daran, dass sie die Protagonisten sind, während der Rest der Welt entweder irgendwelche Nebenrollen spielt oder die Zuschauer abgibt – wie es sich eben für minderwertige Arten geziemt.»

Hier unterlagen die Wazirs und die Mahsuds einem fatalen Irrtum in der Selbsteinschätzung; das hat die Zeitgeschichte inzwischen klargestellt. Die politische Verteilung von Haupt- und Nebenrollen, von Protagonisten und Zuschauern in dieser Weltregion stellt sich anders dar, als Jamil Ahmads Nomadenstämme gerne glauben wollten. In Wahrheit sind sie nur noch Statisten, die längst von der Weltbühne abgeräumt worden sind. Doch selbst einstige Hauptdarsteller im pakistanischen Drama sind inzwischen ihrer Protagonistenrollen verlustig gegangen: Sie waren letztlich doch nur Episodisten, wenngleich sie zu ihrer Zeit für starke Auftritte sorgten, die sogar die Weltpolitik in Atem hielten. Man erinnere sich nur an den denkwürdigen Machtkampf zwischen Ali Bhutto und Zia ul-Haq. Diese beiden rivalisierenden Politiker, deren Ringen um die Herrschaft die 1970er und 1980er Jahre in Pakistan prägte, haben sowohl Salman Rushdie wie auch Mohammed Hanif zu Romanen inspiriert.

Jamil Ahmads Nomaden-Erzählungen werfen demnach ein Schlaglicht auf eine verlorene und verschwindende pakistanische Hinterwelt; Salman Rushdie und Mohammed Hanif hingegen leuchten in ihren Politik-Romanen die Vorderbühne aus – die Spielfläche für Kabalen und politische Rivalitäten unter den sprichwörtlich zersplitterten Eliten des Landes. Rushdie macht in «Scham und Schande» (1983) die Entstehung des «ungenügend imaginierten» Staatswesens Pakistan zu seinem Thema. Er erzählt diese Gründungsgeschichte als politische Phantasmagorie, in Form einer Familiensaga zweier verfeindeter Sippen, in denen unschwer die Clans von Ali Bhutto und Zia ul-Haq zu erkennen sind. Mohammed Hanif seinerseits wählt für seinen Debütroman «Eine Kiste explodierender Mangos» (2008) das Format des sarkastischen Polit-Thrillers, um die groteske Zwangsherrschaft des Putsch-Generals Zia und sein bizarres Ende möglichst grell herauszustellen.

Bereits in seinem fulminanten Roman «Mitternachtskinder», der 1981 seinen Weltruhm begründete, hatte Salman Rushdie ein all-indisches Geschichtsspektakel entworfen. Er zog darin die literarische Summe der Epoche seit der indischen Unabhängigkeit von 1947, in einem phantastischen Gewebe aus historisch-politischen Realitäten und Träumen, Märchen und Mythen. Ihm gelang damit nichts Geringeres als dies: die Geschichte des indischen Subkontinents in seiner Auseinandersetzung mit der britischen Kolonialmacht zur Allegorie zu verdichten.

In seinem darauf folgenden Roman «Scham und Schande» verquickt Rushdie abermals eine historische Epoche – im Wesentlichen die 1970er Jahre des Machtringens zwischen Ali Bhutto und Zia ul-Haq – mit einem Moment des Phantastischen und Utopischen. Er konzentriert das Romangeschehen auf die geschlossene Welt der führenden Familien Pakistans und verstrickt sie in einen tödlichen Machtkampf miteinander. Rushdie nennt die beiden verwandten und verfeindeten Sippen seines Romans die Hyders und die Harappas; in ihnen konkretisieren sich die Grundwidersprüche, die Pakistan von allem Anfang an zerreißen.

Rushdie lässt im Roman ein Land erstehen, das «nicht ganz» und doch erkennbar Pakistan ist: eine korrupte Theokratie, hin- und hergerissen zwischen Fundamentalismus und Verwestlichung, ein «Land der Reinen», besessen von einem unmenschlichen Begriff von Ehre und deren Gegenteil, einer fixen Idee von «Shame», wofür das Deutsche drei Begriffe aufbieten kann: Schmach, Schande und Scham. Diese doppelte Obsession von Ehre und Schmach, dem Land im Zuge der Islamisierung aufgezwungen durch Zeloten und Reinheitsfanatiker, erweist sich letztlich als selbstzerstörerisch. Denn mit seiner Despotie, seinem islamischen Reinheitsfimmel und seiner religiösen Heuchelei isoliert sich das Land auf unheilvolle Weise selbst und schottet sich ab von den reichen Traditionen kultureller Vielfalt des Subkontinents.

Aatish Taseers Credo «Mischformen bereichern die Welt» könnte auch als Motto über dem gesamten Œuvre Salman Rushdies stehen. Das Ideal der Kontamination, der kulturellen Verunreinigung, des fruchtbaren Mischmaschs, hat keinen beredteren Verfechter als Rushdie gefunden. Fast alle seine Romane feiern die ethnische Vielfalt, singen das Hohelied der wechselseitigen kulturellen Vermischung und Durchdringung und reden einem biegsamen und einigenden Synkretismus das Wort. Im Roman «Des Mauren letzter Seufzer» hat Rushdie sein Ideal hybrider Verschmelzungen so beschrieben: «Liebe als Melange, als Triumph des unreinen, bastardisierten, verbindenden Besten in uns über das, was an Einsamkeit, Isolation, Strenge, Dogmatik, Reinheit in uns ist.» Immer wieder hat dieser Autor den «Absolutismus des Reinen» attackiert, am schärfsten und für ihn folgenreichsten in seinem Roman «Die Satanischen Verse». Dass Rushdie sein gewaltsam purifiziertes Roman-Pakistan in «Scham und Schande» nur als abschreckendes Gegenbeispiel zu seinem Ideal der multikulturellen Melange beschreiben kann, liegt auf der Hand.

Weil dieses Roman-Pakistan Mischformen nicht mehr dulden will, verdammt es sich selbst zur kulturellen Verarmung und Austrocknung. Überdauern kann das Land nur durch die permanente Repression einer geduckten und passiven Bevölkerung. Doch die Frauen leisten Widerstand gegen ihre patriarchalische Unterdrückung. Letztlich scheitert, wie Rushdie zeigt, die pakistanische Gesellschaft an diesem System der Frauendiskriminierung.

Im Mittelpunkt steht die Rivalität der Oberhäupter der Familien Hyder und Harappa, die um «das Erbe Pakistans» streiten und zwei Welten verkörpern. Hier Reza Hyder, der bigotte und engstirnige Militär mit dem Beinamen «Eisenfresser», dort sein Gegenspieler Iskander Harappa – Spitzname: «Alexander der Große» –, ein brillanter Dandy, Frauenliebling und glänzender Staatsmann, der allerdings im Zuge des Aufstiegs zur Macht seine reformerischen Ideale verrät. Hier der grausame fundamentalistische Offizier auf seinem Islamisierungsfeldzug, dort sein Erzrivale, der Playboy und elitäre, verwestlichte Zivilist. Reza Hyder und Iskander Harappa sind, wie schon erwähnt, leicht als satirische Verzerrungen der beiden Protagonisten des politischen Niedergangs Pakistans in den 1970er und 1980er Jahren zu identifizieren: als Zia ul-Haq und Ali Bhutto, der theokratische Zelot und der profane Lebemann. Der eine wird den anderen an den Galgen bringen, doch Galgenstricke sind sie alle beide.

In Rushdies Augen stellt Pakistan eine verkehrte Welt dar, in der alle Tugenden und Werte sich in ihr Gegenteil verwandeln. Mit den Mitteln des Phantasmagorischen sucht er einer realen Welt beizukommen, die indessen selbst nicht minder phantastisch, gespenstisch und grotesk ist. Im Grunde bildet «Scham und Schande» eine Kontrafaktur zum Narrativ vom «Staat der Reinen», wobei der Erzähler des Romans das offizielle Selbstverständnis Pakistans ohnehin als eine Fiktion betrachtet. Am Ende spaltet sich auch noch Bangladesch vom Gesamtstaat ab, und in Rushdies apokalyptischer Schlussvision zerbirst das Land in einer gewaltigen Detonation ins Nichts – darüber hängt eine «schweigende Wolke in Form eines riesigen, grauen, kopflosen Mannes, eine Traumgestalt, ein Phantom, das einen Arm in einer Abschiedsgeste hochhält».

Was Salman Rushdie mit «Scham und Schande» anstrebte, beschrieb er selbst in seiner Autobiographie. Demnach sollte der Humor schwärzer sein als in «Mitternachtskinder», die Politik blutrünstig komisch und das Erzählklima das einer Tragödie und zugleich einer Farce, «einer Zirkuskatastrophe». Das Buch sei, anders als «Mitternachtskinder», nicht mit Liebe geschrieben, denn er hege «wilde, sarkastische und sehr persönliche Gefühle für Pakistan, dieses Land, in dem die korrupten Wenigen über die machtlosen Vielen regierten, wo sich bestechliche zivile Politiker und skrupellose Generäle verbündeten, einander ablösten und ermordeten. Für den einfachen Pakistani änderte das mörderische, psychotische Chaos im Palast gar nichts. Der Palast blieb der Palast, die herrschende Klasse herrschte weiterhin.» Wie nicht anders zu erwarten, ließ der Diktator Zia ul-Haq, das Vorbild für die Romanfigur Reza Hyder, «Scham und Schande» in Pakistan verbieten.

Anders als Salman Rushdie, der aus der Feindschaft zwischen Zia und Ali Bhutto einen phantastischen Mix aus apokalyptischem Märchen, politischer Allegorie und grotesker Familiensaga macht, verwandelt der um eine Generation jüngere Mohammed Hanif diesen Stoff in eine politische Satire, die den sarkastischen Geheimdienst-Thrillern John le Carrés ebenso viel verdankt wie den lateinamerikanischen Diktatoren-Romanen, allen voran Mario Vargas Llosas Roman «Das Fest des Ziegenbocks» über den dominikanischen Gewaltherrscher Trujillo.

Als Stoff für seinen Erstlingsroman «Eine Kiste explodierender Mangos» wählt Hanif die Jahre der Präsidentschaft des Generals Zia, zwischen seinem Staatsstreich 1977, der zum Sturz Ali Bhuttos führte, den Zia vor Gericht stellen, zum Tode verurteilen und hinrichten ließ, und seinem eigenen gewaltsamen Ende elf Jahre später. Der Diktator starb bei einem ungeklärten Flugzeugabsturz im August 1988, der ihn und «die gesamte Lametta-Riege der pakistanischen Armee plus den amerikanischen Botschafter auslöschte», wie Mohammed Hanif formuliert.

War dieser Absturz ein Sabotage-Akt oder ein Maschinenschaden? Ein CIA- oder ein KGB-Attentat, ein nicht identifiziertes Flugobjekt oder ein Raketenanschlag von Terroristen? Ein tatsächlicher oder ein inszenierter Unfall? War womöglich – groteske Theorie – eine Kiste explodierender Mangos an Bord daran schuld? Steckte die *Silent-Drill*-Verschwörung dahinter? Oder überkreuzten sich gar mehrere Mordkomplotte? Jedenfalls ist Zias Tod in Gesellschaft seiner Top-Generäle und des US-Botschafters ein gutes Roman-Sujet: Er eignet sich glänzend für alle möglichen Verschwörungstheorien und machiavellistischen Spekulationen. Überdies ist heute klar, wie entscheidend und folgenreich diese Jahre der Militärdiktatur für die gegenwärtige Entwicklung in Pakistan waren. Die Aktualität ist also gegeben.

Hanifs Werdegang befähigt ihn in besonderer Weise zur Verarbeitung dieses Stoffs. Geboren 1965 in einem Dorf im Punjab, durchlief Hanif zunächst eine Ausbildung als Pilot der pakistanischen Luftwaffe, ehe er auf Journalismus umsattelte. Zwölf Jahre lang arbeitete er in London für den Urdu-sprachlichen Auslandsdienst der BBC, beschäftigte sich also auch in England permanent mit der politischen Lage in seinem Herkunftsland.

Hanifs Militärerfahrung kommt seinem Roman ebenso zugute wie sein professionelles Training als politischer Beobachter Pakistans. Er konzentriert sich auf zwei heimlich-unheimliche Machtfaktoren im Lande: auf den pakistanischen Geheimdienst ISI und auf die Armee. Den Geheimdienst schildert Hanif als geübt im Verleugnen der eigenen Wühlarbeit samt Folterpraxis, die pakistanische Armee als ebenso geübt im Vertuschen der eigenen umstürzlerischen Ränkespiele. Beide, Armee wie Geheimdienst, geben sich bei ihren diversen Mordkomplotten mit der Vortäuschung von Legalität gar nicht erst ab.

Hanif organisiert seinen Roman aus zwei parallel geführten Erzählsträngen. Der eine erzählt die Geschichte vom Niedergang und allmählichen Machtverlust des ebenso bigotten wie grausamen und weinerlichen Diktators Zia, eines «Mullah mit dem Instinkt eines bestechlichen Steuerprüfers». Im Roman ist Zias Regime gekennzeichnet von einer schleichenden, aber konsequenten Islamisierung Pakistans, von einem gefährlichen Wackelkurs gegenüber den Taliban, die aus Pakistan ein Aufmarschgebiet der Terroristen machen, sowie von einer Politik der heimlichen Einmischung in den Afghanistan-Krieg der Sowjets. Die USA – dies das erweiterte politische Szenario des Romans – haben in den 1980er Jahren den Jihad der Mujahedin in Afghanistan regelrecht gesponsert, im Kampf gegen die sowjetische Okkupationsarmee im Lande. Und mit Unterstützung der Amerikaner stärkt auch Hanifs General Zia die Kräfte des militanten Islamismus im Nachbarland und bereitet damit den Taliban den Weg. Nach Hanifs Auffassung sind die Taliban nichts anderes als die zweite Generation der Mujahedin.

Hanifs Roman-General probt heimlich die englische Rede, die er in Stockholm zu halten gedenkt für den Fall, dass ihm der Nobelpreis verliehen wird. Doch er verabsäumt, den Ratschlag eines anderen Diktators, Ceauşescu, zu beherzigen: «Das Volk sollte Sie entweder lieben oder fürchten. Das ist der Schlüssel. Ihr Abstieg beginnt an dem Tag, an dem Sie Ihrem Volk gleichgültig werden.» Genau das aber passiert Zia im Roman: Er wird seinem Volk gleichgültig.

Im Übrigen ist Hanifs General Zia von Misstrauen geradezu imprägniert. Sein paranoider Argwohn gegen alle und jeden ist grenzenlos. Die Ironie seiner Paranoia liegt darin, dass sein Verfolgungswahn berechtigt ist: Er wird tatsächlich verfolgt. «Wer versucht, mich zu töten?», lautet Zias angstgepeitschte Standardfrage an seine Junta. «Alle», antwortet sein Sicherheitschef und hebt Zias Sicherheitsstatus auf Stufe Rot an – ohne sonderlichen Erfolg, wie der Ausgang des Romans zeigt.

Der zweite Erzählstrang ist auf den Ich-Erzähler des Romans konzentriert, den Kadetten Ali Shigri, Offiziersanwärter und Pilot der *Pakistan Air Force*. Dieser steht salutierend auf der Rollbahn und beobachtet heimlich frohlockend den Absturz von Präsident Zias Flugzeug. Der Kadett selbst ist daran nicht ganz unschuldig, vielmehr scheint er auf sehr dubiose Weise in umstürzlerische Machenschaften verwickelt. Schließlich leitet er gemeinsam mit einem US-Ausbilder aus Fort Bragg ein höchst verdächtiges Trainingsprogramm, das sich *Silent Drill* nennt. Und überdies ist sein Herzensfreund, ein anderer Luftwaffen-Kadett, verschwunden – mitsamt einem Flugzeug. Kein Wunder, dass auf Ali Shigri der Verdacht des Geheimdienstes fällt, dass er im Folgenden mit dessen Folterverhörmethoden intime Bekanntschaft macht und unentwegt zu Verbrechen befragt wird, auch wenn er sie nicht begangen hat. Er denkt: «Die Schuldigen begehen das Verbrechen, die Unschuldigen werden verurteilt. Das ist die Welt, in der wir leben.»

Schon sein Vater, Colonel Shigri, war ein höchst zweideutiger militärischer Held, den man eines Tages mit seinem eigenen Bettlaken am Deckenventilator erhängt auffand. Mit verdächtiger Eile ließ der Geheimdienst ISI damals den Sohn unterschreiben, dass er auf eine Autopsie verzichte, keine dunklen Machenschaften argwöhne und keinen Abschiedsbrief gefunden habe. In Wahrheit hatte der Colonel im Auftrag General Zias die strategischen Guerilla-Operationen im Nachbarland Afghanistan geleitet und war eingeweiht in umstürzlerische Vorgänge. Er wusste, wie der Geheimdienst ISI die amerikanischen Hilfsgelder an die Mujahedin verteilte.

Als ehemaliger Luftwaffenpilot weiß Mohammed Hanif genau, was die pakistanische Armee im Innersten zusammenhält: nämlich Verrat und Putschgelüste. Dieser Autor hat eine starke Neigung zur Groteske, ein Talent für politische Satire und einen scharfen und illusionslosen Blick für den katastrophalen politischen Kurs, den der Machthaber Zia steuerte. Hanif ist ein Virtuose perfider, mehrdeutiger Tonfälle. Er konzentriert sich mit genüsslichem Hohn auf den Feinschliff am politischen Detail und auf die hinterhältige Ironie seiner Dialoge. Sein Held Ali Shigri gibt sich als abgebrühter Zyniker: Er beobachtet die pakistanischen Umtriebe und Mordkomplotte mit bösem Grinsen und begleitet sie mit bissigen Kommentaren. Er weiß, wie derlei Komplotte in Pakistan zu enden pflegen – immer als der größte Vertuschungsskandal seit dem letzten größten Vertuschungsskandal: «Alle Spuren verlaufen im Sande, Ermittlungen werden verhindert, es wird vertuscht, um Vertuschtes zu vertuschen.»

Die Autoren des indischen Subkontinents arbeiten also mit den unterschiedlichsten Erzählstrategien, wenn es darum geht, zeithistorische Stoffe in literarische Form zu bringen und politische Geschichte in Fiktionen zu überführen.

Wo Salman Rushdie auf allegorische und märchenhaft-phantastische Erzählfiguren setzt und Mohammed Hanif die schneidende Polit-Groteske pflegt, setzt die ost-pakistanische Autorin Tahmima Anam lieber auf die narrativen Muster der Familiengeschichte. Anam ist 1975 in Dhaka, der Hauptstadt von Bangladesch, geboren, wuchs in Paris, Bangkok und New York auf, studierte in Harvard und lebt heute in London. «Zeit der Verheißungen» ist ihr (auf Englisch geschriebenes) literarisches Debüt – ein historischer Roman über die Sezession Ost-Pakistans, den Unabhängigkeitskampf der Bengalen von 1971, der zur Teilung Pakistans und zur Geburt einer neuen Nation führte: Bangladesch.

Tahmima Anam, die zu jung ist, als dass sie diesen neunmonatigen Bürgerkrieg selbst erlebt haben könnte, erzählt den Abfall Bengalens vom Gesamtstaat Pakistan als revolutionäre Leidens- und Loslösungsgeschichte ihrer Elterngeneration – nicht als nationales Befreiungsepos, sondern in aller Ambiguität als Bruderkrieg, der Nachbarn entzweit und Familien spaltet und deren Mitglieder moralischen Zerreißproben aussetzt. Aus diesem Konflikt geht keine von Anams Romanfiguren unbeschädigt hervor.

Man könnte «Zeit der Verheißungen» als eine Art Gegenstück zu Salman Rushdies «Mitternachtskinder» lesen. Dessen Drehpunkt war das Jahr 1947, das Datum der Unabhängigkeit Indiens und der ersten Teilung des Subkontinents. Anams Roman dreht sich um die zweite Teilung, den Zerfall Pakistans, für den die Autorin mannigfache politische, soziale, ökonomische, ethnische und kulturelle Gründe anführt. Demnach war die Spaltung lange vorprogrammiert: Der arme und übervölkerte Ostteil fühlte sich vom politisch und wirtschaftlich dominanten West-Pakistan ausgebeutet und überdies mit seinen regelmäßigen Naturkatastrophen im Stich gelassen – den verheerenden Zyklonen und den alljährlichen Überschwemmungen im schlammigen Gangesdelta.

«Was sollte es für einen Sinn ergeben, in einem zweigeteilten Land zu leben, das wie zwei Hörner rechts und links an Indien klebte?», fragt sich am Vorabend des Bürgerkriegs Rehana, die Heldin des Romans, eine Witwe in ihren späten Dreißigern mit zwei fast erwachsenen Kindern. Sie verkörpert in ihrer Person alle Unvereinbarkeiten des Subkontinents: Sie stammt aus Indien, aus verarmter aristokratischer Familie in Kalkutta, ihre drei Schwestern sind in West-Pakistan, in Karachi, verheiratet; sie selbst hat einen West-Pakistani geheiratet, lebt aber nach dessen frühem Tod weiterhin in Dhaka in Ost-Pakistan. Die politischen Konflikte des Subkontinents zerreißen auch Rehanas Familie. Sie stellen das Identitätsgefühl der Heldin und deren nationale Loyalität auf eine harte Probe, ehe Rehana sich als bewusste Bengalin verstehen lernt.

Diese Familienkonflikte kulminieren vor dem Hintergrund des blutigen Bürgerkriegs zwischen März und Dezember 1971, beginnend mit der einseitigen Unabhängigkeitserklärung Ost-Pakistans und dem Einmarsch der pakistanischen Armee, die in Bengalen grausam wütet, mit Genozid an den Hindus und Folter- und Mordexzessen an aufständischen Bengalen. Als Millionen Hindus aus Ost-Bengalen nach Indien flüchten, greift die indische Regierung in den Konflikt des Nachbarlandes ein, zwingt binnen Wochen die pakistanische Armee zur Aufgabe und garantiert einen unabhängigen Staat Bangladesch.

Anfangs erscheint Rehana als biedere Hausfrau und nur auf ihre Kinder, Haus und Garten fixierte Mutter, deren Interessen sich scheinbar auf das Kochen schmackhafter Mahlzeiten und die regelmäßigen Kartenrunden mit ihren Gin-Rummy-Freundinnen beschränken. Doch als ihr Sohn Sohail und ihre Tochter Maya sich auf der Universität von Dhaka linksrevolutionär politisieren, als die pakistanische Armee in Bengalen zu wüten beginnt, als Sohail sich der bengalischen Guerilla-Armee anschließt und Maya sich von Kalkutta aus mittels Flugblättern und Aufrufen für den propagandistischen Widerstand gegen die pakistanische Zentralregierung einsetzt, da geht auch mit Rehana eine Veränderung vor sich. Zögernd wandelt sich die scheinbar unpolitische Mutter zu einer Amateur-Freiheitskämpferin für Bangladesch.

Sie duldet, dass ihr Sohn und dessen Rebellenfreunde im Garten neben den Rosenbüschen Waffen vergraben. Sie pflegt heimlich einen angeschossenen Major der pakistanischen Armee, der wie alle bengalischen Regimenter zu den Aufständischen übergelaufen ist und nun von Rehana in ihrem Gartenhaus versteckt wird. Sie rettet einen anderen Aufständischen, den Schwiegersohn ihrer Nachbarin, aus den Folterkellern der pakistanischen Besatzer, indem sie ihren Schwager aus Lahore, der aufseiten der Armee als eine Art Polit-Kommissar in Dhaka einmarschiert ist, moralisch erpresst. Und sie wechselt zeitweilig von Dhaka nach Kalkutta, um dort in den überfüllten Flüchtlingslagern als Sanitäterin zu helfen.

Am Ende hat Rehana – ein positives Gegenstück zu Brechts Mutter Courage – sich und ihre Kinder lebend durch den Bürgerkrieg gerettet, allerdings um einen hohen Preis. Ihr sind moralische Entscheidungen abverlangt worden, die sie vor sich selbst nur schwer rechtfertigen kann. Dass diese Heldin auch dunkle und problematische Charakterzüge hat, die sie zu kaltblütigem Diebstahl ebenso wie auch zu Liebesverrat befähigen, wird dem Leser schon bald zu verstehen gegeben.

Tahmima Anam gönnt dem Leser das schlichte Vergnügen herkömmlicher realistischer Erzählmuster. Ihre folkloristische Detailfreude, was Rehanas Haushaltsführung, Speisezettel und Kleiderwahl angeht, muss man als Leser nicht goutieren. Sie bettet ihre Familiensaga ein in das besondere kulturelle und geographische Setting des brütend heißen Sumpflandes Bengalen im Mündungsdelta des Ganges, wie es unterm Monsun dampft, unter Gewittern brodelt und ständig mit den Strömen kämpft, die ihre Wassermassen vom Himalaya her in die Tiefebene ergießen. Der jahreszeitliche Zyklus des ewigen Auf und Ab des Wassers inspiriert die Autorin zu einer gleichermaßen zyklischen Schau von Geschichte: «Jedes Jahr verschwindet das Land unter Wasser und verwandelt sich in ein Meer und taucht dann wie durch ein Wunder wieder auf. Dieser Refrain, diese ewige Wiederkehr, ist das Archiv seiner langen, von der Flut bestimmten Geschichte.»

Die Gründungsmythen der Staaten auf dem indischen Subkontinent, die heroischen, tragischen und tragi-grotesken Krisen in der kurzen postkolonialen Geschichte Pakistans und der noch kürzeren Geschichte Bangladeschs sind dankbare Erzählstoffe, mit denen sich nicht wenige pakistanische Autoren retrospektiv auseinandergesetzt haben. Andere Autoren des Subkontinents – meist selbst Migranten oder die Kinder von Migranten – richten ihr Augenmerk eher auf pakistanische Auswanderer und Flüchtlinge. In ihren durchwegs auf Englisch geschriebenen Romanen untersuchen sie, wie Immigranten vom Subkontinent in ihrem Zufluchtsland Großbritannien mit dem kulturellen Gepäck an Normen, Traditionen und Denkweisen zurechtkommen, das sie aus ihren Herkunftsländern in die Diaspora mitgeschleppt haben. Monica Ali, die aus Bangladesch gebürtig ist, Nadeem Aslam, der aus Pakistan stammt, oder Hanif Kureishi, der Sohn eines pakistanischen Einwanderers, beispielsweise erzählen Geschichten über den Zusammenprall islamischer Wert- und Moralvorstellungen mit der Liberalität der westlichen Moderne. In diesem Zusammenhang werden in mehreren dieser Romane auch die Radikalisierung junger Pakistanis im Westen und der wachsende Einfluss des militanten politischen Islam auf Immigranten in Großbritannien kritisch reflektiert. An anderer Stelle in diesem Buch, im Kapitel «Das Rätsel der Ankunft. In den indischen Enklaven», werden diese Geschichten über scheiternde oder gelingende Integrationen im Westen ausführlich vorgestellt.

Es gibt freilich auch eine Migrationsbewegung in umgekehrter Richtung – vom Westen zurück ins Ursprungsland. Enttäuschte Auswanderer vom Subkontinent treten nach desillusionierenden Erfahrungen im Westen den Rückzug in die alte Heimat an. Eine der Ursachen solcher Remigrationen ist das wachsende Misstrauen und die zunehmende Entfremdung zwischen dem Westen und der islamischen Welt – eine Folge nicht zuletzt der New Yorker Anschläge vom 11. September 2001, die eine Dynamik wechselseitiger Verdächtigungen in Gang setzten. *Nine Eleven* ist damit als gedächtnisprägende Chiffre der Periodisierung neben die historischen Gedenkdaten von Unabhängigkeit, Teilung und Sezession auf dem Subkontinent, 1947 und 1971, getreten.

Der pakistanische Autor Mohsin Hamid ist ein Rückwanderer, wenngleich einer ohne persönliche Ressentiments, und er macht Rückwanderung auch zu seinem literarischen Thema. Der seit *Nine Eleven* ständig zunehmende wechselseitige Argwohn zwischen West und Ost, der auch die Kommunikation zwischen den USA und Pakistan bedrohlich stört und eine Remigration in Gang setzen kann, liegt vor allem Hamids zweitem Roman zugrunde, der ihn als Autor weltweit bekannt gemacht hat und auch verfilmt wurde: «Der Fundamentalist, der keiner sein wollte». Darin entfremdet sich ein glänzend integrierter pakistanischer Zuwanderer in New York so gründlich von Amerika, dass ihm nach *Nine Eleven* die Rückkehr nach Lahore und die Radikalisierung zwingend erscheinen, mit allen ominösen politischen Konsequenzen.

Mohsin Hamid wurde 1971 in Lahore, Pakistans zweitgrößter Stadt, geboren und in den USA ausgebildet; er studierte in Harvard Jura und in Princeton Literatur und war mehrere Jahre in New York bei der Unternehmensberatung McKinsey tätig. Er arbeitete noch als Unternehmensberater, während er bereits an seinem ersten Roman schrieb: «Nachtschmetterlinge» (2000), einem gnadenlosen Porträt der dekadenten Reichen und Schönen von Lahore, die all jenen Dingen frönen, die im «Staat der Reinen» angeblich nicht vorkommen: Ehebruch, Drogen und Alkohol.

Danach pendelte Hamid jahrelang als freier Autor zwischen London, New York, Pakistan und den Mittelmeerländern. Derzeit lebt er mit seiner Familie wieder in Lahore. Sein dritter Roman «So wirst du stinkreich im boomenden Asien» ist sein erster, der zur Gänze in Pakistan entstand. In Interviews betont Hamid immer wieder, ganz ähnlich in der Wortwahl wie Salman Rushdie, wie stark er sich selbst als Hybrid empfindet, als pakistanisch-amerikanische Kreuzung mit mehrfachen Zugehörigkeiten. Wie Rushdie rühmt er die «Kontamination», die kulturelle Verunreinigung, als erstrebenswert und möchte keinesfalls gezwungen sein, sich auf eine Seite zu schlagen. Reinheitsphantasien hält er nur für schädlich. Auch für ihn gilt Aatish Taseers Motto: «Mischformen bereichern die Welt.»

Er halte Hybridität für den Naturzustand, für die Norm, betont Hamid immer wieder in Interviews: «Jede Persönlichkeit ist eine Sammlung unterschiedlicher Identitäten. Hybridität muss als etwas dem Menschen Wesentliches anerkannt werden.» Wenn Menschen darauf konditioniert werden zu glauben, sich für eine Seite entscheiden zu müssen, dann üben sie Gewalt gegen sich selbst – «und die geht manchmal mit Gewalt gegen die äußere Welt einher». Nationale, ethnische, religiöse Einheitlichkeit sei ein soziales Konstrukt, eine künstliche Vereinseitigung der natürlichen Vielfalt.

Eine solch souveräne transkulturelle Balance, wie Hamid sie für sich selbst gefunden hat und bewusst auslebt, gesteht er seinen Romanhelden noch lange nicht zu. Seine Protagonisten plagen sich vielmehr mit allen Übeln, an denen nicht nur Pakistan, sondern das ganze boomende Asien heutzutage laboriert. Insofern gehört Mohsin Hamid einer stark auf das Jetzt fokussierten neuen Autorengeneration an, die auf die postkoloniale Generation eines Salman Rushdie, Nadeem Aslam, Mohammed Hanif oder Hanif Kureishi folgte und deren Themen – wie die wüsten Unabhängigkeitswirren des Subkontinents oder die retrospektive Aufarbeitung aller pakistanischen Geburtsfehler – bereits hinter sich gelassen hat.

Den traditionelleren und daher leichter etikettierbaren Vorgängern, bei denen der Leser immer weiß, woran er ist, hat Mohsin Hamid die Raffinesse seiner schillernden und uneindeutigen narrativen Mittel voraus. Die Bilder vom postkolonialen Pakistan, die etwa in den Romanen und Erzählungen Rushdies, Mohammed Hanifs oder Jamil Ahmads entworfen werden, sind deutlich konturiert und unschwer zu entziffern sowie politisch einzuordnen. Anders bei Mohsin Hamid. Dass der Leser in dessen zweitem Roman nie weiß, woran er ist, macht den besonderen und verstörenden Reiz der Geschichte aus.

«Der Fundamentalist, der keiner sein wollte» verstrickt den Leser vom ersten Satz an in ein doppeltes und doppeldeutiges Spiel. Der Roman lebt von der Mehrdeutigkeit seiner Rhetorik. So, wie der Protagonist und Erzähler, ein gewisser Changez, in einem riesigen Monolog mit seinem stumm und namenlos bleibenden Zuhörer spielt, treibt auch der Autor Hamid mit dem Leser sein irreführendes Spiel. Und so, wie sich Changez immer mehr als unzuverlässiger Erzähler entpuppt, während er sein Gegenüber mit der dubiosen Geschichte seines Lebens zuschwallt, wird auch der Leser vom Autor zunehmend in Zweifel darüber gestürzt, inwieweit den Bekenntnissen dieses Erzählers überhaupt zu trauen ist und in welchem Verhältnis der Erzähler und sein Zuhörer eigentlich zu einander stehen. Was soll man als Leser von dieser spielerischen doppelten Text-Inszenierung halten? Mehrfache Manipulationen sind hier offensichtlich im Gange – doch wer manipuliert wen?

Mit dem Eingangssatz «Entschuldigen Sie, Sir, kann ich Ihnen behilflich sein?» wendet sich ein bärtiger junger Mann Mitte zwanzig in einem Café in der Altstadt von Lahore an einen Unbekannten am Nebentisch, einen Amerikaner, vielleicht ein Tourist, vielleicht aber auch etwas ganz anderes. Im Folgenden stellt sich der junge Mann als Changez vor, ein Pakistani aus gebildeter, aber verarmter Familie, der wie der Autor Hamid selbst eine amerikanische Musterkarriere gemacht, in Princeton studiert und mehrere Jahre in einer New Yorker Unternehmensberatung gearbeitet hat, ehe er in seine Geburtsstadt Lahore zurückkehrte. Jetzt textet er in einer monologischen *Tour de force* sein Gegenüber zu und drängt seinen Zuhörer unentwegt zum Verkosten immer neuer Leckerbissen der pakistanischen Küche. Genau genommen, ist dieser Monolog ein halbierter Dialog, dessen zweite Hälfte dem Leser vorenthalten wird, denn die Rolle von Changez' Gegenüber bleibt unklar und dessen Antworten werden nicht mitgeteilt.

Nicht nur die vielen Lücken und Ellipsen in den Lebensbekenntnissen des Erzählers wirken irritierend; mindestens ebenso alarmierend sind seine ständig wechselnden Tonfälle. Diese Stimme klingt mal urban, eloquent und gewinnend weltgewandt, dann wieder wird sie unangenehm vertraulich, fast zudringlich, wenn sie sich in Fremdenführer-Pose aufdrängt oder das schweigende Gegenüber mit den eigenen Intimitäten traktiert. Auch die übertrieben formellen, mitunter archaischen Höflichkeitsfloskeln in Changez' Rede sind geeignet, den Leser misstrauisch zu machen: Schwingen da heimlicher Hohn und verhohlene Häme, vielleicht sogar versteckte Feindseligkeit mit? Oder wird hier versucht, die eigene Frustration und Wut durch einen weltmännischen Ton zu bemänteln?

Die Atmosphäre, von Anfang an nicht wirklich entspannt, wirkt zunehmend beunruhigender und bedrohlicher. Ist Changez' amerikanisches Gegenüber wirklich eine Zufallsbekanntschaft, ein Tourist?

Trägt dieser Zuhörer nicht doch die harten und entschlossenen Züge eines Mannes mit einer Mission? Und beult sich nicht seine Jackentasche verdächtig aus, so, als trüge er dort eine Waffe wie ein Undercover-Agent?

Mit vielen widersprüchlichen und irreführenden Signalen lockt Mohsin Hamid den Leser immer wieder auf andere, vielleicht falsche Fährten, bis man begreift: Hier soll der Leser seiner eigenen Kurzschlüsse, Vorurteile und übereilten Annahmen überführt werden; ihm sollen seine vorschnellen Hypothesen und unbesonnenen Unterstellungen verdächtig gemacht werden, wenn er etwa bei Changez sogleich auf einen Terroristen tippt, der auf ein Attentat zusteuert, und bei seinem amerikanischen Gegenüber auf einen Geheimdienstler, der Changez ausschalten soll.

Doch was genau erzählt Changez eigentlich von seinem Leben? Er beginnt seine Konfession wie eine lupenreine migrantische Aufstiegs- und Erfolgsgeschichte und stellt sich als gelungenes Produkt einer westlichen Elite-Erziehung vor. Die USA empfangen den begabten und integrationswilligen jungen Pakistani mit offenen Armen und überschütten ihn mit ihren Wohltaten. Elite-Student in Princeton mit besten Abschlüssen. Eintritt von der Universität weg in eine berühmte, noble Unternehmensberatungskanzlei in Manhattan. Vielversprechende Karriereanfänge. Privilegierter Lebensstil. Reiche junge Amerikanerin aus bester Familie als Freundin. Changez darf sich als Teil der exklusiven Welt der bewunderten amerikanischen Unternehmenskultur akzeptiert und wohlgelitten fühlen – als exotischer Bekannter. Er glaubt an die Meritokratie als Fundament der westlichen Gesellschaft. «Ja, es war berauschend», stellt Changez im nostalgischen Rückblick fest. «Princeton hat mir alles ermöglicht.»

Bis Changez eines Tages auf Dienstreise den Fernseher in seinem Hotelzimmer in Manila anschaltet und das, was er hier sieht, zunächst für einen Film hält: «Doch als ich weiterschaute, wurde mir klar, dass es keine Filmszenen waren, sondern die Nachrichten. Ich sah mit an, wie einer – und danach der andere – der Zwillingstürme des *World Trade Centre* in New York einstürzte. Und dann lächelte ich. Ja, so abscheulich es auch klingen mag, meine erste Reaktion war eine bemerkenswerte Freude. Wenn ich Ihnen also sage, dass ich mich über den Mord an Tausenden Unschuldiger freute, dann bin ich dabei selbst tief verblüfft.» Seine Freude gilt der «Tatsache, dass jemand Amerika so sichtbar in die Knie gezwungen hatte».

Nine Eleven erweist sich als sein Lebensbruch. Einer wie Changez ist plötzlich unerwünscht. Schon sein Aussehen macht ihn verdächtig – das FBI verhört ihn, auf Flughäfen wird er peinlich durchsucht, seine Bekannten distanzieren sich von ihm und lassen ihn fallen. Die unterschiedslose Wut Amerikas auf die muslimische Welt als solche entfremdet Changez im Folgenden immer mehr von seinem Gastland. «Mir fehlte ein stabiler Kern», stellt er rückblickend fest. «Ich wusste nicht recht, wo ich hingehörte – nach New York, nach Lahore, beidem, keinem –, meine eigene Identität war schwach.»

Changez vergleicht sich mit den Janitscharen, den geraubten Christenknaben, die im Osmanischen Reich zu fanatisch muslimischen Elitetruppen umgemodelt wurden. «Ich war ein moderner Janitschar, ein Diener des amerikanischen Reichs.» Als äußeres Zeichen seiner Distanzierung lässt er sich einen islamischen Bart wachsen, was in Amerika als Provokation empfunden wird und von Changez auch so gemeint ist. Der Bruch mit seiner Firma ist unausweichlich: Changez kehrt nach Lahore zurück, wird Lektor und Fundamentalistenführer an der Universität und agitiert für eine radikale Loslösung Pakistans von allen amerikanischen Einflüssen. Der Schluss des Romans bleibt offen, die Konfrontation zwischen West und Ost wird nicht aufgelöst: Der namenlose Amerikaner, dem Changez seine Geschichte erzählt hat, könnte ebenso gut sein Mörder wie sein Opfer werden.

«Der Fundamentalist, der keiner sein wollte» ist ein herausragendes Beispiel für den Terrordiskurs in der Literatur der Gegenwart. Für die besondere literarische Qualität dieses Autors spricht: Mohsin Hamid verschmäht es, in seinem Roman die landläufigen Ursachen für die Entfremdung junger Muslime von der westlichen Welt – bis hin zum Umschlagen von Antipathie in offene Feindschaft und islamistische Militanz – als Motive seines Helden zu veranschlagen. Sein Fundamentalist, der keiner sein wollte, könnte selbst keine Erklärung dafür anführen, warum er angesichts der einstürzenden New Yorker Türme

Freude empfindet. Zunächst ist er erschrocken über sich selbst, dann aber einverstanden mit seiner Reaktion, die unmotiviert bleibt. Weder fühlt er sich sonderlich abgestoßen vom Großkapitalismus oder von der neokolonialen Gier des Welt-Hegemons USA, noch treffen auf ihn die üblichen Begründungen für die terroristische Drift mancher junger Islamisten zu: Zukunftslosigkeit; Rückständigkeit; Unbildung; mittelalterliche Verbohrtheit; Fanatisierung durch Hetzprediger; unbedachter jugendlicher Fehltritt.

Nichts davon motiviert Changez zu seiner radikalen Abkehr vom Westen und seinen Werten. Das macht diese Romanfigur so beklemmend. Aus aktuellem Anlass, nach den Attentaten der Brüder Tsarnaev beim Bostoner Marathon im April 2013, versuchte Mohsin Hamid eine Hypothese zum Psychogramm des *Homegrown Terrorist* zu formulieren – also zur verstörenden Figur des scheinbar glatt amerikanisierten und gut integrierten jugendlichen muslimischen Zuwanderers, der abrupt zum Attentäter mutiert.

Was hier stattfinde, sei nicht Selbstradikalisierung, sondern «Selbstdeharmonisierung» des Täters, so Mohsin Hamid im Interview. Der Täter komme mit den spannungsgeladenen ambivalenten Erfahrungen eines Immigranten nicht zurecht, der im Aufnahmeland Amerika vielleicht Zurückweisung, aber ebenso oft auch Akzeptanz erlebe. Einerseits sei der Einwanderer bestrebt, sich zu integrieren, er wolle in die neue Welt hineinpassen; andererseits könne es geschehen, dass er sich für seine eigene willfährige Amerikanisierung selbst verachte und «im Extremfall das Bedürfnis entwickeln kann, einen Teil seiner Identität zurückzuweisen», auch wenn er sich im Gastland akzeptiert fühle. «Wir glauben ja oft, dass die Erfahrung von Immigranten durch die Zurückweisung seitens des Aufnahmelandes geprägt ist. Aber man kann auch die Akzeptanz des Gastlandes zurückweisen. Denn diese Akzeptanz bedeutet immer auch eine Spur von Kapitulation. Wenn man versucht, das zu bekämpfen, bedeutet das eine enorme psychische Selbstverletzung. Wenn man Schwierigkeiten hat, diese gegensätzlichen Impulse auszuhalten, die Zurückweisung und die Akzeptanz, dann kann einen eben auch Bestätigung aus dem Gleichgewicht bringen und einen innerlich zerreißen.»

Solche Selbstdeharmonisierung könnte auch auf Hamids Helden Changez zutreffen, der am Rand des Abgrunds von Misstrauen balanciert, der sich im neuen Millennium zwischen dem Westen und der islamischen Welt aufgetan hat und nirgends gefährlicher dräut als im scheiternden, aber atomar bewaffneten Staat Pakistan. Mohsin Hamid, der nach Pakistan zurückgekehrt ist, «um meine Hybridität zu füttern», scheint geradezu prädestiniert als der neue Chronist der pakistanischen Gegenwart. Er verfügt über den distanzierenden doppelten Blick von innen und von außen, was bereits seinem Debütroman seine besondere Plausibilität und Triftigkeit verlieh.

«Nachtschmetterlinge» spielt in den 1990er Jahren, zur Zeit des indisch-pakistanischen Wettrüstens in Lahore, wo manchmal wegen der unterirdischen Nukleartests der Boden bebt, und handelt von Klassenschranken, Klassenneid, Eifersucht, Rivalität, Drogensucht und Oberschichtdekadenz der in den USA erzogenen Jeunesse dorée. Der Held ist, ähnlich wie später Changez, eine zerrissene Gestalt, frustriert und mit sich selbst zutiefst uneins: ein junger Banker, der seinen Job verliert und zusehen muss, wie seine reichen Freunde die Karriere machen, die ihm trotz überlegener Intelligenz nicht offensteht, weil er nicht der Klasse der Privilegierten angehört. «Alle sind hip, stinkreich und schwärmen von Santorin im Mai» und haben all das, was dem Helden fehlt: einen *Land Cruiser*, einen reichen, korrupten Vater, einen einflussreichen, mächtig vernetzten Onkel, eine schöne Frau, ein amerikanisches Diplom, einen glänzenden Job. Nicht zu vergessen: *Air Condition*.

Denn die soziale Demarkationslinie im Roman ist die Klimaanlage: Die Reichen verschwenden auf ihr lückenlos künstlich gekühltes *Air-Condition*-Leben die Elektrizität, die der unter der 40-Grad-Hitze Lahores schmorenden Restbevölkerung dann fehlt. Kurzschluss oder Lastabwurf? Egal: Versorgungsengpässe sind pakistanischer Alltag für die Nicht-Privilegierten. Der Elite hingegen «ist es gelungen, sich den Lebensstandard eines Landes wie, sagen wir, Schweden anzueignen, ohne die staubigen Weiten des Subkontinents verlassen zu müssen».

Mohsin Hamid nimmt vor allem den rücksichtslosen Materialismus und die zynische Gier der Oberschicht ins Visier: Deren Status-

symbole markieren ihre prekäre soziale Spitzenposition, wie ein reicher Freund dem Helden erklärt: «Ohne Geld läuft heutzutage gar
nichts. Die Straßen sind marode, also braucht man einen Pajero oder
Land Cruiser. Die Universitäten sind von Fundis überlaufen, also kann
man hierzulande nicht studieren und muss dazu ins Ausland. Die Polizei ist unfähig und korrupt, also braucht man einen privaten Wach-
dienst. Da jeder ein Stück vom großen Kuchen abhaben will, wird der
Kuchen immer kleiner, und wenn Ihnen Ihre Familie lieb ist, sichern
Sie sich Ihr Stück am besten jetzt, solange noch was da ist.»

Nicht minder scharfsichtig und bissig liest sich Mohsin Hamids
jüngster Roman, der sich als Selbsthilfebuch verkleidet und im Kos-
tüm von Ratgeberliteratur daherkommt. «So wirst du stinkreich im
boomenden Asien» nennt Pakistan als seinen Schauplatz nicht beim
Namen und beansprucht damit Gültigkeit auch in anderen Boom-Re-
gionen Asiens. Der Roman ist in der zweiten Person erzählt. Die Du-
Form ist zunächst gewöhnungsbedürftig, leuchtet aber wegen ihres
satirischen Potenzials rasch ein. Angesprochen wird zugleich der Leser und der namenlose Held des Romans, der sich getreulich an die
nassforschen Karriere-Tipps hält: Zieh in die Stadt. Verschaff dir Bildung. Meide Idealisten.

Dieses Du bringt es vom armen Dorfjungen zum Tycoon in einer
namenlosen Großstadt, einer der aufschwellenden asiatischen Mega-Städte von heute. Er beginnt als kleiner Fälscher und handelt mit
Raubkopien von DVDs. Seinen Reichtum verdankt der Held schließlich einer guten Geschäftsidee und einer Portion Skrupellosigkeit bei
deren Umsetzung: Als findiger Selfmademan nutzt er den krassen allgemeinen Trinkwassermangel und steigt mit gefälschten Mineralwas-
serflaschen, in denen sich nur abgekochtes Nutzwasser befindet, ins
Tafelwassergeschäft ein. Sein Aufstieg zum Stinkreichtum ist begleitet
von schmissigen Ratgeber-Tipps, die zunehmend zynischer klingen:
Scheue nicht vor Gewalt zurück. Jongliere mit Schulden. Er beherzigt
sie gleichwohl und leitet damit seinen geschäftlichen Ruin ein, denn
für die ganz große Abzocke fehlt dem Außenseiter der Zugang zum
Netzwerk der Machtelite, die die einträglichsten Pfründen immer
noch unter sich verteilt. Einen weiteren Tipp («Verlieb dich nicht»)

missachtet der Held. Seine große Liebe ist und bleibt «das hübsche Mädchen», dessen Aufstieg und Fall parallel zu seiner Karriere verlaufen.

Mohsin Hamid kultiviert einen nüchternen Erzählton kühler Sachlichkeit, weit entfernt von allen Exotismen und allem Folklore-Dekor, die andere Autoren vom Subkontinent gelegentlich als Aromaverstärker einsetzen. Auch darin ist Hamid der Vorreiter einer neuen Autorengeneration. Trocken registriert sein Held «ein Anwachsen von Frustration, Wut und Gewalt» in seinem Erdteil und führt das zum Teil zurück auf «die größere Vertrautheit der Armen mit den Reichen heutzutage, indem sie die Gesichter an das saubere Fenster des Wohlstands pressen, den das allgegenwärtige Fernsehen zeigt». Es könnte also sein, dass Pakistan seine ultimative Zerreißprobe noch bevorsteht.

Es könnte aber auch sein, dass die Globalisierung letztlich eine neue Stabilität herbeiführt. Denn ebenso nüchtern nimmt Hamids Held den gewaltigsten Umbruch zur Kenntnis, der nicht nur Asien gegenwärtig durchrüttelt – die Verstädterung und den damit einhergehenden Trend zur Kleinfamilie. Er erlebt, wie die «stützenden und erstickenden Bindungen» bäuerlicher Großfamilien «schwächer werden, sich auflösen und Unsicherheit, Furcht, Produktivität und Potenzial hinterlassen». Er sieht, wie die Mega-Städte der Welt nicht nur wachsen, sondern sich auch aneinander angleichen, verbunden durch Flughafen und Glasfaserkabel, wie sie sind, und er ahnt, dass sie «kollektiv, wenn auch noch zart, einen nach Wandel riechenden Archipel bilden, der nicht nur das boomende Asien, sondern den gesamten Planeten umspannt».

Erwähnte Bücher

Jamil Ahmad «Der Weg des Falken», Erzählungen (Hoffmann und Campe 2013)
Tahmima Anam «Zeit der Verheißungen», Roman (Insel 2010)
Mohsin Hamid «Der Fundamentalist, der keiner sein wollte», Roman (Hoffmann und Campe 2007)

Mohsin Hamid «Nachtschmetterlinge», Roman (DuMont 2013)
Mohsin Hamid «So wirst du stinkreich im boomenden Asien», Roman
(DuMont 2013)
Mohammed Hanif «Eine Kiste explodierender Mangos», Roman (A 1 Verlag 2009)
Mohammed Hanif «Alice Bhattis Himmelfahrt», Roman (A 1 Verlag 2012)
Hanif Kureishi «Mein Ohr an deinem Herzen. Erinnerungen an meinen Vater»
(S. Fischer 2011)
Daniyal Mueenuddin «Andere Räume, andere Träume», Erzählungen
(Suhrkamp 2010)
Salman Rushdie «Mitternachtskinder», Roman (Piper 1983)
Salman Rushdie «Scham und Schande», Roman (Piper 1985)
Salman Rushdie «Joseph Anton. Die Autobiografie» (C. Bertelsmann 2012)
Ali Sethi «Meister der Wünsche», Roman (Deutscher Taschenbuch Verlag
dtv premium 2010)
Aatish Taseer «Terra Islamica. Auf der Suche nach der Welt meines Vaters»
(C.H.Beck 2010)

Bombay/Mumbai – Der Moloch der Zukunft

Allein schon der Name der Stadt bedeutet ein politisches Bekenntnis. Nennt man sie Bombay, wie ihr alter Kolonialname lautet? Oder nennt man sie Mumbai, wie sie seit 1996 mit offiziellem Namen heißt? Im Falle dieser Stadt ist der Name tatsächlich alles andere als Schall und Rauch. Ob man Bombay sagt, nach der Bezeichnung, die die portugiesischen Kolonisatoren im 16. Jahrhundert dem indischen Hafenplatz am Arabischen Meer gaben («Bom Baía», gute Bucht), oder ob man den Hindu-Namen Mumbai verwendet, den die neu an die Macht gelangte hindu-nationalistische *Shiv-Sena*-Partei 1996 durchsetzte, indem sie per Gesetz die Umbenennung der Hauptstadt des Bundesstaates Maharashtra verfügte – in jedem Fall ist der Name, für den man sich entscheidet, ein politisches Statement.

Nach Meinung mancher Stadtchronisten war Bombay auch nach dem Abzug der britischen Kolonialherren eine zwar chaotische, aber einzigartig tolerante, polyglotte und kosmopolitische Mega-City. In seiner Studie «Arrival City» nennt Doug Saunders sie «die am stärksten multikulturell orientierte Stadt der Welt», weil sie den unterschiedlichsten Zuwanderern vom ganzen Subkontinent und aus den benachbarten Staaten zur Ankunftsstadt und zur Heimat werden konnte – Händlern aus Gujarat, Textilarbeitern aus den Dörfern Maharashtras, Musikern und Lehrern aus Goa, Tamilen und Dalit-Hilfsarbeitern aus dem Süden, Punjabis, Biharis, Sindhis aus Pakistan und Flüchtlingen aus Bangladesch. Die Umbenennung Bombays in Mumbai war nur das sichtbare Zeichen für einen fundamentalen Wandel, der sich in der Stadt vollzogen hatte – das Zeichen dafür, dass die rasant wachsende Zuwanderer-Stadt inzwischen durch die aggressive Ausgrenzungspolitik der chauvinistischen *Shiv-Sena*-Partei gegen Muslime und Zuzügler gespalten und entlang ethnischer und religiöser Frontlinien getrennt war. Durch *Shiv Sena* (Gott Shivas Armee) hatte die Stadt ihren toleranten säkularen Habitus an einen gewalttätigen Hindu-Fundamentalismus verloren, der alle Nicht-Hindus ausschloss.

Die Partei unter ihrem Gründer und Führer Bal Thackeray sorgte für immer stärkere physische Segregation und Apartheid innerhalb der Stadt. Sie schürte einen Konflikt zwischen Hindus und Muslimen, den es zuvor gar nicht gegeben hatte, der sich aber durch den gewaltigen Migrationsdruck und das explosionsartige Anwachsen der Slums und Hüttensiedlungen seit den 1970er Jahren politisch ausbeuten ließ, indem man die große muslimische Gemeinde Bombays zum natürlichen Feind erklärte. Geschätzt wird, dass mehr als ein Drittel der etwa achtzehn bis zwanzig Millionen Einwohner der Stadt im Slum-Gürtel oder auf der Straße lebt und ums nackte Überleben kämpft. Längst hat die Dichte der Besiedlung jedes erträgliche Maß überschritten.

Im Konkurrenzkampf um den knappen Wohnraum und angesichts einer überforderten und morschen Stadtverwaltung erklärte die *Shiv Sena*, ein mächtiges Netzwerk aus Korruption und Gewalt, einzig die Marathi sprechenden Hindus und die Zuwanderer aus Maharashtra zu legitimen Einwohnern der Stadt und hetzte sie gegen Muslime und unerwünschte Zuzügler von anderswoher auf. Die Partei – eigentlich ein Mix aus Hindu-Sozialhilfeverein und krimineller Organisation mit eigenen Erpresser-, Schläger- und Beschützerbanden – stand auch hinter den pogromartigen antimuslimischen Aufruhrwellen, von denen die Stadt seit Dezember 1992 erschüttert wurde, mit Massakern und Bombenanschlägen und Tausenden von Toten und Verletzten, von denen zumeist muslimische Ghettos betroffen waren.

Bei Doug Saunders liest man über diese Ausschreitungen an der Wende von 1992 zu 1993: «In den folgenden sechs Wochen beherrschten wütende Hindu-Mobs die Stadt und übten eine Terrorherrschaft aus. Eintausend Menschen, die meisten von ihnen Muslime, wurden umgebracht, sie wurden verbrannt, erschossen, zu Tode geprügelt oder ertränkt. Hindu-Mobs brannten ganze Stadtviertel und Industriegebiete nieder, in deren unmittelbarer Umgebung eine muslimische Mehrheit lebte, und vertrieben mindestens 150 000 Muslime aus der Stadt. Als sie sich ausgetobt hatten, war die Stadtgeografie von Bombay dauerhaft verändert. Hindu- und Muslim-Familien konnten nicht mehr in friedlicher Nachbarschaft beisammen leben, wie sie das seit Jahrhunderten getan hatten. Die von der *Shiv Sena* beherrschten Hindu-Slums wurden in ‹bewachte Wohngebiete› (‹Gated Communities›) verwandelt, vor denen sich Muslime zu fürchten und die sie zu meiden hatten. Auf die Unruhen folgte eine von Muslimen ausgeführte Serie von Bombenanschlägen, die ersten islamischen Terrorakte auf indischem Staatsgebiet, und dieser Kreislauf wechselseitiger Repressalien setzte sich im Lauf des folgenden Jahrzehnts fort.»

Das Hindu-Muslim-Aufruhrsystem von Bombay/Mumbai prägt als Thema naturgemäß auch die Literatur. Zahlreiche Autoren des Subkontinents nehmen in ihren Romanen und Erzählungen Bombay in den Fokus, denn an dieser Stadt lassen sich stellvertretend Indiens Träume und Albträume aufzeigen, seine übermächtigen Probleme, seine ethnischen Konflikte und Binnen-Demarkationslinien, sein Elend und seine Zukunftserwartungen. Bombay ist die Stadt der Zukunft, «ein Vorbote der ausufernden Megalopolen, die den Begriff ‹Stadt› über kurz oder lang neu definieren werden», wie der Publizist Suketu Mehta schreibt.

Die zahlreichen Großstadtromane über Bombay, die in den Jahren seit den Ausschreitungen von 1992/1993 erschienen sind, werfen einen je eigenwilligen Blick auf die immer noch expandierende Ankunftsstadt der Zuwanderer, die wichtigste Hafenstadt des Subkontinents, die Inselstadt, die Sumpfstadt, den Moloch, die Maximum City, die Film-Metropole Bollywood, die Drogenstadt Narcopolis. Die Mammut-Stadt, die sich auf einer winzigen, mühsam dem Meer abgerungenen Insel zusammenzwängt, fasziniert die Autoren so sehr, dass sie Bombay/Mumbai nicht nur zum Schauplatz, sondern auch zum Thema ihrer Romane und Erzählungen machen. Und in allen Büchern gewittern am Horizont immer auch die ethnischen Feindseligkeiten zwischen Hindus und Muslimen, die das urbane Zusammenleben seit Jahrzehnten vergiften. Doch kein Autor hat die Stadt kontroverser, facettenreicher, umfassender, besessener porträtiert als der indoamerikanische Journalist Suketu Mehta.

Mehta, Jahrgang 1963, wurde in Kalkutta geboren, wuchs in Bombay auf, lebt seit 1977 in New York und kehrte für seine Großreportage «Bombay Maximum City» nach einundzwanzig Jahren in die Stadt seiner Kindheit und Jugend zurück. Zweieinhalb Jahre lang recherchierte er in den Eingeweiden der Stadt und erkundete vor allem die Nachtseiten Bombays – immer mit der doppelten Perspektive des Fremden, der zugleich ein Einheimischer ist.

Am meisten interessieren ihn die extremen Milieus: Kriminalität, Polizei-Korruption, Sex-Business und Filmwelt. Er taucht ab in den kriminellen Untergrund der Mega-City, findet Zugang zu den nach Religion getrennten Netzwerken aus Polizei, kriminellen Banden und Parteien und schließt persönliche Bekanntschaft mit dem organisierten Verbrechen in Gestalt der Bosse muslimischer und Hindu-Gangs, die ihr jeweils eigenes privates Justizsystem praktizieren. Er spricht mit Folterpolizisten und mit Profikillern sowie deren Auftraggebern und beginnt das ganze Ausmaß der Fehlentwicklungen des aus den Fugen geratenen politischen Machtsystems der Stadt zu begreifen.

Er entdeckt, dass die Polizei ganz ähnlich operiert wie die Verbrecherbanden, die sie zu verfolgen hätte – möglicherweise ist die Polizei sogar die mächtigste Mafia von allen. Er trifft auch den «Supremo», den berüchtigten Parteiführer Bal Thackeray, den Mann, «der direkt verantwortlich ist für den Ruin der Stadt, in der ich aufgewachsen bin», und hört sich dessen rassistische Hasstiraden an. Und er kommt mit Killern ins Gespräch, die freimütig und unbefangen über die Massaker an Muslimen reden, an denen sie während der Pogrome von 1993 beteiligt waren. Sunil beispielsweise, ein Vertreter der *Shiv Sena*, erzählt, dass er damals einen Brotmann angezündet hat: «Wir übergossen ihn mit Benzin und steckten ihn in Brand. Ich dachte nur, das ist ein Muslim.»

Der Reporter taucht auch ein in die boomende Vergnügungsindustrie Bombays, die Rotlichtviertel und deren Fauna von Sex-Dienstleisterinnen, Bartänzerinnen und Transvestiten. Er lernt die gefeierte Tänzerin Honey kennen, ein blendend schönes Geschöpf, die im Privatleben ein verheirateter Mann namens Manoj ist. Und er erkundet die Filmwelt: Bollywood als Traummaschine und zugleich mafiose Wirtschaftsmacht. Er entdeckt, wie fest diese Industrie in den Händen der Unterwelt ist und wie eng die Beziehungen zwischen Stars und Gangstern sind, die sich wechselseitig romantisieren.

Mehta schaut sich auch unter den armen Zuwanderern um, die täglich aus den Dörfern in die Mammut-Stadt ziehen, auf der Suche nach Arbeit und Auskommen. Er spricht mit Obdachlosen, die auf der Straße leben. Er interviewt Vertreter der schicken, müßiggängerischen Oberschicht, deren Lebensstil – mit *Air Condition* und Penthouse-Ausblick – völlig abgekoppelt ist von der Alltagswelt der restlichen Stadtbewohner. Er beschreibt aber auch die Verwandlung eines schwerreichen Jaina-Diamantenhändlers in einen wandernden Bettelmönch, der allen weltlichen Gütern entsagt, um ein Pilgerleben der Askese und Bedürfnislosigkeit zu führen.

«Bombay Maximum City» ist ein fast 800 Seiten umfassendes Mammut-Porträt einer Stadt von morgen, eine Mischung aus Reportage, dokumentarischer Stadterzählung und Essay, aus Roman, Reisebericht, Autobiographie und persönlicher Jugenderinnerung. Diese Bombay-Chronik verhehlt nicht Suketu Mehtas Faszination für die extremen Branchen und die verruchtesten und gefährlichsten Winkel der Stadt; sie besticht durch Präzision und Detailfülle, ist durchpulst von der einzigartigen Dynamik und Energie dieses Stadtkörpers, von seinem Tempo, seinem Getöse, seinem Menschengewühl, und gebeizt von seinen beißenden Gerüchen und braunen Abgasnebeln. Suketu Mehta befremdet zugleich durch die Kaltblütigkeit seiner Schilderung von Grausamkeiten und Gewaltexzessen der Polizei, deren Augenzeuge er wird.

Der reisende Reporter Mehta senkt seine Sonde tief in den Körper dieser Stadt und nimmt Stichproben. Die Stichproben, auf die sich sein Autorenkollege Jeet Thayil konzentriert, sind ganz anderer Art: In seinem ersten Roman «Narcopolis» beschreibt der indische Lyriker, Librettist und Musiker ein abseitiges und nächtiges Bombay, das an der Nadel hängt. Er erzählt am Beispiel einer Gruppe von Süchtigen den Übergang in den 1990er Jahren von der Opiumhöhle zur Heroinhölle Bombay. Kaum je fällt Tageslicht in diesen Dämmerroman, der seine dunklen Schauplätze in Bombays Schattenwelt fast nie verlässt. Anfangs zieht noch der Rauch aus den Opiumpfeifen, die der Eunuch Dimple so kunstvoll zu stopfen versteht, in benebelnden Schwaden durch Raschids finstere Kaschemme in der Shuklaji Street, mitten im verrufensten Rotlichtviertel der Stadt. Der Roman lässt eingangs die schwarze Legende des alten Bombay, die geheime Geschichte der Drogenrituale in den Opiumhöhlen der 1970er und 1980er Jahre, in unendlichen kreiselnden, halluzinatorischen Wortwirbeln auferstehen und erinnert, nicht ohne Wehmut, an üppige Drogenräusche voll verschwiegener spiritueller Pracht – köstliche narkotische Tagträumereien, genossen im Kokon von Raschids wohlig gepolstertem Etablissement und sorgsam begleitet von den Künsten der Zeremonienmeisterin Dimple.

Er/Sie ist das Gravitationszentrum des Romans, sein moralischer und emotionaler Mittelpunkt, sein/ihr Schicksal hält die Geschichte zusammen, die sich über dreißig Jahre erstreckt. Mit acht Jahren wurde Dimple in einer Hijra-Zeremonie kastriert und danach in den Bordellen der Shuklaji Street als transsexuelle Prostituierte vermietet. Gegen die ständigen Schmerzen half nur das Opium. Tags arbeitet Dimple als Prostituierte. Nachts kocht und verabreicht sie in Raschids Etablissement das Opium, doch sie konsumiert es auch selbst. Aus Ramschbüchern bringt sie sich selbst Englisch bei – Lektüre ist ihr heimlicher Freiraum. Die Beziehung zu Mr. Lee, einem chinesischen Flüchtling, der bei Dimple die Rolle eines Ziehvaters und Mentors einnimmt, gibt ihrem Leben Halt. Den einzigen. Mit ihm unternimmt sie auch die raren Ausflüge in die Tageswelt von Bombay, Strandspaziergänge entlang Chowpatty Beach.

Die Laster von Raschids und Dimples Stammkunden – ein bunter Haufen von Zuhältern, Dealern, Künstlern und Gangstern, bald auch von Hippies und anderen neugierigen ausländischen Touristen – erscheinen in milde Nostalgie getaucht. Doch gleichsam über Nacht steigen die Stammkunden – und mit ihnen auch Raschid und Dimple –

von der Opiumpfeife erst auf den Heroin-Joint, dann auf die Heroinspritze um. Verglichen mit dem neuen harten Stoff wirkt das altmodische Opium geradezu harmlos.

Das minderwertige Heroin, aus Pakistan eingeschmuggelt, dem bald auch eine Kokainschwemme folgt, signalisiert eine neue, wilde und hoffnungslose Epoche im Leben der Stadt. Draußen toben die blutigen Krawalle zwischen Hindus und Muslimen. Hindu-Gangs streunen brandschatzend und massakrierend durch die muslimischen Hüttensiedlungen; es sind die Januar-Wochen 1993. Doch in die zugedröhnten Köpfe in den dunklen Hinterzimmern der Shuklaji Street dringen der Mordslärm und die Bombenanschläge der Muslime nur als fernes dumpfes Grollen. Von den Ausschreitungen und der Ausgangssperre bekommen Raschids Klienten zunächst kaum etwas mit. Erstaunt blinzeln sie anderntags in ausgebrannte Läden und sehen einen einzelnen Frauenschuh mitten auf der Straße liegen, wenn sie aus ihrem Rausch aufwachen. Immerhin beginnen sie mit einem Mal, einander als Muslime oder Hindus wahrzunehmen und sich selbst ethnisch zu identifizieren.

Der einstige schwarze Glamour des Opiumkonsums, genossen als kleiner Freiheitsrausch, als zeitweilige chemische Erlösung von der Alltagstrübsal, ist verschwunden. Ersetzt wurde das Rauschglück durch das Elend der Abhängigkeit von dreckigem Stoff und durch den körperlichen Verfall. Letztlich flirtet ein jedes Suchtleben nur mit dem Tod – dies das ernüchternde Thema des letzten Roman-Drittels. Raschids täglicher Drogenkonsum kann das illustrieren: «Erst eine Linie Weißes, um die Augen aufzukriegen, dann in regelmäßigen Abständen Pyalis mit Schwarzem, um entspannt zu bleiben und das Hirn zu schmieren, und schließlich, wenn am Abend der Muezzin rief, ein bisschen Braunes auf Alufolie oder in einem Joint, das Pulver so fest zusammengebacken, dass er ihn immer wieder anzünden musste. Das braune Pulver ist neu, Garad-Heroin mit einem schönen Gruß von der pakistanischen Regierung.»

Der einstige Fluchtweg in den Rausch endet in einer Sackgasse, markiert vom ausweglosen Wechsel zwischen Entzug und Rückfall, Entzug und Rückfall. Draußen, ohne dass Raschid und seine alten

Kunden es wahrgenommen hätten, ist ein neues Mumbai entstanden. An die Stelle der schummrigen Drogenhöhlen sind schimmernde Nachtclubs für die Hindu-Jeunesse-dorée getreten, überall glänzender Stahl, helles Aluminium und weißes Plastik unter den farbigen Lichtspielen aus aberhundert Leuchtkörpern an der Decke. Konsumiert werden Kokain und Ecstasy, neue Drogen für ein neues Bombay.

Raschids Sohn, ein schicker Dealer, ist hier gut im Geschäft. Zugleich nimmt er, der sich für einen guten Muslim hält, späte heimliche Rache für die Massaker der Hindus an der muslimischen Minderheit der Stadt, indem er ausschließlich seine Hindu-Klientel in die Drogensucht lockt, um sie zu verderben. «Schau dich um», sagt er zu einer Muslima, die ihn nach seinen moralischen Skrupeln als Drogenhändler befragen will, «das hier sind meine Kunden. Siehst du irgendwelche Muslime? Es gibt hier keine Muslime, also kann es nicht falsch sein, ihnen Drogen zu verkaufen. Eigentlich ist es sogar unsere Pflicht.»

Jeet Thayil, der aus seinen persönlichen Erfahrungen als Junkie kein Hehl macht und seine zwanzig an die Sucht vergeudeten Jahre in Interviews bedauert hat, will sich mit diesem Debüt auf eigenes Risiko in die reiche und halluzinatorische Drogen-Weltliteratur einschreiben, von Thomas de Quincey über Charles Baudelaire und William S. Burroughs bis Denis Johnson. Dabei ist es ihm weniger um heroische Junkie-Nostalgie plus moralischem Entzugskater zu tun, als vielmehr um das Gedenken an die Drogenköpfe, die mit ihm in den Opiumhöhlen der Shuklaji Street auszuschweifen pflegten – die Süchtler, die Abgestürzten, die Gestörten, die Zukurzgekommenen, die Kaputten. Ihnen will er mit «Narcopolis» ein Denkmal setzen, in der Erinnerung an eine Welt, die nicht mehr existiert – außer auf den Seiten eines Buches. Denn im Grunde ist die Stadt selbst die Protagonistin des Romans: «Bombay, eine Stadt, die ihre eigene Historie verwischte, indem sie sich einen anderen Namen gab und chirurgisch ein anderes Aussehen, ist Heldin, auch Heroin dieser Geschichte.»

So driftet der Roman durch seine private Nischenwelt von kleinen Erlösungen und großem Grauen. Wie Suketu Mehta interessiert sich auch Jeet Thayil vornehmlich für die extremen Abseitigkeiten der

Megalopolis Bombay, nicht für ihre Alltäglichkeiten. Dass auch aus unauffälligen Milieus und bodenständigen Plots extreme Geschichten erwachsen können – dieser Erkenntnis verdanken die Bombay-Romane Kiran Nagarkars ihre ganz eigene sonderbare Qualität.

Kiran Nagarkar, Jahrgang 1942, ist als Hindu in einem *Chawl*, einer der überfüllten ärmlichen Mietskasernen der Stadt, aufgewachsen, schlug sich lange und mühsam als Werbetexter und Drehbuchschreiber für Bollywood durch, schrieb seine Romane erst auf Marathi und dann auf Englisch und kennt das harte Alltagsgesicht Bombays/ Mumbais in- und auswendig. Immer wieder hatte er unter der Hetze religiöser Fanatiker zu leiden, eines seiner Theaterstücke wurde von der *Shiv Sena* verboten. Weil er seinen zweiten Roman «Ravan & Eddie» (1994) auf Englisch schrieb und nicht in seiner Muttersprache Marathi wie sein erstes Buch, wurde er von selbst ernannten Sprachpolizisten heftig angefeindet und als Verräter beschimpft.

Natürlich hatte Nagarkars Sprachwechsel auch ganz praktische Gründe: Die Marathi-Leserschaft ist äußerst begrenzt (von seinem ersten Roman verkauften sich trotz guter Kritiken binnen dreißig Jahren gerade mal 1500 Exemplare); erst auf Englisch erreichte der Autor ein größeres Lesepublikum. Der Durchbruch auf dem internationalen Buchmarkt gelang ihm 2006 mit seinem Terroristen-Roman «Gottes kleiner Krieger». Klar, dass auch dieser Roman um den Werdegang eines muslimischen Extremisten, der unter anderem ein dilettantisches Attentat auf Salman Rushdie verübt, kontrovers diskutiert wurde. Gleichwohl gilt Kiran Nagarkar heute als einer der bekanntesten Autoren im postkolonialen Indien.

Nagarkar ist der Herkunft nach ein reformierter Hindu, der eher der monotheistischen Richtung des Hinduismus zuneigt und es mehr mit Brahman, der universalen und unpersönlichen Weltseele, als mit der Vielgötterei hält. Gleichzeitig bezeichnet er sich selbst als areligiös. Und doch beschäftigen ihn in seinen Romanen vor allem die religiösen Konflikte, die das heutige Mumbai zerreißen, aber auch schon im alten Bombay virulent waren. Immer wieder umkreist er das Thema des religiösen Extremismus, der das friedliche Zusammenleben der Menschen gefährdet, ob nun unter Hindus, Christen oder Muslimen.

Nehmen wir nur seine Romanhelden Ravan und Eddie aus seiner gleichnamigen Pubertätsburleske. Die beiden sind zwei überlebensgroße indische Lausbuben, die wegen der Religion keine Freunde werden können. Ihre Herkunft bestimmt sie vielmehr zu geborenen Todfeinden. Sie wachsen in einem *Chawl* auf, wie ihn der Autor aus eigener Kindheitserfahrung nur allzu gut kennt. Der *Chawl* ist hier ein mikrokosmisches Abbild der heterogenen indischen Gesellschaft, fast eine nationale, zumindest aber eine Mumbai-Allegorie.

In der Topografie der Mietskaserne werden Zugehörigkeit und Ausgrenzung räumlich greifbar. Hindus und Christen leben im *Chawl* zwar unter einem Dach, aber ihre Billigwohnungen befinden sich in streng getrennten Welten – in den unteren Stockwerken hausen die Hindus, in den oberen Etagen die Christen, zumeist Katholiken aus der portugiesischen Provinz Goa. «Hindus und Katholiken in Bombays *Chawls* hätten genau so gut auf verschiedenen Planeten leben können. Sie sahen sich täglich und grüßten sich auch gelegentlich, aber ihre Wege kreuzten sich nur selten», liest man in «Ravan & Eddie».

Ravan, der Hindu-Junge, und Eddie, das katholische Kind, leben in Paralleluniversen. «Ihre Lebensbahnen verliefen parallel zueinander: Eine Stadt, ein *Chawl*, zwei Etagen, zwei Kulturen, zwei Sprachen, zwei Religionen und die Feindschaft ihrer Mütter trennten sie voneinander. Wie hätten sich ihre Lebenswege da kreuzen können?», liest man. Die beiden gehen in unterschiedliche Schulen, betreiben unterschiedliche Sportarten (Cricket der Hindu, Fußball der Christ) und begeistern sich für unterschiedliche Popkulturen. Doch die wimmelnde Enge des *Chawl* bringt es mit sich, dass man, ob man will oder nicht, Teil des Lebens der Nachbarn wird. Kiran Nagarkar gewinnt dem Apartheid-Getue mitten im *Chawl*-Getümmel voll heiterer Nachsicht viel pfiffige Komik ab, sieht im ethnischen und religiösen Extremismus immer auch die Farce und leistet sich, sooft es geht, eine Erzählhaltung von souveränem Unernst.

Während Eddie Bill Haley und Elvis Presley nacheifert, träumt Ravan davon, ein Bollywood-Star zu werden. Und Bollywood ist das Stichwort für den Autor, sich viele Jahre später ein weiteres Mal seines Erfolgsduos zu entsinnen und eine Fortsetzung zu «Ravan & Eddie» zu schreiben. Der Roman «Die Statisten» beginnt dort, wo «Ravan & Eddie» aufhörte, und begleitet nun Ravan, den Hindu-Jungen, und Eddie, den Spross aus indisch-katholischer Familie, durch ihre nachpubertären Abenteuer als junge Männer im Bombay der 1960er und 1970er Jahre, also lange vor der Umbenennung der Stadt in Mumbai. Doch der künftige Moloch, die menschenverschlingende Maximum City von heute, deutet sich bereits an: Auch Nagarkars Roman-Bombay hat schon mit Übervölkerung, Korruption, organisierter Kriminalität, Bandenkriegen und Verkehrsinfarkt zu kämpfen.

Ravan und Eddie wohnen immer noch bei ihren miteinander verfeindeten Müttern im vierten und fünften Stockwerk ihres Massenquartiers, ihrer «Ameisenkolonie». Ihre Aussichten als ungelernte Schulabbrecher scheinen mehr als dürftig, doch ihr Optimismus ist ungebremst: Sie träumen von der großen Karriere als Kinohelden in der Glitzerwelt Bollywoods. Auf dem Weg dahin begleitet Kiran Nagarkar seine einfältigen Helden unverdrossen von einem miesen Job zum nächsten, sei's als Taxifahrer oder als Rausschmeißer in einer illegalen Bar, und malt detailfroh aus, wie sie immer wieder betrogen, übertölpelt und reingelegt werden und doch fest daran glauben, irgendwann im Hindi-Film groß rauszukommen.

Immer schön abwechselnd folgt Nagarkar kapitelweise mal dem einen, mal dem anderen seiner Slumdogs auf ihren mäandernden Lebensbahnen. Da diese über weite Strecken parallel verlaufen, stellt sich bald das Gefühl eines gewissen Schematismus ein, dem aufgekratzten Erzählton zum Trotz. Gelegentlich hat man Mühe, die beiden Universal-Amateure in ihren identischen Träumen und ihren unwahrscheinlich synchronen Neustarts auseinanderzuhalten. Beide Helden gründen eine Band und scheitern damit; beide versuchen, zufällig am selben Tag, mit gefälschten Visa über Dubai in die USA zu emigrieren; beide nehmen gleichzeitig beim selben Lehrer Schauspielunterricht; und beide driften schließlich ins Magnetfeld Bollywoods und werden Teil der chaotischen Welt der indischen Filmindustrie – als Statisten. Da kann es nicht ausbleiben, dass Ravan und Eddie mit der Zeit sogar Freunde werden.

Der Autor hat sich offenbar in seine zwei strampelnden Nichtsnutze verliebt, Schwindler, Traumtänzer und ewig angeschmierte Lebensdilettanten, die sie sind. «Die Statisten» möchte ein Schelmenroman sein, eine überschäumende Großstadtburleske, und versteht dies als Generaldispens von so humorlosen Anforderungen wie Wahrscheinlichkeit, Stimmigkeit oder Detailgenauigkeit. Der Roman, frohgemut wie er ist, will gar nicht beim Wort genommen werden. Den Gestus warmherziger Satire, der das ganze Buch durchwirkt, lässt Kiran Nagarkar auch dem Kontinent Bollywood angedeihen, in dem sich seine beiden Statisten tummeln, die längste Zeit nur als namenlose singende und tanzende Hintergrundstaffage.

Ob Bollywood nun als Kitsch oder als *Camp* anzusehen ist, als Teil des globalen Pop, als originär indisches Kulturphänomen oder als Droge zur Alltagsflucht und Ruhigstellung der indischen Armen – der Roman belässt das im Diffusen, Nagarkars Haltung bleibt eigentümlich unentschieden. Den kriminellen Hintergrund der Traumfabrik, den etwa Suketu Mehta so grell auszuleuchten versteht, blendet Nagarkars Roman einfach aus.

Im Epilog gönnt der Autor seinen Statisten nach vielen Fehlstarts tatsächlich den völlig unwahrscheinlichen großen Durchbruch zu Ruhm, Erfolg und Reichtum. Das Wunder geschieht, die Luxuskarossen der Filmproduzenten drängeln sich vor dem Slum-Wohnblock, weil alle Ravan und Eddie unter Vertrag nehmen wollen. Parodie auf die Happy-End-Verlogenheit von Bollywood-Filmen? Absturz in die märchenhafte Wunscherfüllung? Oder doch eher Ausfluss der übergroßen Zuneigung des Autors zu seinen Figuren?

Die charakterliche Vielschichtigkeit, die den beiden Einfaltspinseln Ravan und Eddie offenbar nicht abzugewinnen war, ließ der Autor stattdessen Zia Khan zuteilwerden, dem Protagonisten seines bedeutendsten Romans «Gottes kleiner Krieger». Zia Khan, auch er ein Geschöpf Bombays, ist ein Extremist – erst Islamist und Terrorist, der als zeitweiliger Mujahedin-Anführer Attentate in Afghanistan und Kaschmir begeht, danach Trappistenmönch der strengsten Observanz und schließlich radikaler Hindu-Jünger. Er ist ein Glaubens-Chamäleon, bleibt jedoch in jeder Verwandlung immer Gottes kleiner Krieger. Seine Religion ist weder der Islam noch das Christentum noch der

Hinduismus. Seine Religion ist der Extremismus als solcher, jenseits aller Konfessionen. In jeder seiner angenommenen Religionen bringt sich Zia durch extremen Glaubensfanatismus beinahe ums Leben. Er eifert für das Absolute, in welcher Religionsgestalt auch immer. Zia Khan ist so etwas wie ein ideeller Gesamtterrorist.

Als Kiran Nagarkar diesen Schreckensmann in den 1990er Jahren erdachte, lag der 11. September 2001 mit seinen Terroranschlägen noch in der Ferne des künftigen Jahrhunderts. Und das Bild des fanatischen Jihadisten, wie er die Albträume des verunsicherten Westens seither heimsucht, war noch gar nicht entworfen. Nagarkar bedurfte nicht erst der Angriffe auf das *World Trade Centre*, um die Virulenz des Phänomens «Gotteskrieger» zu erkennen. Seine Zia-Khan-Geschichte ist daher auch kein Konjunktur-Roman, selbst wenn er in seinem Buch einen Taliban-trainierten Attentäter seine Blutspur durch die Welt ziehen lässt. Diesen Autor treibt das Phänomen des Fundamentalismus an sich um. Ihn interessieren die spirituellen Wurzeln des Terrorismus – und diese liegen nicht nur im Islam, sie sind auch in den anderen Weltreligionen aufzufinden. Auch dort gibt es radikale, fundamentalistische Strömungen. Vor allem jedoch verhandelt «Gottes kleiner Krieger» die Frage, wie aus Indien, das doch mit Mahatma Gandhis gewaltfreier Bewegung eine singuläre Unabhängigkeitsgeschichte hatte, eine Gesellschaft voll ethnischer Gewalt und blutiger Religionskämpfe werden konnte.

Nagarkar ist es um die seelische Disposition seines Helden zu tun, um seine moralische Entwicklung. Es geht dem Autor um fehlgeleiteten Idealismus, um die Pervertierung des Religiösen – nicht darum, Religion als Brutstätte von Intoleranz, Fanatismus und Gewalt vorzuführen. Er konzentriert sich auf die spirituellen Einflüsse und die geistigen Kämpfe, die aus Zia einen Zeloten machen, ihn von einer Bekehrung in die nächste treiben und ihn zwar mehrmals die Gottheit austauschen lassen, ohne aber seine eifernde Hingabe an das Absolute zu erschüttern.

Denn in einem bleibt dieser Zia unbeirrbar, auch wenn er im Zickzackkurs durch die Weltreligionen mäandert und die Berufe und Berufungen fast so rasch wechselt wie das Hemd: Unerschütterlich hält er an der Gewissheit fest, ein Auserwählter Gottes zu sein. Er ist fanatisch davon überzeugt, auserkoren zu sein für die Rettung der Welt. Was er auch immer unternimmt – es sind immer Kreuzzüge, es sind immer Weltrettungsprojekte.

Nagarkars Romanheld entspricht in nichts dem landläufigen Bild vom islamistischen Terroristen. Er gehört nicht zu den radikalen Verlierern, er ist nicht das Produkt einer Madrassa, einer Koranschule. Er ist auch nicht durch eine Terrororganisation als Jihadi angeworben worden. Zia Khan ist vielmehr der behütete und begabte Sohn einer wohlhabenden, liberalen, bürgerlichen Muslimfamilie in Bombay, die seine Fanatisierung mit Befremden, ja, mit Entsetzen beobachtet. Er ist in den besten Internaten erzogen worden, er ist ein hoch talentierter Mathematiker und geht zum Studium nach Cambridge.

Schon als Kind in Bombay wurde ihm allerdings von seiner schwärmerisch frommen Tante Zubeida die Überzeugung eingeimpft, es sei ihm «vorherbestimmt, die Abtrünnigen zum Islam zurückzuführen». Tante Zubeida erblickt ihre Mission darin, aus dem Neffen einen großen islamischen Heiligen zu machen. Und in der Tat hat Zia schon als halbwüchsiger Schüler sein erstes ekstatisches Offenbarungserlebnis. In einer der eindrucksvollsten Szenen des Romans wird erzählt, wie sich der junge Zia voll selbstquälerischer Lust in religiöser Ekstase den Rücken blutig peitscht. Der hysterische Drang, den Glauben durch körperlichen Schmerz zu intensivieren, wird ihm bleiben. Nach seiner Konversion zum Katholizismus erleidet Zia prompt die Stigmata. Und als er sich in einem Ashram der hinduistischen Zeremonie der Wiedergeburt unterzieht, bringt er sich durch die exzessive Einnahme des Reinigungsgiftes Soma beinahe um.

Zias Fanatismus geht so weit, dass er seine gewalttätigen, aggressiven Impulse nicht nur gegen sich selbst lenkt, sondern auch gegen andere – gegen Leute, die er für Häretiker und Glaubensfeinde hält. In Cambridge träumt er von einer Allah gefälligen Großtat: Er versucht, den von der Fatwa bedrohten Salman Rushdie zu erschießen, selbst wenn er «Die Satanischen Verse» gar nicht gelesen hat. Er wütet auch gegen seine eigene Familie, namentlich gegen seine Mutter, eine ganz und gar weltliche Luxusdame, die ihren Vergnügungen auch mit anderen Männern nachgeht. Der Sohn sagt sich brieflich von seiner Mutter los: Sie verdiene, wegen Ehebruchs gesteinigt zu werden.

Zu Zias Gegenspieler im Roman baut der Autor den nüchternen, milden Amanat auf, den Bruder des Helden, eine kränkliche Künstlergestalt, Schriftsteller und Bollywood-Drehbuchautor. Amanat ist die positive Gegenfigur, der Kritiker, die Stimme der Vernunft. Er spielt das humane Gegenprogramm zu Zias Extremismus durch, einem Extremismus, der letztlich auf Verneinung des Lebens zielt – auch des eigenen. An diesem Punkt kippt Zias Weltrettungswahn ins Unmenschliche, Masochismus schlägt um in mörderische Politik. Das Absolute erweist sich als nicht lebbar.

So unterschiedlich und kaum miteinander vergleichbar die englischsprachigen Romane Nagarkars sind und so sorgfältig der Autor auch darauf achtet, darin alle Ambivalenzen auszubalancieren und keinerlei Botschaften vor sich her zu tragen, so unüberhörbar pocht doch in allen Romanen die Frage nach dem rechten Glauben – die Frage nach einer spirituellen Lebensführung, die Gott gefällig, aber auch den Menschen bekömmlich wäre, selbst dann, wenn kein Gott in Sicht sein sollte. Auch bei Altaf Tyrewala, dem gleichfalls aus Bombay gebürtigen, doch eine Generation jüngeren Kollegen Kiran Nagarkars, ist kein Gott in Sicht.

Altaf Tyrewala, Sohn einer liberalen muslimischen Mittelschichtfamilie, ist Jahrgang 1977 und hat die typische moderne indische Karriere gemacht. Er wurde in den USA erzogen, studierte Marketing und Werbung in New York, ist als Software-Spezialist ausgebildet, lebt in Bombay, schreibt seine Bücher und Kurzgeschichten auf Englisch und lässt sie erst danach in Marathi übersetzen. Kaum überraschend, dass seine Geburtsstadt als Protagonistin seines Debütromans «Kein Gott in Sicht» sowie auch seines Langgedichts «Ministerium der verletzten Gefühle» figuriert.

«Kein Gott in Sicht» ist eine Art Schnellsiedekurs zu Land und Leuten. Der kleine Roman gibt einen lebhaften, wenngleich etwas kursorischen Eindruck von der heutigen indischen Wirklichkeit, er macht die Zustände und Probleme der indischen Gesellschaft am Beispiel Bombays zu seinem Thema, er bietet einen verknappten Querschnitt durch die unterschiedlichen sozialen Schichten der Stadt, er erzählt stellvertretend von einem Land im Umbruch, so dynamisch wie instabil, von religiösen, sozialen und ethnischen Konflikten – und all das auf nicht einmal zweihundert Seiten. «Kein Gott in Sicht» ist eine Art Sparvariante zu Suketu Mehtas Monumental-Reportage über Bombay und seine Menschen.

Das Gedränge, das Geschrei, der Geruch der Maximum City ist auf jeder Buchseite gegenwärtig und spürbar. Altaf Tyrewala führt uns mitten hinein in die überfüllten Wohnblocks mit ihren winzigen Wohnungen, in den Gestank und Schmutz der Markthallen, aber auch in die klimatisierten Büros des neuen wohlhabenden Mittelstands. Er lässt uns den Massenverkehr spüren, den abgasgesättigten täglichen Verkehrsstau auf den Straßen, auf denen den ganzen Tag *Rush Hour* herrscht, er führt uns in die überfüllten Busse und Lokalbahnen mit ihren Pendlermassen, zeigt uns den Kampf und die Anstrengung, die es bedeutet, sich durch Bombay zu bewegen, um den eigenen Platz in der Stadt zu behaupten. Tyrewala zeichnet scharf konturierte, atmosphärisch dichte Kurzporträts aus den unterschiedlichen Milieus und liefert eindrückliche Momentaufnahmen von den Lebensumständen der Menschen, von ihren Sorgen und Existenzkämpfen. Er zeigt, wie sie sich durchschlagen, wie sie untergehen, wie sie noch einmal davonkommen.

Nicht zufällig sind die meisten seiner Romanfiguren Muslime. Tyrewala hat als Halbwüchsiger die Pogrome von 1992/93 miterlebt, wenn auch nur als Beobachter und nicht direkt Betroffener. Der Schock, sagt der Autor im Interview, habe für die Gemeinde der muslimischen Minderheit darin bestanden, dass hier erstmals eine Komplizenschaft zwischen der Stadtverwaltung und der Hindu-Mehrheit der Stadt sichtbar wurde. Die Stadt selbst machte nun gemeinsam mit der Mehrheitsbevölkerung Front gegen ihre Minderheiten. Und das war das erschreckend Neue an den wüsten Ausschreitungen.

Die Aufteilung der Stadt in Ghettos ist ebenso Thema seines Romans wie die extreme Kluft zwischen Reich und Arm. Für diesen Autor verläuft die Demarkationslinie zwischen dem Bombay des Finanzdistrikts und der Profiteure der *New Economy* und dem Mumbai der strampelnden und kämpfenden kleinen Leute. Je ärmer, desto rassistischer – so eine der Erkenntnisse des Romans.

Der Roman hat eine kreisförmige Anlage. Er ist komponiert aus etwa vierzig kurzen episodischen Kapiteln, die ringförmig zusammenhängen. Naturgemäß wird manches verkürzt und zugespitzt. Das liegt am Konstruktionsprinzip des Romans. Doch die Konstruktion leuchtet ein, und sie trägt. In knappen Szenen, die geschickt miteinander verknüpft sind, führt der Autor durch die unterschiedlichen Klassen und Kasten, von den Ärmsten, die auf der Straße leben, bis zu den Aufsteigern in der boomenden Finanzwelt. Er verkettet die Schicksale einzelner Menschen miteinander und tippt im Vorübergehen alle aktuellen indischen Konfliktzonen an: das explosive Gemisch der Ethnien und Religionen, das Aufeinanderprallen von Moderne und archaischen Traditionen. Prägnant zeigt er die unterschiedlichsten Berufe und Lebenswelten, vom krassesten Elend bis zum neuen Reichtum, und schließt am Ende den Kreis dort, wo der Roman begonnen hat. Dazwischen aber hat der Autor den Leser im Schnelldurchgang einmal durch den ganzen Kosmos der Stadt geführt.

Das beginnt mit einer jungen Frau, die ungewollt schwanger wird und das Kind abtreiben lässt. Dann wird der Abtreibungsarzt in seiner schäbigen Klinik präsentiert, und es wird gezeigt, warum er tut, was er tut und wie es dazu gekommen ist. Dann leitet der Roman über zu den Eltern des Abtreibungsarztes, denen der Sohn mit seinem Beruf Kummer und Schande macht; dann zeigt er die Mutter, die die Wallfahrt nach Mekka macht, um Buße zu tun für den Sohn und dabei umkommt, dann den Vater, einen Schuhverkäufer, der seinen Job verliert, weil der Ladenbesitzer, ein Muslim, genug hat von den ewigen Pogromen zwischen Hindus und Muslimen und mit seiner Familie in die USA emigriert. Und so fort, nach Art eines Reigens.

Erst ein halbes Dutzend Jahre nach seinem viel beachteten Debüt konnte Altaf Tyrewala die Aufmerksamkeit der literarischen Welt wieder auf sich ziehen – abermals mit einem formal anspruchsvollen Text. «Ministerium der verletzten Gefühle» ist eher auf Deklamation denn auf stummes Lesen angelegt: ein Langgedicht, ein Versroman *en miniature*, eine bittere lyrische Ode auf alle Erbkrankheiten dieser notorisch bresthaften Stadt Bombay. Tyrewala zeigt sich damit in einer neuen Rolle als Slam Poet, der Kürzestgeschichten, urbane Schlaglichter, Sozialkritik, Werbesprüche und Straßen-Slang mixt und sich im Schnelldurchgang durch Bombays Übel rappt. Der Text sagt von sich selbst, er sei «mit tausend Figuren vollgestopft, die in ein oder zwei Sätzen vorkommen / Blüten aus Fleisch, die wie Nebel vergehen / Und in der Zeit verschwinden, die man braucht, einen BH zu öffnen / Ein Kondom auszupacken, *Ich will* zu sagen».

Vom Start weg führt der Autor sein Drastik-Programm vor, indem er den Leser mit ausgewählten Gestalten aus Mumbais Elendswelt konfrontiert – etwa mit einer unberührbaren Dalit, die vom Müll lebt, mit bloßen Händen verstopfte Toiletten ausputzt und schließlich unter Müll lebendig begraben wird; mit einem Teeverkäufer, dessen Teestand auf der Straße einfach plattgemacht und dessen Existenz ruiniert wird, «um Platz zu machen für eine neue Bushaltestelle»; mit einem gliederlosen Bettler draußen vor der Mall, der seiner unnützen Erektion nicht abhelfen kann. Ganz zu schweigen von dem Hindu-Mob, der wieder einmal Muslime verbrennen und deren Frauen vergewaltigen geht: «Gib die Kleine rüber, bevor du sie ins Feuer wirfst / Sie heißt Gulshan, oder? Mit der wir aufgewachsen sind?»

Die Stadt sieht Tyrewala als schlammgeboren: «Das Bauland hat man einem gekränkten Meer abgerungen / Das unermüdlich wütend gegen den steinernen Uferwall schwappt.» Sie steht auf sumpfigem Marschland – überall nur «der Schlick, der Matsch, der Schlamm». Dazu «Verkehrsstaus von hier bis zum Jupiter» und «sogenanntes Wasser, bei dem noch Tote sich was einfangen». Ganz zu schweigen von der Atmosphäre, die einen schier umbringt: «Schwaden, die einem die Seele verätzen können / Unaufhörlich dreht sich dir der Magen um / Eine permanente Produktion bitterer, brennender Galle / Mit einer Tasche streifst du durch die Straßen / Die Menschenmenge, die Autos, die zerfallenden Denkmäler der Kolonialzeit / Sie bringen dich zum Würgen.»

Tyrewala zeichnet eine gespaltene Stadt, zerklüftet in Extreme der Tiefe und der Höhe. Einerseits erscheint sie ihm als «Tollhaus» – schamlos, dysfunktional, lebensgefährlich; planlos und chaotisch ihre unterirdische Struktur: «Ein querverdrahtetes, unentwirrbares Palimpsest / Aus unendlichem Gebuddel und Geflicke / Kein Original-Bauplan, anhand dessen / Man verstehen könnte, weshalb das Rohr / Das Wasser in deine Küche bringen sollte / Am Ende den Inhalt deines Klos wegschafft.» Andererseits strebt die Stadt in höchste Höhen, eine monströse ewige Baustelle: «Tag-und-Nacht-Baustellen / Wo Tentakelkräne nonstop aufstrebende Skelette / Wolkenlöchernder Wahrzeichen aufwärts spulen.» Während die Mumbai-Massen unten im Schmutz wühlen und im Dreck ersticken, entsteht in luftiger Höhe die Fata Morgana eines Bombay der Zukunft: «Eine Stadt zieht sich zurück in die Wolken / Ihre Bewohner starren von den Balkonen herab wie gelangweilte Götter / Sie können ihren Augen kaum trauen / Vom 25. Stock aus und von noch weiter oben / *Sieht Mumbai ja aus wie Shanghai!* / Soll dieses Trugbild weiterbestehen / Hilft nur eins: immer so high bleiben / Überkommt dich der Wunsch, die Erde zu betreten / Lauf hoch zum Hubschrauberlandeplatz / Von wo aus dich das Heli-Taxi durch die Luft / Über Slums und Staus und offene Abwässerkanäle hinweg / In ein umzäuntes Märchenland tief in den Höhenwäldern bringt / *Willkommen im Ästheten-Refugium.*» Kurzum: Der Zustand der Stadt erinnert krass an koloniale Zeiten: «Empire ist wieder da und will noch mal.»

Altaf Tyrewala macht keinen Hehl aus seinen widersprüchlichen Gefühlen und seiner Hassliebe für seine Geburtsstadt. Immer wieder stellt er sich die Frage: «Was hat dieser verkehrsverstopfte Störfall an der Küste nur / Dass du immer wieder zurückkehren willst.» Dagegen steht der permanente Fluchtimpuls: «Nichts wie weg hier und so schnell wie möglich.» Sein letztes Wort ist ein vernichtendes Urteil über den menschenverschlingenden Moloch Bombay/Mumbai: «In dieser Stadt / Kommt jeder dem Tod einmal davon / Ein lebenswertes Leben, das ist rar / Dafür sind andere Orte da.»

Erwähnte Bücher

Suketu Mehta «Bombay Maximum City», Reportagen (Suhrkamp 2006)
Kiran Nagarkar «Ravan & Eddie», Roman (A1 Verlag 2004)
Kiran Nagarkar «Gottes kleiner Krieger», Roman (A 1 Verlag 2006)
Kiran Nagarkar «Die Statisten», Roman (A1 Verlag 2012)
Doug Saunders «Die neue Völkerwanderung – Arrival City» (Blessing 2011)
Jeet Thayil «Narcopolis», Roman (S. Fischer 2013)
Altaf Tyrewala «Kein Gott in Sicht», Roman (Suhrkamp 2006)
Altaf Tyrewala «Ministerium der verletzten Gefühle», Langgedicht
(Berenberg 2013)

Der Irak – Geschichte eines Scheiterns

Die Expedition war ein Debakel, eine britische Großblamage des 19. Jahrhunderts. Im Rückblick gesehen, hatte das exemplarisch gescheiterte Euphrat-Unternehmen allerdings auch seine komischen, ja, grotesken Züge. Der nüchterne Sachverstand hätte von diesem aberwitzigen geostrategischen Abenteuer nur abraten können, bei kühler Abwägung von Risiko und möglichem Ertrag. Trotzdem oder gerade wegen ihrer Unsinnigkeit und höheren Zwecklosigkeit, wegen ihres phantastischen Widersinns ist diese Expedition als Denkwürdigkeit im Gedächtnis geblieben. Die Unternehmung ist in die Geschichte eingegangen – in die Annalen der großen Fehlschläge.

Exemplarisch war das Euphrat-Fiasko in zweierlei Hinsicht: Es offenbarte die technikgläubige Selbstüberschätzung Großbritanniens, wo man sich – ganz im Vollgefühl seiner Pionierrolle in der Industriellen Revolution – so gut wie alles als machbar zutraute; und es zeigte modellhaft, wie fatal sich im Denken kolonialer Geostrategen imperiale Expansionspolitik und zivilisatorische Mission, Sendungsbewusstsein und Gewinnstreben miteinander verschränken können, im britischen Weltreich des 19. Jahrhunderts nicht viel anders als im Irak-Feldzug der Amerikaner im 21. Jahrhundert. Die Grenzen zwischen Abenteuerlust und Unvermögen, Forscherdrang und Fahrlässigkeit, Strategie und imperialer Träumerei, Wagemut und Wahnwitz verschwimmen. In ihrer historischen Reportage «Euphrat Queen. Eine Expedition ins Paradies» hat Ursula Naumann diese Katastrophenfahrt auf sehr erhellende und unterhaltsame Weise nachgezeichnet.

Erzählt wird darin vom Versuch der *East India Company*, in den 1830er Jahren einen kürzeren Postweg zwischen England und Britisch-Indien zu erschließen, der schneller wäre als der langwierige Seeweg rund um Afrika. Den Suezkanal gab es noch nicht, aber das Dampfschiff war gerade erfunden worden. Also tauchte folgende Idee auf: Warum nicht den Postverkehr auf Dampfschiffen über den Euphrat-Strom abwickeln? Das müsste doch eigentlich schneller gehen: die Post von England per Schiff durchs Mittelmeer befördern, dann weiter auf dem Landweg durch die Türkei (damals das Osmanische Reich) und auf dem Flussweg den Euphrat hinunter zum Persischen Golf und schließlich weiter per Schiff nach Indien.

Das Problem schien nur: Wie transportiert man Dampfschiffe zum Euphrat und zum Tigris? Das sei technisch lösbar, so die Überzeugung. Also wurden in England zwei Dampfschiffe gebaut, die «Euphrates» und die «Tigris», dann in Einzelteile zerlegt und verschifft und an der syrischen Küste ausgeladen. Von dort wurden die einzelnen Schiffsteile zweihundert Kilometer weit durch unwegsames Gelände an den Oberlauf des Euphrat geschleppt. Allein für den Transport des schwersten Dampfkessels über Land benötigte man 104 Ochsen und 52 Treiber. Am Ufer des Euphrat wurden die Dampfschiffe dann wieder zusammengebaut und vom Stapel gelassen.

Es begann eine Fiasko-Fahrt sondergleichen. Das Euphrat-Unternehmen sollte die Überlegenheit westlicher Technik demonstrieren; doch die Expedition war eine einzige Serie von Pannen und Unglücksfällen. Die Schiffe wurden von Nomaden attackiert. Der Nachschub klappte nicht. Aus Kohlemangel mussten die Briten am Ufer Bäume fällen, um die Dampfkessel heizen zu können. Zudem bohrten sich die Schiffe unentwegt in Sandbänke und konnten nur in tagelanger Mühe wieder flottgemacht werden – um sofort auf der nächsten Sandbank wieder aufzulaufen. Schließlich kenterte der Dampfer «Tigris» in einem Sandsturm und ging mit Mann und Maus unter. Zwanzig Mann ertranken. Die «Euphrates» setzte ihre Fahrt zwar fort, doch zu einem regelmäßigen Postverkehr via Euphrat ist es nie gekommen.

Die Hauptschuld an diesem Debakel trug der Kommandant, ein Artillerieoffizier – ein dickschädeliger und impulsiver Ire namens Francis Chesney, dem die wahnwitzigsten Fehlentscheidungen unterliefen und der wirklich das Menschenmögliche tat, um die Sache schiefgehen zu lassen, mit Feuereifer, Unbesonnenheit und abenteuerlich falschem Kalkül. Derselbe Oberst Chesney entwickelte in den 1830er Jahren auch Pläne für den Bau einer Eisenbahnverbindung vom Mittelmeer zum Persischen Golf, der «Euphrat Valley Railway» – Pläne, die freilich im Sande verliefen. Ein Postverkehr via Euphrat kam so oder so nie zustande. Er erübrigte sich auch spätestens mit dem Bau des Suezkanals.

In dieser Euphrat-Unternehmung wird erstmals die unwichtige Rolle deutlich, die dem Zweistromland in den Augen der Geostrategen der Kolonialmächte zukam – vor der Entdeckung der gewaltigen Erdölvorkommen in den 1920er Jahren, die das bis dahin wenig beachtete Land augenblicklich ins Zentrum westlicher Macht- und Einflussinteressen rückte. Davor galten die osmanischen Provinzen Bagdad, Mossul und Basra als Transitland und waren allenfalls verkehrspolitisch interessant, wegen ihrer Lage an den Schnittrouten zwischen Europa, Britisch-Indien, Zentralasien, dem Kaukasus und Südarabien.

Erst als es ans Aufteilen des Erbes des zerfallenden Osmanischen Reiches ging, entbrannte zwischen den Großmächten England, Russland und Frankreich der Kampf um Einflusszonen im Nahen Osten in aller Schärfe. Die Grenzen auf der Nahost-Landkarte wurden willkürlich neu gezogen, wobei sich Großbritannien das Mandat des Völkerbunds für die drei osmanischen Fluss-Provinzen sicherte, die es 1920 zum heutigen Irak verschmolz, formell als Königreich unter dem willfährigen Marionettenkönig Faisal. Erst seit bekannt ist, dass der Irak über die drittgrößten erkundeten Erdölvorräte der Welt verfügt, zählt das Zweistromland zu den umstrittensten und gefährlichsten Unruheherden in Nahost.

Innenpolitisch ist das Land ethnisch und religiös zerrissen, wurde jedoch die längste Zeit von diktatorischen Regimes unter totaler Kontrolle gehalten. Der Dichter Sinan Antoon nennt den Irak einen «Winkel, in dem die Kriege sich kreuzen und wo die Tyrannen sich häufen».

Außenpolitisch ist das Land umkämpft und dem Zugriff wechselnder Großmächte ausgesetzt, von England über Hitler-Deutschland bis zu den USA. Die Euphrat-Expedition unter Oberst Chesney war trotz aller Misshelligkeiten doch auch ein prächtiges Exotikum – eine Reise in einen märchenhaften, wildromantischen Orient. Heutige Irak-Reisen hingegen führen seit langem nur in apokalyptische Szenerien.

Der Autor Sherko Fatah nennt den Irak ein «weißes Land». In den Augen des gebürtigen Ostberliners, Sohn eines irakisch-kurdischen Vaters und einer deutschen Mutter, der seit seiner Jugend zwischen dem Irak und Deutschland hin- und herpendelt, ist der Irak eine historische Leerstelle, ein unbeschriebenes Blatt, in das von in- und ausländischen Händen unentwegt blutige Zeichen eingeschrieben werden. Fatah zählt die Iraker zu den «stillen Völkern», an denen fremde Eroberer «zwingend rütteln fort und fort», wie Goethe im «West-östlichen Divan» formuliert – ein Zitat, das Fatah seinem Roman «Ein weißes Land» als Motto voranstellt.

Diese blutige Schrift über dem weißen Land sucht der deutsch-kurdische Autor in seinen bislang vier Romanen zu entziffern und zu deuten. Bestimmte Konstellationen und Motive beschäftigen ihn besonders intensiv, weil sie in seinen Augen das politische und soziale Klima im Land zu prägen scheinen. Sie tauchen daher in Fatahs Romanen mehrfach auf: junge Männer, die zu Terroristen werden, weil sie in die Fänge radikaler Organisationen geraten, seien es die irakischen Faschisten von einst oder die fundamentalistischen Gotteskrieger von heute; rat- und haltlose junge Drifter, die sich als Diener wechselnder Herren in eine Wirrsal einander widersprechender Loyalitäten gestürzt sehen und unausweichlich irgendwann als Verräter enden; Grenzgänger aller Arten, ideologisch, religiös, topographisch. Nicht zufällig wählt Sherko Fatah häufig das Kurdengebiet im Norden, das Ländereck zwischen Irak, Iran und Türkei, als Schauplatz seiner Romane – eine Region unsicherer Zugehörigkeiten, die zum Seitenwechsel geradezu einlädt. Und nicht zufällig ist der Seitenwechsler, der Verräter, eine häufig auftauchende Problemfigur in Fatahs Romanen. Gemeinsam ist seinen Protagonisten ein Grundgefühl der Entwurzelung. Der Gedanke, das Land zu verlassen, liegt ihnen nie ganz fern, das Exil ist immer eine Option.

Sherko Fatah gehört mit Pius Alibek, Najem Wali, Sinan Antoon und Abbas Khider zu jenen irakisch-stämmigen Autoren, die, meist als Exilanten im Westen lebend, aus dem Ausland auf ihr unglückliches, misshandeltes und gewalttätiges Herkunftsland blicken – je nach Erzähltemperament mit Trauer, Qual oder Sehnsucht, mit Sarkasmus, Hohn oder Ekel. Sherko Fatah nimmt in seinen Romanen meist die nüchterne Haltung des distanzierten Beobachters ein. Pius Alibek schreibt aus persönlicher Betroffenheit über eine einst geliebte Heimat, der er sich entfremdet hat. Najem Wali betrauert in einer großen Schmerzenschronik einen untergegangenen Vielvölkerstaat, der für immer verschwunden ist. Sinan Antoon erinnert sich voll Zorn, Abscheu und Angst an die totalitäre Diktatur Saddam Husseins – und bekämpft sie mit Spott, Häme und Verachtung. Indem er sie der Lächerlichkeit preisgibt, macht er sie wenigstens im Nachhinein für sich unschädlich. Und Abbas Khider, der Jüngste in dieser Gruppe von Exil-Autoren, wehrt sich mit Gelächter gegen die Übergriffe des Regimes.

So unterschiedlich ausgeprägt das Erzählinteresse dieser Autoren jeweils ist, eines eint sie untergründig: die Melancholie des Migrantentums. Ihr Land hat sie in die Flucht geschlagen, eine Rückkehr auf Dauer kann und wird es für sie nicht geben. Sie räumen dem Irak auch keinerlei Hoffnung auf eine bessere Zukunft ein. In ihren Romanen beschreiben sie eine heillose und verworrene Weltregion, erzählen vornehmlich von den Leiden der Minderheiten im Irak und versuchen zu klären, wie alles gekommen ist, was den Menschen dort widerfuhr, was sie ihren Nachbarn antaten und selbst erlitten, und wie der Irak in der kurzen Geschichte seiner Staatlichkeit das wurde, was er heute ist, nämlich ein Land, das unentwegt seine Zukunft verspielt.

Selbst dann, wenn diese Autoren ihre Romane auf Einzelschicksale fokussieren – auf einen namenlosen kurdischen Schmuggler, einen Kleinkriminellen und Fassadenkletterer in Bagdad, einen Goldschmied in Amara –, wird dahinter der große zeithistorische Horizont aufgespannt, vor dem die Protagonisten agieren: nie selbstbestimmt, immer gesteuert oder drangsaliert von übermächtigen politischen Kräften, die sie oft gar nicht durchschauen und denen sie ohnmächtig ausgeliefert sind.

Jäh wechseln die Machthaber in Bagdad, die Monarchie wird über Nacht gestürzt, die Republik wird ausgerufen, das Militär zieht im Hintergrund die Strippen, die britische Mandatsmacht muss weichen und wird von Hitler-Deutschland als neuem Machtfaktor in der Region abgelöst, Militärputsche und Gegenputsche ereignen sich in rascher Folge, die Weltmächte mischen sich unentwegt ein. Diktatoren reißen, ehe sie ihrerseits gestürzt und getötet werden, für kürzer oder länger die Macht an sich, stets begleitet von blutigen Ausschreitungen, willkürlichen Verhaftungen und Massenhinrichtungen, von innenpolitischen Feldzügen gegen Minderheiten und einer Außenpolitik, die hauptsächlich auf Kriege gegen Nachbarländer setzt. Die Romanhelden dieser Autoren versuchen meist nur, sich einfach wegzuducken, um möglichst am Leben zu bleiben, während ein Schreckensregime nach dem anderen über das Land herzieht, die Gesellschaft verheert, mittels einer allmächtigen Geheimpolizei potenziell jeden Bürger bedroht und die ethnischen, religiösen oder ideologischen Gruppen, die es zu seinen Feinden erklärt hat, dezimiert, wenn nicht überhaupt vernichtet.

Schon die Biographien dieser irakischen Schriftsteller lassen die multiethnische und multireligiöse Vielfalt erkennen, die einst ein Kennzeichen der Gesellschaft im Zweistromland war, ehe die Mehrheitsbevölkerung auf diverse Minderheitengruppen loszugehen begann, um sie zu massakrieren oder zu vertreiben.

Pius Alibek etwa, geboren 1955 in Ankawa, einem Städtchen der assyro-chaldäischen Minderheit im kurdischen Norden des Landes, sieht sich als Nachfahre der ersten Bewohner Mesopotamiens vor sechstausend Jahren und Angehöriger der ältesten christlichen Gemeinschaft des Orients, der chaldäisch-katholischen Kirche des Ostens. Seine Muttersprache ist das biblische Aramäisch, zur Schule ging er in einem Priesterseminar der Jesuiten in Bagdad. Als Heranwachsendem war ihm diese «kostbare Vielgestaltigkeit der Menschheit» ganz selbstverständlich. Dann musste er erleben, wie sein Onkel Habib, der als bekennender Maoist in Opposition zur regierenden Baath-Partei stand, inhaftiert, gefoltert und hingerichtet wurde – in einem Gefängnis mit Namen Abu Ghuraib.

Doch das Erlebnis, das ihn am tiefsten prägte und zum Inbild seiner Trauer um die verlorene Heimat wurde, war die Zerstörung seines Kindheitsparadieses – die Vernichtung von Al-Ahwar. Al-Ahwar, das Marschland im Süden des Irak, war eine zauberhafte und in Jahrtausenden kaum veränderte Landschaft. Dieses Schwemmland am Unterlauf von Euphrat und Tigris war das ursprüngliche Siedlungsgebiet der Sumerer und wird als Schauplatz bereits im Gilgamesch-Epos erwähnt. Alle Arten von Wasservögeln brüteten in diesem Sumpfland voll Schilf und Röhricht, Büffel und Wildschweine zogen durch, unzählige Fischarten belebten die seichten Gewässer. Die Bewohner der Marschen bauten wie von alters her ihre Häuser aus Schlamm und geflochtenen Schilfbündeln; niemandem war es gelungen, diese Sumpfbewohner zu unterwerfen oder ihr unberührtes Biotop zu erobern. Bis Saddam Hussein an die Macht kam und der Gegend den Garaus machte.

In den 1980er Jahren, mitten im Krieg gegen den Iran, beschloss der Diktator, die Marschen zu zerstören, da sich dort viele Gegner seines Regimes versteckt hielten. Zuerst ließ er die Gegend bombardieren, dann ließ er das Wasser vergiften, wodurch ein großer Teil der Tierwelt vernichtet wurde. Danach befahl er, Hochspannungsleitungen ins Wasser zu kippen, und schließlich ließ er einen kilometerlangen Staudamm bauen, um den Wasserlauf von Euphrat und Tigris abzuschneiden, die das Marschland mit Wasser speisten. Die Nachfahren der Sumerer und Akkader mussten ihre jahrtausendealte Heimat verlassen, denn sie war unbewohnbar geworden. Was der Zerstörung durch Saddam entgangen war, das räumten dann die Alliierten im Zweiten Golfkrieg auf, indem sie die Gegend mit angereichertem Uran verseuchten, worauf Saddam Hussein noch einmal mit Bomben nachsetzte und damit das Zerstörungswerk vollendete. Pius Alibeks bitterer Kommentar: «Mit dem Auszug der Marschbewohner ist eine weitere Stätte der Menschheit vernichtet worden. Einer Menschheit, die wir in ihrer kostbaren Vielgestaltigkeit nach und nach aufgegeben haben.»

Seinen Militärdienst leistete Pius Alibek, als Christ und damit Angehöriger einer verachteten Minderheit, an den schlimmsten Bestimmungsorten, die das irakische Heer zu vergeben hatte: in den öden, menschenleeren Wüstengebieten an der Grenze zu Jordanien und Saudi-Arabien. Nach zwei Jahren sinnloser Schinderei unter sadistischen Schleifern und brüllenden Offizieren kam der Rekrut Alibek Ende August 1980 frei, er wurde entlassen, genau vierundzwanzig Tage vor Beginn des Kriegs mit dem Iran, des Ersten Golfkriegs. Damit drohte ihm die Gefahr, abermals zum Armeedienst eingezogen zu werden, dieses Mal mit unbestimmter Dauer («Mein Jahrgang war im Ganzen fünfzehn Jahre im Dienst»). Mit viel Glück gelang es ihm, sich rechtzeitig vor Kriegsbeginn nach Spanien abzusetzen.

Pius Alibek lebt in Barcelona, arbeitet dort als Übersetzer und betreibt ein irakisches Restaurant. Seine Erinnerungen an seine irakische Kindheit und Jugend, die unter dem deutschen Titel «Als ich unter Sternen schlief» erschienen, schrieb er auf Katalanisch. Im Vorwort nennt Pius Alibek seine älteste Tochter als erste Adressatin dieser Erinnerungen: Das kleine Mädchen, das im Kindergarten ganz selbstverständlich Katalanisch und Spanisch mit Aramäisch und Arabisch vermischt, sollte erfahren, «wer ihr Vater war und woher er kam». An das Land, aus dem er mit viel Glück emigrieren konnte, denkt er vor allem mit zwei Gefühlen zurück: «Angst und Brechreiz».

Der Ausbruch des Iranisch-Irakischen Kriegs 1980 war auch für Najem Wali, der 1956 in Basra geboren wurde und in Amara am unteren Tigris aufwuchs, der Anlass zur Flucht aus dem Irak. Als sein Jahrgang zum Militärdienst eingezogen wurde, fälschte Najem Wali seinen Wehrpass und floh nach Deutschland. An der Universität Hamburg machte er einen Abschluss in Germanistik, in Madrid studierte er spanische Literatur. Er lebt heute in Berlin. Seine journalistischen Beiträge für deutschsprachige Zeitungen schreibt er auf Deutsch, seine Romane und Erzählungen auf Arabisch.

Walis halb autobiographisch-dokumentarischer, halb phantastisch-surrealer Roman «Engel des Südens» liest sich wie ein großer Abgesang auf ein verlorenes Goldenes Zeitalter des Kosmopolitismus, als im Irak die unterschiedlichsten Volksgruppen und Glaubensrichtungen noch friedlich koexistierten und die Bevölkerung von der britischen Mandatsmacht gegängelt, aber zugleich auch demokratisch erzogen wurde – das Regime der Engländer oszillierte stets zwischen

Besatzung und Befreiung. In diesem Trauerepos werden noch einmal die liberalen Traditionen eines Vielvölkerstaats beschworen, in dem Chaldäer, Mandäer, Sabäer, Assyrer, Armenier, Kurden, Juden, Jesiden, Parsen, Zigeuner, arabische Sunniten und Schiiten konfliktfrei zusammenlebten.

«Engel des Südens» ist ein Buch der Klage über das Verschwinden eines weltoffenen und gütlichen Irak der bunten und vielgestaltigen Kulturenmischungen. Sollte es solch friedfertige und harmonische Zeiten für das Land an Euphrat und Tigris denn tatsächlich je gegeben haben, dann sind sie in den blutigen Umstürzen diverser Gewaltregimes zugrunde gegangen. Das macht «Engel des Südens» auch zu einer großen Schmerzenslitanei über das Martyrium der Untergegangenen und Verschwundenen.

Najem Wali zeichnet den Irak als ein Land, das nach dem Ende der osmanischen Herrschaft und seiner Entlassung aus der kolonialen Unmündigkeit an der demokratischen Nationengründung gescheitert ist und zum Spielball wechselnder Großmachtinteressen und zum Kampfplatz mörderischer ethnischer Binnenkonflikte wurde. Der panarabische Großnationalismus der Baath-Partei, die sich in den 1960er Jahren an die Macht putschte, erhob die Unterdrückung und Bekämpfung von Minderheiten dann endgültig zum politischen Programm. So erzählt Najem Wali von der Verfolgung von Kurden, Kommunisten, Christen oder der gnostischen Täufersekte der Sabäer, konzentriert sich aber vor allem auf die Leidensgeschichte der irakischen Juden und auf deren Ermordung oder Vertreibung aus dem Zweistromland, dem Mesopotamien oder Babylonien von einst, wo sie seit zweitausendvierhundert Jahren ansässig gewesen waren. Vor 1948 lebten rund hundertfünfzigtausend Juden im Irak; heute sind es allenfalls eine Handvoll.

Das Thema der Judenverfolgung dominiert auch in Sherko Fatahs Roman «Ein weißes Land», allerdings wird es aus ganz anderer Perspektive erzählt als bei Najem Wali. Statt dem mitleidenden, klagenden und trauernden Erzähler-Ich, dem Najem Wali in «Engel des Südens» die jüdische Passionsgeschichte anvertraut, legt Sherko Fatah die Schilderung der Pogrome in Bagdad vom Juni 1941 und des jüdischen Exodus aus dem Irak in den 1950er Jahren einem höchst proble-matischen Erzähler namens Anwar in den Mund – einem kriminellen Araberjungen, irakischen Faschisten und nachmaligen SS-Mann, der seine jüdischen Freunde verrät und deren Verfolgung, Enteignung und Vertreibung gleichgültig und ohne Gemütsbewegung referiert.

Dieser Anwar ist symbolischerweise genauso alt wie der moderne Irak: geboren 1921, in dem Jahr, in dem die Briten das Mandatsgebiet Mesopotamien übernahmen. An dieser Protagonistenfigur entlang er-zählt Sherko Fatah die Entstehungsgeschichte des heutigen Irak vom Ersten Weltkrieg fast bis zur Machtübernahme Saddam Husseins. Die-ser Anwar beginnt als Nichtsnutz und endet als Türsteher, und er ist sein Leben lang das, was Brecht einen «Geherda» nennt. Anwar ist ein ungebildeter Kerl im Bagdad der 1930er Jahre, der durch alle Umbrü-che im Irak stolpert, sich in die politischen Großereignisse seiner Zeit verstrickt, ohne sie zu durchschauen, und als Mitmacher und Mitläu-fer schließlich zum Kriegsverbrecher wird, ohne es recht zu merken. Anwar ist eine fiktive Gestalt, doch sein Autor lässt ihn auf lauter rea-le Figuren der Zeitgeschichte treffen, vom Großmufti von Jerusalem bis zu Hitler und Himmler. Anwar ist eine Kunstfigur nach Art des Forrest Gump: Auch er mischt sich unter lauter historische Gestalten.

Sherko Fatah entfaltet Anwars Lebensgeschichte im Pendeln zwi-schen dem Irak und Nazi-Deutschland. Er lässt ihn von den Umtrieben der SS und der Gestapo im Irak während des Hitler-Regimes erzählen und davon, wie die Nationalsozialisten das irakische Militär infiltrier-ten und die irakischen Machteliten eine Achse zwischen SS und pan-arabischem Islamismus schmiedeten. Er lässt ihn die Juden-Pogrome vom Juni 1941 schildern, hinter denen als treibende Kraft die Deut-sche Botschaft in Bagdad stand, und lässt ihn auch von geflüchteten SS-Verbrechern berichten, die nach dem Krieg im Irak Unterschlupf fanden. Der Roman endet mit dem Exodus der letzten Juden aus Bag-dad, dem Air-Lift nach Israel von 1955.

Alle diese historischen Ereignisse bilden den Resonanzboden von Anwars Leben. Er ist ein orientierungsloser Junge, der daher ein star-kes Bedürfnis nach Anschluss und Zugehörigkeit hat. Anwar möchte immer Teil einer Gruppe sein, sucht dort Halt und Stütze. Die jeweilige

Gruppenideologie, sei sie völkisch, panarabisch, judenfeindlich oder sonst wie gehässig und menschenverachtend, lässt er ungefiltert einsickern. Anwar ist eine Art Medium, eine durchlässige Membran für jederlei Propaganda und Gedankentreibgut, das der jeweilige Zeitgeist so anschwemmt.

Sherko Fatah lässt seinen Roman wie eine Abenteuergeschichte beginnen: Anwar wird Mitglied einer Räuberbande und betätigt sich als Fassadenkletterer in einem fast märchenhaften Vorkriegs-Bagdad; dann bekommt er Zugang zur jüdischen Jeunesse dorée von Bagdad, die er beneidet und bewundert, gerät darauf unter den Einfluss der faschistischen Jugendorganisation des Irak, auch wenn ihn sein Vater vor den Schwarzhemden warnt, folgt danach als Leibwächter und Laufbursche dem antisemitischen Großmufti von Jerusalem, einem Bundesgenossen der Nazis, nach Berlin, lässt sich für einen muslimischen Verband der Waffen-SS rekrutieren, wird zum Kriegsverbrecher, indem er sich an Massakern an russischen Partisanen und Zivilisten beteiligt, und hilft als SS-Schlächter mit bei der grausamen Niederschlagung des Warschauer Aufstandes.

Sherko Fatah zeichnet Anwar als politisch ungebildet und moralisch unempfindlich, als leeren Menschen ohne Identitätskern, der unbedarft überall mittut und ohne Selbstreflexion sogar für Gräueltaten zur Verfügung steht. In gewisser Weise ist diese problematische Figur auch als Paradigma für den manipulierbaren, für alles einsetz- und rekrutierbaren jungen Araber von heute zu lesen, der unter westlichen Beobachtern seit Jahren für Argwohn und Beunruhigung sorgt.

Verglichen mit dem Anspruch Pius Alibeks, Najem Walis und Sherko Fatahs, in ihren Romanen große zeithistorische Panoramen des Irak von der Staatsgründung bis in die Gegenwart hinein zu entfalten, halten die jüngeren Autoren Sinan Antoon, Jahrgang 1967, und Abbas Khider, Jahrgang 1973, ihre Erzählstoffe in deutlich bescheidenerem Rahmen. Beide sind in Bagdad geboren und im Studentenalter von 23 Jahren aus dem Irak geflohen. Sinan Antoon emigrierte 1990 in die USA, Abbas Khider flüchtete 1996 und landete auf abenteuerlichen Umwegen schließlich in Deutschland. Sinan Antoon studierte Arabistik an der *Georgetown*-Universität in Washington und unterrichtet heute in New York, schrieb seinen Roman «Irakische Rhapsodie» jedoch auf Arabisch. Abbas Khider studierte in München Literaturwissenschaften, ist inzwischen nach Berlin gezogen und schreibt seine Romane auf Deutsch.

Beide Autoren wuchsen unter dem Gewaltregime Saddam Husseins und seiner Baath-Partei heran. Sie kannten als Kinder und Jugendliche nichts anderes als einen Staatsterrorismus, dem Menschenleben nichts galten, der Massaker beging und Massenhinrichtungen veranstaltete, Giftgas und chemische Waffen gegen die eigene Bevölkerung einsetzte und einen sinnlosen achtjährigen Krieg gegen den Nachbarn Iran anzettelte, der schätzungsweise eine Viertelmillion Iraker das Leben kostete, die meisten davon blutjunge Burschen, nicht viel älter als die Teenager Sinan Antoon und Abbas Khider. Gestützt auf eine immer mächtiger aufschwellende Geheimpolizei, drangsalierte der Diktator seine Bevölkerung, liquidierte auch Freunde aus seiner eigenen Baath-Partei, steckte zahllose Iraker ins Gefängnis und ließ sie foltern. Kriegsdienstverweigerer wurden öffentlich hingerichtet.

Das Leben unter diesem Staatsterror ist das Thema der Romane Sinan Antoons und Abbas Khiders. Sie konzentrieren sich ausschließlich auf ihre eigene Gegenwart – und dieser Blickwinkel blendet die irakische Vergangenheit vor ihrer Geburt aus. Sie interessieren sich nicht für das, was vor ihrer Zeit lag – zu übermächtig ist das Heute, das ihnen genug zu schaffen macht.

Beide orientieren sich bewusst an den Eckdaten ihrer eigenen Biographie. Was sie in ihren durchsichtig fiktionalisierten autobiographischen Romanen – Antoon in «Irakische Rhapsodie» und Khider in «Der falsche Inder» und «Die Orangen des Präsidenten» – erzählen, ähnelt dem, was sie selbst erlebt haben. Zeithistorische Großromane kommen so naturgemäß nicht zustande und sind – jedenfalls bislang – auch nicht der literarische Ehrgeiz dieser Autoren. Sie trauern nicht groß um das Vergangene, das sie ohnehin nie kennengelernt haben, sie verzehren sich auch nicht nostalgisch nach dem Verlorenen, sie versuchen vielmehr, sich die Zudringlichkeiten und Übergriffe des aktuellen Regimes vom Leibe zu halten – durch Spott. Nicht seine weltbekannten Großverbrechen werden dem irakischen Despoten in diesen

Romanen vorgeworfen; vorgeführt werden vielmehr die lachhaften, kleinlichen Alltagsschikanen seines paranoiden Zwangsregimes, in den Gefängnissen und außerhalb – wobei das Außerhalb auch eine Art Gefängnis ist.

Ihre Helden sind jung und erlebnishungrig und würden gern unbekümmert das Leben erkunden und genießen – wäre da nicht der tagtägliche Druck eines totalen Überwachungsstaats, dessen Geheimpolizei alle Lebensäußerungen zu kontrollieren und durch Verbote zu unterdrücken sucht. Die Waffen dieser jungen Romanhelden sind Frechheit und Hohn. Sie wehren sich gegen die permanente Bedrohung, indem sie dem Einschüchterungsapparat den Respekt versagen. Sie spotten über die Zustände im Land und lachen über die Idiotien der irakischen Alltagsdiktatur. Wobei Sinan Antoon leichter lachen hat als Abbas Khider, der Saddams Gefängnisse von innen kennenlernte und gefoltert wurde.

Der Spott beider Autoren ist konkret, er reagiert gereizt auf konkrete Anlässe. Und auf Hohn allein lässt sich eben kein Epochenroman errichten – weshalb die Irak-Erzählungen Sinan Antoons und Abbas Khiders als schlanke Kurzromane einherfedern. Diese Autoren sind hämische Beobachter. Ihre sarkastische Spottsucht lässt sich keinen Übergriff des Saddam-Regimes entgehen, sei er grausam oder tölpelhaft oder beides. Sie schauen hinter dessen brutale Machtpolitik – und was sie dort wahrnehmen, sind absurder Bürokratismus, Dummheit, Feigheit und groteske Inkompetenz.

Sinan Antoon wurde als Sohn eines irakisch-christlichen Vaters und einer amerikanischen Mutter in Bagdad geboren, er hat wie Pius Alibek chaldäische Wurzeln. Er wuchs wie Abbas Khider in einer Zeit auf, als sich Saddam Hussein den Irak buchstäblich zum Ein-Mann-Staat zurechtmodelliert hatte: Als Multi-Machthaber war der Diktator zugleich Staatspräsident, Vorsitzender des Revolutionsrats, Generalsekretär der Baath-Partei und Oberkommandierender der Streitkräfte und ab 1994 zudem noch Regierungschef und Alleinverantwortlicher für die Außenpolitik. Vom irakischen Alltag unter dem lähmenden und entwürdigenden Druck der allgegenwärtigen und allmächtigen Tyrannei dieses einen Mannes, der in der deutschen Übersetzung des

Buches naheliegenderweise immer nur der Gröfaz genannt wird, der Größte Führer Aller Zeiten, handelt Sinan Antoons satirischer Roman «Irakische Rhapsodie».

Sein Protagonist Furât ist, wie der Autor selbst, in den 1980er Jahren Student für Englisch und Französisch an der Universität Bagdad. Er hat das Glück, wegen einer leichten Behinderung von der Rekrutierungskommission des Verteidigungsministeriums als untauglich eingestuft und vom Militärdienst befreit zu werden, was ihn vor dem Einrücken in den Ersten Golfkrieg, den Feldzug gegen den Iran, bewahrt. Dafür bringt sein loses Mundwerk den aufsässigen Furât ins Gefängnis (was seinem Autor Antoon erspart geblieben ist).

Der Roman hat die Form einer Reinschrift von Furâts Gefängnisnotizen durch einen einfältigen Mitarbeiter der Staatssicherheit. Dieser stolpert unentwegt über Furâts staatsfeindliche Scherze und böse Wortspiele und müht sich ab, dessen abgefeimte politische Sottisen zu entziffern – wenn ihm das wieder mal gelungen ist, hängt er erläuternde Fußnoten von erlesener Trotteligkeit an den Text. In Furâts Notizen verschwimmen ständig tatsächliche Erlebnisse, Erinnerungen und Albträume miteinander, bis zur Ununterscheidbarkeit.

Realität oder Angsttraum? Furât sieht seinen Alltag von lauter Verboten umstellt; unentwegt prallt er an Barrieren, die der bürokratische Aberwitz um ihn hochzieht. «‹Verboten› war das meistgebrauchte Wort im Lande», notiert er in seinen Gefängnisblättern. Tatsächlich ist im Irak so gut wie alles verboten. Auslandsreisen sind nicht gestattet, jeglicher Flussverkehr auf dem Tigris ist untersagt (damit sich niemand von der Wasserseite her den Ufer-Villen des Gröfaz und seiner Höflinge nähern kann). Die meisten Bücher sind verboten, vor allem natürlich George Orwells visionäre Überwachungsdystopie «1984» – schon deshalb, weil die Überwachung der irakischen Bürger durchaus Orwellsche Ausmaße angenommen hat.

So wird etwa (Fakt oder Fiktion?) die angemessene Größe der Gröfaz-Porträts überprüft, die die Bürger zu Hause hängen haben müssen. An der Universität hat jede Fachabteilung einen eigenen Sicherheitsoffizier, der das Tun und Lassen, Denken und Reden jedes Studenten an die Staatspolizei zu melden hat, beispielsweise die Intensität der Begeisterungsbezeugungen bei staatlichen Jubelfeiern zu Ehren des Gröfaz. Dass Furât stets die Hände in den Hosentaschen belässt und nicht mitklatscht, gilt da schon als mutiger Akt des Widerstands. Er ist stolz darauf, «dass ich in meinem Privatleben permanent den gesetzlichen Bestimmungen zuwiderhandelte und mich auf meine ganz persönliche Art am Regime rächte».

Für alle Studenten sind die Baath-Ideologie und die Reden des Gröfaz Pflichtfächer in den ersten beiden Jahren. «Unter Aufsicht der baathistischen Absurditätspartei durchleben wir seit Jahrzehnten ein Fest der Dauerabsurdität», höhnt Furât in seinen Notizen. Die Professoren sind zumeist elende Tröpfe, die ihren Lehrstuhl am allerwenigsten ihrer Gelehrsamkeit zu verdanken haben – Anlass für so manche Stänkereien des Lästermauls Furât: «Professor Târik, dieser exquisite Tor, hatte seinen Master in englischer Sprachwissenschaft und Literatur für aufopfernde Dienste für die Partei in den Kriegsjahren, für die Bespitzelung von Kollegen und die Abfassung von Berichten, nicht aber für gründliche Kenntnisse der Sprache erhalten. ‹Wer ist überhaupt dieser Orwell?›, fragte er. ‹Ich habe noch nie von ihm gehört.›»

Furât spottet über die Zeitungen, die «für die Partei und die Revolution kläfften und grunzten», und er mokiert sich darüber, dass die Abendnachrichten im Fernsehen stundenlang dauern, wegen der Hofberichterstattungsexzesse über die Großtaten des Gröfaz. Als infolge der UN-Sanktionen sogar das Klopapier im Lande knapp wird, greift er auf Zeitungspapier zurück, um sich vorzugsweise mit den Titelseiten – stets mit einem Foto des Gröfaz – den Hintern zu wischen. Eine Geste insgeheimer Aufsässigkeit, für die er nicht belangt werden kann.

Sehr wohl belangt werden kann er allerdings für seine losen Reden. Vergeblich warnen ihn Freunde: «Halte deine Zunge im Zaum, mein Junge. Sie werden dich einlochen.» Genau so geschieht es. Furât wird verhaftet und kommt erst frei und in den Genuss einer Generalamnestie für politische Gefangene, als eine Gruppe namens «Freier Irak» putscht und der Diktator flüchtet, um in Libyen um Asyl zu bitten. Spätestens hier wandelt sich der Roman vom Albtraum zum Wunschtraum.

Zu Sinan Antoons und Abbas Khiders Jugendzeit gab es kein Satellitenfernsehen und erst recht kein Internet im Irak; E-Mails und soziale Netzwerke, gar die arabischen Facebook- und Twitter-Revolutionen lagen noch in ferner Zukunft; doch auch ohne solche Medienhilfe driftete der Gymnasiast Khider in Bagdad in den Widerstand und wurde politisch aktiv. Seine Eltern verkauften Datteln auf dem Basar, duckten sich ängstlich und waren bereit, sich jedem, der die Macht hatte, zu beugen – schon um ihrer neun Kinder willen. Der Sohn hingegen arbeitete auf einem Bücherbasar, traf dort die falschen Leute, nämlich solche, die in verbotenen Parteien tätig waren, und schrieb und verteilte Flugblätter mit kindlichen Parolen wie «Nieder mit Saddam» gegen den Despoten, der gerade im Zweiten Golfkrieg geschlagen und aus dem besetzten Kuwait vertrieben worden war.

Khider wurde verhaftet. «Eines Tages tauchte der irakische Geheimdienst bei uns zu Hause auf. Anderthalb Jahre und genau vier Tage meines Lebens musste ich daraufhin im Gefängnis verbringen, weil ich mit einigen Freunden, die mit verbotenen Parteien zusammenarbeiteten, schlecht über den Präsidenten und dessen Partei gesprochen und diesen Freunden beim Verteilen von Flugblättern geholfen hatte», liest man in Khiders Debütroman «Der falsche Inder».

Im Untersuchungsgefängnis wurde Khider geprügelt und bekam tagelang nichts zu essen. Die Hungerfolter war so quälend, dass er sich nach Abu Ghuraib sehnte, denn dort, so hatte er gehört, bekamen die Häftlinge drei Stück Brot pro Tag. 1996 gelang ihm mit einem gefälschten Pass die Flucht aus dem Irak. Drei Jahre lang schlug er sich in mehreren Ländern des Nahen Ostens und Nordafrikas als illegaler Flüchtling durch, arbeitete schwarz auf Baustellen und in Kneipen, lebte lange genug in Libyen, «sodass sich viele Wörter der libyschen Umgangssprache mit meinen irakischen vermischten», driftete dann nach Europa und gelangte von der Türkei über Griechenland und Italien nach Deutschland, wo seine Odyssee im Jahr 2000 im Bahnhof von Ansbach ein Ende fand, als er von zwei bayerischen Polizisten ohne Pass erwischt und festgenommen wurde. Seither lebt der Asylant Abbas Khider in Deutschland, studierte Philosophie und Literaturwissenschaft in München, besitzt inzwischen einen deutschen Pass und

In den Ruinen des British Empire

wohnt in Berlin-Neukölln. Als Autor ist er ein Sprachwechsler ins Deutsche.

Da Abbas Khider einen freien, friedlichen und toleranten Irak nie gekannt hat, gehören Nostalgie und Trauer über die verlorene Heimat auch nicht zum Gefühlsrepertoire seiner Romane. Sein Überlebensmittel ist der Humor – in der Realität wie in der Literatur. Im Gefängnis rettet ihn zum einen seine Begabung zum Geschichtenerzählen, zum anderen sein Sinn für Komik das seelische Gleichgewicht. Mit Humor wappnet er sich gegen alle Ohnmachtserfahrungen des Flüchtlings- und Asylantendaseins, so wie er sich im irakischen Kerker mit «Trauerlachen» den Prügelexzessen der Gefängniswärter widersetzte. Sein Roman-Ich entwaffnet seine Peiniger durch Gelächter. «Das Lachen machte mich unempfindlich gegenüber dem Schmerz, gegenüber der Angst und gegenüber der Verzweiflung.»

Besonders einen Wärter, der ihn an Charlie Chaplin erinnert, bringt er durch einen prustenden Lachanfall völlig aus seinem Prügelkonzept, sodass er und die anderen Wärter vor Überraschung die Knüppel fallen lassen, wie man im Roman «Die Orangen des Präsidenten» liest. «Die Wärter waren so verstört, dass sie nicht wussten, wie sie auf die Situation reagieren sollten, und verließen schließlich kopfschüttelnd und mit einem Gesichtsausdruck, als sei ihre gesamte Weltanschauung in Zweifel gezogen, unsere Zelle. Meine Mitgefangenen starrten mich aus ihren eingefallenen Gesichtern zutiefst befremdet an. Irgendwann hörte ich ebenso plötzlich mit dem Lachen auf, wie ich es begonnen hatte. Und ich stellte zu meiner eigenen Verwunderung fest, dass ich bei äußerst klarem Verstand war.»

Das Lachen schottet Khiders Romanhelden gegen ihre schrecklichen Erlebnisse ab. Und indem der Autor selbst der Folter eine ganz eigene sprachliche Form entgegenstellt, «entsteht ein Raum, den die Folterer nicht antasten können. Der Vorgang selbst wird dann banal und lächerlich», sagte Khider in einem Interview. Das Schreiben über die Folter nennt er «eine Dämonenaustreibung und eine Rache an denen, die mir Schmerz zugefügt haben. Eigentlich sind alle meine Romane eine Art Rache. Am Ende bin ich es, der zurückschlägt. Ich triumphiere mit den Mitteln der Literatur.»

Der Sprachwechsel vom Arabischen ins Deutsche tut ein Übriges, um dem Autor die innere Selbstdistanzierung von den Zumutungen der Außenwelt zu erleichtern. «Wenn ich auf Arabisch schreibe, handelt alles von Leid. Das Deutsche hält mich auf Distanz», so Khider. Die fremde Sprache verfremdet auch das Erzählte und gibt ihm eine andere Leichtigkeit. Dieser lakonische Tonfall, ein nüchterner Gestus von unerschütterlicher Pfiffigkeit, macht aus Khiders Folter- und Fluchtgeschichten fast eine Art Schelmenroman. Er wechselt die Erzählstimmen, spielt mit der Chronologie, hüpft durch die Zeiten, lässt seinen Erzählfluss durch Apropos bestimmen und mischt Gefängnisaufzeichnungen mit Kindheitserinnerungen und Episoden aus dem Flüchtlingsleben, über deren Merkwürdigkeit Khiders Erzähler im Nachhinein nur den Kopf schütteln kann. Im Rückblick sorgen sogar die Haftjahre für so etwas wie grimmige Erheiterung. Wie jedes Jahr hoffen die politischen Gefangenen vor Saddams Geburtstag auf eine Amnestie. Doch vergebens. Statt Freiheit erhält jeder eine saftige Orange.

Auch wenn das nach dem Zweiten Golfkrieg von den Vereinten Nationen verhängte Handelsembargo die irakische Bevölkerung verarmen ließ: Orangen waren meistens lieferbar. Auch Auberginen waren stets vorhanden, sogar im Überfluss, sodass die Iraker laut Abbas Khider ihrem Land den spöttischen Beinamen «Auberginenrepublik» verpassten. Ungleich schwieriger war es für Exil-Iraker – und es gab fast sechs Millionen Iraker, die während Saddams Diktatur im Exil lebten –, Briefe an der Zensur vorbei in die Heimat zu schmuggeln. Ein solcher Brief, den ein irakischer Exilant in Libyen an seine Freundin nach Bagdad schicken will, ist der eigentliche Protagonist in Abbas Khiders drittem Roman «Brief in die Auberginenrepublik».

Es ist ein Liebesbrief, der im Oktober 1999 durch viele Hände geht, aber seine Adressatin nie erreicht. Geschrieben hat ihn Salim, wiederum einer von Khiders charakteristischen Romanhelden: ein junger, politisch verfolgter Iraker, der im unfreiwilligen und meist illegalen Exil lebt. Salim ist ein ehemaliger Student an der Universität Bagdad, der wegen Lesens verbotener Bücher in Haft kam und gefoltert wurde. Ein einflussreicher Onkel bestach die Verhörpolizisten, erreichte die Freilassung des Neffen und ermöglichte ihm die Flucht erst nach Syrien, dann weiter nach Libyen.

Als illegaler Schwarzarbeiter schlägt sich Salim nun in der libyschen Hafenstadt Benghasi auf dem Bau durch. Er leidet nicht nur unter Heimweh, sondern wie alle irakischen Flüchtlinge auch unter der Sorge, ein auf dem normalen Postweg geschickter Brief könnte in falsche Hände geraten und die Lieben daheim in Schwierigkeiten, wenn nicht sogar ins Gefängnis bringen. Wie also der geliebten Samia in Bagdad ein Lebenszeichen schicken, ohne sie zu gefährden?

Zufällig erfährt Salim von der Existenz eines illegalen Kurierdienstes, der heimlich Post in den Irak schleust, über mehrere Etappen. Dieses klandestine Netzwerk umfasst die ganze Region von Nordafrika bis zum Persischen Golf. Die Fahrer von Sammeltaxis, Bussen und Lastwagen gehören zu einem illegalen Zustelldienst, der Post aus Libyen über die Zwischenstationen Kairo und Aqaba in die jordanische Hauptstadt Amman schmuggelt und von dort weiter per Lkw nach Bagdad. Im Jahr 1999 war das ein riskantes Unternehmen, denn damals saßen die Diktatoren Gaddafi, Mubarak, Hafiz al-Assad und Saddam noch fest im Sattel.

Das Ganze ist ein lukratives geheimes Nebengeschäft, das von diversen Reisebüros in Ägypten und Jordanien organisiert wird, die sich daran eine goldene Nase verdienen. Denn die Sache ist nicht billig: 200 Dollar kostet das Porto für einen Brief – das ist anderthalb mal so viel, wie Salim im Monat auf dem Bau verdient. Weitere 50 Dollar sind fällig, wenn ein Antwortbrief kommt.

Abbas Khider begleitet Salims Brief durch sieben Romankapitel und lässt insgesamt sieben Ich-Erzähler von unterwegs zu Wort kommen – Leute, die den Brief transportieren und weiterreichen oder ihn in die Hände gespielt bekommen, zwischendurch aber auch einprägsame Einzelheiten aus ihrem eigenen Leben preisgeben. Der Autor hat in seinem dritten Roman seinen Blickwinkel und sein Figurenensemble deutlich erweitert. Zu Wort kommen einflussreiche und einflusslose Gestalten, gerissene Geschäftemacher und ehrliche Taxi-Kuriere, zwielichtige Zwischenträger, harmlose Schwarzarbeiter und sadistische Geheimpolizisten.

Mit leichter Hand skizziert Abbas Khider sein Romanpersonal in knappen, doch prägnanten Porträts, wobei allmählich klar wird, dass ganz andere Instanzen die eigentlichen Strippenzieher sind und dass der Brief auch von Augen gelesen wird, die nicht dazu befugt sind. Kein Netzwerk kann so geheim sein, dass es nicht von einem noch geheimeren Netzwerk überwacht, unterwandert, manipuliert und gelenkt würde. Korruption, Doppelspiel, Betrug und Täuschung sind auch in diesem scheinbar widerständigen Untergrund-Kurierdienst allgegenwärtig. Wie beiläufig wird außerdem eine Liebesgeschichte erkennbar, die an den ethnischen und religiösen Barrieren im Irak scheitert; denn Salim ist ein irakischer Muslim, seine geliebte und schließlich verschwundene Freundin Samia Michael hingegen ist eine kurdische Christin. Was aus ihr geworden ist, bleibt offen. Der Liebesbrief wird sie nie erreichen.

Auffallend, aber wenig überraschend ist eine Eigentümlichkeit der Romane Sinan Antoons und Abbas Khiders: Der Irak als topographische und biotopische Gegebenheit, als gewachsene Landschaft und urbane Umwelt, als Natur- und Kulturraum kommt in diesen Romanen nicht vor; den Protagonisten fehlt jede Wahrnehmung der topographischen Räume, durch die sie sich bewegen. Sie sind Monaden in einer leeren Welt; sie spüren nur deren anonymen Druck; für Atmosphärilien haben sie kein Sensorium. Eine Schilderung wie Pius Alibeks Nachruf auf das Marschland von Al-Ahwar würde man bei Antoon und Khider vergeblich suchen. Die Sinnlichkeit, die ihren Romanen mangelt, findet sich in den Büchern von Sherko Fatah und Najem Wali in reichem Maße. Beide Autoren verfügen über eine sprachmächtige Empfindlichkeit für die Schönheiten und wechselnden Stimmungen irakischer Landschaften, für den Zauber bestimmter Örtlichkeiten. Ihr Romanpersonal bewegt sich immer durch atmosphärisch dichte Räume, im steten Wechselspiel zwischen Innenleben und Außenwahrnehmung.

Sherko Fatahs Romane spielen vorzugsweise im Herkunftsland seines kurdischen Vaters, im archaischen, wilden Grenzland des Nord-Irak, im Länderdreieck zur Türkei und zum Iran. «Im Grenzland» heißt denn auch sein Debütroman von 2001. Najem Wali dagegen ist der Chronist und Rhapsode des Südens, der Hafenstadt Basra an der

In den Ruinen des British Empire

Schatt-el-Arab-Wasserstraße und der alten irakischen Städte am Unterlauf des Tigris. Sein Herz hängt vor allem an Amara, der Stadt seiner Jugend, der er in seinem Hauptwerk «Engel des Südens» ein Denkmal gesetzt hat, unter dem Phantasienamen Amaria. Darauf verweist schon der Untertitel des Romans: «Die Bücher von Amaria».

Najem Walis Beschwörung des Südens ist gelegentlich nicht ganz frei von Romantisierung und Orientalismen; Sherko Fatah seinerseits hält mit seiner spröden Erzählweise bewusst Distanz zur fernen, fremden und auch fremd belassenen nördlichen Gebirgsregion von Kurdistan, dem Schauplatz seiner Romane «Im Grenzland» und «Das dunkle Schiff». Seine Protagonisten, ein namenloser Schmuggler hier, ein wortkarger kurdisch-alewitischer Junge namens Kerim dort, sind in dieser Landschaft tief verwurzelt, sind urvertraut mit ihr, sind Teil davon.

Der Grenzlandschmuggler in Fatahs Erstlingsroman hat diese Landschaft nicht bloß begangen, er hat sie bäuchlings durchkrochen. Er ist nicht nur ortskundig, er kennt jedes Grasbüschel und jeden Stein. Seit den beiden Golfkriegen sind die Grenzberge auf irakischer Seite völlig vermint. Just diese unbetretbaren Minenfelder sind der Arbeitsplatz des Schmugglers. Mithilfe der Minen verdient er sein Geld, denn er weiß einen Pfad durch die Todesregion hinüber in die Türkei. Durch Zufall ist er an den handgezeichneten Minenplan eines Soldaten gekommen, der an der Verminung der Grenze beteiligt war. Nun beliefert der Schmuggler seine wohlhabende irakische Kundschaft, Geschäftsleute im Basar seiner Stadt, mit Alkoholika aus der Türkei, amerikanischen Zigaretten und Unterhaltungselektronik, so viel er auf der türkischen Seite kaufen und in seinem Rucksack tragen kann. Das internationale Embargo gegen den Irak arbeitet ihm zu. Luxusgüter, Medikamente, Laptops sind höchst lukratives Schmuggelgut.

Der Pfad ist sein Kapital, eine Schneise im Niemandsland, in das noch kein Minenräumkommando vorgedrungen ist. Die tückische Ruhe und die geheimen Schrecken dieses unsichtbaren Pfads hat der Grenzgänger auf seinen einsamen Märschen zu entziffern gelernt. Er hat sein eigenes System entwickelt, sich im Unbetretbaren einen Weg zu bahnen – «ein System aus Geschicklichkeit, Vorsichtsmaßnahmen, die sich mit Aberglauben verbanden, und einer Kenntnis der Gegebenheiten vor Ort, die genau auf seine Unternehmungen zugeschnitten war».

Umsichtig bewegt er sich durchs Gelände, achtet auf jeden Schritt, jede Trittspur und jeden unter seinen Sohlen verrutschten Geröllbrocken. Um die flachen Tretminen auf den Bergwiesen rechtzeitig zu erkennen, muss der Schmuggler auf allen Vieren kriechen: «Ich muss den Sommer nutzen, wenn die Wege frei sind», erklärt er seinem Neffen. «Die Einzelheiten sind wichtig; ich muss das Gras sehen.»

Die verminte Landschaft ist ihm so vertraut, dass er sie lesen kann wie eine Geheimschrift. Die verborgenen Minen sind wie geheime Zeichen, die nur er zu entziffern vermag: «Sie lagern in der kleinen, grünbraunen Fläche wie nicht zum Lesen vorgesehene Reste einer uralten Inschrift an unzugänglichem Ort, bedeckt von Erde, dazu bestimmt, in der Explosion, in der Wunde und im Schmerz zu verschwinden und so ihre Botschaft zu überbringen.» Fatahs Schmuggler kriecht durchs Gelände, und neben ihm robbt – nicht minder nervös und angespannt – der Leser, vom Autor in den Bann geschlagen.

Der Schmuggler ist zwar ein Einzelgänger, und er mag sich auf seinen einsamen Touren im Glauben wiegen, er könne das Grenzgebiet für sich beanspruchen. Doch er muss erkennen, dass er nicht einmal im Niemandsland allein und unbeobachtet ist. Räuber, Landstreicher, Versprengte, kurdische Freischärler treiben sich dort herum; und die Innere Sicherheit hat den Schmuggler längst im Visier und gibt ihm drastisch zu verstehen, dass er nichts ist als ein «geduldeter Kleinkrimineller», der seine Duldung erkaufen muss. Die Schmiergeldzahlungen werden immer höher, und die Zahl der Schmiergeldempfänger wird größer. In dieser Grenzregion herrscht ein kompliziertes Zusammenspiel von Schmugglern, Händlern, Geheimdienstlern, Regierungsbeamten und Grenzsoldaten, wie dem Protagonisten in Fatahs Roman immer klarer wird.

Als die Staatssicherheit den halbwüchsigen Sohn des Schmugglers als verdächtigen Islamisten und Gotteskrieger im Solde des Iran verhaftet, hat sie den Vater endgültig in der Hand. Vergeblich sucht der Schmuggler herauszufinden, wo sein Sohn gefangen gehalten wird und ob er überhaupt noch lebt. «Du stocherst in der Vergangenheit herum. Verstehst du nicht: Es gibt hier keine Vergangenheit, jedenfalls nicht für solche wie dich», belehrt ihn ein Geheimpolizist. «Keine Vergangenheit und auch keine Zukunft. Für dich gibt es nur die Gegenwart – alles andere ist Sperrgebiet.»

Nicht nur die Vergangenheit und die Zukunft, auch das kurdische Land kann zum Sperrgebiet werden, wenn die Staatsmacht es in ihrer Willkür so beschließt. Dann kann sich die nordirakische Bergregion in all ihrer sommerlichen Schönheit ganz plötzlich in einen Schreckensort verwandeln. Sherko Fatah lässt seinen Roman «Das dunkle Schiff» mit einem Prolog einsetzen, in dem Schönheit und Schrecken, Friede und Mord, Sommer und Massaker sich unheilvoll verschränken.

Es ist ein schläfriger, saumseliger Sommertag im abgeschiedenen Bergland, einer «Landschaft wie eine geöffnete Hand». Wolkenschatten eilen dunkel über die Ebenen und Hänge, wie «Luftschiffe durch den tiefblauen Himmel». Der tiefe Frieden über den Hügeln wird belebt von einer Gruppe lachender und schwatzender alter kurdischer Landfrauen in ihren farbenfrohen Gewändern, die ihre Körbe schwenken und Heilkräuter sammeln. Der kleine Kerim, Sherko Fatahs Romanheld, beobachtet die Szene.

Da nähert sich ein Helikopter, fliegt vorüber, kommt zurück, zieht einen weiten Kreis über den Hügeln. Sogar die Tarnfarbe des Hubschraubers erscheint Kerim «fröhlich»; an der offenen Seitenluke kauern zwei Soldaten, einer winkt dem Jungen zu; der winkt zurück. Dann landet der Helikopter in einiger Entfernung. Der Junge läuft los, winkend und rufend, hofft, mitfliegen zu dürfen. Er sieht, wie die beiden Soldaten herausspringen und die Kräuterfrauen zum Helikopter treiben. Er sieht, wie er mit den Kurdinnen an Bord abhebt, erneut eine weite Kurve fliegt, sich höher und höher schraubt und unter Donnern wieder herankommt. Und dann sieht der Junge, wie die Frauen eine nach der anderen aus der Luke stürzen: «Mit gebreiteten Armen glänzten sie auf im Licht, und wie um sie aufzuhalten, riss an ihren Gewändern der Wind.»

Die Mordaktion gegen die kurdische Minderheit wird im Roman nicht erklärt. Vielmehr erinnert sich der Junge noch Jahre später an den damaligen Ratschlag seines Vaters: «Wenn ich niemals darüber rede, wird es irgendwann nur noch wie ein Traum sein.» Genauso wenig wie über den Mord an den Kräuterfrauen wird über den Luftangriff gegen ein kurdisches Bergstädtchen nahe der iranischen Grenze geredet, dessen immer noch verständnisloser Augenzeuge der kleine Kerim wenige Romanseiten später wird. Kerim ist mit seiner Familie im Auto unterwegs zu einem Besuch bei den Großeltern, als sie durch das Geräusch einiger Explosionen in der Ferne aufgehalten werden. Sie sehen Rauchpilze im Tal aufsteigen.

Anders als bei der arglosen Sommerseligkeit im Prolog ist die Landschaft diesmal voll ominöser Zeichen. Kein Vogel kreist über der Ebene, doch Scharen schwarzer Vögel haben sich über einem Friedhof auf der Bergkuppe niedergelassen. Die Ebene liegt totenstill vor ihnen, und die Stille wirkt beängstigend. «Sie haben Halabja angegriffen», sagt der Vater. «Ich glaube, es ist besser umzukehren.» Mehr wird nicht gesagt, doch der Leser weiß, was die Romanfiguren noch nicht wissen: Was sie soeben beobachtet haben, war der Senfgas-Angriff der irakischen Luftwaffe auf Halabja vom März 1988, in dem an die fünftausend Einwohner des Städtchens, vorwiegend Kurden, den Tod fanden.

Der kleine Kerim hat Friedenszeiten nie kennengelernt. Seit seiner Geburt folgt ein Krieg auf den anderen. Die Minderheiten – Kurden, Chaldäer und andere orientalische Christen – leben in ständiger Angst vor Verfolgung. Kerims Vater betreibt eine kleine Gastwirtschaft im nördlichen Gebirge, nahe einer der großen Überlandstraßen nach Süden. Die Familie ist geduckt und eingeschüchtert, denn sie ist kurdisch-alewitischer Herkunft und hat die Staatsmacht zu fürchten. «Kerims Eltern verhielten sich vorsichtig. Überall gab es Leute des Geheimdienstes, und ihnen arbeitete ein Heer von Spitzeln zu.»

Nur ein einziges Mal wagt der Vater, sonst die ängstliche Anpassung in Person, aufzumucken. Zwei Geheimdienstler aus Bagdad machen im Gasthaus Rast, prahlen laut mit ihren Schreckenstaten, und einer von ihnen brüstet sich, sie hätten mit dem Kopf eines gefangenen Spions Fußball gespielt. Da knallt ihnen der empörte Gastwirt ihre Teller auf den Tisch, läuft ihnen dann auf den Parkplatz nach und stellt sie zur Rede. Kurz darauf ist er tot: Die Männer haben ihn einfach mit ihrem Range Rover überrollt. Der junge Kerim ist nun das Familienoberhaupt und muss das Gasthaus übernehmen.

In den fünf Teilen seines Romans folgt Sherko Fatah den so abenteuerlichen wie bedenklichen Wendungen im Leben seines Protagonisten – vom Gastwirt zum Jihadisten, vom Terroristen halb wider Willen zum Abtrünnigen, vom Flüchtling und blinden Passagier im dunklen Bauch eines Frachtschiffs zum Asylanten in Deutschland, vom entwurzelten Exilanten zum Fundamentalisten in einem der Berliner Moscheenvereine.

Kerim ist ein typischer gebrochener und zwiespältiger Sherko-Fatah-Held: ein im Grunde unpolitischer Junge, ein stiller und verschlossener Mensch, der in die Fänge von Gotteskriegern gerät und sich – aus Mimikry oder aus Überzeugung? – radikalisieren lässt, halb Terrorsympathisant und Mitmacher, auch bei Gräueltaten, halb Abtrünniger und Verräter, ein Extremist ohne Glaubensfanatismus, ein Seitenwechsler ohne Standpunkt, ein leerer Mensch auf der Suche nach Zugehörigkeit, stets empfänglich für radikale Ideologien und manipulierbar durch charismatische Gestalten und meinungsstarke Einflussfiguren. Einer Schuld ist er sich kaum je bewusst, höchstens in Form eines vage unguten Gefühls; über die moralische Tragweite seiner Handlungen reflektiert er nicht. Nie ist er Herr seines eigenen Lebens, immer ist er fremdgesteuert und schwankt zwischen unterschiedlichen Loyalitäten, Täter und Opfer zugleich. «Du wirst mir immer unheimlicher», sagt seine Berliner Freundin. «Kerim sagte nichts dazu.»

Wie ließe sich über den versunkenen Irak von einst angemessen erzählen? Die definitive Form kann nur eine der Annäherung sein. Najem Wali wählt die Erzählform des Entwurfs. «Engel des Südens. Die Bücher von Amaria», sein Epos über den verschwundenen Irak der Völkervielfalt und religiösen Toleranz, ist in 193 Entwürfen angelegt, die sich in immer neuen Anläufen ihrem Gegenstand annähern, ihn umkreisen und einkreisen im Versuch, die Fragmente eines zerbrochenen Narrativs zu einer Großen Erzählung im Sinne Lyotards zusammenzufügen. Es entspricht dem Bauprinzip dieses Romans, dass diese Erzählschleifen sich in Wiederholungen vollziehen, die in subtilen Neuansätzen das anderswo bereits Gesagte wiederaufnehmen und variieren, die Themen und Motive immer wieder anders und neu wenden und die Bruchstücke in einen jeweils anderen Kontext stellen.

Eine solch gewundene, digressive und repetitive Erzählstrategie, in der die Diskurse sich überkreuzen, erfordert die Geduld und den langen Atem des Lesers, belohnt ihn allerdings mit einem dichten, vielschichtigen, farben- und nuancenreichen *Grand Récit* über den Irak, der seinesgleichen in der Literatur nicht hat. Der Autor und sein Erzähler sind sich der Bedeutung ihres Unterfangens nicht ohne Stolz bewusst: «Das Hauptproblem der Historiker besteht darin, dass sie sich nur für Tatsachen interessieren, während die Schriftsteller die Wirklichkeit wiedergeben wollen. Und so sind es denn auch die Schriftsteller, die die wahre Geschichte von Generation zu Generation überliefern», heißt es im Roman.

Niedergeschrieben hat diese 193 Entwürfe der Chronist Harun Wali, das Alter Ego Najem Walis im Roman, und aufbewahrt sind sie in einem Stapel Papier, verschnürt mit einem lila-orange gemusterten Seidenband, das wie alle hübschen alten Dinge im Roman eine zeichenhafte Bedeutung hat. «Ich versuche, mir einen alten Ort vorzustellen, der zu einer fernen Erinnerung geworden ist», schreibt Harun im 27. Entwurf. Der alte Ort ist seine Kindheitsstadt Amara am Unterlauf des Tigris, die im Roman leicht verfremdet Amaria heißt.

Im alten Amaria leben die Religionen – Muslime, Juden, Sabäer, Christen – lange Zeit friedlich miteinander, unter der wohlwollenden Aufsicht der britischen Kolonialherren, die für die Wahrung zivilisierter Umgangsformen unter den verschiedenen Volksgruppen der Stadt zuständig sind. Die Ärzte in Amaria sind traditionellerweise Juden, wie etwa Doktor Gabbay, der mit einer Christin verheiratet ist und eine schöne Tochter namens Malaika hat. Die Goldschmiede- und Juwelierskunst wiederum liegt von alters her in den Händen von mandäischen Sabäern, geschickten Handwerkern. Der Älteste oder Schaich der Sabäer hütet den Schrein, das Gotteshaus seiner Gemeinde, und sein Sohn Nûr, genannt al-Malak, wird ein bekannter Goldschmied. Zum Arbeiten kommen außerdem Chaldäer, Assyrer, Jeziden, Iraner,

Kurden und Armenier in die Stadt. Wichtige Gestalten im Roman sind armenische Musiker, kurdische Lehrer und mehrere Zigeunerclans neben der Mehrheitsvolksgruppe sunnitischer Muslime, darunter die kunstsinnige Familie Hamadi mit ihrem Dichtersohn Naim oder die militaristische Familie Swadi, der die üblen Polizisten und großarabisch-islamistischen Schergen des Romans entstammen.

Der Chronist Harun Wali möchte im Grunde nur die Geschichte dreier Freunde – Malaika, Nûr und Naim – erzählen, doch er ahnt von Anfang an, dass es dabei nicht bleiben kann: «Mir war bewusst, dass ich, würde ich mit Malaikas Geschichte oder der vom Goldschmied Nûr und seinem Freund, dem Dichter Naim, beginnen, die Geschichte der ganzen Stadt Amaria erzählen müsste.» Tatsächlich ist die Freundschaft zwischen dem jüdisch-christlichen Mädchen Malaika, dem sabäischen Goldschmied Nûr, genannt al-Malak, und dem muslimischen Dichter Naim der symbolische Friedenskern, der das alte Amaria zusammen- und in der kulturellen Balance hält und dem Harun (und Najem) Wali geradezu mythische Bedeutung zuschreiben. Das lassen bereits die sprechenden arabischen Namen des Autors und seiner Romanhelden erahnen: «Wir folgen demselben Stern (Najem), demselben Licht (Nûr), demselben Glück (Naim), denselben Engeln (Malaika), demselben Engel (Malak). Ja, wir tragen einfach denselben Namen: Malaika al-Dschanub – Engel des Südens.»

Malaika ist nicht nur die personifizierte Schönheit, der Sehnsuchtstraum des ganzen Landes, der Inbegriff eines unzerstörbaren, heilen Irak; sie ist auch das zentrale Dingsymbol des Romans. Ihr Bild, gemalt vom Goldschmied Nûr, ziert die Blechdosen der Marke «Dattelsirup der Braut», der beliebtesten Sirupsorte des Landes. Zu sehen ist auf den Dosen die kleine Malaika im Alter von sechs, sieben Jahren, ein süßes Mädchen mit blonden Zöpfen und strahlend blauen Augen, «die wie die einer lachenden Braut aussahen». «Und seit damals», berichtet der Chronist Harun, «seit ihr Abbild mit dem Zusatz ‹Malaika, Engel des Südens› auf der Dose verewigt worden war, wurde ‹Dattelsirup der Braut› nicht einfach der Lieblingssirup der Bewohner von Amaria. Malaika selbst, der ‹Engel des Südens›, war die konkurrenzlose Braut des ganzen Landes.»

So schwärmerisch im Roman die Jugendfreundschaft der Drei im alten Amaria beschworen wird, so innig die traulichen Schauplätze der Stadt beschrieben werden, einschließlich des verträumten englischen Friedhofs, in dem die vor einem halben Jahrhundert gefallenen britischen Soldaten begraben liegen, so schonungslos wird auch die Zerstörungsgeschichte Amarias in aller grausamen Härte ausgebreitet, samt der Verfolgung, Vernichtung oder Vertreibung seiner Einwohner. Das Trio Malaika, Nûr und Naim erleidet stellvertretend das unglückliche Schicksal, das Iraks Machthaber seit dem Zweiten Weltkrieg ihren Minderheiten und politischen Gegnern, etwa den Kommunisten, bereitet haben.

Najem Walis eigentliches Thema ist die Zerschlagung der kosmopolitischen urbanen Kultur des Irak, die sich in seiner mythischen Stadt Amaria manifestiert, durch panarabisch-sunnitische Kräfte, die in ihren verkrusteten Familien- und Stammesstrukturen stecken geblieben sind und ideologisch an ihrer vormodernen Unaufgeklärtheit und Intoleranz festhalten. Die multikulturelle Vielfalt muss dem Oktroi sunnitischer Einheitlichkeit und einem arabischen Nationalismus weichen, der nichts Andersartiges und Abweichendes neben sich dulden will.

Spätestens mit der Suezkrise von 1956 ist es mit dem Religionsfrieden im Lande vorbei. Die großarabischen Kräfte mobilisieren gegen Israel und den Westen, woraufhin alle Iraker, die als «zionistische Verschwörer und Agenten der Kolonisatoren» gebrandmarkt werden, ihres Lebens nicht mehr sicher sind. Am härtesten betroffen sind die Juden, aber auch die Angehörigen anderer ethnischer, politischer und religiöser Minderheiten des Irak sind tödlich gefährdet – Kurden, Kommunisten, Zigeuner, Armenier, Sabäer.

Immer obenauf ist hingegen der sunnitische Swadi-Clan, der jedem Regime als Vollstrecker dienstbar und für jedes Blutbad in Amaria verantwortlich ist. Die Swadis sind im Roman die Statthalter des Bösen. Sie haben bereits mit den deutschen Nationalsozialisten fraternisiert und sind glühende Antisemiten, getarnt als Antizionisten. Und dass sie später führende Positionen in der panarabischen, großnationalistischen Baath-Partei einnehmen werden, versteht sich von selbst.

Oberst Dschabbar Swadi, der Polizeichef, befehligt die islamistischen Milizen, die 1956 die Stadt verwüsten und zerstören; sein Sohn Adnan Swadi kommandiert die Prügelkohorten der Organisation *Futuwa*, die plündernd und mordend vor allem durch die Judenviertel Amarias ziehen; und der Enkelsohn und Geheimdienstler Fauzi Swadi, genannt «Fauzi die Pest», steht hinter allen Massakern und Gräueltaten, die seither an Nicht-Sunniten begangen wurden. Er ermordet, wen er will, und foltert mit Lust. Dem Goldschmied Nûr, dem Engel Malak, hackt er eigenhändig die Finger der rechten Hand ab.

Besonders eindringlich erzählt der Chronist Harun Wali von der Verfolgung, dem Martyrium und dem Exodus der irakischen Juden. Bereits vor der Gründung Israels gibt es eine aggressive, judenfeindliche Stimmung im Irak – Stichwort: Pogrome in Bagdad, gesteuert von den Nazis im Juni 1941. Doch spätestens mit der Staatsgründung Israels und erst recht nach der Suezkrise wird der großarabische Judenhass landesweit virulent und lebensbedrohlich für die jüdische Minderheit. Israel hat längst gut getarnte Maßnahmen ergriffen, um Zehntausende von irakischen Juden außer Landes zu schmuggeln. Es gibt eingespielte Fluchtrouten, organisiert erst von der *Hagana* und dann vom Geheimdienst Mossad; sie führen nahe Amaria über die irakische Grenze in den Iran und von dort per Flugzeug nach Israel. Als exemplarischer Fluchthelfer im Roman figuriert der amerikanische Straßenbau-Ingenieur Tony Armstrong, dessen wahre Identität lange verborgen bleibt: Er heißt Schlomo Mischal und leitet das «Unternehmen illegale Emigration der Juden aus dem Irak».

Nur einer will nicht wahrhaben, was mit den Juden im Lande geschieht – Doktor Gabbay, Malaikas Vater. Gabbay fühlt sich zuvörderst als großarabischer Patriot und feuriger Antiimperialist; er will zuallererst Iraker und dann erst Jude sein; er hält sich seine vielfältigen Kontakte zu arabischen Familien zugute, glaubt sogar, mit dem Swadi-Clan auf gutem Fuß zu stehen, und fühlt sich sicher, im naiven Bewusstsein, in der Stadt gebraucht zu werden. Doktor Gabbay verschließt die Augen vor den Pogromen; er ist blind für die bedrohliche Machtzunahme der großarabischen Rechten; er geht in seiner Verblendung sogar so weit, die jüdische Fluchthilfe-Organisation bei den Behörden zu denunzieren; auch mehrfache Festnahmen und Haftstrafen öffnen ihm nicht die Augen.

Doktor Gabbay ist die tragischste Gestalt unter den vielen tragischen Unglücksfiguren des Romans. Es ist sein trauriger Ruhm, der letzte Jude zu sein, den das Regime ermordete. Er wird öffentlich gehenkt. Sein Hinrichtungsfoto findet sich auf der ersten Seite der Regierungszeitung: «Sie nannten ihn nicht einmal beim Namen. ‹Der letzte Jude› war die Unterschrift zu dem verschwommenen Bild auf der Titelseite. Man sah nur einen am Galgen baumelnden Körper. Auf seiner Brust hing ein Schild mit der Aufschrift: ‹Der letzte Jude›.»

So ist «Engel des Südens» als großes Epos des Scheiterns zu lesen. Die Nationengründung ist dem postkolonialen Irak nicht gelungen, der menschliche und kulturelle Reichtum des Landes wurde verschleudert und vernichtet. Darüber stimmt Najem Wali seinen großen Klagegesang an, der zugleich eine sehnsüchtige Liebeserklärung ist – an einen Irak, der nicht mehr existiert.

Erwähnte Bücher

Pius Alibek «Als ich unter Sternen schlief», Erinnerungen (Insel 2011)
Sinan Antoon «Irakische Rhapsodie», Roman (Lenos 2009)
Sherko Fatah «Im Grenzland», Roman (Jung und Jung 2001)
Sherko Fatah «Das dunkle Schiff», Roman (Jung und Jung 2008)
Sherko Fatah «Ein weißes Land», Roman (Luchterhand 2011)
Abbas Khider «Der falsche Inder», Roman (Edition Nautilus 2008)
Abbas Khider «Die Orangen des Präsidenten», Roman (Edition Nautilus 2010)
Abbas Khider «Brief in die Auberginenrepublik», Roman (Edition Nautilus 2013)
Ursula Naumann «Euphrat Queen. Eine Expedition ins Paradies»
   (C.H.Beck 2006)
Najem Wali «Engel des Südens. Die Bücher von Amaria», Roman (Hanser 2010)

Nuruddin Farah: Der Chronist des kaputten Somalia

Somalia hat eine entsetzlich schlechte Presse, nicht erst seit *Nine Eleven*. Fällt der Name des Landes am Horn von Afrika, so denkt die Welt nur an Anarchie und Chaos, an Bürgerkrieg, Hungerkatastrophen, Clan-Fehden, al-Qaida und Piraterie. Seit Jahren hält sich Somalia an der Spitze aller Ranking-Listen der sprichwörtlichen «Failed States» der Welt.

Tatsächlich hat kaum ein afrikanischer Staat eine derart opulente Desastergeschichte aufzuweisen wie Somalia. Erst wurde das Land, das aus dem Zusammenschluss der Kolonien Italienisch-Somaliland im Süden und Britisch-Somaliland im Norden hervorging und 1960 unabhängig wurde, zwei Jahrzehnte lang von einem Putsch-General namens Siad Barre ausgeplündert und diktatorisch zugrunde regiert. Und danach, als Barre mit seiner Ost-West-Schaukelpolitik und dem Fiasko seines Ogaden-Feldzugs 1991 glorios gescheitert war, beeilten sich die verfeindeten Clans der somalischen Nomadengesellschaft, das Machtvakuum für sich zu nutzen und das Land mit ihren Clan-Fehden zu überziehen und zu verhackstücken.

Seit damals herrscht Bürgerkrieg. Es bekriegen sich ein halbes Dutzend Clan-Familien, zahllose Sub-Clans und ungezählte Milizen. Alle Institutionen von Staatlichkeit sind inzwischen zusammengebrochen. Es gibt keine Regierung, kein Parlament, keine Verwaltung, keine Gerichte, kein Gesundheitswesen, keinen öffentlichen Dienst. Lokale Kriegsherren rangeln um die Vorherrschaft ihrer jeweiligen

Familiengebiete – lauter Mini-Siad-Barres, die das Land entlang der Clanlinien unter sich zerstückeln. UN-Friedenseinsätze sind blutig misslungen. Erinnerlich ist vor allem das amerikanische Desaster der Schlacht von Mogadischu 1993 mit den geschändeten Leichen gefallener US-Marines, die von einem Lynch-Mob nackt durch die Straßen von Mogadischu geschleift werden. Der Hollywood-Film «Black Hawk Down» hat diese Katastrophe grell und reißerisch bebildert.

Die alten Familienfehden der Warlords werden inzwischen von fundamentalen religiösen Zerwürfnissen überlagert. Als neue Konfliktpartei ist ein al-Qaida-Ableger am Horn von Afrika aktiv geworden, die Shabaab-Milizen: eine radikal-islamische Gruppierung, die mittels Terror einen Gottesstaat nach allen Regeln der Scharia durchsetzen will. Die Milizen haben zwar die Kriegshändel rivalisierender Warlords vorübergehend eingedämmt, kämpfen ihrerseits aber gegen eine schwächliche und machtlose Übergangsregierung, die wiederum vom Erzfeind Äthiopien unterstützt wird. Zeitweise wurde die Lage durch die Einmischung des verhassten Nachbarn und den Einmarsch äthiopischer Truppen noch zusätzlich kompliziert. Immerhin wurden die Islamisten dadurch etwas zurückgedrängt.

Somalia ist heute de facto zerbrochen: Die nördlichen Provinzen Somaliland und Puntland sind faktisch autonome Teilstaaten; um den Süden mit der Hauptstadt Mogadischu streiten hingegen unvermindert lokale Warlords mit Shabaab-Milizen und der Übergangsregierung. Als Konfliktpartei neu hinzugekommen sind allerdings die Piraten. Denn selbstverständlich lockt Somalia als vollkommen rechts- und steuerfreier Raum die internationale Kriminalität an: nicht nur Schiffsräuber und Geiselnehmer, sondern auch Menschenhändler, Schleuser, Organschmuggler, Drogendealer, Waffenschieber.

Beim Stichwort Somalia denkt die Welt heute vor allem an illegal verklappten Gift- und Atommüll vor den Küsten, an ausländische Fangflotten, die unkontrolliert die Schutzzonen leer fischen, die von keiner Küstenwache mehr gesichert werden, sowie an eine boomende Piratenindustrie, die sich an Lösegeldzahlungen für gekaperte Handelsschiffe und gekidnappte Schiffsbesatzungen mästet, was wiederum von der EU-Marine-Mission «Atalanta» unterbunden werden soll.

In den Ruinen des British Empire

Für das Ausland ist Somalia ein hoffnungsloser Fall: die Nummer 1 auf der Liste der am schlechtesten regierten Länder Afrikas, ein Paria-Staat in Geiselhaft wechselnder Krimineller, die vom Bürgerkrieg prächtig profitieren, ein implodierter und gescheiterter Staat, geschlagen mit allen nur denkbaren postkolonialen Geburtsfehlern, seit 1991 ohne zentrale Regierungsmacht und ohne staatliche Ordnung, verschrien als Schutzzone, Trainingslager und Brutstätte von Jihadisten, die sogar Kinder für den Krieg zwangsrekrutieren. Hinzu kommen wiederholte Dürrekatastrophen und verhungernde Menschen. Schließlich gilt Somalia als jenes perverse Land, das sich nicht helfen lassen will: Es hat sich mit Waffengewalt gegen die Hungerhilfe der Vereinten Nationen zur Wehr gesetzt, ein erster humanitärer UN-Militäreinsatz ist bereits 1995 gescheitert, und auch während der Hungersnot von 2011 verhinderten Shabaab-Milizen die Verteilung von Hilfsgütern. Dass Somalia überdies mit Menschenrechtsverletzungen *en gros* und mit Genitalverstümmelungen – nach wie vor gängige Praxis bei Mädchen, wie sie Waris Dirie in ihrer Autobiographie publik machte – von sich reden macht, passt ins Bild.

Dass Somalia andererseits einen der bedeutendsten Schriftsteller Afrikas hervorgebracht hat, ist weniger bekannt, gereicht dem kaputten Land aber zur Ehre wie kaum etwas sonst. Nuruddin Farah, Jahrgang 1945, ist ein kosmopolitischer, vielsprachiger Erzähler, der jedoch Englisch schreibt, Produkt der kulturellen Mischungen am Horn von Afrika. Die britischen und italienischen Kolonialherren prägten ihn ebenso wie die arabischen Koranschulen und der äthiopische Einfluss der Ogaden-Region, in der Farah aufwuchs und bis zu seinem achtzehnten Jahr lebte. Sein Vater war Dolmetscher des britischen Gouverneurs im Ogaden. Er selbst, das vierte von zehn Kindern in der Familie, lernte seit dem vierten Lebensjahr in der Koranschule Arabisch und spricht neben seiner Muttersprache Somalisch auch Amharisch, ferner die beiden Kolonialsprachen Englisch und Italienisch und sogar Hindi, das er an der Punjab Universität in Indien erlernte, wo er in den 1960er Jahren Philosophie, Soziologie und Literatur studierte.

Dass er sich für Englisch als seine Literatursprache entschied und nicht für eine seiner anderen fünf Sprachen, hat einzig mit der Schreibmaschine zu tun, wie Nuruddin Farah in Interviews gerne erzählt: «Somalisch konnte ich nicht schreiben, denn es gab 1965, als ich meine erste Kurzgeschichte veröffentlichte, noch keine somalische Schrift. Somalia ist zwar das einzige Land Afrikas mit einer einheitlichen Nationalsprache, doch das Somalische war nur eine gesprochene Sprache, es wurde erst 1972 verschriftlicht und als Amtssprache eingeführt. Amharisch wiederum war die Sprache der äthiopischen Unterdrücker und hat außerdem mehr als 200 Buchstaben. Und arabische Schreibmaschinen sind unmögliche Apparate. Ich begann also, Italienisch zu schreiben, aber meine alte Olivetti brach ständig zusammen. Dann fand ich eine vorzügliche amerikanische Schreibmaschine – und damit war die Frage entschieden.»

Seither hat Nuruddin Farah es zu seiner literarischen Lebensaufgabe gemacht, «mein Land am Leben zu erhalten, indem ich darüber schreibe». Alle seine Romane handeln von Somalia und spielen in Somalia. Sie alle beziehen ihre unerhörte Kraft aus ihrem Stoff, dem geschundenen Land und seinen brutalisierten und verelendeten Einwohnern. Nach Farahs Ansicht wird Somalia von der Außenwelt immer noch weitgehend durch die neokoloniale Brille betrachtet und auf die Stereotypen westlicher Reporter reduziert, die am liebsten aus Nairobi, aus sicherer Distanz, über Somalia berichten. Er schreibe deshalb, so Farah, «um die Komplexität Somalias und seiner Menschen darzustellen und um eine Alternative zu liefern zum klischeehaften propagandistischen Zerrbild der westlichen Medien. Dieses Land wird grob missverstanden. Diese Fehlinformationen möchte ich korrigieren.»

Literatur als Alternative zur westlichen Propaganda. Dass einem solchen Erzählprojekt ein starker didaktischer Impuls und ein gewisser Hang zum Leitartikeln und zur politischen Belehrung innewohnen, ist nicht zu übersehen. Dialoge in Farahs Romanen sind nicht selten pädagogische Einführungen in die Landeskunde und Schnellkurse in politischer Bildung, auf mehrere Stimmen verteilt. Und wenn Farah predigt, statt zu erzählen, dann liest er sich mitunter steif und hölzern. Doch gleichsam hinter seinem eigenen Rücken ist er ein lebhafter und plastischer Epiker, der die unerhört komplizierten Konfliktlinien in Somalia erzählend transparent zu machen versteht.

Nuruddin Farah hat sein Geburtsland bereits 1974, noch keine dreißig Jahre alt, verlassen, um als Stipendiat in London Theaterwissenschaft zu studieren und am *Royal Court Theatre* zu hospitieren. Als er wegen seiner Kritik am Militärregime Siad Barres in Abwesenheit zum Tode verurteilt wurde, entschloss er sich 1975, nicht heimzukehren, sondern ins politische Exil zu gehen. Dieses Exil dauert nunmehr fast vierzig Jahre an. Seit damals führt Farah das typische akademische Nomadenleben afrikanischer Exil-Intellektueller, die rastlos, ohne Fixpunkt und ohne festen Wohnsitz durch die Welt ziehen, in einer nicht enden wollenden Abfolge von Gastdozenturen, Lehraufträgen, Fellowships, Stipendien- und Studienaufenthalten auf mehreren Kontinenten. Da geht es Nuruddin Farah nicht viel anders als J. M. Coetzee aus Südafrika oder Ngũgĩ wa Thiong'o aus Kenia. Als Gastprofessor unterrichtete Farah Literatur an amerikanischen Colleges und Universitäten, in Italien, England, Deutschland, Nigeria, Sudan, Uganda, Gambia, Äthiopien und Südafrika. Heute lebt er abwechselnd in Minneapolis, Minnesota, wo eine größere somalische Enklave existiert, und in Kapstadt.

Farah hat inzwischen fast ein Dutzend Romane veröffentlicht, die in über zwanzig Sprachen übersetzt sind. Sie repräsentieren exemplarisch die Entstehung einer postkolonialen Literatur am Horn von Afrika und folgen in ihren Sujets jeweils annähernd den Wendungen und Windungen der fatalen somalischen Politik. In seinem Debütroman «From a Crooked Rib» (Aus einer gekrümmten Rippe) beschrieb er noch die zeitlose zyklische Welt eines Clans von Hirtennomaden und die Mühen einer jungen Frau, sich aus den traditionellen Fesseln der archaischen Clan-Kultur zu befreien.

Darauf ließ er «Variationen über das Thema einer afrikanischen Diktatur» folgen, eine Roman-Trilogie über das Langzeitregime des Gewaltherrschers Siad Barre und über dessen Auswirkungen auf die Menschen. Überhaupt gliedert Farah seine Werke gerne in Trilogien. Es folgte das Triptychon «Blut in der Sonne», eine dreibändige Auseinandersetzung mit dem Bürgerkrieg: «Maps» (auf Deutsch: Maps), «Gifts» (Duniyas Gaben) und «Secrets» (Geheimnisse). Und in der jüngsten Roman-Serie «Links» (auf Deutsch: Links), «Knots» (Netze) und «Crossbones» (Gekapert) werden die Rückkehrversuche von Exil-Somalis in das zerstörte, vom Bürgerkrieg zerrüttete und immer noch umkämpfte Mogadischu erzählt, vor dem Hintergrund der Machtkämpfe zwischen den Warlords und den erstarkenden radikalen Islamisten mit ihren Shabaab-Milizen und angesichts des Einmarsches äthiopischer Truppen und des Aufkommens organisierter Piraterie im großen Stil.

Seine Leser findet Nuruddin Farah weltweit auch in der somalischen Diaspora – «Anderthalb Millionen Somalis leben im Ausland im Exil, das sind gebildete Leute, die lesen mich» – und sogar in seinem geschundenen Heimatland: Die längste Zeit wurden seine Bücher, wiewohl verboten, heimlich ins Somalische übersetzt und kursierten als Samisdat-Schriften im Untergrund. Auch durch eine ständige Radiosendung war Nuruddin Farah in Somalia präsent.

1996 kehrte er erstmals nach zweiundzwanzig Jahren nach Somalia zurück – zu einem ungünstigen Zeitpunkt angesichts der herrschenden Anarchie durch kämpfende Clan-Häuptlinge. Ein lokaler Miliz-Führer ließ Farah nach seiner Ankunft in der Stadt Kismayo als Geisel nehmen und einsperren: «Man hielt mich in einem winzigen Raum gefangen», berichtete Farah später in Interviews, «weil man argwöhnte, ich würde Unfreundliches über die Zustände in Somalia schreiben. Meine Anwesenheit sprach sich herum, die Menschen kamen, um mich zu sehen. Sie durften einzeln in den Raum und mit mir sprechen. Sie erzählten mir ihre Geschichten – und das war mein eigentliches Interesse. Nach fünf Tagen kam ich frei – gegen das Versprechen, das Land sofort zu verlassen und nicht darüber zu schreiben. Ich fuhr nach Nairobi und sprach dort mit der Weltpresse.»

Und selbstverständlich hat Nuruddin Farah darüber auch geschrieben. So hat ihm sein Kismayo-Abenteuer geholfen, seinen Roman «Secrets» zu vollenden, in dem die letzten Tage von Mogadischu in der Woche vor dem Ausbruch des Bürgerkriegs 1991 erzählt werden – eine kritische Phase, die der Exil-Autor Farah nicht aus eigenem Erleben kannte, weshalb er gerne auf die Erfahrungen seiner Gesprächspartner zurückgriff.

Inzwischen hat er sein Herkunftsland mehrmals besucht, vor

allem, um für seine Bücher zu recherchieren: «Das Land ist allerdings nicht sicher genug, um dort länger als ein, zwei Monate zu bleiben.» Im Grunde bildet Somalia mit seiner katastrophal verunglückten Geschichte seit der Unabhängigkeit nur die Folie für Farahs zentrales Erzählinteresse – die Frage nämlich, wie Menschen unter den Bedingungen des Post- und des Neokolonialismus leben und überleben. Neokoloniale Subjekte sind für ihn unfreie, fragmentierte und vital eingeschränkte Menschen mit ungesicherter Identität, die nicht Herren im eigenen Hause sind, sondern Spielball ausländischer Interessen, diesfalls der Interessen Amerikas, Äthiopiens und radikaler Wahhabiten, die von der Arabischen Halbinsel einsickern und sich mit ihren Terrornetzwerken und islamistischen Gottesstaat-Ideen am Horn von Afrika festsetzen. Sie alle sind, davon zeigt sich Farah überzeugt, an einer Fortdauer des Bürgerkriegs interessiert. Auch die Profiteure der Piraterie wissen das Chaos zu schätzen: Mangels Steuerbehörden und staatlicher Kontrollen können sie die gesetzlose Lage für sich ausbeuten. In allen Romanen Farahs wird der afrikanische Identitätsverlust als Folge von Kolonisierung und Neokolonialismus verhandelt, wird Afrika als unfreier, abhängiger Kontinent unter wechselnden Gebietern beschrieben.

Auch die afrikanischen Despoten, die korrupten, grotesken Schreckensfiguren und durchgeknallten Schlächter der 1960er und 1970er Jahre, alle die Barres, Bokassas, Idi Amins, Mobutus, Mugabes oder Mengistus, gelten ihm weniger als hausgemacht, sondern vielmehr als Hinterlassenschaft des Kolonialismus. Nach dem Befreiungskampf haben sich einheimische Emporkömmlinge das Erbe der Kolonialherren angeeignet und die wahren Eliten ihrer Länder in den Untergrund, ins Gefängnis oder ins Exil gezwungen: «Irgendein Kerl, der der Saufkumpan der Kolonialmacht gewesen war, wurde gebeten, Staatsoberhaupt zu werden», sagt Farah im Interview. «Es gab keine Unabhängigkeit. Durch die Hintertür kamen dieselben Kolonialbeamten zurück – als Experten, Berater und Entwicklungshelfer.» Das Thema Diktatur ist für diesen Autor daher keineswegs eine somalische Spezialität, sondern eine allgegenwärtige Krankheit des politischen Systems in Afrika in den Jahrzehnten seit der Unabhängigkeit. Und tatsächlich haben sich, ähnlich wie Nuruddin Farah mit seinem Gewaltherrscher Siad Barre, auch andere Autoren, etwa V. S. Naipaul oder Ngũgĩ wa Thiong'o, mit dem Typus des afrikanischen Diktators exemplarisch beschäftigt.

Farahs Romanfiguren sind gefangen zwischen vormodernen Lebensweisen und deren überholten Strukturen, wie etwa dem Clan-System, und den Entmächtigungsprozessen der globalisierten Moderne, denen sie und ihr Land hilflos ausgeliefert sind, sei es als strategischer Brückenkopf und Aufmarschgebiet des militanten Islamismus, sei es als Müllkippe der industrialisierten Welt, sei es als Operationsbasis der internationalen Piraterie. Seine Protagonisten sind mehrfach enteignet – ökonomisch, politisch, sozial, kulturell. Und weil sie auch nicht Herr über die kulturellen Narrative sind, die über sie und ihr Land erzählt werden, gibt Farah ihnen in seinen Romanen eine eigene Stimme, indem er Gegenerzählungen für sie intoniert.

So thematisiert er in seiner Trilogie «Maps», «Gifts» und «Secrets» äußerst differenziert die Zerstörungskräfte innerhalb der somalischen Gesellschaft. Vor der unheilvollen Kulisse des ausbrechenden Bürgerkriegs geht es in allen drei Romanen um die neokoloniale Enteignung der Körper, um die obsessive Suche von Afrikanern nach Identität – sozial, personal, familial und sexuell. «Maps» erzählt von Somalias zerschlagenen Nationalstaatsträumen und von der Grausamkeit willkürlich gezogener Grenzverläufe, durch die das somalische Siedlungsgebiet des Ogaden Äthiopien zugesprochen wurde, sehr zum Nachteil der Nomadenidentität der Somalis.

«Dunyas Gaben» (Gifts) verhandelt auf den Gedankenspuren der Gabentausch-Theorie des Kulturanthropologen Marcel Mauss den komplexen Vorgang des Schenkens und Beschenkt-Werdens. In allegorischer Form wird da die Problematik der Hilfe für die sogenannte «Dritte Welt» und das schwierige Machtverhältnis zwischen Geber- und Nehmerländern thematisiert. Farah erweist sich als passionierter Kritiker der Entmündigungspolitik unter dem Label «Entwicklungshilfe». Ginge es nach ihm, er würde keinerlei Lebensmittelhilfe zulassen, außer in Katastrophenfällen, schon weil diese Gaben die Existenz der einheimischen Bauern ruinieren. Und von den Entwicklungshel-

fern selbst hat er eine denkbar geringe Meinung: «Anders als in den
1960er Jahren zieht Afrika heute nicht mehr die Interessierten an, sondern eine negative Auslese. Heute kommen die Arbeitslosen aus Amerika und Europa – die Mehrheit der Entwicklungshelfer ist unintelligent, ungebildet und desinteressiert, die Arbeit ist für sie bloß ein
Job. Die internationale Aid-Industrie hat Afrika mehr geschadet als
genützt», so lautet Farahs harsches Urteil.

Zum Glück hält Nuruddin Farah in seinen Romanen seine politischen Ansichten zumeist literarisch im Zaum und vertraut lieber auf
die Kraft der Bilder, Metaphern und Natursymbole. Auch taucht er
nach den sexuellen Unterströmungen der islamischen Frauenfeind-
schaft und spürt den mündlichen Traditionen Somalias nach, den Mythen, Sprichwörtern und nomadischen Überlieferungen, aber auch der
Sufi-Mystik und den magischen Restbeständen eines vormodernen afrikanischen Bewusstseins. Seine Romane sind komplexer, vielschichtiger und vieldeutiger, als seine schroffen Ansichten zur Afrika-Politik
des Auslands vermuten lassen.

In der nun vollendeten jüngsten Trilogie wird das besonders deutlich. Die drei Romane «Links», «Netze» und «Gekapert» sind lose miteinander verkettet und durch einzelne durchgängige Figuren verbunden, aber auch unabhängig voneinander lesbar. Die Helden sind
Exil-Somalis, die nach Jahrzehnten in der amerikanischen oder kanadischen Emigration nach Mogadischu zurückkehren und eine vom
Bürgerkrieg zerrüttete, geisterhafte Ruinenstadt vorfinden, die sie
kaum wiedererkennen und in der sie sich nur unter Schwierigkeiten
zurechtfinden – nicht nur deshalb, weil die Straßen oft nur noch
Trümmerpfade sind und keine Namen mehr tragen.

Mogadischu ist ein unheimlicher, bodenloser Ort geworden, in
dem auf nichts Verlass ist. Man kann nichts und niemandem trauen.
Jeder in der Stadt könnte eine geheime Agenda haben und undurch-
schaubare Absichten hegen. «Lassen Sie sich nicht täuschen», lautet
eine ständig gehörte Warnung an die Rückkehrer. Jeder Schritt wird
bespitzelt und insgeheim kontrolliert, jede Begegnung mit einem Einheimischen könnte lebensgefährlich sein. In einer Art «Stiller Post»
verständigen sich die Ortsbewohner durch Blicke und Signale über die

Absichten und Unternehmungen der Besucher, um sie zu durchkreuzen oder für sich auszunutzen. Die Heimkehrer stolpern durch vermintes Gelände, auch im metaphorischen Sinn. Zudem terrorisieren Mörderbanden bewaffneter Strolche die ganze Stadt und machen jede Bewegung unsicher: Manchmal ist es günstiger, sie als Begleitschutz anzuheuern, statt von ihnen als Geisel genommen zu werden. Man kann sich also aussuchen, was man lieber zahlen möchte – Schutz- oder Lösegeld.

Kein Mensch in Mogadischu ist, was er auf den ersten Blick scheint. Der Taxifahrer, der den Rückkehrer vom Flughafen abholt und in die Stadt bringt, ist gar kein Chauffeur: Einst war er Diplomat in der somalischen Botschaft in Rom, dann Spitzenberater des Diktators, und jetzt ist er der zweite Mann einer bewaffneten Miliz, die von Äthiopien unterstützt wird. Der weiß gekleidete Bärtige, der einem anderen Rückkehrer bei der Einreise am Flughafen den Laptop konfisziert, ist weder Religionswächter noch Zollbeamter, sondern einerseits hochrangiger Geheimdienstler bei den Shabaab-Milizen, andererseits betreibt er im Basar einen Computerladen, spezialisiert auf die Entfernung der Computerviren, die er am Flughafen in den beschlagnahmten Laptops selbst installiert hat. Und der Bettler im Straßenstaub war einst, während der Diktatur, ein Regierungsbeamter, «ein berüchtigter Folterknecht, der sein sadistisches Vergnügen darin gefunden hatte, politische Gefangene im Hungerstreik dazu zu zwingen, ihre eigenen Exkremente zu essen».

Geradezu abgründig in seiner falschen Bonhomie ist der würdevolle Herr, der in «Links» dem Rückkehrer Jeebleh auf dem Flughafen in den Weg tritt und sich als Bestattungsunternehmer und Gründer einer humanitären Nicht-Regierungs-Organisation vorstellt, der mit seinem Lieferwagen die überall herumliegenden Bürgerkriegsleichen einsammelt und dafür sorgt, dass sie ordentlich begraben werden. Abgesehen davon, dass dieser vorgebliche Wohltäter und NGO-Leiter in alle möglichen dunklen Schiebergeschäfte verwickelt ist, betreibt er auch noch als florierendes Exportgeschäft einen schwunghaften Organhandel. Denn bei den angeblichen Bürgerkriegsleichen handelt es sich in Wahrheit um auftragsgemäß Ermordete, die ohne Herz und

In den Ruinen des British Empire

Nieren bestattet werden. Meist werden die entnommenen und ins Ausland geschmuggelten Organe bereits in Krankenhäusern in Nahost teuer transplantiert, während der unveräußerliche Rest in Mogadischu gerade begraben wird.

Hauptthema in «Links» ist das Clan-Wesen, das in Farahs Augen die Hauptschuld am staatlichen Zusammenbruch Somalias trägt. Das Clan-Wesen sei ein Hirngespinst, heißt es einmal im Roman: «Auf Basis dieses Trugbildes kann man auch keine zivile Gesellschaft aufbauen.» Der Mythos der Blutsverwandtschaft zeitigt Blutsbande ebenso wie Blutfehden, beides unausweichlich, unüberwindlich, unentwirrbar. Die familiären Vernetzungen und verwandtschaftlichen Verlinkungen jedes Einzelnen sind aberwitzig kompliziert. Um sich in Somalia bewegen zu können, muss jeder Mensch einen ganzen Katalog möglicher Beziehungen im Kopf behalten und sich ständig alle Blutsverwandtschaften und Familienvernetzungen durch Einheirat vergegenwärtigen. Die «Links» halten den Einzelnen gefangen, sie können ihn in seinen Loyalitätsgefühlen zerreißen, sofern die väterliche und die mütterliche Linie in verfeindeten Clans wurzeln.

Das Clan-System verwickelt jeden in ein undurchschaubares Gespinst von Abhängigkeiten und Feindschaften, erzwungenen Zugehörigkeiten und aufgenötigten Gehässigkeiten. Zudem hat jede Clan-Familie ihre eigene bewaffnete Miliz. Gefragt wird nicht: «Wie heißt du?», sondern «Zu welcher Clan-Familie gehörst du?». Das führt schließlich zum Terror der Personalpronomina und zu tödlichen Frontstellungen: hier «Wir», dort «Sie». Jedes «Ich» wird sofort von einem «Wir» vereinnahmt, das Clan-Denken zwingt die Somalis, «mit ihren Fürwörtern sowohl zu fraternisieren als auch zu polarisieren». Nicht das Individuum zählt, sondern einzig die Zurechnung zu den «Unsrigen» oder den «Ihrigen».

Als Ausweg aus den Clan-Zwängen und zur Überwindung der Tyrannei der Verwandtschaft entwirft Nuruddin Farah in «Links» eine sonderbare, prekäre und brüchige Utopie. Der Roman setzt seine Hoffnung auf den Beifang des Bürgerkriegs – auf die unzähligen Waisenkinder mit unklarer Herkunft, die daher auch von keinem Clan beansprucht werden können. Vielleicht können die clanlosen und

anhangfreien Kinder die totale Familiarisierung der Gesellschaft überwinden helfen?

Während «Links» auf die Kinder hofft, setzt der Folgeroman «Netze» (Knots) auf die Frauen. Hier ist es eine somalische Frau, Cambara,
die nach zwanzig Jahren im kanadischen Exil mit einem Koffer voller
Dollars in das geschundene Mogadischu zurückkommt, um das Anwesen ihrer Familie wieder in Besitz zu nehmen, das sich in der Zwischenzeit einer der Warlords mit seinem Anhang von Familie und
Privat-Gang angeeignet hat. Die Romane hängen insofern strukturell
zusammen, als beide Heimkehrer, Jeebleh in «Links» und Cambara in
«Netze», in Mogadischu auf dieselben einheimischen Gestalten stoßen, ohne zunächst sicher sein zu können, in wessen Auftrag und in
welcher Absicht diese Leute ihnen entgegentreten, ob als uneigennüt-
zige Helfer und Beschützer oder als Spitzel, Verräter, Geschäftemacher.
Vor den einen müssen sich die Ankömmlinge in Acht nehmen, die anderen stehen ihnen zur Seite und helfen, sich auf diesem gefährlichen
Terrain zurechtzufinden.

Der Roman «Netze» spielt auf dem Höhepunkt der Kämpfe zwischen den Clan-Herren des Nordens und des Südens. Noch herrschen
die Warlords ungebrochen über Mogadischu. Schwer bewaffnete Kindersoldaten und Banden von verwilderten Halbwüchsigen terrorisieren die Stadt und erpressen Schutzgelder. Ohne Bandenschutz kann
man sich kaum auf die Straße wagen. Und ohne Verschleierung sind
Frauen Freiwild: Oft tragen sie den Körperschleier zum Selbstschutz
vor den marodierenden Gangs.

Die Männer kommen im Buch besonders schlecht weg. Bei ihnen
lässt der Autor seinem Zorn und seiner Verachtung freien Lauf. Ihre
Rückständigkeit, Gewalttätigkeit, Unbildung und Trägheit werden als
Hauptursachen für den Bürgerkrieg vorgeführt. Oft sind sie Analphabeten. Zumeist sind sie drogensüchtig. Die Rauschdroge Qaat hält sie
in den Fängen. Überall im Roman drapiert Nuruddin Farah trübäugige
und euphorisch verblödete Männer beim gemeinsamen Qaat-Kauen.
«Qaat – der kostspielige Zerstörer des sozialen Gefüges», werden die
Rauschblätter im Roman «Gekapert» genannt.

Im Gegensatz zu dieser hoffnungslos zurückgebliebenen Männergesellschaft entwickelt Cambara eine große und furchtlose Zielstrebigkeit, sich in Mogadischu durchzusetzen. Dabei findet sie eher zufällig die Unterstützung anderer couragierter Frauen. Sie wird Teil eines somalischen Frauennetzwerks, das ihr hilft, den Warlord aus ihrem Familienbesitz zu vertreiben. Als Friedensaktivistinnen arbeiten diese Frauen daran, die Clan-Versessenheit und Bürgerkriegslüsternheit der Männer zu überwinden. Sie wissen: Dieses «Clan Business» hat die Nation ruiniert. Sie wissen aber auch: In einem Bürgerkrieg ist und bleibt keiner unschuldig. Die Frauen arbeiten daran, die verwilderten Kindersoldaten wieder zu zivilisieren, beispielsweise, indem Cambara mit ihnen ein Theaterstück einstudiert.

«Netze» setzt große Hoffnungen auf die friedensstiftende Kraft von Frauen und stellt diese fragile Utopie zur Überwindung der gewalttätigen und barbarischen Männerherrschaft nachdrücklich ans Romanende. Doch mit dieser Hoffnung ist es in «Gekapert» (Crossbones), dem Abschlussband der Trilogie, schon wieder vorbei. Zu Beginn des Romans haben die männlichen Selbstzerstörungskräfte erneut die Oberhand im Land gewonnen – dank der siegreichen Zeloten von der «Union islamischer Gerichte», die nun statt der Warlords das Sagen haben und ihr eigenes fanatisches Regime von Überwachung, Unterdrückung und Mordwillkür durchsetzen (ehe sie ihrerseits vertrieben werden). «Die Frauen in Somalia sind nicht länger eine positive Kraft des Fortschritts und des Wandels», sagt eine Romanfigur bedauernd. Schuld seien die Moscheen, reine Männer-Clubs, zu denen Frauen keinen Zugang hätten. Frauen seien auf Schleier tragende Unterwürfigkeit zurückgeworfen worden: «Die Zeiten sind vorbei, als somalische Frauen sich in politischen Bewegungen engagierten und gut organisiert waren. Das gilt nicht mehr.»

Der Roman «Gekapert» spielt zu Jahresende 2006, in den gefährlichen Umbruchswochen knapp vor dem Einmarsch der äthiopischen Truppen und in den Tagen der Invasion und der Vertreibung der Islamisten aus Mogadischu – was die Stadt kurzfristig aufleben lässt. Das Geschehen verteilt sich auf zwei Schauplätze: auf Mogadischu und auf das nördliche Puntland, die Piraten-Hochburg am Golf von Aden. Mogadischu wird zu Beginn nicht mehr von den ewig drogenbenebelten Clan-Milizen kontrolliert, sondern von weiß gekleideten bärtigen Islamisten, die mit der Pferdepeitsche in der Hand ihre eigene Schreckensherrschaft etabliert und die Scharia durchgesetzt haben. Sie haben alle Frauen unter das afghanische «Körperzelt», die Burka, gezwungen und schikanieren sie nun nach Gutdünken. Theater und Kinos sind ebenso verboten wie Musik in den Teehäusern. Männer, die in Straßencafés Fußball gucken, werden gelegentlich erschossen. Es herrscht verschärfter Terror: Es sind fast so viele Kalaschnikows wie SIM-Karten im Umlauf. Die Mordquote ist hoch, die Attentatswillkür groß. Jeden in Mogadischu kann es jederzeit treffen: UN-Angehörige werden ebenso wahllos getötet wie Friedensaktivisten, Mitarbeiter von «Ärzte ohne Grenzen» oder ausländische Journalisten. Gleich eingangs wird ein blutjunger Rekrut vom militärischen Flügel der «Union islamischer Gerichte» ausgeschickt, um ein «Sicheres Haus» in Mogadischu zu requirieren. Der Junge besetzt das falsche Haus und trifft dort auf einen alten Mann, der sein Großvater sein könnte. Der Irrtum kostet sie beide das Leben: Die Islamisten zögern keinen Augenblick, sie zu erschießen. Anführer ist übrigens der weiß gekleidete bärtige Herr aus dem Computerladen.

Damit ist der Ton des Romans gesetzt: Es ist eine Stimmung nihilistischer Hoffnungslosigkeit. Nuruddin Farahs Thema ist die absolute Nichtigkeit und Zwecklosigkeit des Leidens der Menschen in Somalia. Der Bürgerkrieg wütet um des Wütens willen. Und er wird weiterwüten, solange noch irgendjemand daraus Profit schlägt. Die Region erscheint als eine Arena für Stellvertreterkriege und Großmachtrivalitäten, erst recht nach der Invasion der Äthiopier, hinter denen die Amerikaner stehen. Die Hoffnung auf Rettung durch Kinder oder Frauen hat sich erledigt, Somalia ist endgültig zum Austragungsort globaler Konflikte geworden, zur Operationsbasis für weltumspannende Kriminalität und zur Freistätte der Gesetzlosigkeit: Hier können straflos internationale Schandtaten begangen werden – sie bleiben ungeahndet.

Hierher strömen die Armutsmigranten aus dem Innern Afrikas, um von Puntland aus in Fischer- und Schlauchbooten nach Jemen hinüber und weiter nach Europa geschleust zu werden (sofern man sie nicht vor der Küste Jemens ins Wasser wirft). Hier wird der nukleare und chemische Giftmüll der industrialisierten Welt illegal entsorgt (was der Unterwasserflora und -fauna vor der somalischen Küste den Garaus macht – der Tsunami von 2004 hat diese Zerstörungen zutage gefördert). Und die Piraterie mag als Notwehr arbeitsloser somalischer Fischer begonnen haben, deren Fischgründe von Trawlern aus Korea, China, Japan, Russland oder Europa leer geplündert worden sind: Inzwischen haben transnationale Netzwerke aus Politikern und Kriminellen (unter Beihilfe der Islamisten) das Kaperungs-, Geiselnahme- und Lösegelderpressungsgeschäft übernommen, an dem eher die Hintermänner, Schiffsversicherer und Anwaltskanzleien, verdienen als die lokalen Piraten. Denen fällt zwar der gefährlichste Part zu, die wochen- und monatelange Besetzung und Bewachung gekaperter Schiffe, dafür aber werden sie laut Nuruddin Farah mit einer Handvoll Dollars abgespeist. Der Roman versucht, die gängige Darstellung der internationalen Medien zurechtzurücken, wonach die Piraterie die «New Economy» eines boomenden Puntland sei.

Nach dem Frauenroman «Netze» stehen in «Gekapert» nun wieder die Männer im Mittelpunkt. Drei Exil-Somalis aus den USA bestimmen das Geschehen. Jeebleh, der noble Professor für italienische Literatur, den wir aus «Links» kennen, hat einen abermaligen Auftritt. Diesmal begleitet er seinen Schwiegersohn Malik, einen halb-somalischen Kriegskorrespondenten mit Basis in New York, nach Mogadischu. Der Journalist will über die kritische Lage, über Krieg und Armut in Somalia berichten und die Hintermänner und Geldströme der Piratenindustrie recherchieren. Außerdem beteiligt er sich an der Suche nach seinem verschwundenen Neffen, nach dessen Verbleib gleichzeitig Maliks älterer Bruder in Puntland forscht. Der Teenager aus Minnesota hat sich offenbar den Shabaab-Milizen angeschlossen: Ein fanatischer Imam in Minnesota hat ihn und eine Handvoll anderer Jugendlicher als Selbstmordattentäter rekrutiert. Vermutungen und Theorien über die Gründe für solche Radikalisierungen gebildeter junger Leute aus dem Westen füllen nicht wenige Romanseiten. Diese Passagen, wie auch die steifleinenen Dialoge, die viel angelesenes Zeitungswissen transportieren, verleihen dem Roman stellenweise eine papierene Leblosigkeit.

Vor allem aber begleitet der Roman Malik auf seinen Recherchetouren und zu seinen Interviews mit Strippenziehern des Menschenschmuggels und Hintermännern des Piratengeschäfts. Eine höchst dubiose Reihe von dunklen Ehrenmännern mit abenteuerlichen, vielleicht zusammengelogenen Biographien hat da ihren Auftritt. Je mehr diese Krisengewinnler von ihren Aktivitäten preisgeben und sie zu rechtfertigen versuchen, desto undurchschaubarer werden sie. Maliks Gesprächspartner wollen ihn für ihre Propagandazwecke instrumentalisieren: Sie wollen ihm ihre geschönte Version ihrer Machenschaften aufschwätzen und so ihr eigenes, vorteilhaftes Narrativ in der Weltpresse platzieren. Malik aber bleibt skeptisch, erhält Morddrohungen und wird schließlich tatsächlich Opfer eines Attentats.

Somalia erscheint in «Gekapert» als Spielball globaler Macht- und Geschäftsinteressen. Der zynischen und gefährlichen Außenwelt der Politik stellt Nuruddin Farah die intime Innenwelt des Familien- und Freundeskreises der drei Exil-Somalis gegenüber. Die Freunde und Verwandten in der Stadt bilden ein kleines, aber verlässliches Netzwerk, das den Besuchern Zuflucht, Schutz und Rückendeckung bietet. Ihre Wohnungen in Mogadischu und Bosaso, Puntland, sind Rückzugsorte des Friedens und der Erholung für die Heimkehrer. Hier dürfen sie sich einigermaßen sicher fühlen, geschützt vor der Anarchie auf den Straßen.

Es wird nicht nur viel und bedeutungsvoll geträumt in Farahs Romanen; es wird auch viel und nahrhaft gekocht. Eigentlich ist es vornehmlich die Beschreibung der Mahlzeiten, die im Roman für atmosphärische Dichte und Sinnlichkeit sorgt. Die Küche ist nicht bloß Kraftquelle und Erquickungsort privater Freundschaften; die Sorgfalt und Geduld bei der Bereitung von Mahlzeiten sind auch eine kulturelle Demonstration. So erweist sich die Küche als zivilisatorischer Gegenort zur Bestialität draußen, als Hort einer menschenfreundlichen Ordnung im allgemeinen Chaos. Andere und größere Hoffnungsbilder für Somalia hat Nuruddin Farah am Ende seines elften Romans nicht mehr anzubieten. «Somalische Männer sind selten imstande, den Alltag zu bewältigen», stellte er in einem Interview fest. «Viele können nicht einmal kochen: Töten ist ja viel leichter als Kochen.»

Erwähnte Romane von Nuruddin Farah

«Geheimnisse» (Suhrkamp 2000)
«Duniyas Gaben» (Suhrkamp 2001)
«Links» (Suhrkamp 2005)
«Netze» (Suhrkamp 2007)
«Gekapert» (Suhrkamp 2013)

Ngũgĩ wa Thiong'o: Der Chronist des korrupten Kenia

Am Anfang von Ngũgĩ wa Thiong'os internationaler Karriere – als Universitätslehrer, Intellektueller, Kultur- und Literaturwissenschaftler und einer der renommiertesten Autoren des subsaharischen Afrika – steht ein Pakt zwischen Mutter und Sohn. Eines Abends im Jahr 1947, Ngũgĩ war neun Jahre alt, fragte ihn seine analphabetische Mutter: «Möchtest du zur Schule gehen?»

Das verschlug dem Jungen zunächst die Sprache, doch dann schloss er mit seiner Mutter ein Abkommen: So schwer es für die Mutter sein mochte, das Schulgeld aufzutreiben und für eine Schuluniform zu sorgen, so sehr würde der Sohn sich anstrengen, immer sein Bestes zu geben und so gut zu lernen, wie es ihm nur überhaupt möglich war. Er würde ihr keine Schande machen und niemals aufgeben, versprach er der Mutter, auch wenn sie ihn warnte, dass das Geld wohl nicht immer für ein Schulmittagessen reichen und er manchmal würde hungern müssen. Ihre so strenge wie ängstliche Frage «Ist das das Beste, was du erreichen konntest?» wird den Sohn durch seine gesamte Schulzeit begleiten. Nach jeder Schulübung, jeder Klassenarbeit, jedem Test wird die Mutter nach seiner Zensur fragen: «Ist das das Beste, was du erreichen konntest?» Der Sohn wird die Frage immer guten Gewissens bejahen können. Schließlich hat er in Kenia die britische Kolonialerziehung für Afrikaner als Bestschüler durchlaufen.

Ngũgĩs atemberaubende Karriere auf drei Kontinenten lässt sich erst ermessen, wenn man seine Herkunft und seinen Bildungsweg

In den Ruinen des British Empire

betrachtet. Dass er in Kenia, das damals noch eine britische Kolonie war, überhaupt Bildung erwerben konnte – das verdankt er nicht nur seiner Begabung und seiner Zielstrebigkeit, sondern vor allem auch seiner Mutter Wanjikū. Ngũgĩs Vater hatte in dieser Angelegenheit nichts mitzureden: «Es war der Traum meiner Mutter und damit allein ihre Sache», schreibt Ngũgĩ in seinen Kindheitserinnerungen «Träume in Zeiten des Krieges».

Ngũgĩ entstammt einer traditionellen Gĩkũyũ-Bauernfamilie in der Gegend von Limuru, einem Dorf am Rande des Rift Valley, nicht weit von Nairobi. Als sein Vater Thiong'o geboren wurde, vermutlich im letzten Jahrzehnt des 19. Jahrhunderts, da regierte noch Königin Victoria über ihr *East Africa Protectorate*, und Nairobi war nichts weiter als ein Sammellager für den Eisenbahnbau. Erst ab 1920 wurde das Land als Kolonie und Protektorat Kenia bezeichnet; inzwischen ist es bereits seit einem halben Jahrhundert eine Ex-Kolonie und ein unabhängiger Staat, mit Nairobi, einer Millionen-Metropole, als Hauptstadt.

Als Ngũgĩ geboren wurde, war Kenia ethnisch, sozial und ökonomisch dreigeteilt zwischen Weißen, Afrikanern und Indern. Die Ethnie der Gĩkũyũ, die im Zentrum Kenias die fruchtbarsten Böden besaß, wurde enteignet und zwangsumgesiedelt, um Platz zu machen für weiße Siedler, oder als Kleinpächter diesen zu Frondiensten verpflichtet. Die *White Highlands* waren nun den Europäern vorbehalten. Wie großartig es sich für Weiße im Abendglanz des Empire auf den Plantagen der *Highlands* leben ließ, umsorgt von dienstfertigen und allzeit verfügbaren Afrikanern, die auf den Tee- und Kaffeefeldern rackerten, das kann man bei der dänischen Baroness Karen Blixen ebenso nachlesen wie bei der amerikanischen Weltreisenden Martha Gellhorn.

Außerhalb der Plantagenwelt der Weißen gab es die Reservate für Afrikaner. Den Indern war der Besitz von Land überhaupt verboten: Sie wurden Kaufleute in den größeren und kleinen Städten entlang der neuen Eisenbahnlinie. Wie im Zeitraffer durchlebte Ngũgĩ demnach die Kolonialzeit von der Hochblüte des British Empire viktorianischer Prägung über den blutigen Befreiungskampf in den Jahren der Mau-Mau-Aufstände bis zur Unabhängigkeit im Jahr 1963. Er erlebte danach auch alle Fehlentwicklungen, an denen das postkoloniale Kenia bis heute krankt und die Ngũgĩ schließlich für immer außer Landes treiben sollten.

Ngũgĩs Vater Thiong'o hatte vier Frauen und 24 Kinder. Ngũgĩ, der 1938 geboren wurde, war das fünfte Kind der dritten Frau seines Vaters, der zu seiner Zeit als der an Rindern und Ziegen reichste Mann von Limuru galt, bis eine Seuche (oder war es der magische Schadzauber eines bösen Neiders?) seine Herden vernichtete und ihn damit ruinierte. Thiong'os Gehöft bestand aus fünf Hütten und einem riesigen Rinderkral, in den der Patriarch allabendlich seine Herden trieb und der mit einem Holzzaun und einer Hecke aus Dornenbüschen gesichert war. Die Haupthütte, die *Thingira*, bewohnte Thiong'o allein, die übrigen vier Hütten waren das Terrain der vier Ehefrauen und ihrer Kinder. Zu jedem Frauenhaushalt gehörten – außer einer Feuerstelle und den Schlafplätzen – auch Vorratskammern, ein Kornspeicher und ein Pferch für Ziegen und Schafe. Die Frauen brachten Thiong'o abwechselnd das Essen in seine Behausung, und der Patriarch achtete darauf, keine Frau zu bevorzugen. Seine *Thingira* stand in genau gleicher Entfernung zu allen vier Frauenhütten.

«Ich wurde in eine funktionierende Gemeinschaft aus Ehefrauen, erwachsenen Brüdern und Schwestern, Kindern meines Alters und eines Patriarchen hineingeboren», schreibt Ngũgĩ wa Thiong'o in seinen Kindheitserinnerungen. Immer wieder betont er das gute Einvernehmen und die Harmonie unter den vier Ehefrauen, die untereinander ein empfindliches, aber doch belastbares Machtgefüge ausgehandelt hatten. Sie bildeten eine verschworene Gemeinschaft, «der Außenwelt, ihrem Ehemann und sogar ihren Kindern gegenüber». Auf diese Weise hatte jedes Kind vier Mütter: «Jede von ihnen durfte jedes Kind zurechtweisen und bestrafen; andererseits bekamen wir auch bei jeder etwas zu essen.»

Die Großfamilie war ein Hort des Geschichtenerzählens. Am Abend saßen die Frauen und die Kinder rund um die Feuerstelle, die älteren Geschwister brachten ihre Freunde mit, und dann wurden reihum Geschichten zum Besten gegeben. Dass Erinnerungen münd-

In den Ruinen des British Empire

lich weitergegeben werden, das brannte sich dem Jungen am heimischen Erzählfeuer tief ein. Die älteste von Ngũgĩs vier Müttern war die beste Geschichtenerzählerin. Stets waren Rätsel, Lieder, Sprichwörter, Märchen und Volksweisheiten in ihre Erzählungen verwoben. Am Feuer konnten auch die politischen Heldengeschichten von vergeblichen Aufständen gegen die Kolonialherren wieder aufgewärmt werden. Und mit jedem Aufwärmen wurden Rebellen immer mehr zu Legenden verklärt und die harten politischen Fakten immer weiter ins Mythische entrückt. Auf diese Weise konnte ein Freiheitskämpfer wie Jomo Kenyatta zum mythischen Helden der Gĩkũyũ idealisiert werden.

Die Frauen arbeiteten auf den Feldern und zogen Gemüse, Kartoffeln und Früchte, die sie auf dem Markt verkauften (Ngũgĩs Mutter bezahlte davon seine Schulgebühren und seine Uniform); die jüngeren Kinder halfen dem Vater als Viehhirten, die älteren und Ngũgĩs erwachsene Halbbrüder und Halbschwestern arbeiteten auf den Teeplantagen der Europäer und auf den neuen Chrysanthemenfeldern eines afrikanischen Grundherrn, Lord Reverend Stanley Kahahu. Kahahu war Absolvent einer weißen Missionsschule und einer der ersten christlichen Konvertiten. Er gehörte zu den Profiteuren der klassischen englischen Kolonialstrategie des «Divide & Rule». Er war als presbyterianischer Prediger ausgebildet und trug stets den weißen Kragen seines Berufsstandes. Er war der Erste, der Chrysanthemen anbaute und einen Hain mit Pflaumenbäumen anlegte, der Erste, der mit Pflügen ackerte, und der Erste, der ein Auto und später auch einen Lastwagen besaß. «Lord Reverend Stanley Kahahu verkörperte Modernität durch und durch», schreibt Ngũgĩ rückblickend.

Der Vergleich zwischen der Lebensweise seines eigenen Vaters Thiong'o und der des reichen Nachbarn Kahahu brachte den Jungen zum Nachdenken: «Das Anwesen der Kahahus mit seinen Autos, dem sonntäglichen Kirchgang, wirtschaftlicher Macht und Modernität war ein krasser Gegensatz zu unserem, einem Reservat schwerer Arbeit, Armut und Tradition.» Ngũgĩ musste erkennen, dass Mündlichkeit und Tradition gegen Schriftlichkeit und Modernität offenbar verloren hatten. Sein Vater hielt sich vom Christentum fern, pflegte aber auch traditionelle afrikanische Rituale und Praktiken allenfalls noch in Restbeständen, etwa, wenn er am Morgen sein Gesicht zum Mount Kenya richtete, ein kleines Trankopfer brachte und einige Worte sprach, die mit einer lauten Bitte um Frieden und den Segen für den gesamten Haushalt endeten. Tradition, so verstand Ngũgĩ seine erste politische Lektion, hatte an Verbindlichkeit eingebüßt und war inzwischen mit Rückständigkeit gleichzusetzen, während Modernität und Fortschritt an die Aneignung all dessen gekoppelt waren, was sich von den britischen Kolonialherren lernen ließ. Es sollte etliche Jahre dauern, ehe Ngũgĩ wa Thiong'o die Triftigkeit und Gültigkeit seiner jugendlichen Einsichten in Zweifel zu ziehen begann.

Zunächst war es ihm nur darum zu tun, mit den Kindern von Lord Reverend Kahahu gleichzuziehen. Er besuchte nun die gleiche Schule wie sie und trug die gleiche Schuluniform wie sie. Na ja, nicht ganz die gleiche Schuluniform. Die Mutter hatte ihm beim Inder ein Hemd und Khaki-Shorts gekauft, die einfachsten Sachen, ohne Hosenträger oder Achselklappen wie bei den Kahahu-Kindern. Für Unterwäsche hatte es nicht gereicht. Und natürlich lief Ngũgĩ die ganze Kindheit hindurch barfuß. Erst bei seinem Übertritt in die Oberschule wurde das erste Paar Schuhe seines Lebens erforderlich und sogleich zu einem ernsten Problem.

Für die Grundschule reichte es für ein afrikanisches Kind, die Gĩkũyũ-Fibel lesen zu können. Doch Ngũgĩs Mutter und sein älterer Halbbruder Wallace Mwangi, genannt «Good Wallace», sorgten dafür, dass der Junge rasch an eine andere Grundschule mit Englisch als Unterrichtssprache wechselte. Erst viel später begriff Ngũgĩ, dass er damit eine historische Trennlinie überschritten hatte und dass dieser Schritt auch über sein weiteres Schicksal entschied. Diesem Schritt widmet er in seinen Erinnerungen einen ausführlichen Exkurs über das Schulsystem in Kenia zur Zeit der britischen Kolonialherrschaft.

Die meisten britischen Missionsschulen waren darauf ausgerichtet, afrikanische Arbeitskräfte für die weiße Siedlergemeinschaft heranzuziehen. Sie beschränkten ihre Lehrpläne auf Zimmerei, Landwirtschaft und Basiskenntnisse im Lesen und Schreiben. Die Beherrschung des Englischen wurde als unnötig, zumindest als nachrangig betrachtet – schließlich ging es der Regierung und den Missionaren darum, Afrikaner von höherer Bildung fernzuhalten und ihnen bloß die erforderlichen Fertigkeiten für Domestiken der britischen Kolonialherren zu vermitteln.

Daneben existierten aber auch einige unabhängige, afrikanisch geführte Schulen, deren Lehrpläne auf der englischen Sprache als Schlüssel zur Modernität aufbauten, ohne zugleich kolonialistische Indoktrination zu betreiben. Hier ging es darum, den Afrikanern Wissen zu vermitteln, und nicht, ihnen den Eurozentrismus einzubläuen und sie Unterwürfigkeit und Unterstützung des Kolonialstaats zu lehren.

Mit seinem Wechsel auf eine solche unabhängige Grundschule wurden auch die Weichen für Ngũgĩs weiteres Leben gestellt – ohne dass von da weg alles glattgelaufen wäre. Im Gegenteil. Die private Katastrophe war der wirtschaftliche Ruin des Vaters, der auch das Familiengefüge und das stolze Selbstgefühl des Patriarchen zerstörte. Nach schweren Konflikten trennte sich Ngũgĩs Mutter von ihrem Ehemann und kehrte in ihr Vaterhaus zurück. Darauf verstieß Thiong'o auch ihre Kinder und untersagte ihnen den Verbleib in der Großfamilie; Ngũgĩ lebte fortan im Haus seines mütterlichen Großvaters: «Aus einer polygamen Gemeinschaft ist die Kleinfamilie einer Alleinerziehenden geworden.»

Auch politisch waren Ngũgĩs Schuljahre von Unruhe und Brüchen geprägt. Schließlich fällt seine Schulzeit in die 1950er Jahre, also in die Zeit der Mau-Mau-Aufstände. Die Briten verhängten den Ausnahmezustand über Kenia und gingen mit aller Härte gegen die Aufständischen vor. So wurde beispielsweise, wie Ngũgĩ erzählt, das *Kenya Teachers' College* in ein Konzentrationslager verwandelt, in dem man die Unterstützer des Widerstands gegen den Kolonialismus erhängte.

Der Lehrplan an seiner Schule wurde rekolonialisiert, der Lehrkörper ausgetauscht. Auf dem Schulgelände durfte nur noch Englisch gesprochen werden, afrikanische Sprachen waren verpönt. Wer Gĩkũyũ sprach, riskierte körperliche Züchtigung. «Wir lernten, dass Weiße den Mount Kenya und viele unserer Seen, einschließlich des Viktoria-Sees, entdeckt hatten. In der alten Schule war Kenia Land der Schwarzen. In der neuen wurden Kenia und Südafrika so dargestellt, als wären sie vor der Ankunft der Weißen kaum besiedelt gewesen, sodass die Weißen die unbewohnten Gebiete in Besitz nahmen. Die Weißen brachten Medizin, Fortschritt, Frieden. Ein europäischer Schulinspektor machte die Runde, um Botmäßigkeit sicherzustellen.»

Zwischen 1952 und 1960 galt in Kenia der Kriegszustand. Erst 1963 entließen die Briten ihre Kolonie in die Unabhängigkeit. Ngũgĩs älterer Bruder Good Wallace floh im Kugelhagel der Kolonialpolizei in die Wälder, ging in die Berge und schloss sich der Befreiungsbewegung an. Die Familie lebte in ständiger Angst, deswegen gleichfalls verfolgt zu werden und den britischen Truppen in die Hände zu fallen, die die Mau-Mau-Guerillas erbarmungslos jagten. Selbst als Geächteter in den Wäldern ließ der ältere dem jüngeren Bruder dringliche Botschaften zukommen, unter keinen Umständen seine Ausbildung abzubrechen («Wie unsere Mutter immer sagt: Gib dein Bestes. Wissen ist unser Licht»). Erst nachdem sich Good Wallace vom Guerillakampf losgesagt und den Briten ergeben hatte, wurde er Ende 1957 nach längerer Lagerhaft entlassen.

Währenddessen folgte Ngũgĩ seinem Traum von Bildung. Das Lernen war seine Zuflucht vor den Misslichkeiten der Zeit. Er entdeckte die Heilige Schrift. Die Bibel wurde sein Zauberbuch, die Figuren der Bibel, vor allem des Alten Testaments, wurden seine Gefährten. Er schulte sein Englisch an der Bibelsprache und begann, sich dem Christentum zu nähern. Einerseits blieb er den alten Stammestraditionen verpflichtet und ließ den Initiationsritus der Beschneidung an sich vollziehen. Andererseits liebäugelte er eine Zeit lang damit, römisch-katholisch zu werden. Doch dann schrieb er sich bei Reverend Kahahu für die Taufe ein, um Mitglied der Presbyterianischen Kirche Ostafrikas zu werden. «Man musste sich christliche Namen aussuchen. Ich neigte zu James Paul. Reverend Kahahu meinte, ein Name wäre ausreichend. Und so wurde ich durch das christliche Ritual der Taufe mit Wasser James Ngũgĩ, der Name, unter dem ich Jahre später, bis 1969, meine frühen journalistischen Arbeiten und Romane veröffentlichte. Dann kehrte ich zu Ngũgĩ wa Thiong'o zurück.»

Selbst als Ngũgĩ 1954 die Aufnahmeprüfung in die *Alliance High School*, die beste und prestigeträchtigste Oberschule des Landes, glanzvoll bestanden hatte, wäre sein weiterer Bildungsweg um ein Haar gescheitert. Erst konnte seine Mutter das Schulgeld nicht aufbringen (freiwillige Spender im Dorf sprangen ein). Dann haperte es am Schuhwerk. Ein Paar Schuhe und lange Strümpfe wurden gefordert, und Ngũgĩ bekam das Geld einfach nicht zusammen (eine seiner Schwestern sprang mit all ihren Ersparnissen ein). Die Internatsschule, an der der Sechzehnjährige schließlich wohlbeschuht eintraf, sollte sich als die wichtigste Station auf seinem Bildungsweg erweisen – so wichtig, dass Ngũgĩ seinen vier Jahren im «Haus des Hüters» einen ganzen Band seiner Erinnerungen gewidmet hat.

Die beiden Bände seiner Kindheits- und Jugendgeschichte bilden zusammen eine exemplarische Erfolgsstory der Selbstbefreiung aus kolonialer Bevormundung, Unfreiheit, Armut und Unterdrückung in eine postkoloniale Selbstbestimmung – ohne gewalttätigen Widerstand und blutigen Freiheitskampf, allein mit den friedfertigen Mitteln der Bildung und des christlichen Glaubens. Die Musterhaftigkeit, die der Grundschüler und erst recht der Internatszögling James Ngũgĩ allezeit an den Tag legt, ist auch als politisch gemeintes Paradigma einer afrikanischen Erziehung am Übergang vom Empire in den Postkolonialismus zu verstehen. Und an diesem Übergang steht eine Leit- und Mittlerfigur, die Ngũgĩ «Interpreter» nennt, was mit dem deutschen Wort «Hüter» nicht getroffen ist. Diesem Vermittler, einem wahren Welt-Eröffner, setzt Ngũgĩ in seinen Jugenderinnerungen mehr als ein halbes Jahrhundert später ein eindrucksvolles Denkmal.

Der Hüter des Hauses, auf den sich der Titel bezieht, ist sein Schuldirektor an der *Alliance School*, ein in ganz Kenia berühmter Mann: der legendäre britische *Headmaster* Edward Carey Francis, der die Schüler mit militärischer Strenge zu Höchstleistungen anspornt, aber zugleich mit seinem kollegialen Führungsstil und der Gleichstellung von britischen und afrikanischen Lehrern die koloniale Apartheid unterwandert und so die künftige intellektuelle, politische und moralische Führungsschicht des späteren unabhängigen Kenia heranzieht und formt. Mehr als die Hälfte der Mitglieder des ersten kenianischen Kabinetts nach der Unabhängigkeit kam von seiner Schule.

Gegen die Grausamkeiten des Mau-Mau-Krieges bildet die Internatsschule von Carey Francis ein Refugium, einen sicheren Zufluchtsort, denn «die Bluthunde konnten nicht auf das Schulgelände vordringen». Schon die Bahnreise in diese Schule erscheint dem Sechzehnjährigen wie eine Fahrt ins Paradies, auch wenn er im Zug bloß die dritte Klasse («Nur für Afrikaner») benutzen darf. Während die Briten draußen im Land die Dorfbewohner, darunter auch seine Mutter, zwangsumsiedeln und in Konzentrationslager-Dörfern zusammenschließen, um sie besser überwachen zu können, öffnen sich für Ngũgĩ an der *Alliance School* neue Welten.

In seinen vier Internatsjahren verlaufen seine spirituelle, seine intellektuelle und seine politische Entwicklung parallel. Er hat wichtige Lese-Erlebnisse, macht Bekanntschaft mit der britischen Pfadfinderei von Lord Baden-Powell und hat Spaß an Pfadfinderlagern wie auch am Debattier-Klub, an der reichhaltigen Bibliothek und der Theatergruppe in seiner Schule. Zugleich verliert er das große politische Theater auf dem afrikanischen Kontinent keineswegs aus den Augen. Trotz der geordneten Welt der Bildung, Religion und Gemeinschaft, in der er zurückgezogen und geschützt leben darf, bleiben dem Internatszögling die politischen Umbrüche auf dem Kontinent nicht verborgen, von der Suezkrise 1956 bis zum allmählichen Zerbröckeln des British Empire, als die Briten einer Kolonie nach der anderen sukzessive die Unabhängigkeit gewähren (müssen), beginnend 1956 mit dem Sudan und 1957 mit Ghana.

Kaum hat er die *Alliance School* mit großem Erfolg abgeschlossen und eine erste Stelle als Hilfslehrer an einer Grundschule angenommen, während er auf die Zulassung fürs *Makerere University College* in Kampala, Uganda, wartet (die Aufnahmeprüfung hat er bereits mit Auszeichnung bestanden), erfährt er noch einmal die ganze Härte des britischen Kolonialregimes am eigenen Leib. Im April 1959 wird er in einer Großrazzia willkürlich verhaftet, auf der Heimfahrt ins Dorf aus dem Bus geholt und landet wegen angeblichen Widerstands gegen die polizeiliche Festnahme im Untersuchungsgefängnis von Kīambu. Er wird vor Gericht gestellt und von den Polizisten mit falschen Zeugenaussagen schwer belastet. Da kommt Ngũgĩ sein rhetorisches Training im Debattier-Club des Internats zur Hilfe. Durch seine geschickte Fragetechnik kann er in der Gegenüberstellung mit den Polizisten diese falschen Zeugen der Lüge überführen und wird freigelassen.

Mit dieser fast märchenhaft didaktischen Triumphszene endet der zweite Band von Ngũgĩs Kindheits- und Jugenderinnerungen. Gewidmet hat er sie seiner Klasse von 1958, denn diese war «ein grundlegender Bestandteil meines intellektuellen und seelischen Strebens». Von hier weg kann James Ngũgĩ in festen Schuhen in die Welt hinaustreten, unterwegs vom Gĩkũyũ zum Kenianer zum Afrikaner zum Weltbürger. Diese Welteroberung ist an die Sprache geknüpft, das weiß Ngũgĩ seit der Grundschule, und die Weltsprache ist Englisch.

Zur englischen Sprache, der offiziellen Amtssprache in Kenia, hat Ngũgĩ ein gespaltenes und widersprüchliches Verhältnis – und dieser Konflikt sollte ihn sein Leben lang begleiten. Er ist von Kindesbeinen an ein Grenzgänger zwischen der bäuerlichen Gĩkũyũ-Kultur seiner Familie und der Sprache, Schrift und Weltanschauung der britischen Kolonialherren. Einerseits ist Englisch die Sprache der Moderne, des Fortschritts, der Weltliteratur und der Teilhabe an der Welt; aber andererseits ist es zugleich die Sprache der Unterdrücker, der Kolonisatoren, die alle afrikanischen Sprachen außer Swahili, der zweiten Amtssprache in Ostafrika, aus der Öffentlichkeit verbannten und Literatur in diesen Sprachen negierten.

Sein Vater Thiong'o konnte vielleicht drei Worte Englisch, die er einst von einem britischen Arbeitgeber aufgeschnappt hatte – «bloody fool», «nigger» und «bugger». Der Sohn hingegen macht die englische Sprache sofort zu seinem Arbeitsinstrument. Seine ersten Kurzgeschichten, die er während des Studiums an der Makerere-Universität in Kampala und an der nordenglischen Universität Leeds zu schreiben beginnt, sind auf Englisch und erscheinen in London unter dem Titel «Secret Lives» (deutscher Titel: «Verborgene Schicksale»). Auch alle seine frühen Romane – «Weep Not, Child» (1964), «The River Between» (1965), «A Grain of Wheat» (1967) – sind auf Englisch geschrieben. Doch ab den späten 1960er Jahren – Ngũgĩ unterrichtet inzwischen als Dozent an der Universität von Nairobi – beginnt er, sich immer deutlicher und schließlich radikal von allem Englischen zu distanzieren und tritt immer entschlossener für die genuinen afrikanischen Sprachen ein. Eine Rückbesinnung auf seine afrikanische Identität hat eingesetzt.

Das hat auch biographische Gründe; es hängt mit Ngũgĩs Versuch zusammen, in seiner Heimatgemeinde ein afrikanisches Volkstheater zu etablieren. 1977 schrieb und inszenierte er mit kenianischen Arbeitern ein Theaterstück auf Gĩkũyũ: «Ngaahika Ndeenda» (Ich heirate, wann ich will). Das Stück war auf spontane Publikumsteilnahme angelegt und sparte nicht mit Kritik am Versagen der politischen Eliten des Landes seit der Unabhängigkeit und an der gescheiterten Regierungspolitik Jomo Kenyattas, des ersten kenianischen Präsidenten. Es wurde ein großer Publikumserfolg, nicht zuletzt, weil es in der Volkssprache geschrieben und daher dem Volk unmittelbar verständlich war. Wohl deshalb wurden die Aufführungen nach sechs Wochen verboten. Ngũgĩ wurde verhaftet und ein Jahr lang ohne Haftbefehl, ohne Prozess und ohne Urteil in einem Hochsicherheitsgefängnis festgehalten. Erst auf Intervention von *Amnesty International* kam er frei, verlor allerdings sein Universitätsamt und ging danach mit seiner Familie ins Exil nach England.

In den folgenden Jahrzehnten hatte er zahlreiche Gastdozenturen an den namhaftesten Universitäten Englands und der USA inne. Seine akademische Laufbahn führte über London, Yale und New York an die *University of California* in Irvine, wo er seit 2002 lebt und lehrt, als Professor für Vergleichende Literaturwissenschaft und Direktor des Internationalen Übersetzerzentrums.

Im Gefängnis schrieb Ngũgĩ – auf Toilettenpapier – seinen ersten Roman auf Gĩkũyũ, eine Anklage des diktatorischen Regimes unter dem neuen Präsidenten Daniel arap Moi, der mit Kenia wie mit seinem Privatbesitz fuhrwerkte, Oppositionelle verhaften, foltern und ermorden ließ, Vermögen unterschlug und Land und Bevölkerung ausplünderte. All diese Erfahrungen bewogen den Exilanten Ngũgĩ schließlich zu einem Bruch mit seiner englischen, sprich: kolonialistischen Vergangenheit – mit der englischen Sprache, mit dem Christentum und mit seinem Taufnamen. Aus James Ngũgĩ war wieder Ngũgĩ wa Thiong'o geworden, ein Autor, der als Sprache seiner Literatur fortan seine Muttersprache Gĩkũyũ verwendete und seine Romane danach selbst ins Englische übersetzte, während er für seine Essayistik und seine akademischen Arbeiten auch weiterhin beim Englischen blieb. Das gilt auch für seine (auf Englisch geschriebenen) Kindheits- und Jugenderinnerungen.

Die Geschichte seines nicht ganz widerspruchsfreien Bruchs mit dem Englischen und seines Rückzugs aus der eurozentrischen Kultur lässt sich in seinem programmatischen Essayband «Decolonising the Mind: The Politics of Language in African Literature» (1986) nachlesen. Die Geschicke des Kontinents, heißt es da, würden immer noch an den Konferenztischen Europas und der USA entschieden, «der Imperialismus kontrolliert weiterhin die Wirtschaft, die Politik und die Kultur Afrikas».

Der Text ist nicht unproblematisch und in einigen Teilaspekten zudem historisch überholt, da inzwischen das Englische ebenso wie die einheimischen Sprachen (als Symbol für afrikanisches «Empowerment») Teil der afrikanischen Wirklichkeit von heute geworden sind. Gleichwohl hält der Text einige wichtige und richtige Erkenntnisse fest – etwa die Bedeutung der Muttersprache für die Identität und die Erinnerung an Herkunft, Ursprung und traditionelle Verwurzelung.

Ngũgĩ äußert einmal mehr die wohlbekannte Kritik, dass die Sprache der Kolonisatoren auch westliche Inhalte und ein westliches Weltbild transportiert und so zu einem Instrument der kulturellen Hegemonie Europas und einem Mittel der Unterdrückung und Zerschlagung der afrikanischen Identität werden kann und die Erinnerung der Afrikaner auslöscht. Dagegen betont er die Bedeutung der Mündlichkeit für die afrikanische Kultur und hebt die reiche Volkskultur Kenias und die mündlichen Erzähltraditionen Afrikas hervor. Man liest: «Wir afrikanischen Autoren sind durch unsere Berufung dazu verpflichtet, für unsere Sprachen zu tun, was Spencer, Milton und Shakespeare für das Englische getan haben; was Puschkin und Tolstoj für das Russische getan haben; was in der Tat alle Autoren der Weltgeschichte für ihre Sprachen getan haben.»

All diese Erfahrungen, Erlebnisse, Enttäuschungen und Erkenntnisse spiegeln sich in einem Roman, an dem Ngũgĩ fast zwei Jahrzehnte lang arbeitete, der inzwischen als sein Opus Magnum gilt, im Original den Titel «Mũrogi wa Kagogo» trägt und als «Wizard of the Crow» (auf Deutsch: «Herr der Krähen») den Autor weltweit bekannt machte.

Der Roman sollte ursprünglich eine Analyse der kenianischen Gesellschaft in den 1980er Jahren werden, am Übergang von der Präsidentschaft Jomo Kenyattas zu Daniel arap Moi, wuchs sich aber in achtzehnjähriger Arbeit zu einer fast tausendseitigen Generalabrechnung mit allen Fehlentwicklungen aus, die das Afrika südlich der Sahara seit der Unabhängigkeit verunstalten. Es geht um die Kritik an Inkompetenz, Vetternwirtschaft und Korruption, an falsch verstandener Entwicklungshilfe und neokolonialer Ausbeutung afrikanischer Ressourcen durch die globalisierte Wirtschaftsmacht des Westens wie auch durch einheimische Machteliten.

Mehr noch: Der Roman ist eine Parabel auf die Lage ganz Afrikas angesichts des weltweiten Globalisierungswettlaufs. «Herr der Krähen» ist der ebenso ehrgeizige wie souverän gelungene Versuch, den Afrika-Roman des 21. Jahrhunderts zu schreiben – als monumentale, im Bachtinschen Sinne karnevalesk überdrehte, subversive und abstrafende Satire. Denn nur mit den Übertreibungs- und Verzerrungsmitteln der Farce lässt sich der real existierenden Hyperbolik postkolonialer afrikanischer Staaten beikommen.

Das Werk ist ein Diktatorenroman, durchaus vergleichbar mit den lateinamerikanischen Großromanen über mythische Tyrannengestalten von Roa Bastos und García Márquez bis Vargas Llosa; und wie diese changiert er zwischen Magischem Realismus und Groteske, Aberwitz und politischer Faktizität. Ein afrikanisches Gegenstück dazu irrlichterte bereits durch V. S. Naipauls Kongo-Roman «An der Biegung des großen Flusses» – in der Gestalt des Diktators «Big Man» mit seiner verräterischen Leopardenmütze, dem Hinweis auf Mobutu Sese Seko. Bei Ngũgĩ betritt nun der afrikanische Prototyp des Gewaltherrschers nach lateinamerikanischem Muster endgültig die weltliterarische Bühne: «Seine Allmächtige Vortrefflichkeit», der namenlos bleibende Herrscher des fiktiven afrikanischen Staates Aburĩria.

Wie die größenwahnsinnigen Despoten in den Romanen der

In den Ruinen des British Empire

Lateinamerikaner regiert auch er seit Ewigkeiten; auch er verfüttert seine Feinde an die Krokodile; und auch er will sich, wie «Big Man» mit seiner Stadt New Domain, ein monströses Baudenkmal setzen – den Wolkenkratzer «Marching to Heaven». Die Macht des Herrschers erstreckt sich nicht nur auf seine Untertanen, sondern auch auf die Naturgesetze. Sogar die Ordnung des Kalenders unterliegt seinem willkürlichen Belieben: «Der Januar konnte zum Beispiel mit dem Juli den Platz tauschen.» Selbst die Uhrzeit liegt in seinem Ermessen.

Am Beispiel des fiktiven Staates Aburĩria sucht Ngũgĩ die systemischen Fehler afrikanischer Staaten zur Kenntlichkeit zu entstellen und den Typus des sagenhaft korrupten afrikanischen Tyrannen zwischen Groteske, Grausamkeit und Größenwahn durchzudeklinieren. Modelle für solche Hybris standen ihm reichlich zur Verfügung – von Mobutu und Mugabe über Daniel arap Moi und «Kaiser» Bokassa bis Idi Amin. Gaddafi hat diesen Typus zuletzt noch einmal bestätigt und ihn in Vollendung personifiziert.

Ausgangspunkt des Romans ist das gigantische Bauprojekt «Marching to Heaven», das den Turmbau zu Babel übertreffen, «bis an die Himmelspforten reichen» und «Seiner Allmächtigen Vortrefflichkeit» zur Weltgeltung verhelfen soll. Der Herrscher ist umgeben von kriecherischen Hofschranzen: Die neuen Eliten drängen sich als Speichellecker um ihn, um von seiner Gunst zu schmarotzen, an seiner Macht teilzuhaben und sich an dem Bauprojekt zu bereichern. Namentlich der Außenminister und der Innenminister/Geheimdienstchef rivalisieren im vorauseilenden und bis zur Selbstbeschädigung gehenden Diensteifer um die Huld des Herrschers. Indem dieser geschickt alle seine Vasallen gegeneinander ausspielt, hält er sich an der Macht.

Naturgemäß generiert «Marching to Heaven» Korruption in nie da gewesenem Ausmaß. Von dem Bauvorhaben, das allerdings ohne Kredite der *Global Bank* in New York nicht zu verwirklichen ist, hoffen alle zu profitieren. Seit der Bauunternehmer Tajirika zum Vorsitzenden des Projekts ernannt wurde, bilden sich vor seinem Büro zwei unabsehbar lange Menschenschlangen, die bald zur Landplage werden – einerseits Arbeitslose, die auf einen Job hoffen, andererseits Subunternehmer, die auf Aufträge hoffen (und ihrem Wunsch mit dicken

Bestechungskuverts Nachdruck verleihen). Die Korruptionsmaschine läuft wie geschmiert, obwohl die Kredite noch längst nicht bewilligt sind.

Um bei der *Global Bank* Druck zu machen, reist der Herrscher nach New York, wo er von einer rätselhaften Krankheit befallen wird: Je länger er auf einen Bescheid der Weltbanker warten muss, desto mehr bläht sich sein Körper auf, bis er (vor Wut? vor Größenwahn? vor Selbstüberschätzung?) beinahe platzt. Zuletzt hebt er ab und schwebt wie ein Ballon am Plafond. Die Ärzte sind ratlos, daher wird der titelgebende «Herr der Krähen» zur Hilfe gerufen und eingeflogen.

Dahinter verbirgt sich der arbeitslose Akademiker Kamĩtĩ, der sich vergeblich um einen Job beim Turmbau beworben hat und nun durch eine Reihe von Missverständnissen ganz gegen seine Absicht sich den Ruf eines Hexenmeisters zugezogen hat und als Schamane, Heiler und Wahrsager zu Ruhm und Autorität im Lande gekommen ist. Nur durch Zufall entdeckt er wundersame Heilkräfte in sich und beginnt, sich als Nachkomme eines Sehers und Magiers zu begreifen. Gemeinsam mit seiner Freundin, die die geheime Untergrundbewegung «Stimme des Volkes» anführt, steigt Kamĩtĩ zur Gegenmacht im Lande auf. Er wird mal hofiert, mal gejagt, mal als Retter eingeflogen, mal verhaftet. Er ist die Tricksterfigur, die in allen Volkskulturen vorkommt und in der kenianischen Folklore oft als Hase auftritt. Als Gegenspieler der habgierigen, korrupten und verkommenen neuen Eliten des Landes verkörpert der «Herr der Krähen» die positiven, traditionellen Kräfte Afrikas: Respekt vor Mensch und Natur, Friedfertigkeit, Geduld, Menschenfreundlichkeit, Unbestechlichkeit und tiefes Wissen um die Selbstheilungspotenziale des Kontinents.

Ngũgĩ nimmt Metaphern wortwörtlich und kitzelt so ihre Komik hervor. Mit großer Fabulierlust, mit Einfallsreichtum, karikierendem Witz und Sinn für Situationskomik entfaltet er das politische und kulturelle Kräftespiel zwischen der Machtclique um den Herrscher und den diffusen Widerstandskräften des Landes, die sich auf die Kirchen, die unterdrückten Frauen und andere ausgegrenzte Bevölkerungsgruppen stützen – ihnen dient der Einzelgänger und Einzelkämpfer Kamĩtĩ als Hoffnungsträger und Traditionsbewahrer.

Im Grunde tobt der Kampf um die Zukunft des Landes zwischen den Anhängern (und Profiteuren) westlicher Globalisierungsstrategien und den archaischen einheimischen Kräften und Energien, die Ngũgĩ durchaus auch als dämonisch konnotiert sieht – mit männlichen und weiblichen Dämonen, mit Dämonen der Macht und Dämonen des Aufruhrs. Nach dem Vorbild des russischen Philosophen und Literaturkritikers Michail Bachtin setzt er die Groteske als Waffe der Unterdrückten ein und gibt die Unterdrücker der Bachtinschen Lachkultur preis. In der Art, wie Ngũgĩ hier moderne narrative Strategien und Bibelzitate mit Echos der mündlichen Traditionen Afrikas mischt, mit einheimischen Sprichwörtern, Märchen, Rätseln und Volksmythen, lässt er die Geschichtenabende seiner Kindheit am heimischen Feuer im väterlichen Gehöft wiederaufleben und verbindet afrikanische Erzählkultur mit Weltliteratur westlicher Prägung.

Die Ränkespiele, Durchstechereien und Machtverschiebungen im Dunstkreis des Herrschers inszeniert er mit genießerischer Ausführlichkeit. Der Diktator sucht sich mit Verschlagenheit und Grausamkeit zu behaupten, nur um zu erleben, dass seine Schranzen ihn letztlich an Ruchlosigkeit und Heimtücke weit übertreffen, allen voran der Bauunternehmer Tajirika. Die alten Machttechniken des Herrschers greifen nicht mehr, die USA lassen ihn fallen. Gegen einen etwaigen Staatsstreich oder Militärputsch suchte er sich lebenslang zu wappnen, eine lautlose Palastrevolte Tajirikas fegt ihn hinweg. In nicht mehr als einem Nebensatz wird er erschossen. Doch der Regimewechsel bringt keinen Wandel, schon gar keinen Wandel zum Besseren – dies die ernüchternde Erkenntnis, die der Roman schlussendlich zu bieten hat. Ob dies Ngũgĩ wa Thiong'os letztes Wort zu Afrika gewesen ist, muss sich erst noch herausstellen.

Erwähnte Bücher von Ngũgĩ wa Thiong'o

«Verborgene Schicksale», Kurzgeschichten (Volk und Welt 1977)
«Träume in Zeiten des Krieges. Eine Kindheit» (A1 Verlag 2010)
«Herr der Krähen», Roman (A1 Verlag 2011)
«Im Haus des Hüters. Jugendjahre» (A1 Verlag 2013)

4. Kapitel

Arrival City

Toronto

Migranten sind Experten für den «Dritten Raum». Wenn sie aufbrechen und ihr Land hinter sich lassen, egal, ob als Flüchtlinge und Asylsuchende, als Arbeitsnomaden oder Armutsmigranten auf der Suche nach einem besseren Leben anderswo, dann können sie zwar zumeist nicht wissen, wo sie letztlich landen werden und welche Stadt ihre *Arrival City*, ihre Ziel- und Ankunftsstadt, sein wird. Eines jedoch ist ihnen gewiss: Was sie zunächst erwartet, ist der Zwischenraum. Dieser «Dritte Raum» ist die Transit-Zone, die auf der Durchreise passiert werden muss. Migranten hängen erst einmal in der Luft – und das bildet eine ihrer zentralen Erfahrungen in der globalisierten Gegenwart. Das kann Angst machen, kann Unsicherheit und Desorientierung bedeuten. Das kann aber auch als Moment größter Freiheit erlebt werden. Die Transit-Zone ist der Ort, an dem – zumindest potenziell – Wege in alle Richtungen offenstehen. Vielleicht stellt der «Dritte Raum» ohnehin den stimmigsten Ort der migrantischen Moderne dar.

Den maßgeblichen Roman über das Leben im Transit hat David Bezmozgis geschrieben, der 1980 als Siebenjähriger mit seinen Eltern aus Lettland emigrierte, ohne genau zu wissen, wohin es ihn verschlagen würde – Hauptsache, irgendwohin in die freie Welt. «Die freie Welt» ist auch der Titel seines auf Englisch geschriebenen Debütromans von 2011. Darin erzählt er die Emigrationsgeschichte der achtköpfigen jüdisch-lettischen Familie Krasnansky aus Riga, die 1978, in den letzten bleiernen Jahren der Breschnjew-Ära, aus der Sowjetunion ausreist, ohne genaues Ziel im Westen.

Bezmozgis legt nicht, wie bei Migrationsromanen allgemein üblich, den Fokus auf das Herkunftsland und auf das Zielland. Er thematisiert auch nicht wie zumeist die Assimilationsmühen von Migranten und deren Existenzkämpfe im neuen Zufluchtsland. Er nimmt vielmehr den Transit als solchen in den Blick, das prekäre Dazwischen auf der Schwelle, die das Woher vom Wohin trennt. Er konzentriert sich auf die fünf Monate, die die durchreisenden Krasnanskys im italienischen Transit verbringen, in Ostia und in Rom; sie suchen sich im Unterwegs häuslich einzurichten, während sie auf die Visa irgendeines Landes warten, das vielleicht willens wäre, sie aufzunehmen.

Sie hatten die Vereinigten Staaten ins Auge gefasst, doch die USA fallen weg, nachdem eine Cousine in Chicago nicht wie versprochen für die Familie bürgen will. Australien wird als Zielland kurz erwogen, auch Sydney müsste sich doch als *Arrival City* eignen. Kanada, die dritte Wahl, macht Schwierigkeiten wegen Großvaters Gesundheitszustand. Und Israel ist zwar immer eine Option, aber eine ungeliebte und wenig attraktive. Als geeichte Sowjetbürger sind die Krasnanskys, obzwar Juden, antizionistisch konditioniert.

Für die drei Generationen von Krasnanskys – Großeltern und zwei Söhne mit ihren Frauen sowie zwei Kinder – ist der Aufenthalt in und bei Rom ein Provisorium und ein Purgatorium zugleich. Es ist eine vorläufige Existenz von ungewisser Dauer, aber auch ein Fegefeuer, in dem der Charakter und die Überzeugungen und Absichten jedes Einzelnen getestet werden. Da die alte Heimat aufgegeben wurde und eine neue sich noch nicht sicher abzeichnet, stellen die Migranten selbst füreinander die einzige Heimat dar. Ihre Zuverlässigkeit und die Tragfähigkeit ihrer Bindungen untereinander werden hart geprüft. Unter diesem Belastungstest können feine Haarrisse in ihrem Zusammenhalt, die vielleicht schon vorher unsichtbar existierten, plötzlich weit aufklaffen. Andererseits sind diese Übergangsmonate aber auch die Zeit der größten Freiheit; Bewegungen in alle Richtungen scheinen möglich. Letztlich ist es der Zufall, der sie irgendwohin verschlagen und ihr weiteres Leben bestimmen wird.

Als sie in Ostia landen, sind die Krasnanskys noch verstört von den erniedrigenden Prozeduren, denen sie von den sowjetischen Zöllnern bei der Ausreise aus der Sowjetunion unterzogen wurden; andererseits sind sie wie betäubt und geblendet vom Warenglanz der westlichen Konsumwelt, die sie ringsum anfunkelt, und wie überwältigt von der sexuellen Freiheit des Westens, die ihnen in den ersten Pornofilmen ihres Lebens vor Augen tritt. Beim Betrachten solcher Filme geht den Männern erstmals das ganze Ausmaß ihrer Entbehrungen in der Sowjetunion auf, und sie schlussfolgern erbittert: «Wenn russische Männer griesgrämige und aggressive Trinker waren, dann deshalb, weil ihnen anstelle von gesunden Formen der Entspannung Zeitungsberichte über heldenhafte Frauen vorgesetzt wurden, die Auszeichnungen für ihre Erfolge in der Molkerei bekamen.»

In Ostia und in Rom findet sich die Familie Krasnansky unter lauter ebenfalls staatenlosen Juden, die auch von jüdischen Hilfsorganisationen betreut werden und ihre Tage gleichfalls mit Schlange-Stehen vor Konsulaten, Formular-Ausfüllen, Englischlernen und Warten verbringen, wenn sie nicht gerade auf den Flohmärkten ihren mitgebrachten Krempel loszuschlagen versuchen. Sie knüpfen neue Bekanntschaften, treffen alte Bekannte aus Riga wieder, tauschen sich über die Vor- und Nachteile prospektiver Zufluchtsländer aus und schlittern in dubiose Beziehungen hinein, teils mit fatalen Konsequenzen.

Die Stagnation, in der die Krasnanskys von Juli bis November 1978 verharren müssen, lässt auch den Roman auf der Stelle treten. «Die freie Welt» ist keine dynamische Erzählung, vielmehr eine episodische, multiperspektivische Chronik aus einem Zwischenreich. Von einem Plot, der die Handlung vorwärtstriebe, kann ebenfalls kaum die Rede sein. Schließlich geht es um das provisorische Leben im Warteraum.

David Bezmozgis hat ein feines Gespür für die absurden Situationen im Warteraum Italien. Sein komisches Talent äußert sich auch in hintersinnigen, selbstironisch aufgeladenen Dialogen. Sein Humor ist zurückhaltender als etwa das schrille Gelächter Gary Shteyngarts, eines anderen russisch-jüdischen Migranten und Sprachwechslers. Bezmozgis entwickelt aus dieser Warterei die Muße zu allerlei Rückblicken auf das frühere Leben der Familie Krasnansky in Riga. Wobei er sich bei seinem Familienporträt auf drei Blickwinkel und drei Perspektivfiguren beschränkt – auf den Großvater Samuel, auf den jüngeren Sohn Alec und auf dessen erst jüngst angetraute Ehefrau Polina. Polinas sorgenvoller Briefwechsel mit ihrer Schwester daheim in Riga zieht sich durch den ganzen Roman. Dabei entpuppt sich die Familie Krasnansky als ein Mikrokosmos der Sowjetunion in ihren verschiedenen Aggregatzuständen.

Großvater Samuel ist sowjetisches Urgestein, ein dogmatischer Altkommunist, unerschütterlich in seiner Überzeugung trotz all der Schrecken und Verfolgungen, die er zu Hitlers und Stalins Zeiten als ukrainischer Jude in Lettland erdulden musste. Dass er seinerzeit seinen eigenen Cousin an den sowjetischen Geheimdienst NKWD ausgeliefert hat, bereitet ihm immer noch kein schlechtes Gewissen. Er fühlt sich ideologisch im Recht. Und im Grunde kann er sogar verstehen und ist damit einverstanden, dass er selbst von Genossen als Verräter denunziert und aus der Partei ausgeschlossen wurde.

Solche ideologischen Krämpfe sind Samuels Söhnen Karl und Alec völlig fremd. Politische Dogmen, feste Meinungen überhaupt, haben sich bei ihnen zuerst verflüssigt, und sind dann völlig verdampft. Beide Männer sind Produkte des Tauwetters zur Chruschtschow-Zeit – ohne Bindungen, ohne Überzeugungen, ohne Loyalitätsgefühle für die Sowjetunion, geschweige denn für die Partei. Auch ihre Familiengefühle bleiben völlig unverbindlich. Während der ältere Sohn Karl in Rom sofort den Kapitalismus als seinen neuen Leitstern annimmt und sich ohne die geringsten Skrupel an Schwarzhandel, Ikonenschmuggel und anderen dunklen Geschäften beteiligt, lässt sich sein jüngerer Bruder Alec durch die Tage treiben, ohne Ehrgeiz, ohne Ziel und ohne tiefere Interessen – außer für hübsche junge Frauen, für die er stets ein waches Auge hat.

Alec ist ein Hallodri und charmanter Windhund, der am liebsten herumkaspert und das Leben als Zeitvertreib betrachtet, dem er anders als unernst gar nicht begegnen kann. «Er war prinzipiell der Ansicht, dass die Welt wesentlich interessanter und gastlicher wäre, wenn jeder – ob Genie oder Schwachkopf – nach seinem Gusto herumwursteln konnte. ‹Mehr Freiheit zum Herumwursteln›, beschrieb exakt sein Motiv, die Sowjetunion zu verlassen.» In Israel beim Aufbau eines jüdischen Staates zu helfen, kann für diesen Anti-Idealisten keine Verlockung sein. Alec und Karl suchen das Glück nicht in der Zukunft, sondern im Hier und Jetzt, am besten gleich im italienischen Transit.

Erst im Transit lernt seine Ehefrau Polina Alecs ganze Oberflächlichkeit, Unzuverlässigkeit und Verantwortungslosigkeit kennen. Ihre Beziehung gerät in eine so tiefe Krise, dass Polina ihn verlassen will und ernstlich überlegt, entweder nach Israel oder zurück nach Riga zu gehen. Der Bruch lässt sich nicht mehr kitten. Schließlich folgt sie Alec doch in das Zielland, das sich ihnen eröffnet – letztlich nur, weil es dorthin ein Visum gibt. Doch ist Polina fest entschlossen, sich in der Ankunftsstadt sofort von ihm zu trennen. Für dieses Paar bedeutet die Freiheit der freien Welt vor allem Freiheit voneinander.

Die interessanteste Nebenfigur des Romans ist der Sowjetflüchtling Ljowa aus Moldawien, ein traumtänzerischer Lebenskünstler mit melancholischen Anflügen. Ljowa ist zunächst nach Israel emigriert, ließ aber dort seine Eltern, seine Frau und einen kleinen Sohn zurück und machte sich davon, weil ihm das Land nicht behagte. Nun sitzt er wieder in Rom im Transit fest, weil er nicht nach Israel zurückkehren möchte und kein anderes Land ihn nimmt.

Ljowa ist ein wahres Chamäleon des Identitätswandels: «In Kischinjow war ich Ljowa. In Israel war ich Arieh. Hier in Rom bin ich Luigi», sagt er. «Es ist eine Scheißwelt. Darf der Mensch sich da nicht mal amüsieren?» Im Gegensatz zu Alec ist Ljowa zwar leichtsinnig, aber nicht leichtfertig. Er treibt sich schon länger als ein Jahr in Italien herum, jobbt als Reiseführer und weiß nicht recht, wohin. Zumal er als israelischer Staatsbürger keinen Flüchtlingsstatus mehr beanspruchen kann.

Womöglich ist Ljowa der modernste Charakter des Romans, der Mensch, der sich im permanenten Transit und in den Routinen des Reisens dauerhaft eingerichtet hat, pragmatisch, ohne Illusionen und frei von Bindungen: «Ich hab mich noch nicht von dem Gedanken verabschiedet, dass ich ein freier Mensch in der freien Welt bin.» Sein politischer Standpunkt ist definitiv postmodern und postideologisch, wenn er nach seinen Erfahrungen mit der Sowjetunion und mit Israel von sich sagt: «Bis jetzt war ich Bürger von zwei Utopien. Heute sind meine Erwartungen bescheiden. Im Grunde möchte ich in das Land mit den wenigsten Paraden.»

Dann sind die lang erwarteten Visa endlich da, die Tore zur freien Welt stehen offen. Der Roman endet mit dem Aufbruch der Familie Krasnansky ins Exilland Kanada. Toronto wird ihre Ankunftsstadt werden. Doch wie es den Zuwanderern dort ergeht, das erzählt David Bezmozgis anderswo – in seinem Geschichtenband «Natascha».

Toronto ist eine der klassischen Ankunftsstädte jeder Weltwanderbewegung und jeder Migrationswelle des 20. Jahrhunderts. Wie und weshalb Toronto, die Stadt am Nordufer des Ontario-Sees, für Hunderttausende von Zuwanderern aus allen Kontinenten zur Zielstadt wurde, das beschreibt der kanadisch-britische Autor und Journalist Doug Saunders in seiner weltumgreifenden Studie «Die neue Völkerwanderung – Arrival City». Er richtet sein Augenmerk auf die globale Menschenmassenverschiebung, die seit etwa einem Jahrhundert im Gange und noch lange nicht abgeschlossen, jedoch unumkehrbar und endgültig ist: die Landflucht, die Urbanisierung der Weltbevölkerung, ihre Verschiebung vom Landleben in die großen Städte.

«Die Menschen werden sich vom Landleben und der Landwirtschaft wegbewegen und in die großen Städte gehen. Wir werden gegen Ende des 21. Jahrhunderts eine ganz und gar urbane Spezies sein», prophezeit Saunders aufgrund der vorliegenden demographischen Daten: «Diese Bewegung umfasst eine bisher noch nie da gewesene Zahl von Menschen – zwei oder drei Milliarden, vielleicht ein Drittel der Weltbevölkerung. Es wird die letzte menschliche Bewegung in dieser Größenordnung sein.»

Statt diese gewaltige Landflucht als Menetekel auszumalen, richtet der Autor den Fokus auf die Chancen, die diese globale Völkerwanderung nach seiner Ansicht bereithält, etwa im Hinblick auf das Bevölkerungswachstum. Er sagt voraus: «Die Veränderungen, die sie für das Familienleben mit sich bringen wird, von großen, von der Landwirtschaft lebenden Familienverbänden zu kleinen städtischen Kernfamilien, werden dem anhaltenden Bevölkerungswachstum ein Ende bereiten.»

Überhaupt betrachtet Doug Saunders diese Umschichtung und Verstädterung der Weltbevölkerung angstfrei und nicht ohne Optimismus. Sein Hauptinteresse gilt naturgemäß dem rasenden Wachstum heutiger Ankunftsstädte in Asien, Afrika und Lateinamerika: Mumbai, Nairobi, São Paulo, Dhaka, Teheran, Mexico City, Kairo, Caracas, Istanbul, Chongqing oder Rio de Janeiro. An solchen chaotisch vor sich hin explodierenden städtischen Agglomeraten, deren Einwohnerzahlen sich nicht amtlich feststellen, sondern allenfalls grob schätzen lassen, kann man einerseits die Katastrophen einer schlecht verwalteten Urbanisierung studieren – menschliches Elend, revolutionäre Aufstände, bürgerkriegsartige Gewaltausbrüche. Andererseits setzt Saunders seine Hoffnung auf das Potenzial der Zuwanderer in diesen wuchernden Stadtrand-Slums: «Das sind meistens faszinierende, geschäftige, unattraktive, improvisierte, schwierige Orte, bevölkert von neuen Menschen mit großen Vorhaben. Diese Orte sind nicht nur die Schauplätze potenzieller Konflikte und Gewalttaten, sondern auch die Gebiete, in denen sich der Abschied von der Armut vollzieht, in denen sich die nächste Mittelschicht herausbildet und die Träume, Bewegungen und Regierungen der nächsten Generation entstehen.»

An einer frühen Ankunftsstadt wie Toronto zeigt Saunders, wie eine kluge Stadtverwaltung diesen Übergang von Armutsmigranten zur neuen Mittelschicht organisieren kann. Zu Anfang des 20. Jahrhunderts siedelten sich die Armutszuwanderer aus Europa außerhalb Torontos an, in nicht kartographierten und keiner Verwaltung unterliegenden Gebieten, die heute längst zu Innenstadtbezirken Torontos geworden sind. Die armen Neuankömmlinge schufteten und sparten, bis sie billig ein Stückchen Land in der Einöde jenseits der Stadtgrenze kaufen konnten, wo sie sich aus Holzlatten, Pappe und Wellblech improvisierte Bretterhütten bauten. Bald wimmelte die Peripherie Torontos von nicht registrierten Siedlern in ungenehmigten Hüttendorf-Slums. Nach und nach wurden sie eingemeindet, die Stadtverwaltung legte feste Straßen an und sorgte für städtische Dienste wie Kanalisation und Müllabfuhr.

Entscheidend für die Entwicklung Torontos war, dass Regierungen und Banken die Besitzurkunden der Bewohner dieser selbst errichteten Unterkünfte anerkannten und sie damit zu Hauseigentümern auf eigenem Grund und Boden machten. Denn, so Doug Saunders, «Landbesitz eröffnet einen klar definierten Weg zu sozialer Stabilität und sorgt oft für die Entstehung einer tatkräftigen Mittelschicht, wenn die Regierungen zur Hilfeleistung bereit sind». Die Investition der Stadtväter Torontos machte sich bezahlt: «Das Ergebnis war ein extrem hoher Anteil sozialer Aufsteiger.»

Das gelungene Urbanisierungsprojekt Toronto ist auch in die Literatur eingegangen. Es ist ein Zuwanderer der ersten Generation, gebürtig aus Sri Lanka, der das Preislied auf die unbesungenen Erbauer des modernen Toronto singt: Michael Ondaatje, der Lyriker, Dokumentarfilmer und Erzähler holländisch-tamilisch-singhalesischer Abstammung, der sich 1962 mit neunzehn Jahren nach dem Schulabschluss in einem englischen Internat, seinem älteren Bruder in Kanada anschloss, in Toronto als Literaturwissenschaftler und Verleger zu arbeiten begann und seit vielen Jahren zwischen Toronto und Sri Lanka pendelt. Mit seinem Roman «In der Haut eines Löwen» (1987, auf Deutsch 1990) schreibt Ondaatje Stadtgeschichte von unten. Er erzählt die Umgestaltung Torontos vom verschlafenen Provinzstädtchen und Sitz der britischen Kolonialverwaltung zur modernen Metropole in den 1920er und 1930er Jahren des 20. Jahrhunderts aus der Sicht der Malocher, der Bau- und Holzarbeiter, Sprengmeister und Tunnelgräber.

Als *Arrival City* war Toronto von Anfang an ein Kulturen-Mix, eine buntscheckige und vielsprachige Stadt, ein Sammelbecken der Einwandererträume aus allen Nationen Europas. Vor allem Griechen, Mazedonier und Finnen waren an den Großbauten beteiligt, die nach den Plänen des visionären Stadtbaurats R. C. Harris (einer historischen Gestalt) Toronto seine moderne Prägung gaben. Ondaatje erzählt vom Bau des Bloor-Street-Viadukts, einer zweigeschossigen steinernen Straßen- und Eisenbahnbrücke, die bis heute die Innenstadt von Toronto mit den östlichen Vorstädten verbindet, sowie von der Errichtung des

Wasserwerks mit seinem Tunnel unter dem Ontario-See. Er setzt mit seinem Roman jenen unbekannten Arbeitern ein Denkmal, die diese Bauten in den 1920er Jahren unter Einsatz ihres Lebens errichteten.

Beispielsweise der Mazedonier Nicholas Temelcoff. Ondaatje stieß auf diesen Mann, als er im Archiv der *Toronto Multicultural Society* nach Material über die frühen Einwanderer in Kanada suchte, und baute diese reale Gestalt in seinen Roman ein. Temelcoff war ein Teufelskerl, der beim Brückenbau die waghalsigsten Jobs ausführte. Der Autor lässt ihn einmal sogar, frei schwingend an einem Seil, eine junge Nonne auffangen, die ein Windstoß von der Brücke gefegt hat. Die Nonne legt den Schleier ab – sie verbindet damit Temelcoffs gebrochenen Arm – und beginnt danach ein neues Leben unter neuem Namen. Sie gerät in Anarchisten-Kreise, tut sich mit einem finnischen Gewerkschafter zusammen, der unter den eingewanderten Arbeitern politisch agitiert, und wird selbst zur Aktivistin.

So mischt Ondaatje in filmischer Short-Cut-Manier dokumentarisches Archivmaterial mit literarischer Erfindung und Lokalgeschichte mit Imagination und macht aus einer Stadtchronik einen poetischen Roman. Er kombiniert eine Handvoll zusammengewürfelter Außenseiter, Zuwanderer von überallher, zu einer Art Zufallsfamilie und verwickelt sie in ein dichtes Geflecht von Beziehungen untereinander. Seine unheroischen Romanhelden – Holzfäller, Bauarbeiter, Sprengmeister, Anarchisten, Gewerkschafter sowie der italienische Dieb Caravaggio – fackeln nicht lange; sie packen einfach an. Sie helfen einander freundschaftlich, springen ein, wo Not am Mann ist, politisieren sich aber auch, als ihnen ihre Ausbeutung bewusst wird. Sie haben inständige Vorstellungen von einem besseren Leben und davon, wie sie sich aus ihren Einwandererslums herausarbeiten wollen.

«In der Haut eines Löwen» ist eine Hommage an die Einwandererstadt Toronto in ihrer Integrationsfähigkeit und ihrer Multikulturalität. Die Stadt erscheint als Schnittpunkt der Migrationsrouten von Binnenwanderern und Einwanderern, die in der Hoffnung auf verbesserte Lebensverhältnisse hierhergekommen sind. Toronto vibriert bei Ondaatje vor Dynamik und Energie; gleichwohl sieht der Autor Wachstum und Fortschritt durchaus kritisch und in aller Ambivalenz.

Er problematisiert die offizielle Geschichtsschreibung, indem er ihr einen fiktionalen Gegenentwurf gegenüberstellt – die Erfahrungen derer, die den Preis für den Fortschritt zu zahlen hatten, jedoch bisher im öffentlichen Bewusstsein kaum vorhanden waren.

Der Roman entstand zu einer Zeit, als in Kanada das Konzept nationalen Selbstverständnisses einer deutlichen Revision unterzogen wurde. Die alte Vorstellung, Kanada habe zwei Gründernationen, ablesbar an Englisch und Französisch als den beiden offiziellen Landessprachen, wurde abgelöst durch ein neues, erweitertes Konzept von nationaler Identität. Im Jahr 1988 wurde das Multikulturalismus-Gesetz erlassen, das die kanadische Bundesregierung beauftragte, «das Verständnis von Multikulturalismus als ein fundamentales Merkmal des kanadischen Erbes und der Identität Kanadas sowie als einen unbezahlbaren Schatz für die Zukunft Kanadas anzuerkennen und zu fördern».

Das Gesetz wurde einem eigens geschaffenen Ministerium für Kanadisches Kulturerbe zur Umsetzung anvertraut und generiert bis heute eine Vielzahl von Förderprogrammen für Zuwanderer, um deren Integration zu erleichtern und gleichzeitig deren ethnisch-kulturelle Eigenheiten zu achten, um Diskriminierung zu bekämpfen und das gegenseitige kulturelle Verständnis zu fördern. Inzwischen ist eine ganze Generation junger Kanadier mit der Botschaft aufgewachsen, dass ethnische und kulturelle Vielfalt Teil der kanadischen Identität ist. So gesehen, ist «In der Haut eines Löwen» auch eine Art Mustertext zur symbolischen Anerkennung der kulturellen Vielfalt in der Ankunftsstadt Toronto.

Drei Jahre nach Erlass dieses Gesetzes, 1991, traf ein 27-jähriger Libanese namens Rawi Hage in Kanada ein. Der Bürgerkrieg in Beirut hatte ihn als Achtzehnjährigen aus seinem Land vertrieben; danach hatte er sich in New York jahrelang als Taxifahrer und Fotograf durchgeschlagen, bis sein amerikanisches Visum ablief. Die frankophone kanadische Provinz Québec nahm den Emigranten schließlich auf und gab ihm eine Aufenthaltsbewilligung. Er hatte Glück: Dass er als maronitischer Christ der Beiruter Mittelschicht entstammte, gebildet und dreisprachig war, begünstigte sein Aufnahmegesuch. Seither lebt Rawi

256   Arrival City

Hage als freischaffender Künstler und Autor in Montreal. Er hat Englisch als seine Literatursprache gewählt.

In seinem ersten Roman «Als ob es kein Morgen gäbe» (De Niro's Game) erzählt er die *Coming-of-Age*-Geschichte zweier halbwüchsiger Jungen in Beirut unter den Bedingungen eines Bürgerkriegs, der nicht nur ihre Freundschaft, sondern auch ihre Menschlichkeit ruiniert (siehe das Libanon-Kapitel in «Bürgerkriege und Zerfallsgeschichten»). Der zweite Roman von Rawi Hage, «Kakerlake», der 2008 erstmals erschienen ist, kann als eine Art Fortsetzung des Debütromans gelesen werden: Jetzt geht es um das Leben von Migranten nach ihrer Flucht aus ihren zerrütteten Herkunftsländern. Der Roman spielt in einer namentlich nicht genannten kanadischen *Arrival City* unter armen Einwanderern aus dem Nahen und Mittleren Osten sowie aus dem Iran. Ob man die Stadt nun als Montreal oder als Toronto identifizieren möchte, macht keinen großen Unterschied: Rawi Hages Roman ist jedenfalls deutlich anders timbriert als das menschenfreundliche und anheimelnde Porträt, das Michael Ondaatje zwanzig Jahre zuvor vom solidarischen Zusammenhalt der Zuwanderer aus unterschiedlichsten Ländern in einer aufnahmebereiten Ankunftsstadt gezeichnet hatte. Inzwischen haben in Kanada konservative Regierungen die liberale Zuwanderungspolitik der 1980er Jahre wieder eingeschränkt.

Bei Rawi Hage ist die kanadische *Arrival City* nicht die multikulturell glänzende und multiethnisch einladende, offene Musterstadt, als die sie sich selbst wohl gerne sähe; der Leser bekommt es vielmehr mit einer winterlichen, dunklen, kalten und ungastlichen City zu tun, einer finsteren und nächtigen Unterwelt, in der Asylsucher aus wärmeren Weltgegenden gestrandet sind und nun frierend Unterschlupf suchen. Diese Kälte ist nicht nur klimatisch zu lesen, sie ist auch eine Metapher für soziale Kälte: Mit ihrer Frostigkeit und abweisenden Gleichgültigkeit macht die Stadt den Migranten größte Schwierigkeiten, Fuß zu fassen. Die Zuwanderer fühlen sich unerwünscht, als seien sie Ungeziefer, das in den schäbigsten Winkeln herumkriecht. Für die Einheimischen sind sie so gut wie unsichtbar.

«Ich verfluche das Flugzeug, das mich in dieser unwirtlichen Gegend abgesetzt hat», klagt der Ich-Erzähler des Romans, ein namenloser und ethnisch uneindeutiger Bürgerkriegsflüchtling aus Nahost. «Niemand nickt einem in dieser kalten Stadt zu, niemand hebt die Hand zum Gruß, kein Lächeln schaut unter den roten, schniefenden Rotznasen hervor. Nichts als tief unter Synthetikschals begrabene Köpfe und Hälse. Sie machten mich ganz nervös, und ich musste mich wieder einmal fragen: Wo bin ich hier eigentlich gelandet? Was mache ich denn hier? Wie bin ich nur in diese Falle geraten? Ich gehe durch eine erfrorene Stadt.»

Der Protagonist fühlt sich wohl auch deshalb besonders elend, unglücklich und unbehaust, weil er einige Traumata aus seinem Herkunftsland mit sich herumschleppt und bereits einen halbherzigen Selbstmordversuch hinter sich hat. Sein Gemütszustand schwankt zwischen Verzweiflung, Wut, Ressentiment, Neid, Missgunst und Rachsucht. Er sieht sich als völlig isoliert, als Outcast und Underdog, ähnlich einem anderen halb verhungerten Fremdling, dem einst durch die Straßen im kalten, feindseligen Kristiania irrenden Helden von Knut Hamsuns «Hunger». Er haust frierend in einem schäbigen Kellerloch voller Kakerlaken und fühlt sich bisweilen selbst wie eine Küchenschabe (Die Kafka-Parallele zum Käfer Gregor Samsa liegt zwar auf der Hand, führt jedoch im Kontext dieses Romans eher in die Irre).

Immerhin leistet Kanada ganz im Sinne seines liberalen integrationsfreudigen Selbstbildes dem Helden staatliche Unterstützung – außer Sozialhilfe lässt ihm der Staat nach seinem Selbstmordversuch auch den Beistand einer Psychotherapeutin angedeihen. Ihr erzählt der Held in den wöchentlichen Therapiesitzungen Episoden aus seinem früheren Leben in dem Bürgerkriegsland, lauter schlimme Gewalterfahrungen, wobei schwierig zu unterscheiden ist, was Dichtung ist und was Wahrheit. Er berichtet ihr aber auch von Halluzinationen, die ihn plagen, besonders wenn er einen Joint geraucht hat: Dann imaginiert er sich als halb Mensch, halb Kakerlake. «Ich lag auf dem Bett und sog den unverdünnten Rauch ein. Mir wuchsen Flügel und ein paar zusätzliche Beine. Ich stand auf und suchte barfuß nach meinen sechs Pantoffeln. Dann stellte ich mich vor den Spiegel. Auch dort suchte ich etwas. Ich sah mein Gesicht, mein langes Kinn, die langen Fühler hinter dem Qualm. All die nackten Füße begannen zu scharren.» Schließlich erzählt er ihr auch von den Raubzügen in die Häuser reicher Kanadier, die er als menschliche Kakerlake unternommen haben will – Neugier-Invasionen in die Privatsphäre der Einheimischen, aus der er ausgeschlossen ist.

Es bleibt unklar, was davon Halluzination ist, was Wunsch- oder Wahnvorstellung, was bewusste Irreführung der leichtgläubigen Therapeutin. Doch die Therapeutin interessiert sich ohnehin eher für das Verhältnis ihres Klienten zu seiner Mutter. Ihr Standardsatz «Das ist sehr interessant, da sollten wir dem einen oder anderen nachgehen, nächste Woche dann …» weckt im Helden nur Aggressionen. Er hat das Gefühl, dass alles, was er ihr erzählt, ihr Vorstellungsvermögen übersteigt. Ihre professionelle Zuwendung bleibt abstrakt und unverbindlich.

Das schwierige Gespräch zwischen beiden ist immer auch ein Machtkampf, ständig gefährdet von Missverständnissen, Ressentiments und Gesprächsabbruch. Das macht dieses therapeutische Gespräch so exemplarisch: ein Modell für die zwangsläufig fehlgehende Kommunikation zwischen dem Migranten und der Zuwandererbehörde, mit der er es zu tun bekommt. So gesehen, ist die Figur der Therapeutin eine Art Inquisitor: Sie ist die kanadische Repräsentanz gegenüber dem auf dem Boden kriechenden armen Migranten, der sich diesen Befragungen zu stellen hat und sich von einer letztlich verständnislosen Instanz beurteilen lassen muss.

Die staatliche Hilfe ist also nicht dazu angetan, den Ich-Erzähler positiv auf sein Gastland einzustimmen. Im Gegenteil. Er ist ein Dieb und Kleinkrimineller und wegen seines asozialen Verhaltens auch in Emigrantenkreisen herzlich unbeliebt: «Du bist verrückt und psychotisch und abgedreht, nicht mal als Dieb taugst du was», wirft ihm etwa der iranische Musiker Resa vor, ein migrantischer Leidensgenosse. Wie eine Kakerlake kriecht er in fremde Häuser hinein, schnüffelt darin herum und lässt Sachen mitgehen. Und wie eine Kakerlake ist er nicht nur ein etwas unheimlicher Schädling, sondern auch ein zäher Überlebenskünstler. Dass er sich als Ungeziefer fühlt, wendet er auch als seine Waffe gegen die beneideten und gehassten kanadischen Einheimischen. «Ja, ich bin ein Ungeziefer, eine Kellerassel, ich bin ganz unten. Aber ich bin da. Ich sehe der Gesellschaft in die Augen und behaupte mich: Ich bin hier, es gibt mich noch.»

Nicht so sehr die Schwierigkeiten mit der Integration in der Ankunftsstadt sind Rawi Hages Thema; ihm geht es in «Kakerlake» vielmehr um Armut und Entwurzelung; ihn interessiert, was sich unter dem Druck des Fremdseins bei den Zuwanderern daraus entwickeln kann. Die Sympathie des Romans gilt also nicht automatisch den Immigranten, bloß weil sie Immigranten sind. Die unterprivilegierten Fremden sind hier nicht von vornherein Sympathieträger. Ihr Unglück macht aus ihnen keine besseren Menschen. Im Gegenteil. Das Elend fördert bei ihnen auch Niedertracht, Unfairness und Verrat zutage. Sie verhalten sich untereinander oft unfair und unsolidarisch. Ihre schwierige Lage schweißt sie nicht zusammen, sondern bringt sie eher gegeneinander auf. Es herrschen Missgunst und wechselseitige Abneigung. Nicht wenige der Immigranten sind untereinander verfeindet. Unter den Iranern beispielsweise finden sich Opfer des Gewaltregimes, aber auch ehemalige Täter. So erkennt die junge Frau Shohreh, ein Folteropfer, ihren ehemaligen Folterer und Vergewaltiger aus dem Teheraner Gefängnis in einem der Restaurantgäste in Montreal wieder. Opfer und Täter haben noch einige Rechnungen offen.

Die ersten beiden Drittel des Romans verharren bei reiner Zustandsbeschreibung des unglücklichen Migrantenbewusstseins. Beim Ich-Erzähler verbinden sich Drogen-Halluzinationen à la William Burroughs mit einem Céline-haften Hass auf die Bourgeoisie. Der Held bewegt sich vorwiegend in den Kreisen iranischer Asylanten. Er verliebt sich in die Iranerin Shohreh und arbeitet als Teilzeit-Aushilfskellner in einem iranischen Restaurant. Erst im letzten Drittel nimmt der Plot Fahrt auf: Der Held mischt sich nun in die inneriranischen Konflikte zwischen Opfern und Tätern ein. Auch ist er dank der Therapiesitzungen endlich so weit, seine eigene Feigheit und seine Mitschuld am Tod seiner Schwester in der alten Heimat widerwillig zu bekennen.

Gleichwohl ist «Kakerlake» kein realistischer sozialkritischer Migrantenroman. Seine grotesken und surrealen Züge überwiegen. Der missgünstige und misanthropische Blick des Helden auf seine

Lebensumstände und sein Wüten gegen die geistlose Arroganz der Mehrheitsgesellschaft führen gelegentlich zu krassen satirischen Verzerrungen. Rawi Hage bringt seinen Roman letztlich auf eine so drastische wie bittere Formel: «Abschaum sind wir, Ausgestoßene in einem großen kapitalistischen Experiment.»

Macht es einen Unterschied, ob man als Migrant allein ins Land kommt oder mit der ganzen Familie? Vergleicht man die Grundstimmung in Rawi Hages «Kakerlake» mit dem Geschichtenband «Natascha» von David Bezmozgis, dann ist es ein Unterschied ums Ganze. Der einsamen Wut eines gestrandeten Bürgerkriegsflüchtlings aus Nahost bei Hage steht bei Bezmozgis der entschlossene Anpassungs- und Aufstiegswille einer Sippe russischer Juden aus Riga gegenüber, der es gelungen ist, sich aus der Agonie der Sowjetunion in den Westen abzusetzen. Diese Familie investiert ihre Energien nicht in kriminelle Machenschaften, Widersetzlichkeit oder selbstzerstörerische Rage, sondern in zukunftsorientierte Tatkraft und den unbedingten Willen, die Integration im neuen Land zu schaffen. Auf der Stilebene bedeutet das: schrullige Ethno-Komik statt schwarzer Groteske; menschenfreundlicher schräger Humor mit Lust an peinlichen Pannen statt abgründigem Selbst- und Menschenhass.

Es war zwar bei Bezmozgis nur die Asyl-Lotterie, die dieser Familie Kanada als ihr Einwanderungsland zugelost hat (es hätten ebenso gut Australien oder die Vereinigten Staaten sein können), doch als die Drei-Generationen-Sippe nach dem unfreiwilligen Halbjahr im römischen Transit, das wir aus dem Roman «Die freie Welt» kennen, in Toronto landet, trifft sie dort auf ein wohlorganisiertes Biotop, in dem sie sich aufgenommen und verstanden fühlen darf – eine sowjetjüdische Emigrantengemeinde, die Jiddisch, Hebräisch oder Russisch spricht, die Gebräuche einhält und koscher kocht, einander aushilft, in niemals endendem Klatsch übereinander herzieht und sich um die Synagoge und deren Rabbiner schart.

Vom Ankunftstag an arbeiten die Bermans, wie Bezmozgis seine Sippe in seinem Erzählungsband nennt, an ihrem Aufstieg. Penibel setzt der Autor die Signale, an denen dieser Aufstieg ablesbar ist: von der Autolosigkeit am Anfang über den Gebrauchtwagen, einen alten grünen Pontiac, zum roten Volvo; und von der Mietwohnung über die Doppelhaushälfte mit Auffahrt, Vorgarten und Hinterhof bis zum Einfamilienhaus am Stadtrand. Und der Vater bringt es vom Fließbandarbeiter in einer Schokoladenfabrik zum freischaffenden Massagetherapeuten.

Die Bermans haben mit der Familie des Autors so manche Eckdaten gemein. Am deutlichsten wird das beim Ich-Erzähler aller sieben Geschichten, Mark Berman, dem Sohn und Enkelsohn der Sippe. In der ersten Erzählung ist Mark sieben Jahre alt und genau wie David Bezmozgis selbst im Jahr 1980 ein Neuankömmling in Toronto. Im Laufe der Geschichten wächst er heran, spricht bald besser Englisch als die älteren Generationen und reift von Lausbubenstreichen über die Drogen- und Sex-Erfahrungen der stürmischen Pubertät eines Raufbolds bis ins junge Erwachsenenalter, in dem Mark die Balance zwischen seinem Judentum, seinem Russentum und seiner kanadisch-amerikanischen Identität gefunden hat, nicht viel anders als David Bezmozgis selbst, der als Filmemacher und Englisch schreibender Schriftsteller mit Diplomen zweier Universitäten heute immer noch in Toronto lebt – bestens integriert und preisgekrönt. Und natürlich steht sein Name 2010 auch auf der kanonischen Liste der Zeitschrift «New Yorker», die mit «Twenty under Forty» die zwanzig hoffnungsvollsten nordamerikanischen Autoren unter vierzig nominierte. David Bezmozgis hat es geschafft.

Immer noch schmeichelt sich Kanada, eine vorbildliche Einwanderungsgesellschaft zu sein, und hält sich auf seine Vorurteilslosigkeit einiges zugute. Offenbar ist es vornehmlich Sache zugewanderter Autoren, ihre tatsächlichen migrantischen Erfahrungen mit Kanada zu thematisieren und in ihren Romanen und Erzählungen dieses geschönte kanadische Selbstbild multiethnischer Musterhaftigkeit infrage zu stellen. Sie rücken vor allem die soziale Kälte und die unbewusste Diskriminierung in den Fokus, die ihren literarischen Stellvertreterfiguren in ihrer jeweiligen *Arrival City* entgegenschlagen. Auf gedankenlose Zurückweisungen und Kommunikationspannen reagieren ihre Romanhelden je nach Temperament mit Sarkasmus, Aufsässigkeit und Empörung wie bei Rawi Hage, mit Ironie und Selbstironie wie bei David Bezmozgis oder mit Schwermut wie bei David Chariandy.

David Chariandy, als Sohn karibischer Zuwanderer 1969 bereits in Toronto geboren, wählt für seinen Debütroman «Der karibische Dämon» einen sanftmütigen Melancholiker als seinen Helden und Ich-Erzähler. Die Gegenwartsebene des Romans ist das Jahr 1989 – also ein Jahr nach Verabschiedung des kanadischen «Multiculturalism Act». Der junge Held hat es sich beim Zeitungslesen angewöhnt, die echauffierten Leitartikel gegen dieses Gesetz einfach zu überblättern. Die Frage, ob Integration gelingt oder misslingt und was die jeweiligen Gründe dafür sein mögen, ist allerdings nur eines der Themen des Romans, und nicht das wichtigste.

Die Eltern des Romanhelden stammen – genau wie die des Autors – aus Trinidad, das auch die Herkunftsinsel von Sir Vidia Naipaul ist; die Mutter ist afrikanischer, der Vater indischer Herkunft, beide sind die Nachkommen von Sklaven und Tagelöhnern und als junge Leute in den frühen 1960er Jahren eingewandert, als Kanada Bedarf an billigen Arbeitskräften hatte und Farbige aus der Karibik zur Einwanderung ermunterte. Die Eltern lassen sich im Osten des alten Toronto nieder, im Vorort Scarborough Junction am Ontario-See, einem Einwandererviertel jenseits von Michael Ondaatjes berühmtem Bloor-Street-Viadukt, in dem auch der Autor David Chariandy selbst aufwuchs. Ihr Haus am See ist so wackelig, brüchig und unstabil wie ihre ganze Existenz: Beide stehen auf unfestem Grund. «Selbst der Dümmste musste erkennen, dass der See unaufhaltsam näher kam und jedes Jahr ein Stück Hintergarten wegfraß», urteilt der Sohn im Roman über sein Elternhaus. Auch vibriert das baufällige Gemäuer bei jedem vorbeidonnernden Vorortzug auf bedenkliche Weise. Alles scheint vom Zusammenbruch bedroht. Die Eltern des Romanhelden haben sich wie Chariandys Eltern in Kanada nie richtig eingewöhnt, haben auch die Sprache nur rudimentär erlernt, ganz im Gegensatz zu ihren beiden bereits im Land geborenen Söhnen.

Die Ankunft der Mutter ging seinerzeit mit allen vorhersehbaren Misshelligkeiten vonstatten: «Ihre Ankunft war mit Komplikationen verbunden. Das Flugzeug flog fast eine Stunde lang Warteschleifen;

der Pilot hatte den Passagieren mitgeteilt, dass ein Eissturm herrsche und dass das Bodenpersonal die Start- und Landebahnen frei räume. Ein Eissturm, dachte sie. Was um alles in der Welt mochte das sein?»

Eine Generation später betrachtet der Sohn die Ankunftsstadt Toronto immer noch mit den kritischen Augen eines Fremden: «Nicht jeder war der Kälte und der Dunkelheit Torontos gewachsen.» Seine Mutter wurde seinerzeit als Schwarze auf der Straße noch angestarrt und «mit kalten, abweisenden Blicken» bedacht, und beim Einkaufen wurde ihr «das Wechselgeld immer auf die Theke gezählt, nie in ihre Hand». Das zumindest hat sich inzwischen gebessert. Man wird nicht mehr angestarrt, jedoch immer noch schäbig behandelt. Immer noch sind dem Romanhelden und seinesgleichen die schlechtesten und gesundheitsschädlichsten Jobs vorbehalten – beispielsweise Schwarzarbeit als Tellerwäscher, Blumen- und Hotdog-Verkäufer oder gar ein Job als Putzer in einer Hühnerschlachterei, wo man ohne Handschuhe und Gesichtsschutz mit kochend heißem, chlorversetztem Wasser hantieren muss, bis man mit verätzten Händen und kaputter Lunge im Krankenhaus landet.

Und selbst wenn ein kluges Mädchen wie die Einwanderertochter Meera im Roman den Schulabschluss mit Auszeichnung schafft und vorhat, an der Universität im Hauptfach Wirtschaftswissenschaften zu studieren, wird ihre Qualifikation sogar innerhalb der Lehrerschaft in Zweifel gezogen: «Wahrscheinlich musste aus Gründen der *political correctness* ein farbiger Schüler dabei sein», spöttelt ein Lehrer herablassend vor der ganzen Klasse. Und bei der Schulabschlussparty wird die farbige Vorzugsschülerin von ihren weißen kanadischen Mitschülern einer Reihe von gedankenlosen Demütigungen ausgesetzt.

All das wird von David Chariandy nur beiläufig erwähnt. Der alltägliche Rassismus und die Bigotterien eines weiterschwärenden kolonialen Denkens sind nicht sein Hauptanliegen. Der Autor übergeht sie so, wie sein Held die dumpfen Leitartikel in der Zeitung überblättert, denn eigentlich geht es in seinem Roman, der im Original den geheimnisvollen Titel «Soucouyant» trägt, um anderes. Schließlich ist Chariandy, der heute in Vancouver lebt, im Hauptberuf Literaturwissenschaftler: An der *Simon Fraser University* unterrichtet er englische Literatur mit den Schwerpunkten Kanada und Postkolonialismus.

In seinem Roman untersucht er am Beispiel zweier Generationen einer Immigrantenfamilie, wie Sprache und historische Erinnerung funktionieren, welche Rolle der Sprache und der Sprachbeherrschung eines Migranten am Übergang vom Herkunfts- ins Ankunftsland zukommt und wie Herkunftserinnerungen mit der Sprache und Kultur des Einwanderungslandes in Einklang zu bringen sind. Es geht also um das historische Gedächtnis, genauer: um dessen Verlust im Migrationsfall, und darum, was solcher Verlust für das Identitätsgefühl und das Selbstverständnis einer Zuwandererfamilie bedeutet.

David Chariandy spitzt sein Thema zu, indem er den Gedächtnisverlust pathologisiert: Die Mutter seines Ich-Erzählers erkrankt im mittleren Alter an frühzeitiger, an präseniler Demenz. Das befremdliche Verhalten der Mutter, ihr auffälliges und unberechenbares Benehmen in der Öffentlichkeit bringt die Familie in der Nachbarschaft in Verruf; die Frau wird von den Kindern auf der Straße verhöhnt; die Nachbarn reagieren auf ihre Demenz teils verständnislos und ablehnend, teils rassistisch-aggressiv, nur gelegentlich und in Einzelfällen großherzig und mitfühlend. Die Krankheit zerrüttet die Familie, den Söhnen ist die Mutter so peinlich, dass sie von zu Hause flüchten.

So weit die Vorgeschichte. In der Gegenwartsebene des Romans, 1989, kehrt der jüngere Sohn zwei Jahre nach seiner Flucht voller Schuldgefühle ins Haus der Mutter zurück. Er will nicht nur aus schlechtem Gewissen der Mutter beistehen, er will auch ihr verschwindendes Gedächtnis festhalten, schon, um sich seiner eigenen karibischen Herkunft zu vergewissern. Einzelne Wörter und schattenhafte Erinnerungssplitter an ihre Kindheit und Jugend in Trinidad tauchen in den gemurmelten Selbstgesprächen der Mutter immer wieder auf. Das Wort «Carenage», das Wort «Soucouyant». Diese Wörter gehören zu ihrer Herkunftssprache, die sie verlernt hat, während sie die Sprache ihres Asyllandes nie richtig erlernt hat.

Es zeigt sich, dass die verschütteten Erinnerungen der Mutter einer anderen Dynamik gehorchen als seine eigenen. Indem der Sohn sich bemüht, die mütterlichen Erinnerungen wieder auszugraben, lässt er sich auf deren assoziative Logik ein, die sich auch in der rudimentären, erratischen Sprache abbildet. Mittels dieses einen Wortes «Soucouyant», das einen Dämon der karibischen Folklore, eine Art weiblichen Vampir bezeichnet, sucht der Sohn den karibischen Herkunftsaspekt in seiner eigenen und in der Identität seiner Mutter zu reaktivieren. Diese Spurensuche gilt letztlich dem Bemühen, das entschwindende Karibentum als historisches Erbe zu bewahren und in das eigene Selbstbild zu integrieren.

Kein Zweifel, dass dies dem Autor mithilfe seines Romans besser gelungen ist als seinem fiktiven Helden.

Erwähnte Bücher

David Bezmozgis «Natascha», Erzählungen (Kiepenheuer & Witsch 2005)
David Bezmozgis «Die freie Welt», Roman (Kiepenheuer & Witsch 2012)
David Chariandy «Der karibische Dämon», Roman (Suhrkamp 2009)
Rawi Hage «Kakerlake», Roman (Piper 2010)
Michael Ondaatje «In der Haut eines Löwen», Roman (Hanser 1987)
Doug Saunders «Die neue Völkerwanderung – Arrival City» (Blessing 2011)

New York

«Warum haben Sie Asyl beantragt?» Das ist die erste Frage, die dem Migranten an der Schwelle zu seinem Zufluchtsland gestellt wird. Es ist zugleich die wichtigste Frage. An ihrer Beantwortung hängt das Schicksal des Asylsuchenden. Und da der Flüchtling die Sprache seines Zufluchtslandes zumeist nicht – noch nicht – beherrscht, ist er auf eine Mittlerfigur angewiesen, die ihn anhört und seinen Fall übersetzt und den Asylbehörden vorträgt.

In Michail Schischkins Roman «Venushaar» wird diese Mittlerfigur nur «Der Dolmetsch» genannt. Er ist die Erzählerstimme des Romans, und er ist gebürtiger Russe und lebt in der Schweiz. Als Übersetzer im Dienst der Schweizer Einwanderungsbehörden assistiert er bei der Befragung von russischsprachigen Asylbewerbern durch die Kantonspolizei im Auffangzentrum Kreuzlingen, der «Flüchtlingskanzlei des Ministeriums für Paradiesverteidigung». Der Dolmetsch (hinter dem unschwer der Autor Schischkin selbst zu erkennen ist) erfragt und protokolliert die Lebensgeschichten der Asylsuchenden, die hier auf gut Schweizer Bürokratendeutsch nur «Gesuchsteller», kurz: «GS» genannt werden. Die Interviews laufen nach einem immer gleichen Schema ab und beginnen mit der Formel: «Führen Sie kurz die Gründe aus, weshalb Sie um Gewährung von Asyl bitten.»

Entscheidend ist die Glaubwürdigkeit der Verfolgungsgeschichte, die der Flüchtling bei der Befragung auftischt. Der zuständige Sachbearbeiter, bei Schischkin beziehungsvoll Petrus, der «Schicksalslenker», genannt, weil er den Zugang zum Asylhimmel reguliert, ist ein abgebrühter Skeptiker. Dieser Petrus glaubt grundsätzlich keinem Flüchtling seine Legende: alles nur «Schauergeschichten, Gruselmärchen und Räuberpistolen». Und alle, so seine Überzeugung, «lügen wie gedruckt. Schinden Mitleid. Wollen ins Paradies.»

Auch in dem Roman mit dem hübsch doppeldeutigen Titel «Die undankbare Fremde» von Irena Brežná steht eine Dolmetschergestalt im Mittelpunkt. Sie ist wie die Autorin selbst in der Tschechoslowakei geboren und nach dem Einmarsch der Warschauer-Pakt-Truppen in Prag 1968 in die Schweiz emigriert. Die Protagonistin des Romans dolmetscht sogar aus drei Sprachen. Sie gehört zum «internationalen Heer sprachlicher Stundenlöhner», die im Dienste der Schweizer Migrationsbehörde die Lebensgeschichten von Asylbewerbern nach dem immer gleichen Befragungsmuster übersetzen, ganz ähnlich wie Schischkins Dolmetsch.

«Ich bin hier ein Dolmetscherautomat», denkt die Ich-Erzählerin, die sich selbst als prototypische Emigrantin empfindet («Ich heiße Emigrazia. Meine Heimat ist Ausländerin») und aus eigener Erfahrung «das seelische Hinken der Entwurzelten aller Länder» nur allzu gut kennt. Ihr wurde eingeschärft, dass sie verpflichtet ist, «das Gesagte gewissenhaft wiederzugeben. Für vorsätzlich falsches Übersetzen gibt es eine mehrjährige Freiheitsstrafe.» Sie dolmetscht Verfolgungsgeschichten, die von Bestialitäten nur so strotzen, an deren Ende aber trotzdem meist auf ungerührt Schweizer Deutsch die «Ausschaffung» der Asylsuchenden steht. «Meine Landsleute haben eine viereckige Seele», seufzt eine mitleidige Schweizer Amtspsychologin, die daran aber auch nichts ändern kann.

In den Romanen der beiden Emigranten Schischkin und Brežná wirkt das Asylverfahren wie ein Erzählwettbewerb: Wer die dramatischste und haarsträubendste Geschichte glaubhaft machen kann, gewinnt vielleicht eine Aufenthaltserlaubnis in der Schweiz. «Was im Protokoll über uns steht, das werden wir sein. Aus Worten geboren», so die Gesuchsteller. Und im Zentrum dieser literarischen Konkurrenz steht der Dolmetscher, der zwischen den Sprachen, Geschichten und Schicksalen von Fremden vermittelt, ohne selbst eingreifen zu dürfen, und dem nahegelegt wird, sich emotional herauszuhalten und das Elend nicht zu nahe an sich heranzulassen. Der Dolmetscher darf nicht zum Fürsprecher werden. «Sei eine Sprachfähre. Führe die Passagiere hinüber, lege ab und lösche ihre Gesichter aus dem Gedächtnis», wird Brežnás Ich-Erzählerin empfohlen.

Das ist in der Schweiz nicht anders als im klassischen Einwandererland, den USA. In New York, der paradigmatischen Ankunftsstadt in Amerika, landen Flüchtlinge, Asylsuchende, Migranten aus aller Welt, und jeder kommt mit seiner Legende. Die Legenden sind immer wahr – sie beziehen sich bloß nicht immer auf ihre Erzähler. Alle diese Geschichten von Verfolgung, Vergewaltigung, Folter und Flucht sind irgendwann tatsächlich jemandem zugestoßen – möglicherweise aber jemand anderem als dem Asylbewerber, der die Geschichte für sich reklamiert. Zu dieser Erkenntnis ist schon Michail Schischkins Dolmetsch in Kreuzlingen am Bodensee gekommen, während er tagaus, tagein all die Erzählungen von Elend, Drangsal und Vertreibung zu protokollieren hatte. Ihm sagt ein Gesuchsteller ganz offen: «Mögen die Sprecher fiktiv sein, das Gesagte ist wahrhaftig. Gut, die Leute sind vielleicht nicht echt, aber die Geschichten sind es!»

Zu dieser Erkenntnis gelangt auch Jonas Woldemariam, der in einem Einwanderungszentrum in New York arbeitet, einer Einrichtung, die Flüchtlinge bei den Kniffligkeiten ihrer Asylanträge berät. Er hat bald bemerkt, dass die Berichte der Asylbewerber einander frappierend ähneln. Die Foltervarianten, die sich an politisch, ethnisch oder religiös Verfolgten verüben lassen, scheinen begrenzt, die Brutalitäten gleichen sich überall auf der Welt. Die Verfolgungslegenden sind stereotyp und daher austauschbar: Sie treffen auf Opfer in aller Welt zu, und es gibt kaum Unterschiede. Wenn man die Namen der Länder und manchmal auch die Religion ändert, könnte man ein und dieselbe Geschichte so gut wie jedem Flüchtling zuschreiben. Jonas erkennt: «Wenn man darüber nachdenkt, sind die Geschichten im Grunde alle gleich.»

Jonas ist der Held und Ich-Erzähler des Romans «Die Melodie der Luft» von Dinaw Mengestu, einem gebürtigen Äthiopier, der im Alter von zwei Jahren mit seiner Familie aus Addis Abeba in die USA flüchtete, in Illinois aufwuchs und an der *Georgetown* und der *Columbia University* Literatur studierte. Schon für seinen Roman-Erstling «Zum Wiedersehen der Sterne» heimste Mengestu viel Lob ein (siehe das Kapitel «Das Rätsel der Ankunft: Jenseits von Afrika»). Auch mit «Melodie der Luft», seinem zweiten Roman, bleibt Mengestu bei seiner Grundtonart – in melancholischen Moll-Tönen erzählt er skeptische, selbstzweiflerische Immigrantengeschichten vom Nicht-Ankommen-Können und In-der-Luft-Hängen.

Sein Held Jonas, der Sohn äthiopischer Einwanderer, driftet durch sein amerikanisches Leben, ohne darin wirklich Fuß zu fassen; doch auch die äthiopische Herkunftskultur seiner Eltern kann ihm keinen verlässlichen Halt mehr bieten. Wollte er ganz Amerikaner sein, müsste er seine Herkunft und die Geschichte seiner Eltern energisch vergessen. Aber zugleich wäre es Verrat, sich von seiner Herkunft, die ihn geprägt hat, abzuwenden. In diesem unauflösbaren Widerspruch lebt er – seltsam lethargisch, antriebs- und teilnahmslos. Seine Gleichgültigkeit ist der Schutzpanzer eines Luftwurzlers, der sich überall fremd fühlt und sich auf nichts einlassen kann und will. Seine Ehefrau, eine ehrgeizige afroamerikanische Anwältin, wirft ihm vor, er habe keine richtige Identität. Und in der Tat: Jonas weiß nicht, wer er ist. Doch was genau ist das – Identität?

Identität ist vornehmlich ein Herkunftsnarrativ. Wie prekär es um solche Herkunftslegenden bestellt ist, das erlebt Jonas tagtäglich an den Leidens- und Verfolgungsgeschichten, die er in seinem Beratungszentrum von Asylbewerbern zu hören bekommt. Welche sind echt? Welche erfunden? «Wer aus dieser planlos umherziehenden Schar war Afghane, Pakistani, Sudanese», fragt sich Jonas, «und wer tat nur so, weil er wusste, dass es das Asylverfahren erleichterte?»

Doch neben durchtriebenen gibt es auch unbeholfene Flüchtlinge. Entsprechend unbeholfen sind auch ihre Legenden – meist schmucklose, oft brutale Schilderungen, denen einfach der Schliff fehlt, um sie für die Beamten der Einwanderungshörde lebendig und nachvollziehbar zu machen. Jonas beginnt also damit, ungeschickten Asylsuchenden auf die Sprünge zu helfen, indem er ihre Biografien dramatisiert, sie mit allerlei frei erfundenen Terrorerlebnissen und Folterdetails anreichert, kurz: sie nach den Erwartungen der Einwanderungsbehörde hinbiegt. Und deren Erwartungen sind klischeehaft, merkt Jonas: «Ich kam schnell dahinter, dass man alles nicht Überprüfbare einfach erfinden konnte, indem man sich an die Vorstellung hielt, die wir meistens von den Armen in fernen, fremden Ländern haben.»

Was auch immer das individuelle Schicksal des Migranten gewesen sein mag: Wenn er die Asylbehörden günstig stimmen will, müssen die Stichworte Verfolgung, Vertreibung und Folter in seinen Lebenslauf eingeschrieben werden. Seine ureigene individuelle Lebensgeschichte verdunstet hinter der erfundenen, die mit den Erwartungen übereinstimmt; die Fiktion ist stärker, die glaubhafte Lüge erweist sich als die höhere Wahrheit. Da Jonas ein Literaturstudium hinter sich hat, bereitet ihm das Fiktionalisieren von Lebensläufen keine Mühe. Er lügt mit Leichtigkeit und Eleganz, beim zweckdienlichen Erfinden von Biographien empfindet er nicht die geringsten Skrupel. Die erlogenen Asylanträge sind Fiktionen – aber gleichzeitig sind sie Realität.

Das Erfinden, das Fiktionalisieren, das Lügen werden Jonas zur zweiten Natur. Auch im Privatleben. Er belügt sich selbst über seine Gefühle, er belügt seine Frau, er belügt seine Umwelt über seine Karriere-Aussichten, er belügt als Teilzeitlehrer an einer privaten *High School* seine Schüler, indem er ihnen eine frei phantasierte Geschichte über die dramatische Flucht seines äthiopischen Vaters so glaubhaft auftischt, dass alle darauf hereinfallen. Und all dies tut Jonas im klaren Bewusstsein, dass seine Lügen auffliegen werden und er es sich mit allen verderben wird, dass er im Grunde nur seinen eigenen Ruin herbeiredet. Deutlich wird: Jonas will die Erwartungen seiner amerikanischen Umwelt gar nicht erfüllen – er will sie enttäuschen. In heimlicher Renitenz widersetzt er sich dem amerikanischen Credo des Vorwärtskommens und des Zukunftsoptimismus, er nimmt sein Leben nicht in die Hand, mit finsterer Genugtuung lässt er sich treiben, ein ebenso stiller wie trotziger Integrationsverweigerer.

Dinaw Mengestu schreibt pessimistische Geschichten über missglückende Einwanderungen. Seine Romane sind leise Übungen in migrantischer Aufsässigkeit, kühle Absagen an den *American Dream*,

Handbücher für den widerborstigen Immigranten. Darin trifft er sich mit dem um sechs Jahre älteren Gary Shteyngart, der seinerseits ein widerborstiges «Handbuch für den russischen Debütanten» geschrieben hat. Den Äthiopier aus Addis Abeba und den russischen Juden aus Leningrad verbindet nicht nur ihre parallele Einwanderungsgeschichte – beide sind im Kindesalter fast gleichzeitig in der *Arrival City* New York angekommen: Mengestu 1980 im Alter von zwei Jahren, Shteyngart 1979 im Alter von sieben Jahren, als er mit seinen Eltern wie viele andere Sowjetjuden von der Regierung Jimmy Carter freigekauft wurde. Was die beiden Autoren zudem miteinander gemein haben, ist eine tiefe Skepsis gegenüber allen amerikanischen Anpassungszwängen und Nötigungen zur Integration. Die literarischen Helden beider Autoren sind Migranten – unwillige Zuwanderer, die als Kinder ungefragt in ein Land gebracht wurden, in dem sie bis heute fremdeln. Diese Romanfiguren verwenden viel Findigkeit, Witz und auch Bosheit auf immer neue Verweigerungsstrategien und sind hauptsächlich damit beschäftigt, sich dem Assimilationsdruck zu entziehen.

Im literarischen Temperament allerdings könnten Mengestu, der pessimistische Melancholiker, und Shteyngart, der aufgedrehte Satiriker, unterschiedlicher nicht sein. Von seinem Debüt an gilt Gary Shteyngart als großes komisches Talent, als Experte für anarchischen Humor und als Globalisierungskritiker mit einem Faible für zusammenbrechende Supermächte, dem insbesondere der Kollaps des sowjetischen Imperiums und dessen poststalinistische Konkursmasse großartige Vorlagen für fulminante Gesellschaftsgrotesken und Globalisierungsfarcen liefern. Shteyngart hat nicht nur ein sehr selbstironisches Verhältnis zum Judentum; er liebt es auch, die üblichen Erwartungen an Migrationsliteratur lustvoll zu torpedieren. Während sich Mengestus Romanhelden angewidert vom Amerikanischen Traum abwenden, üben sich Shteyngarts Protagonisten in kichernder Subversion. Deren Assimilierungsversuche in den USA gehen programmatisch schief – auf haarsträubend groteske Weise und in wüster Umkehrung aller amerikanischen Glaubenssätze vom Aufstiegsethos strebsamer und integrationsfreudiger Einwanderer.

Ein solcher modellhafter Nicht-Aufsteiger ist beispielsweise Vladimir Girshkin in Shteyngarts Roman-Erstling. Er ist der titelgebende russische Debütant in Amerika. Als «Bilderbucheinwanderer und Bilderbuchausländer» stellt Shteyngart den jungen Girshkin (das Gürkchen) gleich auf der ersten Romanseite ironisch vor – das Gürkchen wird einen Roman lang alles Erdenkliche tun, um dieses Etikett zu widerlegen, wird damit am Ende allerdings glorios scheitern.

Auch Girshkin arbeitet eingangs, ähnlich wie Jonas Woldemariam bei Dinaw Mengestu, in einem New Yorker Beratungszentrum für Asylsuchende und Einwanderer. Girshkin ist Bürohilfskraft im «Emma-Lazarus-Verein zur Förderung der Immigrantenintegration», einer Institution, die ihre Klienten «mit den vertrauten fleckigen Wänden einer tristen Behörde in der Dritten Welt» anzuheimeln versteht. Eine Schar von «ausgebildeten Assimilationsmoderatoren» trachtet danach, mindestens im Wartezimmer den Frieden unter einwandernden Türken und Kurden, Hutus und Tutsis, Serben und Kroaten zu wahren. Als «Akkulturationszar der Agentur» gilt ausgerechnet «ein heimwehkranker, suizidaler Pole», und dem jungen Girshkin fällt es zu, sich der russischen Problemklienten beratend anzunehmen, der «sowjetischen Juden in Bedrängnis», darunter etliche völlig durchgeknallte Typen.

Girshkin ist ein «Amateur-Assimilierer», ein Pendler zwischen einer Ost- und einer West-Identität, ganz im Gegensatz zu seinen tüchtigen Eltern, die es geschafft haben, mustergültige Neu-Amerikaner mit einem Anwesen im New Yorker Speckgürtel zu werden, die Mutter als international agierende Unternehmerin, der Vater als Arzt, der erfolgreich die Krankenkassen betrügt. Der Sohn hingegen krebst, statt zu studieren und Anwalt zu werden, nun schon vier Jahre lang für acht Dollar die Stunde bei seinem gemeinnützigen Verein herum, ehrgeiz- und antriebslos, ein kleiner Versager, ein «Failurchka», wie Mutters englisch-russischer Lieblingsspitzname für den Sohn lautet. Gegen die Karrierezumutungen seiner Eltern leistet das Gürkchen passiven Widerstand, indem es ostentativ keine Karriere macht.

«Handbuch für den russischen Debütanten» ist ein Schelmenroman und funktioniert nach der Umkehrmethode: Alle Erwartungen an einen erfolgreichen Kulturwechsel vom Sowjetmenschen Breschnjewscher Provenienz zum geldhörigen Konsum-Amerikaner werden von Shteyngart mit paradoxen Mitteln düpiert. In der ersten Hälfte des Romans, die in New York spielt, verkehrt Girshkin alle Hoffnungen auf den Amerikanischen Traum in ihr Gegenteil. Die zweite Hälfte des Romans hingegen zeigt, wozu Failurchka, der Kummer seiner Eltern, imstande ist, wenn er auf das richtige Milieu trifft, um seine migrantischen Talente zu entfalten.

Im zweiten Teil versetzt Gary Shteyngart seinen Nicht-Helden in die fiktive mitteleuropäische Stadt Prawa, in der unschwer das postsozialistische Prag der Nachwendezeit zu erkennen ist. Im Roman ist Prawa die goldene Stadt des neuen Europa-Tourismus, Traumziel der amerikanischen Jeunesse dorée. Prawa ist aber auch der Europa-Stützpunkt der Russen-Mafia, die beim Gründungsboom im Vorfeld der EU-Erweiterung mitmischen möchte. Im Handumdrehen verwandelt sich der Versager Girshkin in Prawa in einen kriminellen Geschäftsmann, einen Investment-Jongleur und Schwindel-Unternehmer, der eine fulminante Gangsterkarriere macht und schließlich zum Kopf der russischen Mafia avanciert. Er zieht ein Betrugssystem großen Stils auf, um reiche amerikanische Bürger auszunehmen. Plötzlich kommt dem Gürkchen sein doppeltes Außenseitertum als Ex-Russe und Noch-nicht-Amerikaner zugute: Er kennt Ost und West gut genug, und er beherrscht beide Sprachen gut genug, um beide Seiten hereinlegen und übertölpeln zu können.

Damit entpuppt sich «Handbuch für den russischen Debütanten» als ein Leitfaden durch die Ost-West-Labyrinthe nach dem Ende der großen System-Konkurrenz des Kalten Kriegs, als satirische Anleitung für den posthistorischen Krisengewinnler, der mit amerikanischen Businessmethoden die postsowjetische Konkursmasse in Mittel- und Osteuropa zugleich modernisieren und sich dabei vulgär bereichern will.

Der Roman, der so viele ironische und selbstironische Volten schlägt, wartet für die Schlussvolte mit einem besonders sarkastischen Dreh auf, um den Amerikanischen Traum endgültig zu desavouieren. Nach seiner glorreichen Prager Mafia-Zeit stürzt der Held kopfüber dorthin, wohin ihn seine assimilierten Eltern bereits die längste Zeit drängen wollen: in die amerikanische *Middle Class*, wie sie bürgerlicher, beschränkter und selbstzufriedener kaum denkbar ist. Girshkin wird mit einer Amerikanerin verheiratet und endet als Buchhalter in der Firma seines Schwiegervaters in Cleveland, Ohio. Seine Zwangsassimilierung in einer provinziellen amerikanischen Mittelstandsfamilie besiegelt seinen lächerlichen Sturz in die Bürgerlichkeit, bedeutet aber auch das Ende seiner koketten migrantischen Spielchen zur Integrationsverweigerung.

So demonstriert Gary Shteyngart die migrantische Doppelperspektive auf die Welt: Er schaut mit russischen Augen auf die Kultur seines Einwanderungslandes, und er mustert mit amerikanisiertem Blick den postsowjetischen Wilden Osten. Nicht minder unterhaltsam und aufschlussreich ist ein anderer Debütroman, der von New York und Umgebung aus das Herkunfts- und das Ankunftsland eines jungen Immigranten in den doppelten Blick nimmt. Auch dieser Erstlingsroman wurde gefeiert, erhielt hymnische Kritiken und wurde 2008 sogar mit dem Pulitzer-Preis bedacht. Auch dieser Roman handelt von der Dualität migrantischer Erfahrungen, hat einen schlecht integrierten, heimlich aufsässigen, dicklichen Zuwanderer zum Helden und amalgamiert aufs Vergnüglichste zwei ganz unterschiedliche sprachliche und kulturelle Sphären.

Der Roman «Das kurze wundersame Leben des Oscar Wao» von Junot Díaz erzählt, wie es der Titel verspricht, das Leben des Oscar Wao, eines unsportlichen und übergewichtigen Computer-Nerds aus einem dominikanischen Ghetto in New Jersey nahe New York. Oscar ist ein karibischer Einwanderer der zweiten Generation; seine Familie stammt aus der Dominikanischen Republik, dem spanischsprachigen Teil der Antillen-Insel Hispaniola, auf der Christoph Columbus 1492 landete. Oscar ist ein unglücklicher, weil bei Mädchen chancenloser Student an der *Rutgers University*, die er als männliche Jungfrau betritt und als solche auch wieder verlässt. Er verbringt seine Zeit tagträumend mit dem Schreiben von Science-Fiction, Fantasyromanen, Weltraumopern und Computer-Rollenspielen und hat den Ehrgeiz, der «Dominikanische Tolkien» zu werden.

Oscars Erfinder und Autor, Junot Díaz, ist, anders als sein Held, ein karibischer Zuwanderer der ersten Generation. Er wurde 1968 in der Dominikanischen Republik geboren, kam als Kind in die USA, studierte an der *Rutgers* und der *Cornell University* und unterrichtet heute *Creative Writing* am MIT, dem *Massachusetts Institute of Technology*. Im Gegensatz zu seinem Helden ist er eher schmächtig gebaut.

Der Roman hat zwei Erzähler-Stimmen: Lola, Oscars schöne, taffe und sportliche Schwester, und Yunior, Oscars dominikanischen Zimmergenossen im Studentenwohnheim in *Rutgers*. Die beiden bemühen sich nach Kräften, den depressiven Fettwanst, der dem feisten alten Oscar Wilde ähnelt (daher sein verballhornter Spitzname «Oscar Wao»), in Richtung Angepasstheit und amerikanischer Normalität (inklusive Sport und Gewichtabnahme) zu drängen, damit er endlich an eine Freundin kommt und sein Außenseiterdasein ein Ende hat. Vergeblich. Oscar ist und bleibt ein selbstmordgefährdeter Frust-Esser, der schöne und für ihn unerreichbare Mädchen aus der Ferne anhimmelt oder ihnen auf schrullige Weise und natürlich erfolglos den Hof macht. Sein einziger Trost besteht im Abtauchen in die imaginären Welten der Popmythen zwischen Tolkien, «Matrix», «Star Trek», Captain-Marvel-Comics, Videospielen und Anime-Filmen.

Doch der Roman hat weit mehr zu bieten als nur diesen einen – eher stagnierenden – Erzählstrang. Er ist auch Familienchronik, politischer Roman und ethnische Integrationsgeschichte. Rekapituliert wird über drei Generationen hinweg die Familiengeschichte der Geschwister Oscar und Lola in der alten karibischen Heimat. Diese Familienhistorie ist mit der infernalischen Geschichte der Dominikanischen Republik, dieses «Alcatraz der Antillen», aufs Engste und Blutigste verstrickt. Die Jahrzehnte während Schreckensherrschaft des Insel-Diktators Rafael Trujillo, die bereits aus dem politischen Dokumentarroman «Das Fest des Ziegenbocks» von Mario Vargas Llosa in vielen grausigen Details bekannt ist, grundiert auch den Roman von Junot Díaz.

Immer wieder, so heißt es bei Junot Díaz, haben Trujillos Geheimpolizei und seine gedungenen Mörder grausam in Oscars Familiengeschichte eingegriffen. Oscars Großvater, ein wohlhabender Chirurg, wurde unschuldig verhaftet und starb in einem Folter-Gefängnis. Oscars Mutter Beli überlebte als Einzige aus der Familie, während ihre

Schwestern ebenso wie ihre Mutter in verdächtigen, inszenierten Unfällen ums Leben kamen.

Doch auch Beli, die sich als blutjunges Mädchen in Santo Domingo mit einem Gangster aus der Trujillo-Mafia eingelassen hatte, wird grauenhaft misshandelt und beinahe totgeschlagen und entkommt nur mit knapper Mühe ins amerikanische Exil, nach New Jersey. Dort schuftet sie als harte und grimmige Matriarchin und reibt sich für ihre Kinder Oscar und Lola auf. Ein karibischer Fluch liege auf der Familie, meint Oscar pathetisch-dräuend, ähnlich dem Fluch der Atriden.

Das alles liest sich dramatisch und rasant, meistens auch frech und vorlaut, dabei trotzdem immer herkunftsbewusst und voller Mitgefühl für den ungeschickten Titelhelden Oscar, der mit viel mitleidigem Spott bedacht wird. Aber auch Oscars Freund und Gegenspieler, der Erzähler Yunior, wird als Möchtegern-Super-Macho spöttisch und kritisch porträtiert. Vor allem aber sind es die starken und so schwer misshandelten Frauen der Familie, die den Roman dominieren – in einprägsamen und kraftvollen Szenen.

Das Besondere an diesem Roman ist zweierlei: der originelle Erzählton und das ebenso originelle Milieu. Zum einen macht der Autor Junot Díaz «Spanglish» endgültig literaturfähig, einen schnoddrigen, zynischen und drastischen anglokaribischen Straßenslang, gespickt mit spanischen Sprichwörtern und Kraftausdrücken (nicht leicht ins Deutsche zu übersetzen – das Glossar im Anhang ist hilfreich); zum anderen eröffnet der Roman der multiethnischen amerikanischen Gegenwartsliteratur, die ja nicht ausschließlich von jüdischen und schwarzen Autoren sowie von WASPs, von weißen, angelsächsischen Protestanten, geschrieben wird, die bunte, pittoreske, exotische Erfahrungswelt der «Hispanics».

Junot Díaz entfaltet ein großes und lebhaftes Panorama der Immigrantenszene der Latinos, der dominikanischen Diaspora in und um New York. Er bringt den ganzen polymorphen Multikulturalismus der Hispanics ins Spiel; sein Roman ist immer vor dem Hintergrund des Herkunftslandes Santo Domingo zu lesen, seiner Folklore, seines Aberglaubens, seiner Mythen, seiner Mentalitäten. Der Autor mixt einen tropischen Magischen Realismus mit Hip-Hop-Machismo und politischen Seitenhieben, mit höhnischen Fußnoten, in denen das grauenhafte Regime des Diktators Trujillo vorgeführt, verdammt und vermaledeit wird – das Ganze versetzt mit Anspielungen auf den gesamten popkulturellen und popliterarischen Kosmos von Weltraum-Comics, Videospielen, Fantasyfilmen und Fantasyromanen.

Da liegt der Vorwurf der Folklorisierung natürlich nahe, der Junot Díaz auch gelegentlich gemacht wird. Bedeutsamer scheint jedoch, dass karibische Autoren wie Junot Díaz aus der Dominikanischen Republik, David Chariandy aus Trinidad, vor allem aber auch Aimé Césaire, Patrick Chamoiseau und Édouard Glissant aus Martinique die Karibik als Schnittstelle der Kreolität literarisch verortet haben. In seinem programmatischen Essay «Zersplitterte Welten. Der Diskurs der Antillen» (1986) suchte Glissant erstmals den kulturellen Platz der Antillen in der Welt festzuschreiben.

Die Karibik mit ihrer Palette sämtlicher Hautfarben stellt demnach geradezu ein Laboratorium der hybriden kulturellen Mischungen dar. Allein das Kreolische, die zur Zeit der Sklaverei entstandene Alltagssprache der Inselwelt, ist ein Mix aus afrikanischer Syntax, karibischen Wörtern und französischen Dialekten, getunkt in ein Universal-Englisch. Junot Díaz hat das alles im Ohr. Er verleiht seiner Literatursprache die ganze Sorglosigkeit der gesprochenen Sprache, ihren Tonfall, ihre Melodie. Auch für ihn gilt, was Milan Kundera, ein Bewunderer des Kreolischen, an Patrick Chamoiseau rühmt: «Er bereichert die Sprache mit vielen kreolischen Redewendungen: nicht aus naturalistischen Gründen (um ‹Lokalkolorit› einzubringen), sondern aus ästhetischen (wegen ihrer Komik, ihres Charmes oder ihrer semantischen Unersetzbarkeit).»

Hinzu kommt das afrikanische Erbe der Mythen und Legenden, das die schwarzafrikanischen Sklaven auf den karibischen Plantagen, wie verstümmelt und verschüttet auch immer, am Leben erhielten. Der indokaribische Autor V. S. Naipaul, der selbst aus Trinidad stammt, beschreibt diese kreolisierte Doppelwelt in einem seiner Essays: «Die Sklaven auf den Plantagen in der Karibik hatten zwei verschiedene Welten gekannt. Es gab die Welt des Tages: das war die weiße Welt. Es gab die Welt der Nacht: das war die afrikanische Welt, mit ihrer Magie, ihren Geistern, ihren wahren Göttern. In dieser Welt verwandelten sich tagsüber zerlumpte Erniedrigte – in ihren Augen und denen ihrer Gefährten – in Könige, Hexer, Heiler, Wesen, die Verbindung mit den wahren Kräften der Erde hatten und absolute Macht besaßen. Dem Uneingeweihten, dem Besitzer der Sklaven, mochte die afrikanische Nachtwelt wie eine Welt des Scheins, eine kindische Welt, ein Karneval erscheinen. Aber für den Afrikaner war sie die einzige wahre Welt, die die Weißen in Phantome verwandelte und das Plantagenleben zu einer bloßen Schimäre machte.»

In dieser opaken und schillernden Uneindeutigkeit erweist sich die Karibik als privilegierter Ort für kulturwissenschaftliche Theorieproduktion, um aus der von Glissant vorgeschlagenen Denkfigur der Kreolisierung universale Kategorien für ein weltweites Kulturmodell zu entwickeln. Kreolisierung meint Berührung, Begegnung oder wechselseitige Transformation unterschiedlicher Kulturen, eine schöpferische Aneignung kultureller Vermischungen bei gleichzeitiger Achtung und Bewahrung von Vielfalt und Heterogenität.

In der Tat ist die Karibik eine vielfältige Schnittstelle, ein Kreuzungspunkt der Kontinente. Mit ihrer kolonialen Vergangenheit und ihrer Plantagen- und Sklavenwirtschaft ist sie nach Afrika orientiert, hat aber außerdem Bindungen nach ganz Lateinamerika. So ist die Karibik ausgespannt in ganz unterschiedlichen Kontexten, ein «Stückchen Erde, auf dem Frankreich, Afrika und Amerika sich begegnen», wie Milan Kundera in einem Essay über Martinique und die kreolische Volkskunst schreibt. Inzwischen hat das Konzept der Kreolisierung längst die Seminarstuben der «Postcolonial Studies» verlassen und ist weltweit verhandelbar geworden. Damit eröffnet sich den Englisch oder Französisch schreibenden karibischstämmigen Autoren ein ungeahnter Resonanzraum. Er wird sich in den kommenden Jahren sicherlich noch vergrößern.

New York

279

Erwähnte Bücher

Irena Brežná «Die undankbare Fremde», Roman (Galiani 2012)

Junot Díaz «Das kurze wundersame Leben des Oscar Wao», Roman (S. Fischer 2009)

Édouard Glissant «Zersplitterte Welten. Der Diskurs der Antillen», Essay (Wunderhorn 1986)

Milan Kundera «Eine Begegnung» (Hanser 2011), darin der Essay «Schön wie eine mehrfache Begegnung»

Dinaw Mengestu «Die Melodie der Luft», Roman (Ullstein 2010)

Gesine Müller/Natascha Ueckmann (Hg.) «Kreolisierung revisited. Debatten um ein weltweites Kulturkonzept» (Transcript 2013)

Michail Schischkin «Venushaar», Roman (Deutsche Verlags Anstalt 2011)

Gary Shteyngart «Handbuch für den russischen Debütanten», Roman (Berlin Verlag 2003)

5. Kapitel
Bürgerkriege und Zerfallsgeschichten

Der Libanon: «Yalo verstand nicht, was vor sich ging»

Man nehme irgendwelche jungen Kerle, vorzugsweise Schulabbrecher, gebeutelt von Testosteronschüben und Hormonstürmen und auch sonst nicht sonderlich gescheit. Man nenne sie Yalo, Bassam oder George und schicke sie auf die Straßen von Beirut, in den Zeiten des Bürgerkriegs.

Nach diesem Rezept gehen die libanesischen Autoren Rawi Hage und Elias Khoury in ihren Romanen vor, in denen sie die Verwilderung einer Gesellschaft im Bürgerkrieg am Beispiel halbwüchsiger Jungen vorführen, die nicht recht wissen, wie ihnen geschieht, während sie immer mehr verrohen und immer tiefer in Verbrechen, Mord und Gewalt hineinschlittern. Die Zerrüttung aller zivilen Normen und der Zerfall des ganzen gesellschaftlichen Gefüges, wie sie der Bürgerkrieg der 1970er und 1980er Jahre im Libanon im Großen angerichtet hat, lassen sich im Kleinen an der Brutalisierung einzelner junger Burschen gut beschreiben, die von klein auf nichts anderes kennen als Krieg. Der Eingangssatz von Elias Khourys Roman «Yalo» darf dabei als generelles Leitmotiv gelten, denn er benennt die Grunderfahrung dieser Bürgerkriegskinder: die Erfahrung einer völlig irrationalen Welt. «Yalo verstand nicht, was vor sich ging.»

Bei Rawi Hage kommen zu Beginn seines Romans «Als ob es kein Morgen gäbe» zwei Halbwüchsige in den Blick, die sich lieber auf ihrem Motorrad in den Straßen von Beirut herumtreiben, als weiter zur

Schule zu gehen: Bassam und George, genannt «De Niro», zwei Freunde seit Kindheitstagen. Sie wären zwei ganz gewöhnliche Schulschwänzer auf Abwegen, gäbe es da nicht einen besonderen Umstand: Seit die beiden denken können, herrscht Bürgerkrieg im Libanon.

Granathülsen zu sammeln, um sie gegen Zigaretten einzutauschen, war schon ihr Kinderspiel. Inzwischen haben muslimische, palästinensische und christlich-maronitische Milizen die Stadt aufgespalten in einen muslimischen Westteil und einen christlichen Ostteil, haben die Stadtviertel von Beirut gegeneinander abgeschottet und Straßensperren errichtet. Täglich liefern sie einander Gefechte entlang der «Green Line». Die City ist ein Trümmerfeld, kommunale Dienste wie Wasser- und Stromzufuhr funktionieren nur noch sporadisch. Der Müll türmt sich in den Straßen, und tagtäglich fallen Bomben und Granaten auf die christliche Enklave in Ost-Beirut, in der Bassam und George in halb zerstörten Häusern leben – «Teenager mit langen Haaren, die Knarren in den Gürteln stecken hatten und mit gestohlenem Benzin die Stadt unsicher machten».

Die beiden verachten die Schutzkeller, in denen sich die Beiruter bei Luftalarm zu verkriechen pflegen, und halten sich auch während des Bombenhagels ostentativ im Freien auf: «Lieber draußen sterben.» Sie legen sich zeitgemäße Selbstbilder zurecht: «Wir waren ziellos, waren Bettler, Banditen, geile Araber mit lockigem Haar und offenen Hemden, in deren hochgekrempelten Ärmeln Marlboropäckchen steckten. Wir waren Aussteiger, rücksichtslose Nihilisten mit Pistolen, Mundgeruch und langen amerikanischen Jeans.»

Wenige Jahre später ist die Freundschaft der beiden zerbrochen, kaputtgegangen am immer weiter eskalierenden Bürgerkrieg der 1980er Jahre und am Verrat, den George an Bassam begangen hat. Zwei blutjunge, blutbesudelte Kriegsveteranen stehen sich letztmals gegenüber, beide seelisch genauso zerstört wie die Vietnam-Veteranen in dem Film «The Deer Hunter». «Du warst immer schon ein Mörder», sagt Bassam zu George. «Wir waren Mörder, Bassam», korrigiert George, ehe er sich den Revolver an die Schläfe hält und, ganz wie sein Held Robert de Niro in «The Deer Hunter», Russisches Roulette spielt.

Am Ende ist George tot. Bassam begräbt ihn provisorisch im Schutt unter der Nabaa-Brücke, kann schließlich aus dem Libanon fliehen und irrt danach als illegaler Flüchtling durch Europa. Denn anders als George, der im Bürgerkrieg eine mögliche Existenzform für sich erblickte, eine Chance, sich auszuleben, und sich den christlichen Milizen als Kämpfer anschloss, sinnt Bassam immer nur auf Mittel und Wege, um der Rekrutierung durch die christlich-maronitische Phalange zu entkommen und aus dem Libanon zu flüchten. «Ich muss hier weg», so lautet Bassams Mantra von Anfang an: «Ich haue ab und überlasse das Land den Teufeln.» Fort nach Rom, wo sogar die Tauben auf den Plätzen «glücklich und gut genährt» wirken. Fort nach Frankreich, vielleicht sogar fort nach Übersee, nach USA oder Kanada. Nur fort.

War George wirklich «immer schon ein Mörder», wie Bassam behauptet, oder hat ihn erst der Bürgerkrieg dazu gemacht? Musste ein junger Mann sich damals einfach einer der Bürgerkriegsparteien anschließen oder konnte er sich verweigern? Und wenn er sich verweigerte, entging er damit dem allgemeinen Mordgeschäft oder musste er selbst als Zivilist kriminell und gewalttätig werden? Wenn man die Knarre im Gürtel stecken hat und sie straflos einsetzen darf, ist man dann überhaupt noch imstande, selbst banale Konflikte ohne Gewalt zu lösen? Müssen Freunde zu Verrätern aneinander werden, wenn der Bürgerkrieg sie entzweit? Kurzum: Kann man Frieden halten und Recht und Ordnung achten, wenn Recht und Ordnung außer Kraft gesetzt sind und der Frieden aus dem Wortschatz gestrichen ist?

Dies sind die politisch-moralischen Fragen, um die der Roman «De Niro's Game» kreist, wie der Originaltitel von «Als ob es kein Morgen gäbe» lautet. Der Autor Rawi Hage, Jahrgang 1964, entstammt einer christlich-maronitischen Familie und wuchs in Beirut auf – als christlicher Araber in einem Land, das, seit er denken konnte, zerrissen war von sektiererischen, ethnischen, politischen und religiösen Fraktions- und Stammeskämpfen. Mit achtzehn Jahren verließ Rawi Hage den Libanon und wich vor dem Bürgerkrieg in die USA aus. In New York arbeitete er als Taxifahrer, als Fotograf und in anderen Jobs. Als sein US-Visum auslief, bewarb er sich als frankophoner Libanese um die Einreise-Erlaubnis in der frankophonen Provinz Québec. Seit 1991 lebt

Hage in Kanada, in Montreal, als freischaffender Künstler und Autor. Er hat die Sprache gewechselt und schreibt seine Romane auf Englisch. Für sein Debütwerk «De Niro's Game» erhielt er in der anglo-amerikanischen Welt viel Beifall, beispielsweise den irischen IMPAC-Preis, den mit 100 000 Euro höchstdotierten Literaturpreis für einen einzelnen Roman.

Tatsächlich hat sich der Autor in seinem Erstling ebendies vorgenommen: den Zerfall der libanesischen Gesellschaft im Bürgerkrieg am Beispiel der Verwilderung zweier vaterloser junger Männer aufzuzeigen. Die allgemeine Brutalisierung zersetzt alle menschlichen Umgangsformen, auch von Liebenden. Wenn Bassam seiner Freundin Rana seine Liebe gesteht, erwidert diese: «Ich schlage dir die Fresse ein, wenn du mich belügst. Ich knalle dich ab, verlass dich drauf.»

George und Bassam haben Verwandte, Freunde, Nachbarn in den Kämpfen verloren und erleben jeden Tag, wie in ihrer Umgebung unbeteiligte Zivilisten, Frauen, Kinder, alte Leute, im Granatenhagel und MP-Feuer zugrunde gehen. George hat seinen Vater nie gekannt, und seine Mutter ist an Krebs gestorben. Bassams Vater und Mutter finden den Tod, als Bomben in ihrer Wohnung einschlagen. Beide Jungen bekommen es im Roman mit unerwünschten, aber macht- und unheilvollen Ersatzvätern zu tun, mit ebenso ruchlosen wie gewalttätigen Vater-Instanzen – mit den christlichen Milizen in Beirut, namentlich mit deren Anführer Abu-Nahra, mit kriminellen Banden (oft deckungsgleich oder sogar identisch mit den Milizen), schließlich auch mit der israelischen Armee, die ab 1982 massiv in den Libanonkrieg eingreift, sowie mit dem israelischen Geheimdienst Mossad. Beide Jungen werden von diesen Gewalt-Instanzen instrumentalisiert und schrittweise brutalisiert.

Das beginnt vergleichsweise harmlos – mit geklautem Benzin für ihre Motorräder. Und das geht weiter mit der Einschüchterung eines Nachbarn, der den Parkplatz vor dem Haus beansprucht, ihn aber sofort freigibt, nachdem Bassam und George Reifen und Scheinwerfer seines Autos zerschossen haben («Die Kugeln rissen winzige Löcher ins Metall – scharf, schnell, zerstörerisch. Es war ein Racheakt und ein tödlicher Spaß»).

Dann folgen eskalierende Gaunereien und kriminelle Akte, die nicht einmal im Ausnahmezustand des Bürgerkriegs noch als harmlos durchgehen können: Betrügereien an Kasino-Automaten, der Schmuggel von gepantschtem Whisky in die muslimischen Stadtviertel, der Handel mit immer härteren Drogen. Die Jungen werden zunehmend skrupelloser. Sie begehen ihre ersten Morde. Sie verstricken sich in Gewalttaten, die wiederum immer neue Verbrechen nach sich ziehen.

Und längst ragt Abu-Nahra als bedrohliche Machtfigur in ihr Leben hinein. Er wird als Drahtzieher hinter allen Verbrechen kenntlich. «Abu-Nahra war so Mitte fünfzig. Er hatte graues Haar und einen Goldzahn. Ursprünglich hatte er Arabisch unterrichtet. Dann war er Kommandeur der christlichen Miliz geworden. Auf seiner behaarten Brust lag eine schwere Kette, an der Kreuze und heilige Zeichen befestigt waren. Es war ihm gelungen, eine Abgabe für Häuser, Läden und Tankstellen einzuführen, mit der der Krieg unterstützt wurde. Und er hatte kleine Kasinos eröffnet und Pokerautomaten aufstellen lassen, die sehr lukrativ waren. Abu-Nahra war in der ganzen Stadt bekannt. Er liebte das Christentum, das Geld und die Macht.»

Den Ruf eines «Kommandeurs, der keine Gnade kannte», hat sich Abu-Nahra mit besonderer Bestialität erkämpft, mit einem Massaker an Kurden in einer Barackensiedlung am Rande Beiruts: «Seine siegreichen Männer hatten die Köpfe ihrer Opfer auf Bajonette gespießt und durch die Straßen getragen. Mit ihren Jeeps waren sie durch die Gassen gejagt und hatten Kadaver über den welligen Asphalt geschleift.»

Für das viehische Vorgehen der Phalange in Beirut findet Rawi Hage ein triftiges Bild: die Verwilderung der herrenlosen Hunde in der Stadt zur kannibalischen Meute. «Wenn sich die Reichen nach Frankreich absetzten, ließen sie ihre Hunde zurück, die durch die Gassen streunten. Es waren edle Waisenhunde, sie waren stubenrein, hörten auf französische Namen und trugen rote Schleifen. Flauschige Hunde, reinrassige Hunde, chinesische Hunde rotteten sich zusammen, zogen im Dutzend durch die Straßen, ließen sich von einer dreibeinigen Promenadenmischung herumkommandieren. Eine wilde Meute der verhätscheltsten Hunde der Welt heulte den Mond über Beirut an und fraß den Müll, der sich an unseren Straßenecken auftürmte. Wir scheren uns nicht um die Gesetze der Menschen, sagte der unfrisierte Pudel, wer will uns schon verbieten, Menschenfleisch zu fressen?»

In der allgemeinen Bürgerkriegstollwut ziehen auch die wilden jungen Hunde Bassam und George ihre je eigene Blutspur durch die Stadt. George beteiligt sich schließlich sogar an den Massakern in den West-Beiruter palästinensischen Flüchtlingslagern Sabra und Schatila, die 1982 von Phalange-Mitgliedern verübt wurden. Das beichtet er seinem verratenen Ex-Freund Bassam, ehe die beiden unter der Brücke Russisches Roulette spielen und Bassam endlich die Flucht aus dem Libanon gelingt – scheinbar.

Denn die Bürgerkriegstollwut, die eigene Brutalisierung, trägt der Ich-Erzähler Bassam in sich, und seine blutige libanesische Vergangenheit folgt ihm auch nach Frankreich ins Exil. In die Umgangsformen einer zivilen Gesellschaft, wie er sie in Paris antrifft, kann sich der verwilderte und verrohte Junge aus dem zerstörten Libanon nicht mehr fügen.

Davon handelt das letzte, das dritte Großkapitel von Rawi Hages Roman. Verglichen mit der Härte, Dichte, Anschaulichkeit und Detailgenauigkeit der ersten beiden, der Bürgerkriegskapitel, die unverkennbar von den eigenen Beobachtungen, Erfahrungen und Erlebnissen des Autors zehren, fällt das Paris-Kapitel deutlich ab. Hier schleichen sich plötzlich Melodram und Kolportage ein, konventionelle Spionage-Machenschaften besetzen den Erzählraum, der Held muss lernen, sich als Spielball in den Stellvertreterkriegen diverser Geheimdienste zu begreifen, und vom israelischen Mossad her fällt ein sensationell anderes, allerdings wenig glaubwürdiges Licht auch auf das Verhalten des verräterischen George. Solcher Zugeständnisse an die Konventionen der Überraschungsdramaturgie hätte «De Niro's Game» freilich gar nicht bedurft. Die singuläre Wucht von Hages Bürgerkriegserzählung hatte doch schon zwei atemlose Großkapitel lang für sich gesprochen.

Auch Elias Khoury schickt in einem Roman einen jungen Kerl in Beirut in die Schule des Bürgerkriegs. Khoury ist ein umtriebiger, auf drei Kontinenten geschäftiger Beiruter Schriftsteller, Gastprofessor an mehreren amerikanischen Universitäten, politischer Aktivist und einer der einflussreichsten *public intellectuals* der arabischen Welt. Seit dem Ende des Bürgerkriegs thematisiert er immer wieder neu die Konfliktlinien und Fraktionskämpfe im ethnisch, religiös und politisch zerrissenen Libanon, vor allem den palästinensisch-israelischen Dauerkonflikt, der immer wieder auch den Libanon in Mitleidenschaft zieht. In Khourys Roman «Yalo» ist wiederum, wie bei Rawi Hage, ein vaterloser Drifter und Schulabbrecher die Perspektivfigur. An ihr kann Khoury, ganz ähnlich wie Rawi Hage, zeigen, dass es in Bürgerkriegszeiten für einen unerfahrenen jungen Mann verführerisch leicht ist, in den Gewaltmodus zu schalten, aber so gut wie unmöglich, danach wieder den zivilen Gang bürgerlicher Ordnung einzulegen. Auch bei Khoury geht es um die Motive des Freundesverrats und der dubiosen Ersatzväter, die auf unwissende Welpen einen unheilvollen Einfluss ausüben.

Sein Protagonist – Held wird man den wüsten Jungen nicht nennen wollen – heißt Yalo und ist ein Sohn aus frommer christlicher syro-aramäischer Familie. Seinen Vater hat er nie gekannt. Zu Beginn ist er ein politisch naiver und orientierungsloser Teenager, der Schule und Lehre abbricht und sich mit vierzehn Jahren einer der Bürgerkriegsmilizen anschließt. «Anfangs sah Yalo sich als Held. Der Krieg, so glaubte er, sei zu seinem Vorteil. Sei ausgebrochen, um ihn in die Geheimnisse des Lebens einzuführen. So seine Gedanken im Ausbildungscamp, wo er zum Bock wurde. Denn plötzlich hatten er und seine unterprivilegierten Kumpel aus dem Viertel der Syro-Aramäer das Sagen. Sie waren jetzt die Chefs der Straße», heißt es im Roman.

Erste Gräueltaten werden begangen, und Yalo ist von Anfang an mit dabei, wenn auch zunächst nur als entsetzter Zuschauer bei den Grausamkeiten seiner Kumpel: «Sie hatten drei Männer zum Sankt-Mitr-Friedhof verschleppt und die gefesselt unter den Zypressen am Boden Liegenden erschossen, und die Toten, denen das Grauen aus den aufgerissenen Augen sprach, anschließend aufs Übelste beschimpft und bespuckt. Yalo hat sich an jenem Tag erbrochen. Er hat geweint, war geradezu in Tränen zerflossen.» Doch solche Zimperlichkeiten werden ihm bald ausgetrieben. Yalo wird sich danach selbst in Bluttaten und gewalttätiger Sexualität verlieren.

Von einem Freund lässt er sich dazu überreden, den Tresor der *Georges-Aramûni*-Kaserne in Beirut zu knacken. Mit dem gestohlenen Geld wollen die beiden in Frankreich ein neues Leben anfangen. Doch der Freund betrügt ihn, verschwindet nach der Ankunft in Paris heimlich mit der gesamten Beute und lässt Yalo mittellos im Hotel sitzen. Auftritt eines Ersatzvaters: Als Straßenbettler in einer Pariser U-Bahn-Station gestrandet, wird Yalo von Rechtsanwalt Sallûm aufgegriffen, einem libanesischen Waffenhändler. Der fischt ihn aus der Gosse, spendiert ihm die Rückreise in den Libanon, wo der Bürgerkrieg inzwischen eigentlich vorbei ist, stattet ihn mit einer Kalaschnikow aus und überträgt ihm die Bewachung seiner Villa unweit von Beirut.

Doch Yalo betrügt seinen Gönner mit dessen Frau, der sexfreudigen Madame Randa, und statt das Anwesen zu bewachen, streift er jede Nacht als Spanner durch den Park, überfällt Pärchen beim Liebesspiel im Auto, raubt die Männer aus, erpresst sie und vergewaltigt gerne auch mal deren Frauen. In eine dieser Frauen, Schîrîn, verliebt er sich, doch gerade Schîrîn verrät ihn an die Polizei und belastet ihn mit falschen Beschuldigungen. Just Schîrîn hat er nicht vergewaltigt.

Gleichwohl wird Yalo festgenommen, brutalen Verhören unterworfen und gefoltert. Dass er aus dem Bürgerkriegsmodus nicht mehr umschalten konnte, wird ihm jetzt zum Verhängnis. Im Gefängnis sollen seine Persönlichkeit durch Folter gebrochen und ein falsches Geständnis von ihm erpresst werden. Yalo wird gezwungen, seinen Lebensbericht aufzuschreiben und immer wieder aufs Neue umzuschreiben. Erpresst werden soll vor allem sein Geständnis, Teil eines Netzwerks von Sprengstoffattentätern im Dienste Israels gewesen zu sein. Auch wenn das Register seiner Untaten inzwischen sehr umfangreich ist: Dieses eine Verbrechen hat Yalo nicht begangen.

«Yalo» ist also ein negativer *Coming-of-Age*-Roman, die Entwicklungsgeschichte eines Unholds in schrecklichen Zeiten. Dieser jugendliche Protagonist gelangt nicht zur Reife und Selbstbestimmung, wie das bei den Helden von Entwicklungsromanen sonst die Regel ist. Vielmehr haben zehn Jahre Bürgerkrieg – in denen Yalo, wie mitgeteilt wird, «bis zu den Knien im Blut watete» – aus ihm einen vielfachen

Bürgerkriege und Zerfallsgeschichten

Kriminellen gemacht: Mörder, Deserteur, Räuber, Verräter seines Dienstherrn, Spanner, Erpresser, Vergewaltiger.

Gewalt, Terror und Folter haben Yalo brutalisiert (die Tortur-Techniken im Gefängnis werden von Elias Khoury sachkundig und mit grausigem Detailreichtum ausgebreitet). Der Zwang, seinen Lebenslauf in immer neuen Versionen und Varianten aufschreiben zu müssen, stürzt den Jungen überdies in qualvolle Identitätstumulte. In Yalos Welt scheint schon der Gedanke, es könnte so etwas wie eine historisch, kulturell und sozial kohärente Persönlichkeit geben, geradezu abwegig. Er hat das Gefühl, zu zerfallen, und verliert sich in verwirrend vielen widersprüchlichen Rollen und Teil-Identitäten, wird der eigenen Ambivalenzen nicht Herr, ist Täter und Opfer zugleich, verrät und wird verraten, quält und wird gequält und scheint außerstande, sich in seinem Leben jemals noch zurechtzufinden. Der Satz «Yalo verstand nicht, was vor sich ging» grundiert wie ein Cantus firmus den ganzen Roman.

Im Kampf um Wahrheit und Gedächtnis arbeitet sich Yalo an dem Problem ab, woran er sich erinnern und was er lieber vergessen möchte. In aller verwirrenden Widersprüchlichkeit kommt der gemarterte Häftling letztlich doch den Realitäten seines Lebens auf die Spur, vor allem den Rätseln seiner komplexen Familiengeschichte. Yalo entstammt einer verfolgten und unterdrückten Minderheit, der orientalischen Christensekte der Syro-Aramäer. Seine Familie wurde vor zwei Generationen aus dem Zweistromland vertrieben, flüchtete nach Westen und ließ sich schließlich im westlichen Beiruter Stadtteil Musaitba, dem Viertel der Aramäer und Orthodoxen, nieder. Durch die Teilung der Stadt abermals vertrieben, flüchtete Yalo mit Mutter und Großvater nach Ost-Beirut, wo sich der Junge entwurzelt und verloren fühlte. Die Lebenslügen seiner Familie kommen nun ans Licht, im Spiel zwischen Vergessen und Erinnern, falschen Gewissheiten und echten Zweifeln kommt die Wahrheit heraus.

Elias Khoury variiert ständig die literarischen Mittel und den Blickwinkel auf Yalos Leben: Autobiographie wechselt mit erzwungenen Geständnissen, auktoriale Erzählung mit Polizeiberichten. Der Roman besteht aus Konfessionen: echten und falschen Bekenntnissen, freiwilligen und solchen, die unter Folter erpresst werden. Ein hartes Gerichtsurteil beendet den Roman, der in Yalos Erkenntnis mündet, dass er sein Leben vergeudet hat. Wie Scheherazade in «Tausendundeine Nacht» erzählt Yalo jede Nacht eine andere Geschichte, um am Leben zu bleiben. Doch anders als die kluge Scheherazade kann Yalo sich dadurch nicht retten.

Die vielen widersprüchlichen Lesarten und Interpretationen von Yalos Leben sind für den Leser eine Schule des Zweifels und der Skepsis und machen falschen Gewissheiten den Garaus. Sie sensibilisieren ihn für die gesellschaftlichen Katastrophen und die politischen und rechtlichen Zusammenbrüche in diesem Bürgerkriegsland, in dem kein moralischer Kompass mehr funktioniert. Im Libanon ist auf nichts Verlass. Schließlich hatte jede Bürgerkriegspartei mit jeder anderen irgendwann eine Allianz geschlossen und jede Koalition irgendwann verraten. Dass die libanesische Regierung nach dem Ende des Bürgerkriegs 1991 die Milizen auflöste und zugleich eine Amnestie für alle Kriegsverbrecher erließ, worauf viele Milizenführer in die Politik gingen und Parteien gründeten, war für einen politisch-moralischen Neuanfang nicht eben verheißungsvoll.

Der Libanon ist ein künstliches Gebilde, von der französischen Kolonialmacht nach dem Zerfall des Osmanischen Reichs aus der Nahost-Landkarte gefräst. Diesen schmalen Landstreifen an der Levante-Küste müssen sich seit jeher eine Vielzahl untereinander verfeindeter Ethnien, religiöser Gemeinschaften, Sekten und Familien-Clans samt ihren jeweils affiliierten politischen Parteien teilen. Und alle päppeln ihre ethnischen Unverträglichkeiten und halten ihre Clanfehden am Köcheln. Insofern stellt der Libanon nur ein extremes Beispiel für die Binnenfeindschaften und Fliehkräfte innerhalb vieler ehemaliger Kolonien in Afrika und im Mittleren Osten dar, in denen lauter heterogene Gruppen und Stämme von den Kolonialherren zu künstlichen Staatsgebilden zusammengezwungen wurden, was seither zu Spannungen führt, die sich immer wieder eruptiv entladen, in Bürgerkriegen, Massakern, Vertreibungen und sogenannten ethnischen Säuberungen.

Die inneren Widersprüche des zersplitterten Libanon sind der

Stoff, an dem sich die libanesischen Autoren, die Dagebliebenen wie auch die Emigranten, abarbeiten. Das prekäre Gleichgewicht unter all diesen heterogenen Gruppen ist schwierig zu halten und kann jederzeit in blutigem Chaos zusammenbrechen. Erst recht, da der Libanon schon in den Jahrzehnten als französisches Mandatsgebiet ständig mit inneren Spannungen zu kämpfen hatte und bis heute unter den Einmischungen mächtiger Nachbarn wie Syrien oder Israel zu leiden hat, die ihre ewigen Konflikte miteinander auch auf libanesischem Boden austragen. Praktisch ist das Land heute ein syrisches Protektorat.

Seit jeher ist der Libanon eine Drehscheibe für Zu- und Abwanderer, ein Land, dem sein Staatsvolk locker sitzt, immer auf dem Absprung. Einerseits muss das Land immer wieder als unfreiwilliges Gastland für ausländische Kämpfer herhalten (was den Bürgerkrieg von 1975 bis 1990 mit seinem Milizen-Unwesen nur noch verworrener machte); andererseits aber verliert der Libanon in jeder Krise Bevölkerungsteile durch Flucht und Vertreibung. Mehrere Millionen Libanesen – vermutlich mehr Menschen, als der Libanon heute Einwohner hat – leben in der Diaspora, als Emigranten verstreut über den ganzen Globus. Allein der Bürgerkrieg schlug geschätzte 800 000 Menschen in die Flucht.

Einer dieser Flüchtlinge ist Amin Maalouf, der 1976 mit 27 Jahren über Zypern nach Paris emigrierte, wo er seitdem als Journalist für arabische Medien und Autor vornehmlich historischer Romane lebt, die er auf Französisch schreibt. Maalouf entstammt einer Familie von typisch libanesischer Komplexität. Seine Sippe, so berichtet er in seiner Familiengeschichte «Die Spur des Patriarchen» und in seinem Essay «Mörderische Identitäten», war ursprünglich ein Nomaden-Clan in der Wüste, irgendwo zwischen Syrien und Arabien, und wanderte erst im 19. Jahrhundert in den Libanon ein. Seine Mutter kam aus einer maronitischen, sein Vater aus einer melchitischen Familie; er hatte einen türkischen Großvater und eine ägyptisch-maronitische Großmutter; ein Großonkel war Priester der melchitischen Kirche; außerdem gab es unter seinen Vorfahren einen presbyterianischen Prediger und einen katholischen Priester.

Amin Maalouf selbst ging als arabischer Christ in Beirut bei den Jesuiten zur Schule. Bereits in der Generation seiner Eltern gab es in der Familie mehr Auswanderer als Sesshafte. Man emigrierte, weil man im eigenen Land keine Existenzmöglichkeit sah und weil man an die Zukunft des Libanon nicht glaubte. Die Sippe zerstreute sich damals schon in alle Winde – nach Ägypten, Puerto Rico, New York, Texas, Kuba, Australien. Und als Maalouf für die Recherchen zu seiner weitverzweigten Familienchronik auch sein Heimatdorf besuchte, da belehrte ein alter Nachbar den Gast aus Paris über das Wesen der libanesischen Diaspora: «Hier hat jede Familie einen Sohn, der in Beirut begraben liegt, einen in Ägypten, einen anderen in Argentinien oder Brasilien oder in Mexiko, andere wiederum in Australien oder den Vereinigten Staaten. Unser Los ist es, im Tod ebenso verstreut zu sein, wie wir es im Leben waren.»

Seine migrantischen Erfahrungen und die Spurensuche nach seinen verstreuten Vorfahren prägen auch Maaloufs hybrides Selbstverständnis als arabischer Christ und in Frankreich lebender bekennender Exilant. Er stößt sich an dem Paradoxon, dass Identität – entgegen allen Globalisierungstendenzen zur Mobilität – immer noch am Urbild einer statischen «tribalen» Ursprungs- oder Abstammungsgruppe festgemacht wird. Dieses Paradoxon müsse aufgehoben werden zugunsten eines Konzepts von dynamischen, wandelbaren, sich entwickelnden Mischidentitäten: «Identität ist nichts, das ein für alle Mal feststeht; sie formt und transformiert sich über ein ganzes Leben hinweg», schreibt der Autor in seinem Essay «Mörderische Identitäten».

Identität müsse verstanden werden «als Summe vielfältiger Zugehörigkeiten». Und: «Sobald man bei sich selbst, in seiner Abstammung, seiner Biografie, diverse Komponenten, diverse Vermischungen, diverse Schnittmengen, unterschwellige und widersprüchliche Einflüsse erkennt, entsteht ein verändertes Verhältnis zu den anderen sowie zum eigenen ‹Stamm›. Es gibt dann nicht mehr bloß ‹die Unsrigen› und ‹die Anderen›: zwei Armeen in Schlachtordnung, die sich auf das nächste Gefecht vorbereiten, auf den nächsten Racheakt.»

Deshalb plädiert Maalouf für eine flexible Neudefinition von Identität: «Wir können uns nicht damit zufriedengeben, Milliarden von ratlosen Menschen nur die Wahl zwischen einem übertriebenen Beharren auf ihrer Identität und dem Verlieren jeglicher Identität, zwischen Fundamentalismus und Traditionsverlust zu lassen.» Ein neues Verständnis von Identität sei umso mehr vonnöten, als die Globalisierung «in gewissem Sinne alle Menschen zu Migranten und Angehörigen einer Minderheit gemacht» habe. Identität sei veränderlich und konstituiere sich immer öfter aus mehreren Zugehörigkeiten. Nur wer diese Vielfalt von Zugehörigkeiten uneingeschränkt zur Geltung bringen könne, werde als soziales Bindemittel der jeweiligen Gesellschaft funktionieren können. Das Bedürfnis nach einer unverrückbaren Stammeszugehörigkeit, einer fixen Verankerung sei heutzutage längst obsolet – erst recht, da Stammbäume im Libanon, wie sein eigener beweist, höchst buntscheckig seien.

Maaloufs Plädoyer für ein tolerantes Ausleben vielfältiger Zugehörigkeiten gibt allerdings nicht die herrschende Mentalität im Libanon wieder. Da obwaltet immer noch das Clandenken entlang «tribaler», ethnischer und religiöser Zugehörigkeiten. Und wenn man die kurze, noch keine hundert Jahre während Geschichte dieses Staatswesens in Betracht zieht, dann stellt man fest: Krieg beginnt nicht erst, wenn die Leute anfangen, aufeinander zu schießen. Schon unter der kolonialen Bevormundung zu Mandatszeiten schwollen die Spannungen in dieser von Grund auf zerrütteten Gesellschaft immer wieder an, um zwischendurch scheinbar abzuflauen, aber nie ganz zu verschwinden – erst recht nicht, nachdem die Religionsgemeinschaften 1943 einen Nationalpakt miteinander abschlossen, der das Glaubensbekenntnis zum politischen System machte und Christen und Muslimen nach einem festen Proporz-Schlüssel den Anspruch auf Beteiligung an Staatsämtern zubilligte. Dieses Quotensystem, nach dem die Macht unter den fast zwei Dutzend religiösen Gemeinschaften aufgeteilt wird, barg immer schon Konfliktstoff, da sich die Zahlenverhältnisse der Religionsgemeinschaften untereinander ständig verschieben.

So hat auch der Bürgerkrieg der 1970er und 1980er Jahre einen langen Vorlauf, und zu dieser Vorgeschichte gehört beispielsweise die Libanon-Krise von 1958. Und diese hat wiederum ihrerseits eine Vorgeschichte: das Kirchen-Massaker von Miziara im Jahr 1957. Für libanesische Autoren gibt es also kein Entkommen: Alle schreiben, direkt oder indirekt, über den Bürgerkrieg. Der Bürgerkrieg ist, latent oder manifest, in ihren Romanen immer gegenwärtig, selbst wenn er nicht ausdrücklich zum Thema gemacht wird. Und keinem Autor dürfte der Bürgerkrieg ein dringlicheres und persönlicheres Anliegen sein als Jabbour Douaihy, dem aus Zghorta im Nordlibanon gebürtigen Erzähler und Professor für Französische Literatur an der Universität Beirut.

Douaihy, dessen Familie sich bis zu den Kreuzzügen und den französischen Kreuzrittern (aus Douai!) zurückdatiert, hat als Kind eine blutige Episode der immerwährenden libanesischen Konfliktgeschichte aus nächster Nähe miterlebt. Er war acht Jahre alt, als sein Clan und die gegnerische Familie Frandschie im Juni 1957 während eines Gottesdienstes in der Kirche *Nôtre Dame* von Miziara ein Massaker anrichteten, in dem ihre Parteigänger sich wechselseitig erschossen. Der Blutfehde der verfeindeten Clans, beide maronitische Christen, fielen 24 Menschen, darunter auch unbeteiligte Kirchgänger, zum Opfer. Daran schlossen sich jahrelange Familienfehden und archaische Blutrache-Aktionen mit zahlreichen Toten, bis eine allgemeine Amnestie Tätern und Opfern das große Vergessen ermöglichte. Die Justiz – der Staat – erwies sich als zu schwach, um das Verbrechen gerichtlich zu ahnden.

Dieses Massaker ist das Thema von Jabbour Douaihys Roman «Morgen des Zorns», der 2006 in die Endauswahl des arabischen Booker-Preises gelangte. Der Roman erzählt also ein düsteres Kapitel aus Douaihys eigener Familiengeschichte und beschreibt es zugleich als Prototyp für ein verdrängtes Kapitel in der uralten Verfeindungsgeschichte des Libanon. Das Blutbad in der Kirche von Miziara ist ein Trauma bis heute. Die dokumentarischen Fakten werden von Jabbour Douaihy nur leicht verfremdet: Er verändert die Familiennamen und den Namen des Dorfes, behält aber das genaue Datum des Massakers bei. Er legt seinen Roman unverkennbar als eine historische Recherche an.

Sein Protagonist Elia ist der in die USA emigrierte Sohn eines der Ermordeten. «Das Maß ist voll, mein Sohn, das ist ein kaputtes Land.

Pack deinen Koffer und geh, bleib keinen einzigen Tag länger hier!»,
hatte ihn die Mutter angefleht und ihn zuerst in ein Internat und dann
ins Ausland geschickt. Das hatte ihm zwar möglicherweise das Leben
gerettet, ihn zugleich aber völlig entwurzelt. Aus Elia ist ein ziel- und
bindungsloser Mann geworden, der sich seiner Herkunft, seiner Kindheit, seiner Mutter und sich selbst entfremdet fühlt.

Jetzt kehrt Elia vierzig Jahre nach dem Blutsonntag in sein Dorf
zurück, um durch Nachforschungen bei den Überlebenden den genau-
en Tathergang des Massakers zu rekonstruieren. Das erweist sich als
unmöglich. Jeder Gesprächspartner tischt ihm eine andere Version des
Geschehens auf, die verfeindeten Clans geben einander wechselseitig
die Schuld am Ausbruch der Schießerei. Wie genau Elias Vater in der
Kirche zu Tode gekommen ist, wer ihn im Getümmel erschossen hat
(Freund oder Feind?), lässt sich nicht (mehr) feststellen. Jeder von Elias Gesprächspartnern kennt «den Vorfall» nur vom Hörensagen, gibt
jedenfalls anderen die Schuld. Was wirklich geschah, bleibt diffus.

Anderes hingegen lässt sich vom Familienforscher Elia ziemlich
präzise ermitteln, nämlich Ursachen und Folgen dieser Clanfeindschaft
im halb feudalen, von Warlords beherrschten christlichen Nordlibanon. Hinter der lokalen Familienfehde werden politische Spannungen
im Vorfeld der betrügerischen Präsidentschaftswahlen von 1958 greifbar. Geschickt wechselt der Autor von Kapitel zu Kapitel die Erzähl-
perspektive, lässt ein vielsplittriges buntes Kaleidoskop entstehen,
rückt die Kontrahenten des Blutsonntags in Einzelporträts ins Zentrum
und lotet die politisch-ethnischen Rahmenbedingungen aus, die diesen Dorfkrieg von außen bestimmen und steuern.

Demnach spielt Libanons labiler nationaler Proporzpakt zwischen
den ethnischen und religiösen Gruppierungen des Landes ebenso in
den lokalen Konflikt herein wie der steigende Druck von außen, seitens der arabischen Nachbarn Ägypten und Syrien. Der zunehmende
arabische Nationalismus als Folge von Nassers ägyptischer Revolution
sowie die Suezkrise von 1956 verschärfen die ohnehin kaum be-
herrschbaren inneren Konflikte des Libanon. Das Land wird zerrissen
zwischen West-Orientierung nach Europa und Panarabismus (der Konflikt mit Israel wird später, nach dem Zustrom von PLO-Kämpfern aus

Jordanien, als weiterer Sprengstoff für den staatlichen Zusammenhalt des Libanon hinzukommen).

Hinter allem wird in Douaihys Roman der ganz große weltpolitische Horizont sichtbar: der Kampf um Einfluss-Sphären im Nahen Osten zwischen den USA und der Sowjetunion. Dass dem west-orientierten christlichen Staatspräsidenten Camille Chamûn, wie im Roman erzählt wird, Wahlmanipulation vorgeworfen wurde, hatte unter anderem damit zu tun, dass sich die mit Ägypten und Syrien sympathisierenden und dem Panarabismus zuneigenden Muslime des Landes unterrepräsentiert fühlten. Dadurch geriet das prekär austarierte politisch-konfessionelle System des Libanon aus dem Gleichgewicht. Und diese Veränderung der großen Machtbalance wirkt sich bis in Elias kleines Dorf aus.

Immer deutlicher wird im Roman: Das Kirchen-Massaker von 1957 war eine Generalprobe für den libanesischen Bürgerkrieg. Im Mikrokosmos der in Feindschaft zerfallenden Dorfgemeinschaft kündigen sich bereits die Spaltungen und wechselnden Koalitionen der späteren Bürgerkriegsparteien an. In «Morgen des Zorns» beginnt die Segregation zwischen den Familien schleichend. Auf einmal verkehrt jeder Mann nur noch mit den eigenen «Cousins». Die Ehefrauen beginnen, gegen die anderen Familien zu hetzen. Der Druck auf jeden Einzelnen, sich einem Familienverband anschließen zu müssen, wird immer größer: «So wurde aus der Blutsverwandtschaft eine drückende Verpflichtung», schreibt Douaihy. Jeder Dörfler fühlt sich plötzlich bedroht und kauft eine Pistole oder einen Revolver. Erst werden wie besessen Waffen gekauft, dann werden sie auch benutzt.

Im Kleinen vollziehen sich hier Zerrüttung und Zerfall einer ganzen Gesellschaft: Sie splittert sich auf in kampfbereite Fraktionen, die gegeneinander aufrüsten und schwer bewaffnete Milizen gegeneinander in Stellung bringen. Wie Jahre später die umkämpfte Hauptstadt Beirut, so spaltet sich auch die Dorfgemeinschaft in verfeindete Viertel auf, getrennt durch Demarkationslinien und von Milizkämpfern bemannte Barrikaden. «Als wir uns im Jahr 1958 hinter Barrikaden verschanzten, banden wir den Hunden und Eseln einen Dynamitgürtel um und schickten sie damit zu den gegenüberliegenden Linien, um dort den größtmöglichen Schaden anzurichten. Doch schon auf halber Strecke explodierte ihre Last durch die Schüsse von den gegenüberliegenden Stellungen, und die Hunde krepierten», heißt es im Roman.

Jabbour Douaihy ist ein Meister beklemmender Einzelporträts. So erzählt er etwa vom schweigenden Muhsin, der dreieinhalb Monate lang geduldig an seiner Barrikade Wache schiebt und auf seine Chance wartet: «Er richtete die Mündung seines Gewehrs auf die ungeschützte Öffnung, an der die Männer der gegenüberliegenden Barrikade bei der Wachablösung vorbeischlüpfen mussten. Muhsin konnte erkennen, wie sie die Luke in aller Eile passierten. Ein Schatten nur, der da vorüberhuschte. Er wartete auf einen Tag, an dem einer seiner Gegner ungeschützt – und sei es nur für Sekunden – seine Barrikade bezog. Und so geschah es am 10. August um genau halb eins. Muhsin feuerte eine einzige Kugel ab. Mit einem einzigen Schuss aus seinem Gewehr streckte er den Gegner hin. Er traf ihn in den Kopf. Wenige Minuten später hörten wir auf der anderen Seite den Schrei einer Frau. Da erhob sich auf unserer Seite der Jubel.»

Soziale Stereotypen gewinnen plötzlich Macht in den Köpfen und ziehen Gewalt nach sich. Die Gefechtslinie, die das Dorf mitten entzweireißt, bringt jeden in Lebensgefahr, der sich auf der falschen Seite wiederfindet. Mischehen zwischen den Clans werden gewaltsam geschieden; alte Freundschaften über die Clangrenzen hinweg gelten nun als Verrat und werden gewaltsam beendet; der bloße Familienname entscheidet über Leben und Tod; Nachbarn und Ehefrauen fallen Pogromen zum Opfer, nur, weil sie den falschen Familiennamen tragen; wer sich neutral verhalten und aus der Blutfehde heraushalten will, wird umgebracht oder muss emigrieren.

So ergeht es beispielsweise dem Bäcker Samîh. Dessen Welt war die Backstube, das ganze Dorf war seine Kundschaft, Politik kümmerte ihn nicht. Doch nach der Aufspaltung des Dorfes befindet sich seine Bäckerei auf der falschen Seite, im Machtbereich der falschen Familie. Den Rat, sich seinem Clan anzuschließen und umzuziehen, schlägt er aus: «Ich habe niemandem etwas zuleide getan, alle mögen mich, und alle zählen zu meinen Kunden.» Doch auf Neutralität kann sich in der allgemeinen Gewaltbereitschaft niemand mehr berufen, auch nicht ein schlichter und allgemein beliebter Bäcker, der sich aus allem raushalten wollte. Samîh wird in dem Augenblick, da er die knusprigen Fladen aus dem Ofen holen wollte, von einem Mann erschossen, der dem anderen Clan angehört und irgendein leichtes Opfer sucht, um Blutrache zu nehmen. Denn so funktioniert die archaische Mechanik der Blutrache: «Für jeden Toten wird man zwei weitere umbringen.»

All das erschließt sich Elia vierzig Jahre später durch seine Gespräche mit den Dörflern (sofern diese überhaupt gesprächsbereit sind). Er sammelt Informationen, füllt eine Kladde mit den Geschichten, die ihm diverse Clanmitglieder erzählen. Doch Elia ist ein unzuverlässiger Berichterstatter. In Amerika hat er sich immer so durchgemogelt, hat es zu nichts gebracht; er ist ein zwanghafter Schwindler, Lügner und Geschichtenerfinder. Jeder Frau, die er umwerben will, erzählt er eine andere erfundene Biographie. So sind möglicherweise auch die in der Kladde gesammelten Geschichten nur Fiktionen, nachträgliche Erfindungen, die sich die Dörfler aus Angst zurechtgelegt haben, weil sie lieber nicht genau hinschauen, es nicht wirklich wissen wollen. Ehe er in die USA zurückfliegt, lässt Elia die Kladde bei seiner Mutter liegen. Die Mutter, ohnehin blind, wird das Buch verbrennen.

Der Libanon erscheint in Jabbour Douaihys Roman als ein unsicheres Terrain, ein Transitland, seit jeher nur zeitweise bewohnt von Zugewanderten von anderswoher, aus dem Osmanischen Reich, aus Syrien, aus Palästina, aus Jordanien. Der Libanon kann seinen Einwohnern keine Heimat auf Dauer bieten. Aus eigener Kraft Frieden zu halten, haben sie nie gelernt. Aus eigener Kraft können die Dörfler nicht einmal die Spirale der Blutrache zum Stillstand bringen.

Jabbour Douaihy berichtet sachlich, wie das große Morden im Dorf beendet wurde: «Das Militär traf im Ort ein. Aus Mitgliedern beider Parteien wurde ein Komitee ins Leben gerufen, das durch die Straßen zog und den Abbau der Barrikaden überwachte. Das Feuer wurde eingestellt, die Anschläge aus dem Hinterhalt hörten auf. Der Oberbefehlshaber des Militärs Fouad Chehab, der neutral geblieben war, wurde zum Präsidenten der Republik gewählt. So hatten es die Amerikaner gewollt und Abdel Nasser. Es begann das Gerede über das Gesetz des ‹Weder Sieger noch Besiegte›. Die Revolution war zu Ende, und das Leben kehrte zurück.»

Zumindest bis zum Ausbruch des nächsten Bürgerkriegs.

Erwähnte Bücher

Jabbour Douaihy «Morgen des Zorns», Roman (Hanser 2012)

Rawi Hage «Als ob es kein Morgen gäbe», Roman (DuMont 2008)

Elias Khoury «Yalo», Roman (Suhrkamp 2011)

Amin Maalouf «Mörderische Identitäten», Essay (Edition Suhrkamp 2000)

Amin Maalouf «Die Spur des Patriarchen. Geschichte einer Familie» (Insel 2005)

Amin Maalouf «Die Auflösung der Weltordnungen», Aufsätze (Suhrkamp 2010)

Balkanische Mythen: «Ich bin Jugoslawe – ich zerfalle also»

Jugoslawien existiert seit jeher in zweifacher Gestalt – als reales balkanisches Tohuwabohu und als Mythos. Immer schon war das reale Jugoslawien ein ethnisches, religiöses, sprachliches und kulturelles Puzzle, zerfallen in verfeindete Stämme und Völkerschaften, die sich nie zum Ganzen fügen wollten. Gemeinsam war ihnen nur, dass sie alle miteinander unter Fremdherrschaften und Besatzungen litten – seien es die Osmanen, die Habsburger, die Truppen Mussolinis oder die Deutsche Wehrmacht – und sich immer wieder aufs Neue in Bürgerkriegen zerfleischten. Die Erinnerung an die Gräueltaten der jeweils anderen ließ sich jahrhundertelang wachhalten und diente dazu, eigene Gräueltaten zu rechtfertigen.

Daneben jedoch gibt es immer auch ein zweites Jugoslawien: den Mythos. Dieses mythische Jugoslawien ist ein fabelhaftes Gespinst aus Balkan-Folklore, Volksmärchen und Stammessagen, ein versponnenes Sammelsurium von Heldenliedern, Leidensgeschichten und Schauermärchen, entsprungen aus Volksfrömmigkeit und Aberglauben. Einerseits. Andererseits ist das mythische Jugoslawien aber auch ein Brodeltopf politischer Phantasmagorien – ein Amalgam aus geträumter Geschichte, nationalen Phantasien, Opfer-, Märtyrer- und Heiligenlegenden, wobei sich Fremdenangst, Misstrauen, vage oder falsch erinnerte historische Untaten, nationale Opfermythen und uralter Hass unter Nachbarn unheilvoll mischen. Moderne und Vormoderne überlagern sich in diesen mythischen Erzählungen und laufen ineinander.

Bürgerkriege und Zerfallsgeschichten

All dies macht den Balkan zum unendlich formbaren Rohmaterial für Literatur. Der Erzählstoff kann Autoren aus Jugoslawien nie ausgehen. Die einen verzaubern den Balkan zum Schattenreich des Aberglaubens, beherrscht von bösen alten Dämonen, oder verklären ihn zum Märchen-Universum, indem sie ihn mit ihren privaten Kindheitsmythen anreichern. Andere Autoren arbeiten daran, ihre eigenen Erfahrungen mit Tito-Jugoslawien und dem blutigen Zerfall des Vielvölkerstaats in Literatur zu transformieren. Geheime Korrespondenzen in der Motivik treten zutage. Die balkanischen Bürgerkriege der 1990er Jahre zählen inzwischen zu den literarisch meistbearbeiteten politischen Konflikten der Gegenwart. Zahlreiche Romane und Erinnerungsbände verdanken sich diesem Krieg, der mehr als 100 000 Menschen das Leben kostete und beinahe zwei Millionen aus ihren angestammten Wohnorten vertrieb.

Zugleich generieren die Kriegsbeschreibungen der Schriftsteller oft neue nationale Mythen. Vor allem in den Romanen ausgewanderter Autoren aus Ex-Jugoslawien finden sich Beispiele, wie aus einer politischen Großkatastrophe der Gegenwart mythische Erzählungen entstehen und wie aus den Sezessionskriegen neue Nationallegenden hervorgehen können. So sind etwa die Belagerungen der bosnischen Städte Sarajevo, Tuzla oder Višegrad als heroische Leidensmythen literarisch lesbar geworden; und «Snajperska Aleja» («Sniper Alley», die «Allee der Heckenschützen») ist ebenso als neuer Sarajevo-Mythos in die Literatur eingegangen wie der Geheimtunnel unter der Flughafenpiste der Stadt. Aber auch literarische Erfindungen können zu nationalen Mythen werden: Das legendäre Fußballspiel zwischen den Schützengräben der Bosnier und der Serben in einer Gefechtspause oberhalb von Sarajevo, das sich der Autor Saša Stanišić in seinem ersten Roman ausdachte, hat ebenfalls durchaus das Zeug zu einem neuen Sarajevo-Mythos.

Das reale und das mythische Jugoslawien liefern also gemeinsam den Grundstoff, aus dem die Autoren ihre Balkan-Erzählungen gewinnen – freilich kaum je unmittelbar, sondern meist aus zeitlicher und räumlicher Distanz. Nicht wenige der bedeutendsten Autoren aus der Balkan-Region sind Migranten. Sie erinnern sich aus der Ferne an den

Vielvölkerstaat Jugoslawien, den sie als Kinder kannten – vor dem Krieg und auch während der Bürgerkriege, die sie zur Flucht zwangen. Sie haben Erfahrung mit Vertreibung und Exil, sie kennen aus eigenem Erleben die erzwungenen Binnenwanderungen im Zuge der Zerfallskriege, als sich imaginäre Grenzen mit einem Mal in blutige politische Realität verwandelten; oft sind sie bereits als Jugendliche emigriert und vor den ethnischen Säuberungen in ihren Heimatorten ins Ausland geflohen. Sie haben Asyl gefunden, in Deutschland, in Österreich, in den USA.

Viele haben die Sprache gewechselt und schreiben ihre Bücher nun auf Deutsch oder Amerikanisch. Und wie alle Flüchtlinge schleppen sie ihre Herkunft im Gepäck mit sich, ein kostbares, aber auch schwerwiegendes Gut. Und wenn sie nach dem Ende der Kriege wiederum zu Besuch in das inzwischen zerbrochene Jugoslawien kommen, dann wandern sie befremdet durch ihre Herkunftsorte und können nur schwer ihre Erinnerungen mit dem abgleichen, was sie nun vorfinden. Sie treffen an den vertrauten Adressen keine vertrauten Gesichter mehr an und finden sich in den umgetauften Straßen und Plätzen nicht mehr zurecht, die nun die Namen serbischer Könige und Helden tragen.

Allein schon die Kurzbiographien zu den Autoren auf den Schutzumschlägen der Bücher sprechen Bände. So dürr die Angaben zur Vita auch sein mögen, so vermitteln sie doch eine Ahnung von den Bürgerkriegsgeschichten und Migrationsschicksalen, die dahinterstehen. Sie zeigen überdies, dass in der realen Welt ethnische Reinheit nicht existiert; sie ist nur ein Phantasma nationalistischer Fanatiker. In der realen Welt herrschen die Mischungen. Die familiale Identität der meisten Autoren vom Balkan ist ethnisch gemischt, so wie auch ihre kulturelle Identität nicht homogen ist, sondern sich unterschiedlichsten und heterogenen Einflüssen verdankt.

Ein Streifzug in biographischen Stichworten zu den wichtigsten Exil-Autoren aus dem ehemaligen Jugoslawien mag das veranschaulichen.

Téa Obreht, Jahrgang 1985, stammt aus Belgrad, emigrierte als Siebenjährige mit der Familie über Zypern und Kairo in die USA und lebt in Ithaca im Staate New York. Sie hat serbische Wurzeln, doch ihr Großvater war Katholik aus Slowenien und die Großmutter eine Muslima aus Bosnien.

Saša Stanišić wurde 1978 im bosnischen Višegrad geboren und flüchtete 1992 als Vierzehnjähriger vor den serbischen Massakern mit seinen Eltern, einem Serben und einer Bosnierin, nach Deutschland.

Dževad Karahasan, ein bosnischer Muslim aus Duvno in Bosnien-Herzegowina, wurde von Franziskaner-Patres erzogen, promovierte im kroatischen Zagreb, floh 1993 aus dem belagerten Sarajevo, wo seine serbische Schwiegermutter, die muslimische Freunde beherbergt hatte, von der serbischen Soldateska ermordet wurde, und lebt nach jahrelanger Odyssee durch Deutschland und Österreich heute abwechselnd in Graz und in Sarajevo.

Der Bosnier Ismet Prcić, 1977 im bosnischen Tuzla geboren, flüchtete 1996 als Neunzehnjähriger aus der belagerten Stadt nach Kalifornien und lebt jetzt in Portland, Oregon.

Aleksandar Hemon, 1964 in Sarajevo geboren, hat eine bosnische Mutter, vom Vater her galizisch-ukrainische Wurzeln und besitzt einen Familienzweig von serbischen Vettern; seit 1992 lebt er im amerikanischen Exil, in Chicago.

Alle diese Autoren könnten Saša Stanišićs Debütroman zitieren und mit dessen jungem Ich-Erzähler von sich sagen: «Ich bin ein Gemisch. Ich bin ein Halbhalb. Ich bin Jugoslawe – ich zerfalle also.»

Dem Komplex Jugoslawien nähern sich diese Autoren je nach Erzähltemperament ganz unterschiedlich. In ihren Erstlingsromanen zeigen sich die beiden jüngsten, Téa Obreht («Die Tigerfrau») und Saša Stanišić («Wie der Soldat das Grammofon repariert»), als phantastische Fabulierer. Sie sind verliebt in ihre wundersamen Geschichten, die jeweils auf die mythischen Erzählungen eines geliebten Großvaters zurückgehen und ihre diversen Kindheitserinnerungen magisch illuminieren. Beide rücken eine Großvater-Enkelkind-Geschichte ins Zentrum ihrer Romandebüts und imprägnieren sie solcherart mit Sehnsucht, Liebe und Kummer. Beiden geht es vor allem um private Mythologien.

Der Krieg mit seinen realen Schrecken und Nachwirkungen ist bei beiden Autoren zwar allgegenwärtig, dennoch hängen sie vor allem dem Traum-Jugoslawien ihrer Kinderzeit nach, als noch ein lächelnder Marschall Tito als Landesvater aller Jugoslawen in den Klassenzimmern und Amtsstuben präsent war. Das Unglück begann, als nach seinem Tod die Tito-Bilder abgehängt wurden. Mit einem Mal wurde es wichtig, wie man hieß. Der Name erwies sich als scharfes Instrument zur ethnischen Sortierung. Und bald konnte es über Leben und Tod entscheiden, wie ein Name begann und wie er endete. Bei Obreht und Stanišić schwingt all dies immer mit; vor allem aber verschmelzen in ihren Debütromanen die nationalen Mythen Jugoslawiens und die der eigenen Kindheit miteinander, bis sie nicht mehr zu unterscheiden sind. Ein leichtfüßig beschwingter Erzählgestus allem Grauen zum Trotz ist damit gesichert, der unschuldige Kinderblick auf Kriegsschrecken hat ja immer etwas Anrührendes.

Dževad Karahasan, der Älteste in dieser Autorengruppe und der Einzige von ihnen, der sich aus seiner Heimatregion nicht auf Dauer vertreiben ließ, ist ein abendländisch gebildeter und mit morgenländischen Denktraditionen innig vertrauter Metaphysiker, ganz hingegeben der Schönheit und dem Reichtum kultureller Überlieferungen, die sich in seiner Herzensstadt Sarajevo bündeln – «plural, polyphon, dialogisch». Mit ihrem harmonischen Ensemble von Kirchen, Synagogen und Moscheen war die bosnische Metropole vor dem Bürgerkrieg ein Schnittpunkt der Kulturen, für den Autor eine «Metapher der Welt». In seinen Büchern, etwa in «Der nächtliche Rat» und «Das Buch der Gärten», sucht Karahasan europäische Aufklärung und orientalische Mystik zu verbinden. Die Idee einer solchen kulturellen Integration strahlt in seinem Werk umso kostbarer, als sie in der Realität für immer zerstört ist, verwüstet von überhandnehmenden nationalpolitischen Phantasmagorien.

Was Karahasan außerdem umtreibt, ist die Geschichte und die Vorgeschichte der jüngsten Katastrophe auf dem Balkan. In seinem Roman «Sara und Serafina» erzählt er den zivilisatorischen Zusammenbruch im Bürgerkrieg – und den Widerstand dagegen – vor dem Hintergrund der fast vierjährigen Belagerung Sarajevos. Immer wieder kreist er um dieses verschwundene Sarajevo, sein betrauertes Ideal eines friedlichen Miteinanders aller Volksgruppen. In dieser Stadt lebten vor dem Krieg vier große Glaubensgemeinschaften einträchtig zusammen – Muslime, Orthodoxe, Juden und Katholiken. Das ist vorbei, seit die ethnischen Säuberungen und Vertreibungen in einem rigorosen Bevölkerungsaustausch unter den Städten und Dörfern von Bosnien-Herzegowina endeten. Karahasans Traum von einer multikulturellen und multiethnischen Synthese in Sarajevo ist ausgeträumt.

Seinen Gram darüber teilen auch seine beiden jüngeren Landsleute Ismet Prcić und Aleksandar Hemon. Durch Hemons wie durch Karahasans Albträume geistert das geschundene Sarajevo; Ismet Prcić wiederum wird von der Erinnerung an die eingekesselte bosnische Stadt Tuzla verfolgt, ganz ähnlich, wie Saša Stanišić von den Bildern des belagerten und geschundenen Višegrad gepeinigt wird. In seinen bisher zwei Romanen («Nowhere Man» und «Lazarus») und drei Bänden mit Erzählungen («Die Sache mit Bruno», «Liebe und Hindernisse» und «Das Buch meiner Leben») kommt Aleksandar Hemon immer wieder auf das Trauma des umzingelten Sarajevo zurück; und Ismet Prcić konzentriert sich in seinem Erstlingsroman «Scherben» auf seine Jugendzeit, die mit der Belagerung von Tuzla zusammenfiel. Hemon ist der schwermütigere und sarkastischere, Prcić der erregbarere und ungestümere von beiden. Doch im Katastrophenbewusstsein, im strengen und konkreten Blick auf die politischen Verheerungen auf dem Balkan und auf die grotesken Widerfährnisse des eigenen Lebens in Bosnien-Herzegowina und im amerikanischen Exil ähneln sie einander.

Anders als Obreht und Stanišić, die in ihren balkanischen Kindheits- und Großvätermythen versinken und ihr Exilleben allenfalls als Schattendasein, als leere, nicht gelebte Zeit, vorkommen lassen, reflektieren Hemon und Prcić mit Nachdruck auch ihr Emigrantenleben, gestützt auf ihre eigenen harschen Erfahrungen als Neuankömmlinge in den USA, mit dünner Brieftasche, aber dickem Akzent. Das Exil hat sie abgehärtet, ihr Blick auf Amerika ist unverwandt. Sie fühlen sich mit ihren Erinnerungen an die balkanische Katastrophe und ihrer Trauer darüber vereinsamt inmitten der Ahnungslosigkeit und Gleichgültigkeit der Amerikaner, die für die blutigen Verstrickungen in einem rückständigen Winkel des alten Europa kaum Interesse, geschweige denn Verständnis aufbringen können.

Das muss diese Autoren besonders schmerzen, denn ihnen stehen die Selbsttröstungskünste der beiden jüngeren und des älteren Kollegen nicht zu Gebote. Weder wollen sie den Schrecken durch private Mythisierungen beschwichtigen wie Obreht und Stanišić, noch ist es ihre Sache, ihn durch historische Spiegelungen geistesgeschichtlich einzukapseln wie bei Karahasan. Hemons Sarajevo und Prcićs Tuzla sind keine unschuldigen Kinderparadiese, und auch keine kulturhistorischen Inbilder imaginärer Geistesräume wie bei Karahasan – sie sind kaputt gemachte Kinderheimat, Wüstungen der Seele, Ruinenstätten, die von einem politischen Desaster künden.

Dževad Karahasan hat Sarajevo im Geiste nie verlassen. Aleksandar Hemon und Ismet Prcić ringen noch mit ihrem Schmerz über Doppel-Identität und unklare Zugehörigkeit und kämpfen darum, ihre neue amerikanische Existenz mit ihren Erinnerungen an Sarajevo und an Tuzla in einen Einklang zu bringen, mit dem sich leben lässt. Für Téa Obreht und Saša Stanišić hingegen sind die Kindheitsmythen noch so leuchtkräftig und übermächtig präsent, dass ihr Exilleben in den USA oder in Deutschland dagegen verblasst.

In ihrem Roman-Erstling «Die Tigerfrau», für den sie 2011 auf Anhieb mit dem renommierten *Orange Prize* ausgezeichnet wurde, erwähnt Téa Obreht das Thema Emigration mit keinem Wort, auch wenn sie sich in Interviews selbst «eine gelungene amerikanische Integration» bescheinigt. Ebenso wenig nennt sie die Weltregion beim Namen, die den Schauplatz ihres Romans bildet. Die Länder bleiben namenlos, die Orte tragen Namen, die auf keiner Landkarte zu finden sind; gleichwohl sind diese unbezeichneten Handlungsräume zweifelsfrei als der umkämpfte und ethnisch zerrissene Balkan zu erkennen. Die «Hauptstadt», in der die Familie der Ich-Erzählerin des Romans wohnt, bleibt ungenannt und lässt sich dennoch als die serbische Hauptstadt Belgrad identifizieren; und mit der Stadt «Sarobor» mit ihrer berühmten Brücke ist gewiss das bosnische Mostar gemeint.

Durch diese vom Krieg noch schwer gezeichnete Region mit ihren neuen, bizarren Grenzverläufen bewegt sich die Romanheldin Natalia

auf den Spuren ihres gerade verstorbenen Großvaters, eines begnade-
ten Erzählers phantastischer Geschichten. Namentlich zwei dieser Geschichten – die über die Frau des Tigers und die über den Mann, der
nicht sterben kann – haben das Leben des Großvaters bestimmt, hal-
len in der Phantasie der Enkelin nach und timbrieren auch den zaube-
rischen Erzählkosmos dieses Romans. «Diese beiden Geschichten flie-
ßen wie geheime Ströme durch all die anderen Erzählungen seines
Lebens», sagt die Enkelin Natalia, die sich nach Großvaters Tod auf
die Spurensuche nach seinem Leben begibt und auch den Wahrheits-
gehalt dieser beiden fabelhaften Geschichten zu ergründen sucht.

Natalia ist Ärztin, der Großvater war Arzt und ein angesehener
Medizinprofessor in der Hauptstadt, eine noble Gestalt, immun gegen
alle nationalistischen Infektionen. Die Enkelin ist in humanitärer Mission unterwegs: Sie bringt dringend benötigten Impfstoff in ein Wai-
senhaus an der Grenze, für Schutzimpfungen von «Kindern, die von
unseren eigenen Soldaten zu Waisen gemacht worden waren». Sie versteht ihren Einsatz als Beitrag zum Wiederaufbau des geschlagenen
und ruinierten Landes, auch über die neuen Grenzen hinweg. Was sie
die längste Zeit nicht weiß: Auch ihr Großvater, obgleich schwer
krebskrank und geschwächt, war noch kurz zuvor in derselben Gegend unterwegs, zur medizinischen Versorgung junger Männer, die
auf Landminen getreten waren, die ihnen die Beine zerfetzten.

Der Großvater war schon vor dem Krieg vom neuen Regime seines
Landes schikaniert und kaltgestellt worden. Die Regierung untersagte
ihm, als Arzt zu praktizieren, weil sie ihn «der Loyalität gegenüber der
alten Föderation verdächtigte». In der Tat: der Bundesstaat des «Mar-
schalls» war seine politische Heimat. Im erzwungenen Ruhestand
konnte der Großvater, der überdies wegen seiner Herkunft aus einer
nördlichen Provinz und seiner Ehe mit einer muslimischen Frau aus
«Sarobor» (Mostar) nicht den ethnischen Reinheitsgeboten der neuen
Regierung entsprach, nur noch heimlich Patienten betreuen, und er
versorgte sie wie bisher – unabhängig von ihrer Herkunft.

Genauso entschlossen ist sein Einsatz für die Kriegsopfer, denn
Landminen halten sich nicht an Feindbilder, sie sind ethnisch blind,
sie töten wahllos. In einer Atmosphäre zunehmender ethnischer Spal-

tungen und nationalistischer Aufhetzung bewahrt der Großvater seine Klarsicht und Integrität; er setzt dem Aberglauben, dem Fremdenhass, den nationalen Opfermythen und politischen Phantasmen seiner Landsleute seine Humanität und aufgeklärte Rationalität entgegen. Darin ist er ein leuchtendes Vorbild für seine Enkeltochter, die ihm von klein auf nachzueifern sucht.

Großvater und Enkelin sind Welt-Ausbesserer. Sie versuchen in aller Stille, das Zerbrochene und Zerfallene zu flicken, die Stücke wieder zusammenzufügen und die Frakturen zu reparieren, die der Krieg hinterlassen hat. Sie glauben an einen Balkan jenseits der politischen, ethnischen und religiösen Feindschaften, in dem Mitmenschlichkeit die alten Hasslinien überwinden und auslöschen kann. Und bald erkennt man, wie Téa Obreht die Gestalt des Großvaters verstanden wissen möchte: «Er war sein Leben lang Teil des Ganzen gewesen – mehr noch, er verkörperte jenes Ganze. Er war hier geboren, hatte dort studiert. Sein Name verwies auf die eine, sein Akzent auf die andere Region des Landes.» Der Großvater ist das Inbild des ideellen Gesamtjugoslawen vor dem Zerfall. Die Autorin hat ihr Buch ihrem 2006 verstorbenen Großvater Štefan Obreht gewidmet. Ihm huldigt der Roman auf so schmerzliche wie innige Weise.

Der Tod des Großvaters setzt bei der Enkelin einen Erinnerungsprozess in Gang. In ihrer frühesten Erinnerung nimmt der Großvater die Vierjährige mit zu den Tigern im Zoo. In seiner Brusttasche steckt immer «Das Dschungelbuch» mit dem Blattgoldeinband und den alten gelben Seiten. Im Zoo liest der Großvater der Kleinen gerne Passagen aus dem Buch vor. Außerdem sagt er: «Ich kannte einmal ein Mädchen, das liebte die Tiger so sehr, dass es beinahe selbst zu einem wurde.» Und damit öffnet sich das Tor zum mythischen Jugoslawien, zu dessen Märchen, Legenden und Schreckensgeschichten, die Téa Obreht mit betörender Fabulierfreude vor dem Leser ausbreitet. Die Autorin ist eine begnadete Sagensammlerin und Märchenspinnerin. Großvaters Erzählungen nehmen bei ihr leuchtende Gestalt an.

Die Frau des Tigers ist eine junge Taubstumme in einem hinterwäldlerischen Balkan-Dorf, die sich mit einem aus dem Zoo entlaufenen Tiger anfreundet und ihn durchfüttert. Sie ist eine Außenseiterin, nicht nur wegen ihres Gebrechens, sondern auch als die einzige Muslima in einem stockorthodoxen Dorf. Als sie schwanger wird, dichten ihr die furchtsamen und abergläubischen Dörfler prompt ein Liebesverhältnis zu dem Tiger an und verfolgen sie erbarmungslos, was schließlich mit ihrer Ermordung endet.

Neben dieser geheimnisvollen Liebesgeschichte vom Tiger und seiner Frau spielt in Großvaters Imaginarium auch die Begegnung mit dem Tod eine wichtige Rolle. In entscheidenden Situationen seines Lebens, so erzählt er der Enkelin, will er einem seltsamen Todesboten begegnet sein: dem Mann, der nicht sterben kann.

Alle diese abergläubischen Geschichten voll von irrationalen Ängsten und magischem Abwehrzauber, in denen Tierbräutigame, vertauschte Bräute, Dämonen, Gespenster und Wiedergänger ihr Unwesen treiben, werden allmählich erkennbar als vormoderne Quellen, aus denen sich die von Kriegen zerrissene Moderne auf dem Balkan immer noch speist. Der Hass auf alles, das anders und fremd ist, und die archaische Angst vor dem Unbekannten, das von außen kommt, wirken fort bis heute.

In der Gegenwartsebene des Romans, in der Nachkriegszeit, durchquert die Ärztin Natalia auf ihren Fahrten durch das balkanische Hinterland dieses böse Märchen-Universum im Geiste kühler Sachlichkeit. Mit der prüfenden Haltung der Wissenschaftlerin, die jedem Phänomen auf den Grund gehen möchte, nähert sie sich den mal raunenden, mal verstockten Dörflern, die ihr Gespenstergeschichten von wandelnden Toten und lebendig Begrabenen oder Märchen über Tierbräutigame und in Bären verwandelte Bärenjäger auftischen. Während die Ärztin Waisenkinder gegen Keuchhusten impfen möchte, muss sie sich mit abergläubischen Ritualen rund um einen falsch begrabenen Leichnam herumschlagen, der dem Dorf angeblich die Krankheiten schickt und nur in einem symbolischen neuen Begräbnis an einem Kreuzweg Ruhe finden kann. Der Balkan erweist sich als eine Region der Ungleichzeitigkeiten: In jedem Moment können die unterschiedlichsten Vergangenheiten emportauchen, mit ihren Phantasmagorien der Gegenwart in die Quere kommen und sie in ein Schlachtfeld verwandeln, auf dem um die Geltungskraft mythischer Erinnerungen gekämpft wird.

Auch Opa Slavko ist ein begnadeter Märchenerzähler, ganz ähnlich der Großvatergestalt bei Téa Obreht. Auch Opa Slavko hat ein Enkelkind, das seine Erzählungen als Lebenselixier aufsaugt. Auch Opa Slavko ist ein ideeller Gesamtjugoslawe von echtem altem Tito-Schrot und -Korn, ein gläubiger alter Kommunist mit dem richtigen Gespür für Symbolik: Sein Leben geht mit dem Zerfall seiner Partei und seines Staates zu Ende. Ein Herzinfarkt tötet ihn am 25. August 1991 vor dem Fernseher – noch dazu in genau den 9,86 Sekunden, in denen er sieht, wie Carl Lewis in Tokio den Weltrekord über 100 Meter aufstellt. Sogar Opa Slavkos Tod hat das Zeug zum Mythos. Mit seinem Tod nimmt der Zerfall Jugoslawiens seinen Anfang.

Noch am Morgen seines Todes schnitzt er aus einem Ast einen Zauberstab für seinen Enkel, krönt den Kleinen mit einem spitzen Zauberhut mit gelben und blauen Sternen und beauftragt ihn mit einer Lebensmission: «Die wertvollste Gabe ist die Erfindung, der größte Reichtum die Fantasie. Merk dir das, Aleksandar, merk dir das und denk dir die Welt schöner aus.»

Mit dem Roman «Wie der Soldat das Grammofon repariert» kommt Saša Stanišić nun dem Auftrag von Opa Slavko nach. Er denkt sich die Welt schöner aus. Er hat ein «Als-alles-gut-war»-Buch geschrieben, in dem er sein Kindheits-Jugoslawien wiederauferstehen lässt, als ein Kinderparadies mit Großvater. In dem Buch wird das ungeteilte Jugoslawien wieder lebendig, mit allen Gerüchen, Geräuschen, Farben und Aromen, mit allen Sprüchen, Spielen, Ritualen, Bubenstreichen, Familienfesten und gargantuesken Gastereien – mit Hackfleisch, Pflaumen, Spanferkel, Sliwowitz und Zigeunerkapellen, wie die Balkan-Folklore sie seit jeher im Standardrepertoire hat. Es ist ein Sehnsuchts-, Freuden- und Trauerbuch geworden, ein Buch der Wehmut und des Verlusts.

Im deutschen Exil, in dem er zum Zeitpunkt der Niederschrift des Romans seit vierzehn Jahren lebt, arbeitet Saša Stanišić an der Wiederverzauberung der ersten vierzehn Jahre seines Lebens, die er in seiner Heimatstadt Višegrad an der Drina verbracht hat, die einst der Grenzfluss zwischen Bosnien und Serbien war. In der Drina hat er schwimmen gelernt und seine ersten Fische gefangen. Von der Plattform auf dem Mittelpfeiler der berühmten und in die Literatur eingegangenen osmanischen Brücke über die Drina hat er gemeinsam mit Opa Slavko das Stadtpanorama in den Blick genommen und es sich für immer eingeprägt.

Die grüne Drina ist hier ein Märchenfluss, und als solcher ist sie ein lebender, fühlender und leidender Organismus. Und selbstverständlich hat sie eine Stimme und kann sprechen. «Ich kenne keinen Schlaf, kann niemanden retten und nichts verhindern», klagt die Drina dem Ich-Erzähler Aleksandar. Unzählige Kriege habe sie durchgemacht, einer scheußlicher als der andere. So viele Leichen habe sie tragen müssen, so viele gesprengte Brücken ruhen für immer auf ihrem Grund.

Im Jahr 1945 hat der Nobelpreisträger Ivo Andrić die Brücke über die Drina in die Weltliteratur eingeschrieben, indem er sie zur Hauptperson seiner Chronik aus Višegrad machte und sie feierte als die «unentbehrliche Spange auf dem Wege, der Bosnien mit Serbien und darüber hinaus mit den übrigen Teilen des Türkischen Reiches bis nach Stambul verbindet». Sechzig Jahre später fügt Saša Stanišić nun dieser Stadtchronik Andrićs ein neues Kapitel an. Auch bei ihm bildet die Brücke die Erzählklammer.

Mit dem Tod von Opa Slavko mehren sich die bedrohlichen Zeichen dafür, dass der Religions- und Stammesfrieden in Stadt und Land wohl nicht mehr lange halten wird. Auf dem Schulhof fallen die ersten Beschimpfungen gegen Muslime. Plötzlich gibt es ein Dazugehören und ein Nicht-Dazugehören und im Falle unklarer Zugehörigkeit die Frage: «Was bist du eigentlich?» («Ich bin ein Gemisch. Ich bin ein Halbhalb. Ich bin Jugoslawe – ich zerfalle also.») Bei einem Familiengelage erleben die ausgelassen Feiernden einen Schock, als unverhofft ein politischer Nationalmythos aus dem großserbischen Giftschrank in die gute Stimmung platzt. Plötzlich unterbricht ein junger Mann, der bald aufseiten serbischer Milizen über die bosnischen Muslime in Višegrad herfallen wird, den Familiengesang mit seinem Wutgebrüll: «So eine Musik in meinem Dorf! So ein türkischer Zigeunerdreck! Sind wir hier in Istanbul? Sind wir Menschen oder Zigeuner? Unsere Könige und Helden sollt ihr besingen, unsere Schlachten und den serbischen Großstaat!»

Als die Feindseligkeiten ernstlich ausbrechen und serbische Soldaten und Paramilitärs die Stadt Višegrad erst belagern und dann einnehmen, hat Aleksandar nichts mehr außer seiner Phantasie, um sich vor den Schrecklichkeiten zu schützen, die sich vor seinen Augen ereignen. Seine Beschreibung der Belagerung ist ein verzweifelter Versuch, das Ungeheuerliche in vertraute Bilder zu übersetzen, um es sich so begreiflich zu machen. Saša Stanišić kreiert hier aus der Eroberung von Višegrad einen neuen Mythos – aus Kinderperspektive: «Bräutigame mit Bart, oben Tarnjacke, unten Trainingshose fuhren vorbei. Geländewagen hupten, Lastwagen hupten. Eine Armee von bärtigen Bräutigamen fuhr vorbei, sie schossen den Himmel an und feierten, die Stadt zur Braut genommen zu haben. Auf den Wagendächern und den Motorhauben schaukelten Bräutigame im Takt der Straßenlöcher, die sie selbst ausgeschachtet hatten, neun Tage lang, jeden Tag. Hinten hingen aus den Anhängern Beine in Grün und Braun, baumelten wie Zierde. Die ersten Panzer ziepten die Straße hinauf. Ihre Ketten hinterließen weiße Ritzen im Asphalt und machten, wo sie über Bürgersteige fuhren, Beton zu Kies. Sogar die Brücke bog sich unter den Zahnrädern, ihre Bögen werden bersten. Ich hörte, wie die stählernen Hundertfüßler die Straße zu Staub raspelten. Die Brücke hielt.»

Sofort beginnen die Plünderungen. Der titelgebende Soldat hat jetzt seinen Auftritt. Er schleift ein Grammofon hinter sich her, das er einem bosnischen Nachbarn in Aleksandars Wohnhaus weggenommen hat; wie eine Gans zum Schlachten hat er es am Trichter gepackt – und kann es doch nicht in Gang setzen. Er kann es nur demolieren, indem er die Kalaschnikow in den Lauf des Trichters treibt. Aleksandar, der das sieht, sucht den Beistand der Phantasie: Wäre er «Fähigkeitenzauberer», denkt er, so würde er ein Lied aus dem Grammofon zaubern, das den Soldaten besänftigen müsste. Doch die Magie wirkt nicht mehr.

«Die Menschen zerfielen in Verfolgte und Verfolger», schreibt Ivo Andrić in seiner Višegrad-Chronik. «Jenes hungrige Tier, das im Menschen lebt und sich nicht zeigen darf, solange nicht die Dämme der guten Sitten und Gesetze entfernt werden, war jetzt befreit. Wie oft in der menschlichen Geschichte waren Gewalt und Raub, ja, auch Mord, stillschweigend zugelassen, unter der Bedingung, dass sie im Namen höherer Interessen, unter festgelegten Losungen und gegen eine begrenzte Zahl von Menschen eines bestimmten Namens und einer bestimmten Überzeugung verübt wurden.» Da überrascht es nicht, dass in den ethnischen Wirren das Denkmal des katholischen Dichters im Park an der Drina-Brücke zuallererst zerstört wird – ob es Serben waren oder Muslime, die Ivo Andrić vom Sockel rissen, bleibt unklar.

Aleksandars Familie gelingt mit knapper Not die Flucht. Ehe die Massaker an den Bosniern beginnen und die Einwohner von Višegrad zu Hunderten von der Brücke in die Tiefe gestoßen und im Wasser erschossen werden, vielleicht sogar schon im Flug, und die grüne Drina sich rot färbt, verlassen Aleksandar, sein serbischer Vater und seine bosnische Mutter die Stadt und retten sich nach Deutschland.

Als er zehn Jahre später zum ersten Mal wieder Bosnien besucht, muss er begreifen, dass die Kindereinfalt nicht mehr hilft. Seine wunderbaren Privatmythen, in deren Magie er sich so lange und so tröstlich eingesponnen hat, erweisen sich als machtlos gegen die neue Realität. Die Tatsachen – die unzähligen Toten und Vertriebenen, die zerstörten Städte und verwüsteten Dörfer, die unbehelligt herumspazierenden Massenmörder und Kriegsverbrecher – sind stärker als alle Phantasie. Zudem haben sich die Grenzen verschoben: Aus Višegrad ist eine serbische Stadt geworden.

Aleksandar will seine Erinnerung mit dem Jetzt vergleichen. Er hat Listen gemacht. Er sucht seine verlorene Jugendliebe, und er sucht Bekannte von früher, doch er trifft nur verstörte, vom Krieg gezeichnete, kaputte Menschen: den legendären Fußballer Kiko, jetzt mit Beinstumpf und auf Krücken; seinen alten Musikprofessor, ein Gespenst aus einer anderen Zeit, der sich an nichts mehr erinnert und niemanden erkennt; seinen serbischen Schulfreund, der allen Lebensmut verloren hat und voller Verbitterung ruft: «Guck dich bitte mal um! Kennst du hier irgendjemanden? Du kennst ja noch nicht mal mich! Du bist ein Fremder, Aleksandar! Sei froh!»

Einen gibt es, der noch da ist wie immer schon. Der gemütliche Polizist Pokor in seiner blauen Uniform hat noch seinen alten Posten und versieht wie früher seinen Dienst in Višegrad. Allerdings ist er zwischendurch zum Kriegsverbrecher und Massenmörder geworden, hat als Anführer einer Freischärlerhorde Massaker begangen und trägt einen Spitznamen: Herr Pokolj (Herr Gemetzel). Die ganze Stadt weiß es und nimmt es achselzuckend hin, und Aleksandar wagt es aus Angst vor ihm nicht, sich zu empören.

Auf seiner Spurensuche und seinen Kreuz- und Querfahrten durch das untergegangene Land sammelt Aleksandar horrende Geschichten aus dem Krieg. Und keine ist phantastischer und irrwitziger als die Geschichte, die ihm ein gewisser Dino Safirović erzählt: wie er und die bosnischen Verteidiger der Stadt auf den Anhöhen oberhalb des eingekesselten Sarajevo in einer Gefechtspause zwischen den Schützengräben gegen die Serben Fußball spielten, wie er den entscheidenden Schuss mit dem Gesicht gehalten hat, seitdem aber keine Verschlusslaute mehr bilden kann.

Die Beschreibung dieses Fußballspiels zwischen den verfeindeten Mannschaften, in dem es letztlich um Leben und Tod geht, ist der literarische Höhepunkt des Romans. Hier gelingt Stanišić das Kunststück, die Geschichte ständig aufs Waghalsigste zwischen spielerischer Leichtigkeit und blutigem Ernst, Lust am Sport und mörderischem Hass, Freude an der Ballgeschicklichkeit und tödlicher Bedrohung kippen zu lassen und doch in der Balance zu halten. Können die Fairness-Regeln des Sports das Morden mindestens zeitweise außer Kraft setzen? Ist sportliche Fairness womöglich stärker als der ethnische Blutrausch zwischen Serben und Muslimen? Kann es einen Moment der Großmut und Menschlichkeit geben inmitten ausgelebter Barbarei?

Saša Stanišić gönnt den serbischen und bosnischen Kämpfern eine humane Verschnaufpause auf dem improvisierten Fußballfeld zwischen den Schützengräben. Es ist ein utopischer Augenblick eines friedlichen Wettkampfs, in dem der Ball stärker ist als die Gewehrkugeln – und er geht rasch vorbei. Gleichwohl hat er das Zeug zu einem neuen nationalen Mythos. Wie es indessen um das menschliche Miteinander unten im umzingelten Sarajevo bestellt ist, wo kein Fußballspiel die Kriegsparteien wenigstens zeitweise mit dem Töten innehalten lässt, das kann man in Dževad Karahasans Roman «Sara und Serafina» nachlesen.

Der Roman spielt in der zweiten Jahreshälfte 1992 bis Ende Februar 1993 und führt mitten hinein in die abgeriegelte und unter Dauerbeschuss liegende Hauptstadt von Bosnien-Herzegowina. Die Stadt ist seit Anfang April 1992 von serbischen Verbänden eingekesselt und wird von den umliegenden Bergen mit Artillerie und Mörsergranaten beschossen. Die Zufahrten sind blockiert, Sarajevo ist von der Außenwelt abgeschnitten; Wasser wird knapp, es gibt keine Heizung und nur noch sporadisch Strom. Scharfschützen schießen von Hochhäusern und von den Anhöhen wahllos auf Passanten und Autos in den Straßen der Stadt, am gefährlichsten sind die Straßenkreuzungen. «Die Menschen werden abgeschossen wie Papierblumen», schreibt Karahasan.

Im Februar 1993 wird von den Eingeschlossenen ein 800 Meter langer geheimer Tunnel unter der Flughafenpiste fertiggestellt. Er ist der einzige Flucht- und Versorgungsweg; über ihn können Lebensmittel, Medikamente und Waffen in den bosnischen Stadtteil gelangen, Menschen aus der Stadt evakuiert werden und Kämpfer wie Helfer – allerdings auch Schmuggler und Schwarzhändler – hereinkommen. Karahasan vergleicht den Tunnel, «durch den Sarajevo sich an den Rest der Welt klammerte», mit einer Nabelschnur: «Sarajevo hängt durch seinen Tunnel an der Welt wie ein Fötus durch die Nabelschnur an der Mutter.»

Karahasan führt hier erstmals zwei neu entstandene Mythen in die Literatur ein – die heroische Sarajevo-Legende vom rettenden Tunnel und den Opfermythos von der Allee der Heckenschützen. Ganz abgesehen davon, dass der Roman als Ganzes den Heldenmythos der Stadt erzählt, die 1425 Tage lang belagert und unentwegt beschossen wurde, länger als je eine Stadt im 20. Jahrhundert. Das zentrale Thema Karahasans sind jedoch die Namen und deren schicksalhafte Bedeutung. Namen verbürgen Identität. Im Bürgerkrieg können Namen lebensgefährlich sein, denn sie verraten die ethnische Zugehörigkeit der Menschen und entscheiden damit über Leben und Tod. Es gibt «unvernünftige Namen», so wird der Ich-Erzähler, ein bosnischer Professor, belehrt, der sich entschieden hat, in der eingeschlossenen Stadt auszuharren; es gibt aber auch «einwandfrei akzeptable Namen». Als völlig inakzeptabel gelten «Muslime und diese Multinationalen, die nicht wissen, zu wem sie gehören und wo ihr Platz ist». Muslime und Multinationale sind «unklare und unzugehörige Menschen, die für normale Leute unannehmbar sind».

Wer aus der Stadt flüchten will, braucht einen Taufschein, sei er echt oder gefälscht. Der Name darauf muss christlich und darf nicht muslimisch klingen. Katholische Klosterbrüder sind bereit, Muslime auf dem Papier zu christianisieren und ihnen falsche Taufscheine mit «einwandfrei akzeptablen Namen» auszustellen, damit sie sich mit falschen Pässen aus der Stadt retten können; doch als der Dokumentenfälscher geschnappt wird, ist dieser Rettungsweg verbaut. Ein ethnisch gemischtes Liebespaar wird für immer auseinandergerissen, denn der muslimische Verlobte kann nun nicht zusammen mit seiner christlichen Braut aus der belagerten Stadt fliehen. Er wird zu den bosnischen Truppen eingezogen werden, die die Stadt verteidigen, und wird dabei einen Arm einbüßen. Auch seine Braut verliert er für immer: Sie wandert nach Neuseeland aus.

Karahasans Titelheldin, die Lehrerin Serafina, ist die tragische Hauptfigur des Romans. Obwohl es in der Stadt an allem mangelt, hält sie inmitten der täglichen Raketen- und Granatenangriffe an ihrer kultivierten bürgerlichen Lebensart fest: Kultur als Widerstand gegen die Barbarei des Krieges. Anders als ihre Tochter, der die Flucht gelingt, will Serafina Sarajevo nicht im Stich lassen. Sie ist überzeugt, dass es «Dinge gibt, die wichtiger sind als Gesundheit und Überleben». Sie hilft, die tägliche Versorgung ihres Stadtviertels zu organisieren. Und als dies getan ist, stellt sie sich auf die Straßenkreuzung, ins Fadenkreuz jedes denkbaren Heckenschützen, der abdrücken möchte. Sie ist eine, die sich weigert, weiterhin geduckt um ihr Leben zu rennen – eben weil es Dinge gibt, die wichtiger sind als das Überleben. Ein Akt der Selbstachtung? des stolzen Protests? der Herausforderung? der Verachtung der Gefahr? des Lebensüberdrusses? des provozierten Selbstmords?

Dževad Karahasan friert das Bild der Frau auf der Kreuzung in seiner ganzen Vieldeutigkeit wie ein Standfoto ein, auch wenn er ihr letztlich ein anderes Ende zugedacht hat. Dass sich die verwegene

Todesverachtung einer alternden Lehrerin im belagerten Sarajevo auf andere Weise Ausdruck verschafft als die eines pickeligen, pubertirenden Schuljungen im belagerten Tuzla, wird nicht überraschen. Man kann es auch nachlesen – bei Ismet Prcić, der in Tuzla aufwuchs, dort drei Belagerungsjahre durchlebte und 1996 mit neunzehn dem Bosnienkrieg entkommen konnte, weil er einen Onkel in Kalifornien hatte, der ihn in die USA einlud. Prcić studierte an der *University of California* in Irvine Theater und Kreatives Schreiben und unterrichtet heute Theaterwissenschaft am *Clark College* in Portland, Oregon, wo er mit seiner amerikanischen Frau lebt. «Shards», sein erster Roman, stach 2011 der amerikanischen Kritik sofort ins Auge und heimste viel Aufmerksamkeit und Lob ein. Zu Recht.

«Scherben» ist nicht nur der Titel des Romans, sondern auch seine Form und sein Thema. Es geht um mannigfachen Zerfall: Eine Welt, ein Land, ein Leben, ein Mensch zerfallen, gehen in Trümmer. Der Roman besteht aus lauter Erzählfragmenten und Textbruchstücken – Scherben –, aus denen der Protagonist und Ich-Erzähler, der wie sein Autor auch Ismet Prcić heißt, sein zerscherbtes Leben neu zusammenzusetzen sucht. Er hat sich aus dem Bosnienkrieg in die USA retten können, aber der Krieg hat ihn traumatisiert, verfolgt ihn und lässt ihn auch in Kalifornien nicht los. Er hat sich gerettet, aber er ist zerrüttet. Der College-Student leidet an den Nachwirkungen der Jahre unter dem Granatenhagel im belagerten Tuzla: Albträume, Schlafstörungen, Panikattacken, Schreckhaftigkeit bei jeder Fehlzündung eines Autos. Sein Therapeut empfiehlt ihm, seine Geschichte aufzuschreiben, ohne Rücksicht darauf, was wahr ist und was nicht. Lebenserzählungen seien ohnehin immer Fiktionen: «Jeder ist der Held seiner eigenen Märchen.»

Ismet – der in Amerika «Izzy» genannt wird – kämpft nun schreibend darum, seinen chaotischen Erfahrungen eine Form zu geben. Wir lesen Auszüge aus seinem amerikanischen Tagebuch, zumeist verzweifelte Hilferufe an die Mutter daheim im fernen Tuzla, Zeugnisse von Vereinsamung und wachsender Verlorenheit: «Ich habe kein Heimweh, *mati*. Ich bin die ganze Zeit daheim. In der Vergangenheit. In der Fiktion.»

Den Hauptteil von «Scherben» bilden die für den Therapeuten

aufgeschriebenen Erinnerungen an diese Vergangenheit, an Ismets Kindheit und Jugend in Tuzla. Sie brechen eruptiv hervor, ohne Chronologie und ohne Logik: Erlebnissplitter, Flashbacks und Fragmente von Konfessionen, mal in der Ich-Form, mal in der zweiten oder dritten Person erzählt. Es entstehen die Umrisse eines beschädigten Lebens mit ungewisser Identität. Die vielen chaotischen Leben, die Ismet lebt, bilden sich auch in den chaotischen Bruchstücken seiner Lebenserzählung ab. Sein Leben ist vom Chaos geprägt: «Chaos war die Normalität. Und die Normalität war unnatürlich, brüchig.»

Ismet ist fünfzehn, als im Mai 1992 der Krieg Tuzla erreicht und die bosnischen Serben die Stadt im Nordosten von Bosnien-Herzegowina zu beschießen beginnen und bald vollständig einschließen. Und er ist achtzehn, als er im Herbst 1995 das demolierte Tuzla hinter sich lassen und auswandern kann – knapp, ehe er in Bosnien zum Kriegsdienst eingezogen worden wäre. Fortan peinigt ihn die schizophrene Vorstellung, dass ein anderer «achtzehnjähriger Ismet für immer in der belagerten Stadt bleiben würde, inmitten eines niemals endenden Krieges».

In den drei Belagerungsjahren dazwischen muss sich Ismet daran gewöhnen, dass ein Leben unter Dauerbeschuss zum Normalzustand werden kann: «Zivilisten fällten Bäume im Park, wurden auf Fußballplätzen beerdigt, verfeuerten Bücher und Möbel, hielten Hühner auf dem Balkon, reparierten Schuhe mit Klebeband, jagten und aßen Tauben, bauten Öfen aus alten Waschmaschinen, züchteten Pilze im Keller, ersetzten kaputte Fensterscheiben durch schmutziges Plastik, drehten durch und sprangen von Hochhäusern, verdünnten Brennspiritus mit Kamillentee, damit er nicht mehr feuergefährlich war, und tranken ihn, drehten sich Kräuterzigaretten aus Klopapier, litten, hofften, warteten, fickten.» Indem sich Ismet Prcić das Leben in der eingeschlossenen Stadt in der Erzählung vergegenwärtigt, schreibt er auch Tuzla in die jugoslawischen Belagerungsmythen ein – in einer Reihe mit Sarajevo und Višegrad.

Der Roman-Ismet erprobt verwegene Überlebenstechniken, denn eine Jugend, verbracht in Luftschutzkellern, kann doch nicht alles gewesen sein. Er übt sich im Widerstand und darin, der ständigen Todesgefahr dadurch zu trotzen, dass er sie ignoriert und sich wegbeamt

Bürgerkriege und Zerfallsgeschichten

in eine normale, aufregende Adoleszenz. «Ich blendete einiges aus, wenn ich mit meinen Freunden zusammen war. Wir vermieden es, über Politik und Religion zu sprechen. Stattdessen zogen wir, allesamt geil und verliebt, durch die Straßen. Wir schrammelten auf verstimmten Gitarren, erzählten einander Lügengeschichten über sexuelle Erfahrungen, tauschten italienische Comics und deutsche Pornos, rissen eklige Witze und schimpften über die Schule.»

Gegen das Gefühl, in der Stadt gefangen zu sein, hilft manchmal ein Tagtraum, eine Befreiungsphantasie. Von der Brücke über den Fluss Yala aus schaut Ismet einem Stuhlbein nach, das im Wasser vorbeischwimmt: «Ich stellte mir vor, dass es von hier entkam, aus der belagerten Stadt, dass es bis runter zur Spreča gespült wurde, die es durch die feindlich besetzten Gebiete im Osten zur Drina trug. Die Drina würde es nach Norden mitnehmen, zwischen Bosnien und Serbien hindurch, und an die Sava übergeben, verborgen im Blut der Menschen beiderseits der zerklüfteten Grenzen. Die Sava hätte kein Problem damit, es in die Donau zu treiben, und die Donau würde für eine sichere Passage mitten durch Belgrad sorgen und es schließlich ins Schwarze Meer befördern.»

Wenn real kein Entkommen möglich und die Außenwelt nicht erreichbar ist, dann muss eben die Welt in die Stadt hereingeholt werden: Ismet schließt sich einer experimentellen Laienspielgruppe an und erobert sich den Kosmos des Theaters. Die Kunst ist nicht bloß ersehnte Ablenkung für die «dünnen, erschöpften, vergnügungssüchtigen Menschen»; Theaterspielen heißt Rollenspielen, heißt: dem Gefühl des Zerfallens eine Form und einen Halt geben. Rollenspielen ist für Ismet ein befreiendes Glück, ein kontrollierter Zerfall, und damit auch eine Form des Widerstands gegen das Chaos, eine Form der Todesverachtung und der Selbstintensivierung: «Das Theater war Labor, Religion, Geheimkult. Es war alles.» Es geht darum, «der Welt zu zeigen, dass es in Bosnien Schönheit gab, und wir nicht nur die Opfer von Geisteskranken waren, Experten im Leiden, verzweifelt um Hilfe Bettelnde, die in ihren Städten vor sich hin vegetierten und darauf warteten, gerettet zu werden, während die Welt auf CNN zusah».

Kurioserweise geht es Ismet selbst nicht anders als der Welt. Er erlebt den Krieg zwar am eigenen Leib, aber simultan schaut er ihm auch im Fernsehen zu. Die Belagerung und Zerstörung der kroatischen Stadt Vukovar durch serbische Truppen sieht er auf dem Bildschirm und ahnt, was auch auf Tuzla zukommen wird. Er weiß: «Filme werden ihm nicht gerecht – mehr sage ich nicht über das gedankentötende, atemabschneidende Geräusch einer herannahenden Granate, die auf ihrem Weg ins Zentrum deiner Stadt die Luft durchschneidet.» Er hört zu Hause den Einschlag einer Artilleriegranate in der Altstadt und denkt sich nichts dabei. Es ist der 25. Mai 1995, gefeiert wird der «Tag der Jugend», Tausende junge Leute sind an diesem warmen Abend draußen unterwegs. Doch erst als Ismet das Massaker im Fernsehen sieht, weiß er, was er soeben erlebt hat – den letzten und zugleich schlimmsten Granatenangriff der Serben auf Tuzla, der 71 Jugendliche das Leben kostete und fast zweihundert weitere verletzte.

Und dann eröffnet sich für Ismet ganz unvermutet die Chance, aus Bosnien zu entkommen. Seine Theatertruppe wird zum *Fringe Festival* nach Edinburgh eingeladen und bekommt tatsächlich eine Reiseerlaubnis. Soll er in Schottland abspringen oder mit der Truppe heimkehren? Der entscheidende Moment, als er seinen Pass der Reiseleiterin übergeben soll, stürzt ihn in tiefe Verwirrung, die er als Ich-Zerfall, als eine Spaltung in Ich und Er erlebt: «Mein Name war Ismet. Er griff in die Tasche. Zog das Geld raus. Seine Gesichtszüge verzerrten sich. Er kramte tiefer. Suchte den Pass. An der falschen Stelle. Er stand in Panik auf. Er sah sich um. *Wo ist dein Reisepass? Ich hab ihn im Zimmer vergessen. Wir gehen ihn holen.* Mein Name war Ismet. Mein Reisepass steckte vorne in der linken Tasche seiner Jeansjacke, und er gab ihn nicht her.»

Torpediert wird Ismets zersplitterter Lebensbericht zusätzlich durch das Auftauchen eines zweiten jungen Mannes namens Mustafa, der sich in den Roman einschleicht und dessen ontologischer Status unklar bleibt: Ist er real? Ist er imaginiert? Mustafa wird zum Kriegsdienst eingezogen und kämpft in einem bosnischen Sonderkommando. Er drängt sich immer heftiger in Ismets Gedanken. «Mustafa geht mir nicht aus dem Kopf. Stundenlang träume ich im Wachzustand sein Leben, während ich darauf warte, dass meines einen Sinn ergibt», notiert

Ismet in seinem Tagebuch. Mustafa ist nicht nur der personifizierte Ich-Zerfall, er ist auch die fiktive Doppelgängerfigur, die dem Autor einen zweiten Blickwinkel auf den Krieg ermöglicht. Er habe diese Figur Mustafa erfunden, sagte Ismet Prcić in einem Interview, weil er dem Roman eine doppelte Perspektive geben wollte: «Ich wollte eine Figur, die weggeht und den Krieg von außen sieht; und eine andere Figur, die kämpft und den Krieg am eigenen Leib erfährt. Irgendwann kollabieren die beiden Figuren ineinander, ohne dass man wissen kann, welche wirklich ist.»

Aleksandar Hemon ist dreizehn Jahre älter als Ismet Prcić, auch er ein gebürtiger Bosnier, der wie Prcić sein Land verlassen, den Kontinent und die Sprache gewechselt hat, in den USA lebt und seine Bücher auf Amerikanisch schreibt. So, wie sich Prcić im Spätsommer 1995 in Schottland mit der Entscheidung quälte, ob er in das belagerte Tuzla zurückkehren oder emigrieren sollte, so quälte sich Hemon im Frühjahr 1992 in den USA mit der Frage, ob er nach Sarajevo heimkehren oder in Amerika um politisches Asyl ersuchen sollte.

Hemon war achtundzwanzig und absolvierte gerade als Stipendiat im Rahmen eines Kulturaustausches ein Besuchsprogramm in den Vereinigten Staaten, als die Belagerung von Sarajevo begann. Sein Rückflug von Chicago war für den 1. Mai 1992 geplant. Just an diesem Tag verhängten die serbischen Belagerer eine Blockade über die Stadt und schnitten sie von Wasser, Elektrizität und allen Zufahrtswegen ab. Statt des Rückflugs gab es hektische transatlantische Telefonate mit der Familie daheim. Den ganzen Sommer über schwankte Hemon und war unschlüssig: War der Krieg in Bosnien die Sache einiger weniger Wochen, wie viele meinten, und bald ausgestanden? Oder hatte sein Vater recht, der ihm riet, in Amerika zu bleiben? Letztlich waren es die Nachrichten über die Not der Eingeschlossenen in Sarajevo und über serbische Gräueltaten im Folterlager von Omarska, die Hemon bewogen, sich für das Exil zu entscheiden und in den USA um politisches Asyl zu ersuchen.

Daheim hatte er Anglistik studiert und einen nunmehr «wertlosen Abschluss in Vergleichender Literaturwissenschaft an der Universität von Sarajevo» erworben. In den goldenen Jahren unmittelbar nach

Titos Tod, als Sarajevo seinen ganzen Magnetismus als multiethnischer Kulturraum entfalten konnte, galt Hemon als hoffnungsvoller bosnischer Nachwuchsautor und begann, sich als Journalist einen Namen zu machen. Er war «besoffen von [s]einer jugendlichen Radikalität und Unbekümmertheit», wie er in seinem autobiographischen Erzählungsband «Das Buch meiner Leben» feststellt. Und er schrieb «militant urbane» Kolumnen über das kosmopolitische Leben in Sarajevo, der «Welthauptstadt des Klatsches», die er liebte, denn sie war «schön und unsterblich, eine unzerstörbare Republik von urbanem Geist».

All das war nun mit einem Schlag vorbei. Hemon musste sich eingestehen, dass seine Generation aufstrebender junger Dichter, Filmemacher und Künstler die längste Zeit das Unheil, das sich über Bosnien zusammenbraute, nicht hatte wahrhaben wollen. Vor ihren Augen wurde zum Krieg gegen sie gerüstet, doch sie waren blind. In ihren Ohren gellte die großserbische Kriegshetze, doch sie waren taub. Die Stimmung in der Stadt war «ein Dauer-Festival der Katastrophen-Euphorie», wie Hemon es im Rückblick nennen sollte: «Wir wussten – aber wir wollten nicht wissen –, was passieren würde: Der Himmel würde auf uns herabstürzen wie der Schatten eines herabfallenden Konzertflügels in einem Cartoon», schreibt er in «Liebe und Hindernisse», seiner Sammlung von Erzählungen über Kindheitserinnerungen, über die lebenspralle Vorkriegszeit in Sarajevo und die hoffnungslos komischen Mühen des Migrantenlebens.

In gewisser Weise hatte Hemon es schwerer als Téa Obreht, Saša Stanišić oder Ismet Prcić, die als Kinder oder Halbwüchsige emigriert waren. Auf sie warteten in ihren Zufluchtsländern feste Strukturen – die Schule, das College –, um sie aufzunehmen und einzugewöhnen und ihren Sprachwechsel zu organisieren. Aleksandar Hemon dagegen war in der Fremde völlig auf sich allein gestellt, und er hatte mehr verloren als eine glückliche Kindheit: Ihm waren die vielversprechenden Anfänge einer Karriere als Autor und Journalist zerschlagen worden. «Ich war damals verzweifelt, angesichts von Krieg und Entwurzelung», schrieb er später. Und außerdem fehlte ihm eine entscheidende Erfahrung: «Meine Geschichte ist langweilig: Ich war nicht in Sarajevo, als der Krieg begann. Ich fühlte mich hilflos und schuldig, wenn ich im Fernsehen sah, wie meine Heimatstadt zerstört wurde. Ich erwog in der Anfangsphase des Kriegs, nach Sarajevo zurückzugehen, aber mir wurde klar, dass man mich dort nicht brauchte und nie brauchen würde.»

Hemon entschied sich für einen harten Schnitt und einen radikalen Neuanfang. Er blieb in Chicago, wo er gestrandet war, und wurde zunächst ein «Nowhere Man», der im Transit festhängt und nicht weiß, wo er hingehört. «Nowhere Man» wird Hemon zehn Jahre später seinen ersten auf Amerikanisch geschriebenen Roman nennen, eine semi-autobiographische Reminiszenz, verfremdet durch ein fiktives Alter Ego namens Jozef Pronek, den er auf seinen, Hemons, eigenen Hindernisparcours zwischen Herkunftsland und Zufluchtsland schickt. Das Buch ist ein Sammelsurium von verzweifelt lustigen, satirischen, manchmal auch surrealen Erinnerungssplittern und ein Zeichen dafür, dass Hemon es inzwischen geschafft hat und in Amerika angekommen ist. Jetzt kann er sich bereits mokieren über die Anfänger-Tollpatschigkeit seiner Spiegelfigur Pronek: wie er sich illegal über die Runden bringt und wie er sich tölpelhaft radebrechend durchwurstelt, immer mit dem Ziel, ein amerikanischer Schriftsteller zu werden.

Wie sein Doppelgänger Pronek, so frettete sich auch Hemon in Chicago anfangs mit miesen und mitunter bizarren Aushilfs- und Hausiererjobs durch, indem er etwa für *Greenpeace* Klinken putzte und an der Haustür Zeitschriften-Abos verkaufte und Mitglieder warb – späterhin Erzählstoff für einige komische Stories. Seine winzige Einzimmerwohnung war eine Bruchbude, «ein Mahnmal für die Mühsal des Immigrantenlebens, mit der durchgelegenen Matratze, dem stockfleckigen Duschvorhang und dem schlaflosen Schlagzeuger nebenan».

Was ihn indes vor allem quälte, war sein Verstummen im sprachlosen Niemandsland zwischen Nicht-mehr-Bosnisch und Noch-nicht-Amerikanisch. «Drei Jahre lang hing ich zwischen den Sprachen fest», erzählte er später einem Interviewer. «Ich konnte weder auf Bosnisch noch auf Englisch schreiben.» Seinem alten Freund, dem Journalisten Senad Pecanin, der drüben im belagerten Sarajevo ein beherztes politisches Wochenmagazin namens «Dani» (Tage) herausgab, das ob seines kritischen Mutes bald Kultstatus genoss, sagte er die versprochene regelmäßige Amerika-Kolumne wieder ab: «Ich konnte nicht mehr schreiben. Mein Bosnisch war ein Vorkriegs-Bosnisch.»

In seinem ersten Erzählungsband «Die Sache mit Bruno» beschließt Hemon eine Story mit den lapidaren Sätzen: «Der größte Teil meiner Familie ist über Kanada verstreut. Diese Geschichte wurde AD 1996 in Chicago (wo ich lebe) in der U-Bahn geschrieben, nach einem langen anstrengenden Tag als Hilfskraft auf einem Parkplatz.» Denn dies ist eines der ironischen Erzählziele dieser Geschichtensammlung, die Hemons Ruhm begründete: die Mythisierung der migrantischen Existenz. In der Erzählung «Austausch freundlicher Worte» mythisiert er die bosnische Diaspora am Beispiel der in alle Himmelsrichtungen verstreuten «Nomadensippe der Hemons», der er in einer «Hemoniade» spöttisch huldigt, einer übermütigen Stammessage, wie sie frecher nicht ausgedacht sein könnte. In dieser Herkunftslegende leitet er die Hemon-Dynastie von einem sagenhaften Stammvater aus der Bretagne her, der einst mit Napoleons Armee in den Osten gezogen sei und in der Ukraine sein Glück gefunden habe, wonach Hemons Urgroßvater aus der Ukraine nach Bosnien eingewandert sei – just an einem welthistorischen Tag. An seinem Ankunftstag stand er, beteuert Hemon allen Ernstes, mit seinem Akkordeon am Straßenrand neben dem Attentäter Gavrilo Princip, als dieser 1914 in Sarajevo auf das österreichische Thronfolgerpaar feuerte.

Der Geschichtenband «Das Buch meiner Leben» enthält eine wehmütige, jedoch nicht minder mythenträchtige Variante zur Stammessage der Hemons. Dort liest man: «Vor etwa hundert Jahren zogen meine Vorfahren väterlicherseits aus Galizien, der östlichsten Provinz der k. u. k Monarchie, nach Bosnien. Sie brachten ein paar Bienenstöcke mit, einen Eisenpflug, viele Lieder sowie ein Rezept für Borschtsch, der auf dem Balkan bis dahin unbekannt war. Natürlich existierte dieses Rezept nicht in schriftlicher Form. Sie trugen es in sich, wie ein Lied, das man einmal gelernt hat.»

Bei aller Spottlust grübelt Hemon doch auch über das Emigrantenunglück der Bosnier in der Diaspora nach und erklärt es sich als Vergeltung für irgendeine uralte mythische Sünde seiner Volksgruppe: «Vielleicht ist dies die Strafe: Wir müssen uns mit dem Halb-Leben von Menschen zufriedengeben, die nicht vergessen können, was sie einmal waren, und die sich davor fürchten, in einer fremden Sprache angesprochen zu werden, da sie nicht mehr in der Lage sind, etwas wirklich Bedeutungsvolles von sich zu geben.»

Hemons Sprachwechsel ins Amerikanische war mühselig, aber letztlich triumphal. Jahrelang empfand er sich als «eingeklemmt zwischen Muttersprache und Exilsprache und unfähig, in beiden zu schreiben». Er hat sich bis in seine Albträume hinein bei der Eroberung der neuen Sprache verausgabt. Am Ende erschloss er sich mit seiner Exilsprache «einen neuen Raum, in dem ich Erfahrungen verarbeiten und Geschichten erfinden konnte». Nun wurde er von der amerikanischen Kritik wegen der unangestrengten Eleganz seines Stils, seiner originellen Metaphern und sprachschöpferischen Kraft als «neuer Nabokov» gefeiert, doch der Weg dahin war hart. Hemon hat darüber genauer Auskunft gegeben als andere Exilautoren, die eine Fremdsprache zu ihrem literarischen Medium machten.

Eine wichtige, aber verhängnisvolle Rolle spielte dabei ein bosnischer Serbe namens Nikola Koljević aus Banja Luka, der an der Universität von Sarajevo Hemons Anglistikprofessor gewesen war und als Jugoslawiens führender Shakespeare-Experte galt. Ihm verdankte Hemon den Zugang zur Weltliteratur; und Koljević seinerseits förderte Hemon als einen seiner Lieblingsstudenten. Bis es zur Katastrophe kam.

Denn Hemons Literaturprofessor gehörte, wie sich bei Ausbruch der jugoslawischen Sezessionskriege herausstellte, seit längerem zu den heimlichen Scharfmachern und ideologischen Aufrüstern der serbischen Extremisten. Nun schlug sich der akademische Feingeist mit den «langen, schlanken Pianistenfingern», der bis dahin jeder nationalistischen Hetze unverdächtig gewesen war, offen auf die Seite der großserbischen Ultras und wurde deren beredsamster Propagandist. Bei Pressekonferenzen saß er neben Radovan Karadžić, dem Präsidenten der von Bosnien-Herzegowina abgefallenen «Republika Srpska», und lauschte dessen rassistischen Wutausbrüchen. Im «Buch meiner Leben» erinnert sich Hemon an eine solche Pressekonferenz: «Da saß Professor Koljević, klein, ernst und akademisch, mit großen Brillengläsern, Tweedjacke mit Wildlederflecken, die Ellbogen aufgestützt, die langen Finger locker aneinandergelegt wie zum Gebet oder Applaus. Anschließend trat ich zu ihm, um ihn höflich zu begrüßen, in der Annahme, dass uns die Liebe zu den Büchern noch immer verband. ‹Halt dich da raus›, sagte er. ‹Bleib bei der Literatur.›»

Koljević unterstützte die blutige Serben-Politik der ethnischen Säuberungen, befürwortete die Bombardierung von Sarajevo, leugnete die Existenz von Folterlagern, stritt alle Massaker ab und ließ sich sogar zum Stellvertreter Radovan Karadžićs wählen. Angeblich war Koljević auch das Mastermind hinter einer berüchtigten barbarischen Untat: Er soll zur Bombardierung und Niederbrennung der Bibliothek von Sarajevo angestiftet haben.

In Chicago saß unterdessen der Flüchtling Aleksandar Hemon vor dem Fernseher und sah die Bibliothek brennen: «Ich sah die Bibliothek von Sarajevo in geduldigen, zielstrebigen Flammen aufgehen. Die infernalische Ironie, die darin lag, dass ein (schlechter) Dichter und ein Literaturprofessor für die Vernichtung von Hunderttausenden Büchern sorgten, entging mir keineswegs.» Hemon beobachtete zu seinem Entsetzen, wie aus dem urbanen Gelehrten, den er verehrt hatte, ein Parteigänger von Massenmördern und Kriegsverbrechern wurde – eine bösartige Karikatur seines früheren Selbst. Der intellektuelle Verrat seines einstigen Mentors verstörte Hemon zutiefst: «Heute weiß ich, dass Koljevićs Unmenschlichkeit mein Leben weit mehr geprägt hat als seine literarische Vision. Ich löschte diesen wertvollen, jugendlichen Teil von mir, der geglaubt hatte, dass man die Geschichte ignorieren und sich mithilfe der Kunst vor dem Bösen verstecken könnte.»

Dieses Abdriften seines Lehrers in die Unmenschlichkeit trug dazu bei, Hemons Sprachkrise zu verstärken. «Ich versuchte, den genauen Punkt zu erkennen, wo Koljević die Linie übertreten hat», sagte er Jahre später einem Interviewer. «Wann genau ist es passiert? Gab es Zeichen, und welche waren das? Hätte man es wissen können? Dass einer die Literatur lieben und Shakespeare im Munde führen und zugleich ein schlechter Mensch sein konnte – das musste ich nun begreifen lernen.»

Das war Professor Koljevićs letzte Lektion für seinen Lieblingsschüler. Nach dem Ende des Bürgerkriegs sah sich Koljević übrigens um die erhoffte politische Spitzenstellung geprellt, beiseitegeschoben von noch ruchloseren serbischen Karrieristen. Als Kriegsverbrecher verfolgt, versank er in einem Stupor aus Alkohol, Verleugnung und Selbstmitleid. An einem Wintertag im Januar 1997 erschoss er sich. Hemons Nachruf klingt kaustisch: «1997 pustete er sich sein shakespeareschweres Gehirn aus dem Kopf. Er musste zweimal schießen, seine langen Klavierspielerfinger hatten beim ersten Mal wohl gezittert.»

Zu diesem Zeitpunkt war Aleksandar Hemons amerikanische Karriere bereits im Begriff abzuheben. Mit Nabokovs Hilfe hatte er den Sprachwechsel geschafft. Diese Großtat – eine Art literatur-olympischer Berlitz-Kurs – darf seither in keinem journalistischen Hemon-Porträt fehlen. Wie er in einem Exemplar von Nabokovs «Lolita» jedes unbekannte Wort – und das waren acht, zehn Wörter auf jeder Seite – unterstrich und im *Oxford English Dictionary* nachschlug; wie er Wörterlisten und Karteikarten anlegte und auswendig lernte, gepeitscht von seinen «Bibliotheksdämonen»; wie er ein mentales Schatzhaus sprachlicher Reichtümer mitsamt den ausgefallensten Wörtern zusammentrug; wie er die kuriosesten von ihnen bei seinen Hausierer-Touren an seinen Kunden ausprobierte, und wie ihn diese nur perplex anstarren konnten.

So öffnete ihm «Lolita» die Tür zum Klub der amerikanischen Schriftsteller. An Nabokov erinnern Hemons Vorliebe für extravagante Vergleiche, seine subtil timbrierten Stimmungen zwischen Selbstverspottung und Melancholie, seine Kunst, die unbelebte Welt sprachlich zu animieren und das Alltägliche und Abgenutzte durch ungewöhnliche sprachliche Bilder zu erfrischen. Bei ihm äpfelt ein Ross nicht einfach, vielmehr sieht man, «wie sich der Anus des Pferdes gleich der Blende einer Kamera langsam öffnet». Und sein Jozef Pronek hat nicht einfach Heimweh nach Sarajevo, vielmehr «wütet Nostalgie wie eine Stahlkugel in seinen Eingeweiden».

Hemons erste Geschichten in seiner zweiten Sprache wurden noch in entlegenen literarischen Magazinen veröffentlicht. Um die Rechte an seiner ersten Geschichtensammlung «Die Sache mit Bruno» wetteiferten bereits Verlagsagenten aus ganz Amerika. Bei der Auktion erhielt Doubleday den Zuschlag für 154 000 Dollar, die höchste Summe, die in jenem Jahr für ein belletristisches Debüt gezahlt wurde. Und es kam noch besser: 2004 wurde Aleksandar Hemon der «Genius Award» der MacArthur-Stiftung zugesprochen: ein Stipendium in Höhe von 500 000 Dollar, auszahlbar in jährlichen Raten über fünf Jahre hinweg, verbunden mit keinerlei Verpflichtungen. Das verschaffte ihm den Freiraum für ein großes Werk, den Roman «Lazarus», der nicht nur in den USA enthusiastisch aufgenommen wurde. Der Großkritiker James Wood nannte Hemons Prosa «bemerkenswert für ihren Schliff und Glanz und ihre sarkastische Beherrschung der Register».

In der Tat: Schon die acht Stories, die in «Die Sache mit Bruno» versammelt sind, vermitteln eine Ahnung davon, wie virtuos Hemon die Register wechseln und mit Erzählformen und Stil-Lagen spielen kann – vom Kindheitsferien-Märchen («Inseln») bis zur ironisch gebrochenen Spionage-Story («Der Spionagering Sorge») und vom blutig-krassen Kriegsporträt Sarajevos («Eine Münze») bis zur surrealen parodistischen Tändelei mit einer Zelig-artigen erfundenen Jahrhundertfigur («Leben und Werk des Alphonse Kauders»). Mit dem Jahrhundertroman «Lazarus» treibt Hemon diese Registerwechsel vollends ins Aberwitzige.

Immer wieder thematisiert er die Lage von Menschen, die aus ihrem gewohnten Kontext herausgerissen und in einen anderen geschleudert werden, den sie zunächst nicht begreifen und so lange auch nicht begreifen können, als sie sich «freudlos in ihrem früheren Leben wälzen». Es geht ihm um das Motiv der komplexen Zugehörigkeiten (und Unzugehörigkeiten) migrantischer Menschen und der kuriosen Identitätsprobleme von Sprach- und Kulturwechslern, vor allem, wenn sie sich mit dem *American Way of Life* abmühen. Seine Doppelgängerfigur Jozef Pronek muss sich klarmachen, «dass sein früheres Leben für andere völlig unzugänglich war und dass er es komplett neu erfinden und sich wie ein Spion eine neue Biographie zulegen konnte». Und seiner Doppelgängerfigur im «Lazarus»-Roman, dem bosnischen Migranten und Schriftsteller Brik, dämmert eine paradoxe

Bürgerkriege und Zerfallsgeschichten

Wahrheit: «Wenn du nicht nach Hause kannst, kannst du nirgendwohin, und Nirgendwo ist das größte Land der Welt, ja, die Welt selbst.»

Hemon konnte jahrelang nicht nach Hause in seine eingeschlossene und Schrapnell-durchsiebte Stadt. Aber gerade, weil er selbst nicht dabei war, als die Stadt im Widerstand verwüstet wurde, lässt ihn das belagerte Sarajevo nicht los, mehr noch: das Nicht-dabei-gewesen-Sein gibt ihm alle Freiheit, den Sarajevo-Mythos literarisch auszuspinnen und mit ungeahnt prägnanten Details anzureichern, beispielsweise den Mythos der «Snajperska Aleja» in der Erzählung «Eine Münze»:

«Angenommen, es gibt einen Punkt A und einen Punkt B, und um von A nach B zu kommen, musst du eine freie Strecke überwinden, die für einen geübten Heckenschützen gut einzusehen ist. Du musst von Punkt A zu Punkt B laufen, und je schneller du läufst, desto wahrscheinlicher ist es, dass du Punkt B lebend erreichst. Die Strecke zwischen Punkt A und Punkt B ist mit Dingen übersät, die spurtende Bürger unterwegs verloren oder weggeworfen haben. Eine schwarze Brieftasche aus Leder, wahrscheinlich leer. Eine Geldbörse, weit aufgerissen wie ein Maul. Ein weißer Wasserbehälter aus Kunststoff mit einem Einschussloch genau in der Mitte. Ein grün-rot-brauner, mit Schneeflocken verzierter Schal, schmutzig. Ein aufgeweichter Brotlaib, auf dem geschäftige Ameisen herumkrabbeln, als bauten sie eine Pyramide. Eine zerstörte Videokassette, deren Teile immer noch an einem dunklen, verschlungenen Band hängen. An manchen Tagen gehen die Heckenschützen besonders rabiat vor, und dann liegen da vereinzelt auch Leichen, oder es sind Schwerverletzte, die sich mit zuckenden Bewegungen in Sicherheit bringen wollen, wobei sie, wie Schnecken, eine blutige Spur hinter sich herziehen. Nur selten versucht jemand, ihnen zu helfen, denn jeder weiß, dass die Heckenschützen genau darauf warten. Manchmal erbarmt sich ein Heckenschütze und gibt den Kriechenden den Gnadenschuss. Aber manchmal spielen die Heckenschützen mit den Angeschossenen und schießen ihnen die Knie, die Füße oder die Ellbogen weg. Es sieht aus, als wetteten sie untereinander, wie weit ihr Opfer noch kommen wird, bevor es verblutet.»

Auch der Tunnel von Sarajevo wird von Hemon ins Mythische überhöht, wiewohl – oder gerade weil – er selbst den unterirdischen Rettungsgang unter der Flughafen-Rollbahn nie entlanggekrochen ist. Hemon täuscht keine Unmittelbarkeit persönlichen Erlebens vor, stattdessen entwirft er ein mythisches Bild des Tunnels als Totenreich, als Ort des Übergangs von einer Welt in die andere, als Ort einer Auferstehung, durchaus im biblischen Sinne.

Im «Lazarus»-Roman lässt er den Jugendfreund des Ich-Erzählers Brik, den Fotografen Rora, durch den Tunnel aus der belagerten Stadt entkommen: «Wenn man in Sarajevo in den Tunnel unter der Rollbahn hinunterstieg, sagte Rora, trat man in die Dunkelheit und stieß sich gleich am ersten Balken den Schädel an. Die Augen stellten sich ein, man beugte den Nacken und ging weiter, tiefer und immer tiefer. Es war wie der Abstieg in die Hölle, und es roch auch so: Erde, Schweiß, Angst, Fürze, Aftershave. Man stolperte und stieß an die kalten Erdwände, man war in einem Grab, und eine Leiche konnte einen packen und tiefer in die Erde zerren. Es gab keine Markierungen, man wusste also nicht, wie weit man im Tunnel drin war, hatte nur eine ungefähre Vorstellung, ahnte nur den Menschen, der vor einem war. Man verlor jedes Zeitgefühl, bekam keine Luft – alte Leute wurden regelmäßig ohnmächtig –, und gerade wenn es schien, als würde man jeden Moment zu atmen aufhören, spürte man ein leises Lüftchen und nahm einen winzigen Lichtschimmer wahr, und dann trat man hinaus in eine Helligkeit wie von tausend Sonnen. Ich habe von Menschen gelesen, die gestorben und dann doch ins Leben zurückgekehrt sind. Sie haben es beschrieben wie den Gang durch einen Tunnel. Ja, also der Tunnel, durch den sie gingen, war unter der Rollbahn des Flughafens Sarajevo.»

Erst Jahre nach Kriegsende kehrte Hemon als Besucher wieder in seine verlorene Geburtsstadt zurück – nur um zu erkennen, dass er sie wirklich verloren hat. Im «Buch meiner Leben» beschreibt er seine Trauer: «Ich war heimatlos an einem Ort, der einmal meine Heimat gewesen war. In Sarajevo war alles schmerzhaft vertraut und zugleich gespenstisch fern. Meine Entwurzelung war ebenso metaphysisch wie physisch. Aber ich konnte nicht nirgends leben. Ich wollte auch von

Bürgerkriege und Zerfallsgeschichten

Chicago bekommen, was Sarajevo mir gegeben hatte – eine Geographie der Seele.» In seinem «Lazarus»-Roman ist diese Suche nach einer Geographie der Seele eines der Leitmotive.

In diesem Migrantenroman geht Aleksandar Hemon aufs Ganze, wofür er von der Kritik beiderseits des Atlantiks gefeiert wurde. Der Roman entfaltet ein virtuoses Spiel mit unterschiedlichen Stil-Lagen, Stoffen und Techniken. Er besticht durch seinen bitter-komischen Erzählton, der sich herzzerreißend liest, jedoch nie die souveräne Selbstironie des Autors verhehlt, der die Welt mit dem sarkastischen Blick des doppelten Außenseiters betrachtet, sich zugleich aber bewusst macht, «dass meine Emigranteninnenwelt sich allmählich mit der amerikanischen Außenwelt verbunden hatte», wie er im «Buch meiner Leben» feststellt.

Das «Lazarus»-Buch besteht aus mehreren Romanen in einem. Es ist zunächst ein historischer Roman über einen tragischen Mordfall, der sich 1908 in Chicago zutrug. Der Polizeipräsident der Stadt erschießt in Panik einen jungen Immigranten, Lazarus Averbuch, weil er ihn für einen Anarchisten und Attentäter hält. Doch der Junge war offenkundig unschuldig – ein Opfer der amerikanischen Immigranten- und Anarchistenfurcht jener Jahre. Ein tragisches Opfer zudem, denn der junge Averbuch ist 1903 als halbes Kind den russischen Pogromen in Kischinjew entgangen und vor den Judenverfolgungen in seiner Heimat in die USA geflohen – nur, um dort einem wahnhaften amerikanischen Fremden- und Rassenhass zum Opfer zu fallen. Dieser Erzählstrang des Romans ist eine Archiv-Expedition, fokussiert auf die historisch dokumentierte Geschichte über den Mord und die nachträglichen Versuche, ihn zu vertuschen beziehungsweise aufzuklären.

In einem zweiten Erzählstrang, auf der Gegenwartsebene des Romans, wird der historische Roman angereichert durch eine Reisereportage, ein Recherche-Abenteuer, eine *Road Novel* und die Geschichte einer Männerfreundschaft. Hundert Jahre nach der Ermordung Lazarus Averbuchs wird der Fall wieder aufgegriffen, durch einen anderen europäischen Immigranten, dem es in Amerika nicht gut geht, den Schriftsteller Brik. Im Jahr 2008 reisen Brik und der Fotograf Rora, die beide aus Sarajevo stammen und nun als bosnische Immigranten in

Nordamerika leben, nach Osteuropa, in die Ukraine, nach Moldawien und in die Bukowina. Sie begeben sich auf die Suche nach dem verschwundenen Judentum in Kischinjew, Czernowitz und Lemberg, in der Hoffnung, im Laufe dieser Schtetl-Wallfahrt auf Spuren von Lazarus Averbuch zu stoßen, denn Brik möchte über dessen Fall ein Buch schreiben.

Für Brik und Rora, die sich in Amerika nicht heimisch fühlen, ist diese Recherchereise auch eine Abenteuerfahrt zweier Ausreißer, die sich einen mentalen Urlaub von der mühsamen amerikanischen Integrations- und Identitätsarbeit genehmigen. Diese *Road Novel* ist außerdem als heutige Variante zum Schelmenroman angelegt: Die beiden Freunde, zwei balkanische Schlawiner, gondeln durch ein besonders schräges, finsteres und rückständiges Osteuropa, das – bereits durch die stalinistische Herrschaft verwahrlost – im Post-Stalinismus auf skurrile Weise als noch weiter heruntergewirtschaftet erscheint.

Während Brik, ein Träumer und Faulpelz, über seine Fremdheitsgefühle in den leistungsbesessenen USA und über seine scheiternde Ehe mit einer 150-prozentigen Amerikanerin nachgrübelt, erzählt Rora unterwegs Anekdoten aus dem belagerten Sarajevo, denn anders als Brik hat er den Bürgerkrieg in Bosnien am eigenen Leib erlebt, mehr noch: Er war auf die bedenklichste Weise darin verwickelt, wenn denn seinen horrenden Erzählungen zu trauen ist. Rora behauptet, alles selbst erlebt oder zumindest aus sicherer Quelle erfahren zu haben, jede einzelne grässliche Kriegsepisode. Doch kann man ihm trauen? Rora erscheint als unzuverlässiger Erzähler, als Aufschneider, Lügner, Maulheld und Luftikus. Handelt es sich bei seinen schaurigen Kriegsgeschichten um wahre Erlebnisse oder um Flunkereien, um Horror Fantasy, um grausige Frontwitze?

Eines ist jedenfalls klar: Es handelt sich um Aleksandar Hemons geglückten Versuch, den Bürgerkrieg auf dem Balkan, den er selbst nicht miterlebt hat, in einen neuen Mythos zu verwandeln – den Mythos vom schmutzigen bosnischen Helden/Verbrecher/Kriegsgewinnler. Denn untergründig läuft durch den ganzen «Lazarus»-Roman eine weitere Lebensgeschichte mit, wie sie von Hemons Romanfigur Rora in fragwürdigen Fragmenten erzählt wird: die negative Heldengeschichte eines bosnischen Gangsters und Freischärlers, der sich im Krieg den Übernamen «Rambo» zulegte.

Dieser Rambo entstammt dem hartgesottenen kriminellen Milieu der Čaršija, des alten Bazars von Sarajevo, stellt zu Beginn der Belagerung eine bewaffnete bosnische Freischärlereinheit zusammen, in die auch Rora eingetreten sein will, requiriert den Unterhalt seiner Truppe durch Plünderungen im großen Stil, spielt sich als Beschützer der ausländischen Kriegskorrespondenten in Sarajevo auf, die er zugleich im *Tough Poker* um ihr ganzes Geld betrügt, und lässt sich schließlich auf riskante Geschäfte mit den Serben auf der anderen Seite ein, wie Rora erzählt: «Er sammelte die Leichen von Serben ein, die im belagerten Sarajevo gefallen waren, und transportierte sie über den Fluss zu seinen Partnern bei den Tschetniks; die bekamen Geld von den Familien der Gefallenen und machten mit Rambo halbe-halbe. Rambos Leute holten die Leichen aus der Leichenhalle oder von der Straße, schmuggelten sie durch den Rattentunnel – so nannten sie das riesige Abwasserrohr beim Landesmuseum – und trugen sie dann durch den Fluss. Das Geschäft brummte, und gegen horrende Bezahlung schmuggelte Rambo sogar ein paar lebende Serben aus der Stadt.»

In diesem abgebrühten Ton lässt Hemon seinen Rora vom Kriegsalltag in Sarajevo erzählen. Auf die Geschichte vom Geschäft mit dem Leichenschmuggel folgen weitere und immer grausigere Gräuel-Anekdoten aus dem «Paralleluniversum der Niedertracht und des Mordes». Auf der Rambo-Ebene ist der Krieg nichts als ein Freibrief, aus der Anarchie rücksichtslos Profit zu schlagen. Die heroischen bosnischen Opfererzählungen über die eingeschlossene Stadt werden durch Roras Verbrechergeschichten drastisch entwertet. Und nach dem Krieg, so Roras Darstellung, habe Rambo im Drogenhandel und als mächtiger Unterweltboss in Sarajevo erst recht Karriere gemacht: «Rambo hat gewonnen. Keiner kann ihm mehr was anhaben. Inzwischen gehört Rambo mehr oder minder zur Regierung. Die Geschäfte laufen wie geschmiert: Er beschafft ihnen Geld, und für sie ist er ein Kriegsheld.»

Aleksandar Hemon stellt hier den gängigen Opfermythen einen Gegenmythos entgegen, um ihn dann in aufklärerischer Absicht zu dekonstruieren, im Zeichen zynischer Vernunft: «Am Anfang hat jeder

Krieg eine saubere Logik: Die wollen uns umbringen, wir wollen nicht sterben. Aber mit der Zeit wird etwas anderes daraus, der Krieg wird zu einem Raum, in dem jeder jederzeit jeden umbringen kann, in dem jeder jeden tot sehen will, weil man nur dann mit Sicherheit am Leben bleibt, wenn alle anderen tot sind.»

So nimmt es nicht wunder, dass Rora ganz beiläufig auch den Heldenmythos der «Allee der Heckenschützen» ins Zynische umstülpt, wenn er von einem amerikanischen Kriegsreporter erzählt, der von ihm verlangt habe, «viele Fotos von Kindern zu machen, die vor Scharfschützen davonliefen, sich duckten und sich hinter Mülltonnen versteckten, obwohl die Straße unter schwerem Scharfschützenbeschuss lag. Er hat den Kindern Geld dafür gegeben, dass sie durch den Geschosshagel hin- und herliefen, damit ich ein perfektes Bild machen konnte.»

Der «Lazarus»-Roman hat also einen doppelten, ja, dreifachen Boden. Hemon spiegelt die Tragödie des Lazarus Averbuch, den historischen Fall einer kollektiven politischen Hysterie, im Heute und verschränkt den dokumentarischen Mordfall mit der Gegenwart – auf doppelte Weise. Er zieht Parallelen zwischen dem Anarchistenwahn von damals, der sich im Haymarket-Massaker von Chicago entlud, und der Jihadisten- und Islamistenfurcht im heutigen Amerika – beide Hysterien zeitigen ähnlich kopflose Überreaktionen. Und er erzählt zweierlei Rückkehr-Geschichten über Ausgewanderte: die stellvertretende Rückkehr von Brik und Rora in Lazarus Averbuchs alte Heimat und ihre eigene Rückkehr nach Sarajevo, mit zum Teil tragischem Ausgang. Beide Fahrten führen in eine Totenwelt – nichts von den multikulturellen alten Heimaten, sei es die Schtetl-Welt, sei es das Vorkriegs-Sarajevo, ist noch vorhanden, nichts ist wiederzuerkennen. Nur die Mythen existieren.

Die Großmetapher des Romans, sein zentrales Motiv, klingt bereits im Titel an. Wie der biblische Lazarus ist auch Averbuch aus dem Totenreich entronnen, aus der Welt der russischen Pogrome, um ein neues Leben zu beginnen, als Wiederauferstandener in Amerika. Brik und Rora sind ebenfalls aus Todeszonen entflohen und suchen ein neues Leben in Amerika. Besonders Rora, der durch die Todeszone des Sarajevo-Tunnels gekrochen ist, ist ein Wiederauferstandener. Und indem Brik einen Roman über Lazarus schreibt (und Aleksandar Hemon einen Roman über Brik schreibt, der über Lazarus schreibt), soll der tote Lazarus Averbuch wieder zum Leben erweckt werden. Erkennbar wird Lazarus als das Urbild des Migranten, des Wanderers zwischen verschiedenen Welten. Er ist entwurzelt, ein doppelter Außenseiter, der in keiner Welt heimisch sein kann.

So verbinden sich bei Aleksandar Hemon auf untergründige Weise die jugoslawischen Zerfallsgeschichten mit zeit- und raumübergreifenden Migrantenerzählungen und neuen Balkanmythen, die in seinen Texten aufgehoben erscheinen – zugleich aufgesammelt, festgeschrieben, gespeichert, tradiert, skeptisch infrage gestellt und außer Kraft gesetzt.

Erwähnte Bücher

Ivo Andrić «Die Brücke über die Drina», Roman (Zsolnay 2011)
Aleksandar Hemon «Die Sache mit Bruno», Erzählungen (Knaus 2000)
Aleksandar Hemon «Nowhere Man», Roman (Knaus 2003)
Aleksandar Hemon «Lazarus», Roman (Knaus 2009)
Aleksandar Hemon «Liebe und Hindernisse. Stories» (Knaus 2010)
Aleksandar Hemon «Das Buch meiner Leben», Erzählungen (Knaus 2013)
Dževad Karahasan «Sara und Serafina», Roman (Rowohlt Berlin 2000)
Dževad Karahasan «Das Buch der Gärten. Grenzgänge zwischen Islam und Christentum» (Insel 2002)
Dževad Karahasan «Der nächtliche Rat», Roman (Insel 2006)
Téa Obreht «Die Tigerfrau», Roman (Rowohlt Berlin 2012)
Ismet Prcić «Scherben», Roman (Suhrkamp 2013)
Saša Stanišić «Wie der Soldat das Grammofon repariert», Roman (Luchterhand 2006)

Bibliographie

Chinua Achebe «Alles zerfällt», Roman (Heinemann 1958; S. Fischer 2012)

Chinua Achebe «There Was a Country. A Personal History of Biafra»
(The Penguin Press 2012)

Chimamanda Ngozi Adichie «Blauer Hibiskus», Roman (btb Verlag 2007)

Chimamanda Ngozi Adichie «Die Hälfte der Sonne», Roman (btb Verlag 2008)

Chimamanda Ngozi Adichie «Heimsuchungen. Zwölf Erzählungen»
(S. Fischer 2012)

Jamil Ahmad «Der Weg des Falken», Erzählungen (Hoffmann und Campe 2013)

Uwem Akpan «Sag, dass du eine von ihnen bist», Erzählungen (Suhrkamp 2012)

Monica Ali «Brick Lane», Roman (Droemer 2004)

Pius Alibek «Als ich unter Sternen schlief», Erinnerungen (Insel 2011)

Tahmima Anam «Zeit der Verheißungen», Roman (Insel 2010)

Ivo Andrić «Die Brücke über die Drina», Roman (Zsolnay 2011)

Sinan Antoon «Irakische Rhapsodie», Roman (Lenos 2009)

Kwame Anthony Appiah «Der Kosmopolit. Philosophie des Weltbürgertums»
(C. H. Beck 2007)

Nadeem Aslam «Atlas für verschollene Liebende», Roman (Rowohlt 2005)

David Bezmozgis «Natascha», Erzählungen (Kiepenheuer & Witsch 2005)

David Bezmozgis «Die freie Welt», Roman (Kiepenheuer & Witsch 2012)

Homi K. Bhabha «Die Verortung der Kultur», Aufsätze (Stauffenburg 2000)

Irena Brežná «Die undankbare Fremde», Roman (Galiani 2012)

Patrick Chamoiseau (mit Jean Bernabé und Raphaël Confiant) «Éloge de la créolité» (Gallimard 1989)

David Chariandy «Der karibische Dämon», Roman (Suhrkamp 2009)

J. M. Coetzee «Dusklands», Erzählungen (darin die Novelle: «The Narrative of Jacobus Coetzee») (Ravan Press 1974)

J. M. Coetzee «Der Junge. Eine afrikanische Kindheit» (S. Fischer 1998)

J. M. Coetzee «Die jungen Jahre» (S. Fischer 2002)

Teju Cole «Open City», Roman (Suhrkamp 2012)

David Damrosch «What Is World Literature?» (Princeton University Press 2003)

Junot Díaz «Das kurze wundersame Leben des Oscar Wao», Roman
(S. Fischer 2009)

Jabbour Douaihy «Morgen des Zorns», Roman (Hanser 2012)

Nuruddin Farah «Geheimnisse», Roman (Suhrkamp 2000)

Nuruddin Farah «Duniyas Gaben», Roman (Suhrkamp 2001)

Nuruddin Farah «Links», Roman (Suhrkamp 2005)

Nuruddin Farah «Netze», Roman (Suhrkamp 2007)

Nuruddin Farah «Gekapert», Roman (Suhrkamp 2013)

Sherko Fatah «Im Grenzland», Roman (Jung und Jung 2001)

Sherko Fatah «Das dunkle Schiff», Roman (Jung und Jung 2008)

Sherko Fatah «Ein weißes Land», Roman (Luchterhand 2011)

Édouard Glissant «Zersplitterte Welten. Der Diskurs der Antillen», Essay
(Wunderhorn 1986)

Helon Habila «Öl auf Wasser», Roman (Wunderhorn 2012)

Rawi Hage «Als ob es kein Morgen gäbe» (De Niro's Game), Roman
(DuMont 2008)

Rawi Hage «Kakerlake», Roman (Piper 2010)

Mohsin Hamid «Der Fundamentalist, der keiner sein wollte», Roman
(Hoffmann und Campe 2007)

Mohsin Hamid «Nachtschmetterlinge», Roman (DuMont 2013)

Mohsin Hamid «So wirst du stinkreich im boomenden Asien», Roman
(DuMont 2013)

Mohammed Hanif «Eine Kiste explodierender Mangos», Roman (A 1 Verlag 2009)

Mohammed Hanif «Alice Bhattis Himmelfahrt», Roman (A 1 Verlag 2012)

Aleksandar Hemon «Die Sache mit Bruno», Erzählungen (Knaus 2000)

Aleksandar Hemon «Nowhere Man», Roman (Knaus 2003)

Aleksandar Hemon «Lazarus», Roman (Knaus 2009)

Aleksandar Hemon «Liebe und Hindernisse. Stories» (Knaus 2010)

Aleksandar Hemon «Das Buch meiner Leben», Erzählungen (Knaus 2013)

Dževad Karahasan «Sara und Serafina», Roman (Rowohlt Berlin 2000)

Dževad Karahasan «Das Buch der Gärten. Grenzgänge zwischen Islam und
Christentum» (Insel 2002)

Dževad Karahasan «Der nächtliche Rat», Roman (Insel 2006)

Abbas Khider «Der falsche Inder», Roman (Edition Nautilus 2008)

Abbas Khider «Die Orangen des Präsidenten», Roman (Edition Nautilus 2010)

Abbas Khider «Brief in die Auberginenrepublik», Roman (Edition Nautilus 2013)

Elias Khoury «Yalo», Roman (Suhrkamp 2011)

Milan Kundera «Eine Begegnung», Essays (Hanser 2011)

Hanif Kureishi «Der Buddha aus der Vorstadt», Roman (Droemer Knaur 1992)

Hanif Kureishi «Das schwarze Album», Roman (Kindler 1995)

Hanif Kureishi «Mein Ohr an deinem Herzen. Erinnerungen an meinen Vater»
   (S. Fischer 2011)

Doris Lessing «Afrikanische Tragödie», Erzählungen (C. Bertelsmann 1953)

Doris Lessing «Das goldene Notizbuch», Roman (S. Fischer 1978)

Doris Lessing «Kinder der Gewalt» (1. Martha Quest 2. Eine richtige Ehe
   3. Sturmzeichen 4. Landumschlossen 5. Die viertorige Stadt)
   (Klett-Cotta 1981–1984)

Andrea Levy «Eine englische Art von Glück (Small Island)», Roman
   (Eichborn 2007)

Amin Maalouf «Mörderische Identitäten», Essay (Edition Suhrkamp 2000)

Amin Maalouf «Die Spur des Patriarchen. Geschichte einer Familie» (Insel 2005)

Amin Maalouf «Die Auflösung der Weltordnungen», Aufsätze (Suhrkamp 2010)

Suketu Mehta «Bombay Maximum City», Reportagen (Suhrkamp 2006)

Dinaw Mengestu «Zum Wiedersehen der Sterne», Roman (Claassen 2009)

Dinaw Mengestu «Die Melodie der Luft», Roman (Ullstein 2010)

Pankaj Mishra «Aus den Ruinen des Empires. Die Revolte gegen den Westen und
   der Wiederaufstieg Asiens» (S. Fischer 2013)

Daniyal Mueenuddin «Andere Räume, andere Träume», Erzählungen
   (Suhrkamp 2010)

Gesine Müller/Natascha Ueckmann (Hg.) «Kreolisierung revisited. Debatten um
   ein weltweites Kulturkonzept» (Transcript 2013)

Kiran Nagarkar «Ravan & Eddie», Roman (A 1 Verlag 2004)

Kiran Nagarkar «Gottes kleiner Krieger», Roman (A 1 Verlag 2006)

Kiran Nagarkar «Die Statisten», Roman (A 1 Verlag 2012)

V. S. Naipaul «Ein Haus für Mr. Biswas», Roman (Kiepenheuer & Witsch 1981)

V. S. Naipaul «Das Rätsel der Ankunft», Roman (Kiepenheuer & Witsch 1993)

Ursula Naumann «Euphrat Queen. Eine Expedition ins Paradies»
   (C. H. Beck 2006)

Ngũgĩ wa Thiong'o «Verborgene Schicksale», Kurzgeschichten
   (Volk und Welt 1977)

Ngũgĩ wa Thiong'o «Träume in Zeiten des Krieges. Eine Kindheit»
   (A1 Verlag 2010)

Ngũgĩ wa Thiong'o «Herr der Krähen», Roman (A1 Verlag 2011)

Ngũgĩ wa Thiong'o «Im Haus des Hüters. Jugendjahre» (A1 Verlag 2013)

Téa Obreht «Die Tigerfrau», Roman (Rowohlt Berlin 2012)

Michael Ondaatje «In der Haut eines Löwen», Roman (Hanser 1987)

Michael Ondaatje «Katzentisch», Roman (Hanser 2011)

Ismet Prcić «Scherben», Roman (Suhrkamp 2013)

Salman Rushdie «Mitternachtskinder», Roman (Piper 1983)

Salman Rushdie «Scham und Schande», Roman (Piper 1985)

Salman Rushdie «Die Satanischen Verse», Roman (Artikel 19 Verlag 1989)

Salman Rushdie «Heimatländer der Phantasie. Essays und Kritiken 1981–1991»
(Kindler 1992)

Salman Rushdie «Des Mauren letzter Seufzer», Roman (Kindler 1996)

Salman Rushdie «Joseph Anton. Die Autobiografie» (C. Bertelsmann 2012)

Ken Saro-Wiwa «Die Sterne dort unten», Erzählungen (Deutscher Taschenbuch
Verlag dtv 1996)

Doug Saunders «Die neue Völkerwanderung – Arrival City» (Blessing 2011)

Haun Saussy (ed.) «Comparative Literature in an Age of Globalization»
(Johns Hopkins University Press 2006)

Michail Schischkin «Venushaar», Roman (Deutsche Verlags Anstalt 2011)

Taiye Selasi «The Sex Lives of African Girls» (in: «Granta. The Magazine of New
Writing» Nr. 115/2011)

Taiye Selasi «Diese Dinge geschehen nicht einfach so», Roman (S. Fischer 2013)

Sam Selvon «The Lonely Londoners», Roman (Alan Wingate 1956)

Ali Sethi «Meister der Wünsche», Roman (Deutscher Taschenbuch Verlag dtv
premium 2010)

Gary Shteyngart «Handbuch für den russischen Debütanten», Roman
(Berlin Verlag 2003)

Saša Stanišić «Wie der Soldat das Grammofon repariert», Roman
(Luchterhand 2006)

Aatish Taseer «Terra Islamica. Auf der Suche nach der Welt meines Vaters»
(C.H.Beck 2010)

Jeet Thayil «Narcopolis», Roman (S. Fischer 2013)

Tzvetan Todorov «Die Angst vor den Barbaren. Kulturelle Vielfalt versus Kampf
der Kulturen» (Hamburger Edition 2010)

Altaf Tyrewala «Kein Gott in Sicht», Roman (Suhrkamp 2006)

Altaf Tyrewala «Ministerium der verletzten Gefühle», Langgedicht
(Berenberg 2013)

Najem Wali «Engel des Südens. Die Bücher von Amaria», Roman (Hanser 2010)

Werner Wintersteiner «Poetik der Verschiedenheit. Literatur, Bildung, Globalisierung» (Drava 2006)

Register

Abacha, Sani 91
Achebe, Chinua 91 f., 95, 97–103
Adichie, Chimamanda Ngozi 89–93, 95 f., 100, 103, 110
Ahmad, Jamil 136 ff., 140, 142, 154
Akpan, Uwem 93–96
al-Assad, Hafiz 201
al-Gaddafi, Muammar 201, 243
Ali, Monica 29, 56, 61, 67, 71, 73, 76 ff., 152
Ali Bhutto, Zulfikar 117, 120 f., 125, 142–145
Alibek, Habib 188
Alibek, Pius 187–190, 193, 195, 202
Amin, Idi 107, 219, 243
Anam, Tahmima 149, 151
Andrić, Ivo 311 ff.
Antoon, Sinan 185, 187, 193–196, 198, 202
Apollinaire, Guillaume 39
Appiah, Kwame Anthony 9, 103, 110, 114 f.
Aslam, Nadeem 29, 50 f., 55 f., 67–71, 73, 76 ff., 130, 152, 154
Averbuch, Lazarus 331 f., 334 f.

Bachtin, Michail 242, 245
Baden-Powell, Robert 238
Barre, Siad 213 f., 217, 219 f.
Barthes, Roland 112
Baudelaire, Charles 170
Beckett, Samuel 48
Ben Jelloun, Tahar 112
Benjamin, Walter 112
Bernabé, Jean 15
Bezmozgis, David 247 ff., 252, 261 ff.
Bhabha, Homi K. 10, 61
Bhatti, Shahbaz 123, 132
Bhutto, Benazir 120, 125, 131 f.
Blair, Tony 56
Blixen, Karen 231
Bokassa, Jean-Bédel 107, 219, 243
Bonaparte, Napoleon 324
Brecht, Bertolt 151, 192
Breschnjew, Leonid 248, 273 f.
Brežná, Irena 268 f.
Bronsky, Alina 17
Burroughs, William S. 170, 260

Carey Francis, Edward 237 f.
Carter, Jimmy 272
Ceaușescu, Nicolae 147
Céline, Louis-Ferdinand 260

Césaire, Aimé 278
Chamoiseau, Patrick 15, 278
Chamoun, Camille 296
Chaplin, Charlie 199
Chariandy, David 263 ff., 278
Chehab, Fouad 298
Chesney, Francis 185 f.
Chirico, Giorgio de 40
Chruschtschow, Nikita 250
Coetzee, J. M. 33, 37 f., 43–47, 49, 111, 217
Cole, Teju 17, 43, 103, 110 f., 115 f.
Confiant, Raphaël 15
Conrad, Joseph 105

Damrosch, David 17
Davies, Peter Maxwell 112
Dehlavi, Khwaja Muhammad Din Khaliqi 58
De Niro, Robert 282
Díaz, Junot 275–278
Dirie, Waris 215
Douaihy, Jabbour 294, 296 ff.

Eliot, T. S. 48

Faisal I. 185
Faiz, Faiz Ahmad 51
Farah, Nuruddin 14, 215–221, 223 f., 226 ff.
Fatah, Sherko 17, 186 f., 191 ff., 202–205, 207
Ford, Ford Madox 48

Gandhi, Mahatma 175
García Márquez, Gabriel 65, 242
Gellhorn, Martha 231
Glissant, Édouard 15, 278 f.
Goethe, Johann Wolfgang von 186

Grass, Günter 65
Gysi, Gregor 34

Habila, Helon 93, 101, 103 ff., 110
Hage, Rawi 256 f., 260 ff., 281, 283–287
Haile Selassie 107
Haley, Bill 172
Hamid, Mohsin 17, 130, 152–161
Hamsun, Knut 258
Hanif, Mohammed 126, 130, 132–136, 142, 145–149, 154
Hemon, Aleksandar 16, 303, 305 f., 321–335
Himmler, Heinrich 192
Hitler, Adolf 28, 186, 188, 192, 250

Johnson, Denis 170
Joyce, James 65

Kabila, Laurent 107
Kafka, Franz 258
Kahahu, Stanley 232 ff., 236
Karadžić, Radovan 325 f.
Karahasan, Dževad 303–306, 314 ff.
Kenyatta, Jomo 233, 240, 242
Khider, Abbas 15, 187, 193 ff., 198–202
Khomeini, Ayatollah 58, 63
Khoury, Elias 281, 286 f., 289
Koljević, Nikola 325 ff.
Kolumbus, Christoph 113, 275
Kundera, Milan 278 f.
Kureishi, Hanif 29, 50–54, 56 ff., 60, 74, 126, 152, 154
Kureishi, Rafiushan («Shani») 50, 53, 55, 57
Kuti, Fela 114